Dokumente unserer Zeit Band 3
Kornrumpf: In Bayern angekommen

Dokumente unserer Zeit

DOKUMENTE UNSERER ZEIT

herausgegeben von Rudolf Birkl und Günter Olzog

Band 3

MARTIN KORNRUMPF

In Bayern angekommen

Die Eingliederung der Vertriebenen
Zahlen — Daten — Namen

GÜNTER OLZOG VERLAG MÜNCHEN — WIEN

Graphik S. 279 vom Ifo-Institut, München;
alle übrigen Graphiken gezeichnet von Rudolf Winklmeier, München,
nach Entwürfen des Autors (1946—1979)

ISBN 3-7892-9845-X

Inhalt

Geleitwort

von Ministerpräsident Dr. h. c. Franz Josef Strauß

Die Geschichtswissenschaft spricht kühl von einer „Rückverlagerung des ethnographischen Schwerpunktes in die mittelalterliche Ausgangslage" (Gebhardt, Handbuch der Deutschen Geschichte, Bd. 4/2, 9. Auflage, Stuttgart 1976, S. 659). Dahinter verbirgt sich die schreckensvollste Völkerwanderung der Geschichte. Mehr als 12 Millionen Deutsche zogen seit Herbst 1944 buchstäblich ins Elend: In Armut und Heimatlosigkeit. Sie flüchten vor der über die Grenzen des Reiches flutenden Roten Armee, sie kommen nach Kriegsende als Ausgewiesene und Vertriebene aus Pommern, Ostpreußen, Schlesien und aus dem Sudetenland, aus anderen deutschen Siedlungsgebieten.

Zwei Millionen sterben auf dem Weg nach Westen. Sie verhungern, erfrieren, werden erschossen, erschlagen. Die Überlebenden kommen in ein Deutschland, das die Bestimmung über sich selbst verloren hat. Seine Gegner verfügen über Land und Volk. Die Sieger klagen an und sprechen ihr Recht. Gewaltig ist das Ausmaß der Zerstörungen, vor allem in den großen Städten. Hunger, Krankheit und Tod gehen unter den geschlagenen Deutschen um. Auf ein Ende dieser Not zu hoffen, scheint vielen wie ein Hohn. Verzweiflung breitet sich aus.

Die hereinströmenden Flüchtlingsmassen stellten in den ersten Jahren nach dem Krieg eine Belastung dar, die kaum zu bewältigen war. Auf den Landstraßen des viergeteilten Deutschland vermischten sich ihre Elendsscharen mit Millionen, die der Luftkrieg aus den großen Städten vertrieben hatte. Aus vielen Deutschen waren Nomaden geworden, die es auf ihrem unsteten Wanderleben verlernt hatten, über den nächsten Tag hinaus zu sorgen.

Neben Wiederaufbau, Staatwerden und Wirtschaftswunder besteht die Eingliederung der deutschen Flüchtlinge und Vertriebenen aus den ehemals deutschen Ostgebieten, aus Polen und der Tschechoslowakei als eine der größten Leistungen der Nachkriegszeit. Hieran hat Bayern ganz erheblichen Anteil. Fast 2 Millionen Vertriebene und Flüchtlinge fanden bei uns eine neue Heimat. 1950 betrug ihr Anteil an der Wohnbevölkerung bereits über 21 %, also mehr als ein Fünftel. Diese hereinströmenden Flüchtlingsmassen belasteten zunächst die gerade im Aufbau befindliche Verwaltung in höchstem Maße. Der spätere industrielle Aufschwung Bayerns wie der gesamten Bundesrepublik Deutschland wäre aber kaum möglich gewesen, wenn es nicht gelungen wäre, die Flüchtlinge und Vertriebenen in die ansässige Bevölkerung einzugliedern und wenn diese Menschen nicht ihren ungebrochenen Lebensmut, ihren Fleiß, ihr Können, ihre Lebenserfahrung und politische Disziplin in den Dienst des Aufbaus gestellt hätten. Der Einwand, Bayern habe damals gar keine andere Wahl gehabt, weil die Not der Deutschen und die Politik der amerikanischen

Militärverwaltung diese Leistungen erzwungen hätten, trifft insofern nicht, als das verelendete Land an dieser Aufgabe ja auch hätte scheitern können.

Von Anfang an hatte Bayern versucht, zumindest die materielle Not der Flüchtlinge so gut es eben ging zu lindern. Als erste deutsche Landesregierung rief noch im November 1945 die Bayerische Staatsregierung eine eigene Flüchtlingsverwaltung ins Leben, die mit der organisatorischen Erfassung des gesamten Flüchtlingswesens und mit der Betreuung der Flüchtlinge von ihrem Eintreffen bis zu ihrer endgültigen Unterbringung in Wohnung und Arbeit beauftragt wurde. Die bayerische Flüchtlingsverwaltung unter dem damaligen Staatskommissar und späteren deutschen Botschafter Dr. h. c. Wolfgang Jaenicke wurde beispielgebend für eine ganze Reihe anderer Länder. Bereits am 14. 12. 1945 legte Bayern ein Flüchtlingsnotgesetz vor. Natürlich konnten finanzielle Zuwendungen allein das Flüchtlingsproblem nicht lösen. Der Verlust der Heimat und der eigenen, oft mühsam aufgebauten Existenz konnte auf solche Weise nicht ausgeglichen werden. Immer wieder muß man sich vergegenwärtigen, was es für jeden einzelnen Vertriebenen bedeutete, als Fremder und nicht selten im fortgeschrittenen Alter fern der Heimat ganz neu beginnen zu müssen.

Aber die Heimatvertriebenen haben mit Fleiß und Geschicklichkeit Hand angelegt beim Wiederaufbau des zerstörten Landes und tatkräftig mitgewirkt am Aufbau ihrer eigenen wirtschaftlichen Existenz. Ihr ungebrochener Arbeitswille, ihr treues Festhalten an Heimat und Volkstum haben ihnen die erstaunliche Kraft gegeben, die seelischen und materiellen Folgen von Flucht und Vertreibung zu überstehen.

Was Solidarität bedeutet, das wurde in den ersten beiden Jahrzehnten nach 1945 weniger beredet als vorgelebt. Eine ganze Reihe wahrhaft epochemachender Gesetze begründete damals nicht nur das sog. „Wirtschaftswunder". Das Soforthilfegesetz (1950), das Wohnungsbaugesetz (1950) und vor allem das Lastenausgleichsgesetz von 1952 — um nur die allerwichtigsten zu nennen — bildeten auch die Rechtsgrundlage für ein dauerhaftes, friedliches Zusammenleben von Einheimischen und Heimatvertriebenen.

Stalin hatte sich verrechnet, wenn er geglaubt hatte, die verelendeten Massen der Flüchtlinge, Vertriebenen, Ausgebombten und Hungernden in Deutschland würden zu einem revolutionären Sprengsatz, zur Initialzündung für den Sieg der kommunistischen Weltrevolution in Westeuropa. Das Gegenteil ist eingetreten. Die Heimatvertriebenen haben in Bayern über 4000 Industriebetriebe — das sind etwa 20 % der gesamten bayerischen Industrie — neu geschaffen. Sie haben bei uns rund 22 000 Handwerksbetriebe und etwa 11 500 landwirtschaftliche Betriebe gegründet. Einige völlig neue Industriezweige, etwa die Glas- und Schmuckindustrie, die in Kaufbeuren-Neugablonz und in Waldkraiburg besonders von den Sudetendeutschen aufgebaut wurden, oder die Musikinstrumentenfabrikation haben einen Exportanteil von 80 bis 90 %. Auch in den Arbeitsmarkt und in den Arbeitsprozeß unserer Wirtschaft haben sich die Vertriebenen reibungslos eingegliedert.

Natürlich wäre dieser große Erfolg nicht möglich gewesen ohne nachhaltige staatliche Hilfe, über deren zahlenmäßigen Umfang dieses Buch Auskunft gibt. Milliardenbeträge allein hätten allerdings nicht dazu ausgereicht, die Heimatvertriebenen bei uns heimisch werden zu lassen. So sehr Flucht und Vertreibung jeden einzelnen betrafen, so erlitt er doch auch das harte Schicksal als Mitglied einer Volksgruppe, als Ostpreuße, Pommer, Schlesier oder Sudetendeutscher. Jeder Angehörige einer vertriebenen Volksgruppe forderte rechtliche und menschliche Anerkennung, als Staatsbürger, Nachbar, Kollege und Freund. Mancherlei Vorurteile und Vorbehalte waren auf beiden Seiten zu überwinden, bis die Heimatvertriebenen Sudetendeutsche, Schlesier oder Ostpreußen bleiben und gleichzeitig Bayern werden konnten. Die Übernahme der Schirmherrschaft über die größte vertriebene Volksgruppe in Bayern, die Sudetendeutschen, im Jahr 1954 durch den damaligen Ministerpräsidenten Dr. Hans Ehard stellte deshalb mehr dar als nur eine hilfreiche Geste. Von da an bilden die Sudetendeutschen auch offiziell den vierten Stamm des bayerischen Staatsvolkes, und sie wissen, daß die Bayerische Staatsregierung stets alles tut, um ihr Recht und das aller Heimatvertriebenen zu wahren und zu verteidigen. Das Volksgruppenrecht auf Heimat, kulturelle Eigenständigkeit und soziale Anerkennung wird den Flüchtlingen und Vertriebenen bis heute von den kommunistischen Machthabern Osteuropas verweigert. Aber ein Rechtsanspruch darf nicht aufgegeben werden, nur weil er gegenwärtig nicht durchsetzbar ist. Weder durch die Macht der Zeit noch durch die Macht der sogenannten vollendeten Tatsachen wird Unrecht zu Recht. Die Bayerische Staatsregierung wird sich daher als Anwalt des Volksgruppenrechts der Vertriebenen verstehen und danach handeln.

Zielsetzung des dokumentarischen Berichts

Der Plan, diesen Bericht zu schreiben, ist über 33 Jahre alt. Als nämlich am 15. Dezember 1945 der Staatskommissar für das Flüchtlingswesen im Bayerischen Staatsministerium des Innern, *Wolfgang Jaenicke,* den Autor als seinen „Statistischen Berater" einstellte, hatte dieser bereits einen wissenschaftlichen Werkvertrag mit dem Oldenbourg-Verlag (Leibniz-Verlag) abgeschlossen. Weder *Jaenicke* noch der Autor hatten damals vermutet, daß die Flüchtlingsverwaltung länger als zwei oder höchstens drei Jahre bestehen würde. Damals gab *Jaenicke* die Anregung, der Autor möge wichtige Dokumente sammeln, um einmal Unterlagen für eine wahrheitsgetreue Darstellung der Aufnahme und ersten Unterbringung der Flüchtlinge und Ausgewiesenen zu besitzen. Nachfolgende Generationen sollten in die Lage versetzt werden, die Motive zu verstehen, die der Planung für eine Eingliederung der Vertriebenen 1945/46 zugrunde lagen, um dann beurteilen zu können, inwieweit die beschlossenen Maßnahmen zu Erfolg oder Mißerfolg geführt hätten.

Im August 1944 war der Autor als Radiosonden-Meteorologe in Kriegsgefangenschaft geraten und in die USA gebracht worden. Dort hatte er — hinter Stacheldraht — das Kriegsende, die bedingungslose Kapitulation des Deutschen Reiches und die Anfänge der amerikanischen Besatzungspolitik erleben müssen (und können). Denn im PW-Camp durften die Kriegsgefangenen alle Tageszeitungen lesen, Radio hören und „Wochenschauen" ansehen. *Roosevelts* letzter Wahlkampf, Beginn der Flucht der Volksdeutschen, die Diskussion über Polens spätere Westgrenze, die Jalta-Konferenz Anfang Februar 1945, *Roosevelts* Tod, die Zerstörung Dresdens, der Einmarsch der amerikanischen Truppen in Deutschland, das Verhalten der Bevölkerung, die Potsdamer Konferenz — alle diese Nachrichten erreichten die Kriegsgefangenen in den USA genau so wie jeden amerikanischen Zivilisten. Diese nicht gerade erbaulichen Informationen ermöglichten es dem Autor, besser: sie zwangen ihn, die trostlose Lage Deutschlands realistisch zu sehen.

In diesem Realismus deckten sich die Ansichten *Jaenickes* und des Autors, aber auch hinsichtlich des Willens, das Menschenmögliche für ein Überleben der Flüchtlinge und Ausgewiesenen zu versuchen. Ebenso deutlich erkannte *Jaenicke,* welche Belastungen die einheimische Bevölkerung werde ertragen müssen. Es war sicherlich die wichtigste Entscheidung der ersten Tage, daß er seine „Behörde" nicht als Interessenvertretung einer der beiden Seiten anzusehen bereit war. Er liebte das Wort „Behörde", ließ sich als „Präsident" anreden (in Erinnerung an seine Regierungspräsidentenzeit in Breslau und Potsdam) und benutzte möglichst selten den Titel „Staatskommissar". Er war niemals „Partei" — eine moralische Stärke, die aber zwangsläufig auch Schwierigkeiten mit sich brachte .

Obwohl für das Jahr 1946 das „Transportproblem" — also die Aufnahme der Ausweisungstransporte und die provisorische Unterbringung

der Vertriebenen — im Vordergrund stand, erkannte der Verwaltungsfach-
mann und Staatsmann Jaenicke besser als viele andere Politiker die Größe
der Aufgabe. Und *Jaenicke* sah sich selbst und seine „Behörde" nur als Motor
an, als „Hilfe zur Selbsthilfe", wie die Amerikaner das gern bezeichneten.
Er glaubte an die *Eingliederung der Vertriebenen.*

Schon in den ersten Begegnungen forderte er den Autor als Bevölkerungs-
wissenschaftler auf, nicht nur ihn zu beraten, sondern auch die Öffentlichkeit
zu informieren. *Hans Wallenberg,* der Chefredakteur der „Neuen Zeitung,
eine amerikanische Zeitung für die deutsche Bevölkerung", druckte bereits
am 15. März 1946 einen Aufsatz des Autors ab mit den Ergebnissen der ersten
Flüchtlingszählung des Staatskommissars vom 15. Februar:

> „Gerade, weil die gesamte bayerische Bevölkerung davon betroffen wird,
> muß die Öffentlichkeit über die Schwierigkeiten dieser Probleme sachlich
> informiert werden. Nur so ist es möglich, daß jeder Bürger die not-
> wendigen Maßnahmen verstehen wird."

Der folgende dokumentarische Bericht ist nicht nur ein Beitrag zur
Geschichte der bayerischen Flüchtlingsverwaltung, sondern überhaupt zur
bayerischen Geschichte; zugleich aber beschreibt er ein Stück deutscher
Geschichte, weil viele Impulse für die Eingliederung der Heimatvertriebenen
in den folgenden Jahren aus Bayern kamen. Mit vollem Recht nannte man
Wolfgang Jaenicke später den „Vater der deutschen Flüchtlingsverwaltung".

Der Autor hat dreißig Jahre lang, zuerst im Bayerischen Staatsministerium
des Innern, ab 1955 im Staatsministerium für Arbeit und Sozialordnung
aktiv in der Primärberichterstattung arbeiten dürfen. Es sei erlaubt, einige
Vorbemerkungen zu machen, was der Autor mit diesem Dokument darzustellen versuchte, aber auch zu erwähnen, was er *nicht* beabsichtigte, was
er wegließ, nicht weil er es vergaß. Soweit es möglich war, ging er auf die
frühesten Quellen zurück; besaß er nicht selbst die Originalberichte, haben
Behörden, Organisationen, beteiligte Persönlichkeiten usw. ihm mit ihren
Archiven und Kenntnissen hilfreich beigestanden. Alle zitierten Quellen, auch
wenn diese nicht mehr allgemein zugänglich sind, konnte der Autor benutzen.
Nur in Ausnahmefällen wird jene Literatur zitiert, die der interessierte Leser
sich leicht beschaffen kann. So darf z. B. unterstellt werden, daß jeder, der
sich über die Entwicklung in den anderen Bundesländern informieren will,
das dreibändige Standardwerk „Die Vertriebenen in Westdeutschland" von
Eugen Lemberg und *Friedrich Edding* aus dem Jahr 1959 zur Hand nimmt.
Auf fast 2000 Seiten wird er viele Antworten finden; allein die Bibliographie
von *Gertrud Krallert* umfaßt 64 Seiten.

Nicht berücksichtigt sind ganze Komplexe. Das Bayerische Statistische
Landesamt, die anderen Landesämter und das Statistische Bundesamt haben
im Rahmen von *Volkszählungen* und anderen amtlichen Erhebungen umfangreiche Daten und Kommentare geliefert. Darüber zu informieren, würde

eine eigene Untersuchung erfordern, allerdings eine sehr reizvolle. In dem vorliegenden Bericht wurde auf statistische Tabellen soweit wie möglich verzichtet.

Nachdem die Bi-Zone und dann die *Bundesrepublik* entstanden waren, wäre es unangemessen, die weitere Entwicklung der Flüchtlingsverwaltung und der Eingliederung der Vertriebenen einseitig aus bayerischer Sicht zu betrachten. Denn nunmehr wurde in parlamentarischen Gremien gemeinsam beraten. Das Bundesvertriebenenministerium und die anderen mit der Eingliederung befaßten Bundesministerien haben den Rat aller Landesflüchtlingsverwaltungen durchaus gesucht. Es wäre eine weitere Studie erforderlich, wollte man die Tätigkeit der *Arbeitsgemeinschaft der Landesflüchtlingsverwaltungen* (Arge-Flü) darstellen.

Alle großen Entscheidungen nach dem Entstehen der Bundesrepublik, also das Bundesvertriebenengesetz, die Notaufnahme, die innerdeutsche Umsiedlung, die Aufnahme der Spätaussiedler, die Klärung der Staatsangehörigkeit der Volksdeutschen, der Status der „heimatlosen Ausländer" und der „ausländischen Flüchtlinge" (Konvention von 1951), — alle diese Entscheidungen wurden für das gesamte Bundesgebiet getroffen. Etwas anders muß der *Lastenausgleich* beurteilt werden; denn hier hat in gemeinsamer Arbeit die Flüchtlings- und Ausgleichsverwaltung in Bayern seit 1949 Großes geleistet, muß aber diese Aufgabe noch zu Ende führen. Darum ist diesem Bereich ein besonderes Kapitel zugestanden worden.

Es war nicht möglich, im Rahmen der Dokumentation die bewundernswerte Leistung der fünf Regierungskommissare und der 166 *Flüchtlingskommissare* 1946 aus ihrer Warte zu schildern. Die ungeheure Verantwortung, die jede dieser Persönlichkeiten zu tragen hatte, kommt — so hofft der Autor — jedoch ausreichend zur Geltung.

In diesem Vorwort dürfen einige Hinweise nicht fehlen. „Stolpert" z. B. der aufmerksame Leser gelegentlich über eine Information, so sollte er nicht ungeprüft einen Sach- oder Druckfehler vermuten. So war Bayern bis 1. April 1948 in fünf Regierungsbezirke gegliedert. Eine weitere Feststellung: In den ersten Jahren findet man in Dokumenten und den darauf beruhenden Kommentaren die Bezeichnung „Russische Zone"; denn die Amerikaner sprachen von der „Russian Zone". Erst im „Kalten Krieg" kam die Bezeichnung „Sowjetische Besatzungszone" (SBZ) auf, die in vielen Bundesgesetzen verankert wurde. Und als letztes eine Bemerkung: 1945 sprach man von Flüchtlingen, 1946 von Flüchtlingen und Ausgewiesenen, später von Heimatvertriebenen. Andererseits sprach man 1945 von „Evakuierten aus der Russischen Zone und Groß-Berlin", später von „Illegalen Grenzgängern" (aus der SBZ); die Bezeichnung „SBZ-Flüchtling" kam erst später auf. Im Text findet der Leser immer wieder Bemerkungen, wann und warum amtlicherseits Bezeichnungen geändert wurden.

Mit herzlichem Dank möchte der Autor am Schluß die Mithilfe von Frauen und Männern bei der Durchsicht — einer kritischen und ergänzenden Stellungnahme — der einzelnen Kapitel erwähnen, von Persönlichkeiten, die in den Anfangsjahren aktiv tätig waren. Es wurde immer wieder festgestellt, daß nur Mitwirkende und Augenzeugen wissen, wie es wirklich war. Wer etwa das Unglück hatte, länger in Kriegsgefangenschaft festgehalten zu werden oder für Jahre aus dem Berufsleben herausgeworfen zu sein, sieht die Dinge anders.

Über hundert „Fachleute" — Minister, Staatssekretäre, Beamte und Flüchtlingskommissare — Bischöfe, Prälaten, Kirchenräte und Diakone — Präsidenten und Referenten vieler Institutionen — Professoren — Persönlichkeiten der Landsmannschaften und Vertriebenenverbände — sie alle haben dem Autor geholfen, Fehler, auch Fehler, die in der Literatur immer wieder auftauchen, auszumerzen. Nur ganz vereinzelt wurde die erbetene Hilfe abgelehnt. Selbstverständlich übernimmt jedoch der Autor für alle angegebenen Fakten, Daten und Namen selbst die Verantwortung.

Ein besonderer Dank muß der „Deutschen Gesellschaft für Bevölkerungswissenschaft" ausgesprochen werden, die die sachliche Unterstützung dieser Untersuchung auf ihrer Generalversammlung 1974 beschloß. Gefördert wurde die Arbeit durch die Bayerische Lagerversorgung und durch *Helmut Horten*, Träger des goldenen Nansenringes. Das Archiv des Autors hat das Bayerische Staatsministerium für Arbeit und Sozialordnung erworben und dem Bayerischen Hauptstaatsarchiv überlassen.

Es handelt sich um ein politisch und menschlich sehr schwieriges Kapitel deutscher Geschichte. Schuld, Vergeltung und Rache sind schlechte Berater. Möge dem Leser eine Äußerung von *John Foster Dulles* aus dem Jahr 1955 dazu dienen, die Ausführungen des Autors wohlwollend zu lesen*):

„Es ist meine Erfahrung, daß diejenigen, die sich zu politischen Fragen am entschiedensten äußern, nur darum so entschieden sein können, weil sie nicht alle Begleitumstände kennen.
Und für diejenigen, die am härtesten über andere urteilen, gilt das gleiche.
Kennt man ein Problem in allen seinen Einzelheiten, so werden Entschlüsse ungemein schwierig, und man urteilt nicht so schnell."

Gräfelfing bei München, im Mai 1979.

MARTIN KORNRUMPF

*) Speech before the 5th Annual All-Jesuit Alumni Dinner.

Verordnung Nr. 3 über das Flüchtlingswesen

Zur Behebung der Flüchtlingsnot, zur Lösung des Problems einer gleichmäßigen Verteilung des Flüchtlingsstroms über das ganze Land und die umfassende Betreuung der Flüchtlinge erläßt das Staatsministerium des Innern mit sofortiger Wirksamkeit folgende Verordnung:

Es werden bestellt:
1. *Ein Staatskommissar* für das Flüchtlingswesen im Bayer. Staatsministerium des Innern. Seine Aufgabe ist die Leitung des Flüchtlingswesen in Bayern.
2. *Je ein Regierungskommissar* für das Flüchtlingswesen bei den Regierungspräsidenten. Die Regierungskommissare, die den Reg.-Präsidenten dienstlich unterstellt sind, arbeiten nach den Weisungen des Staatskommissars. Aufgabe der Regierungskommissare ist die gleichmäßige Verteilung des Flüchtlingsstroms im Regierungsbezirk. Sie arbeiten in engster Fühlung mit den Ernährungsämtern sowie mit dem Bayer. Roten Kreuz und den Verbänden der freien Wohlfahrtspflege, Caritas, Innere Mission, Arbeiterwohlfahrt, Paritätischer Wohlfahrtsverband und Komitee der befreiten Juden in Bayern.
3. *Je ein Flüchtlingskommissar* bei den Landräten und Oberbürgermeistern. Die Flüchtlingskommissare arbeiten nach den Weisungen der Regierungskommissare. Ihre Aufgabe ist:
Organisatorische Erfassung des gesamten Flüchtlingswesens in den Bezirken oder kreisunmittelbaren Städten, Betreuung der Flüchtlinge von ihrem Eintreffen bis zu ihrer endgültigen Unterbringung in Wohnung und Arbeit. Die in den Bezirken vorhandenen Wohnungskommissionen, Wohnungsämter sowie die Bürgermeister in Gemeinden, die kein eigenes Wohnungsamt haben, werden hinsichtlich der gesamten Wohnraumbewirtschaftung dem Flüchtlingskommissar unterstellt. Dieser hat das Recht zur Beschlagnahme von Wohnungen aller Art und zur Belegung des beschlagnahmten Wohnraumes nach dem RLG oder dem an dessen Stelle tretenden Gesetz. Weiter obliegt ihm insbesondere die Flüchtlingsverteilung in Massen- und Einzelquartieren, die Registrierung, Transporte, die ärztliche Betreuung und die Hinführung zum Arbeitseinsatz. Zur Mitarbeit können aus der Mitte der Flüchtlinge gewählte Personen herangezogen werden.
Der Flüchtlingskommissar ist für die engste Zusammenarbeit der für das Flüchtlingswesen in Betracht kommenden Stellen verantwortlich.

München, den 2. 11. 1945.

Der Bayer. Staatsminister des Innern
J. Seifried

Gesetz Nr. 5

über die Befugnisse des Staatskommissars für das Flüchtlingswesen, der Regierungskommissare und der Flüchtlingskommissare bei den Landräten und Oberbürgermeistern
(Flüchtlingsnotgesetz)

Zur raschen Überwindung der Schwierigkeiten, die sich in der Fürsorge für Flüchtlinge und Evakuierte ergeben haben, sind außerordentliche Maßnahmen erforderlich. Es ergehen daher folgende Bestimmungen:

§ 1

Der dem Staatsminister des Innern unmittelbar unterstehende Staatskommissar für das Flüchtlingswesen ist ermächtigt, mit Zustimmung des Staatsministers des Innern und des Staatsministeriums der Justiz alle Maßnahmen zu ergreifen und anzuordnen, die geeignet sind, die Notstände in der Unterbringung, der Ernährung und der Bekleidung der Flüchtlinge zu beheben.

Soweit es diese Aufgabe erfordert, ist er an die Schranken des Reichsleistungsgesetzes, des Notgesetzes zur Sicherung eines angemessenen Raumausgleiches und an sonstige gesetzliche Vorschriften nicht gebunden.

§ 2

Die im § 1 bezeichneten Befugnisse kann der Staatskommissar für das Flüchtlingswesen im Einzelfall auf die ihm unterstehenden Flüchtlingskommissare übertragen.

§ 3

Die Ausführungsvorschriften erläßt das Staatsministerium des Innern im Benehmen mit dem Staatsministerium der Justiz.

§ 4

Dieses Gesetz tritt mit dem Tage der Verkündigung im Rundfunk in Kraft. Es gilt vorläufig bis zum 1. Juli 1946.

München, 14. Dezember 1945.

Der Bayerische Ministerpräsident
gez. Dr. Wilhelm Hoegner

*

Laut Ministerratsbeschluß vom 26. Juni 1946 wurde einstimmig das Gesetz Nr. 5 um 3 Monate, das ist bis 30. 9. 1946, verlängert.

München, den 1. Juli 1946.

gez. Seifried
Staatsminister des Innern

*

Verfügung des Bayerischen Staatsministers des Innern vom 28. 9. 1946 Nr. 1156 abd 56 —

Der Ministerrat hat in seiner Sitzung am 27. September 1946 beschlossen, das Flüchtlingsnotgesetz bis 31. Dezember 1946 und die Verordnung über die Wohnraumbeschlagnahme für Flüchtlinge (vom 16. April 1946) bis 31. Oktober 1946 zu verlängern.

Bayerischer Staatsanzeiger
12. 10. 1946 Nr. 20

I. Aufgabe und Tätigkeit des Staatskommissars für das Flüchtlingswesen im Bayerischen Staatsministerium des Innern 1946

1. Die Einschleusung 1946

1. 1 Die organisatorische Vorbereitung

Bereits im Dezember 1945 diskutierte der gerade berufene Staatskommissar für das Flüchtlingswesen *Wolfgang Jaenicke* mit seinen Mitarbeitern, wie wohl am besten die angekündigten Ausweisungstransporte aufzunehmen und innerhalb Bayerns zu verteilen seien. Seine Grundsatzentscheidung stand fest, sich auf die zentrale Aufgabe zu beschränken. Der Autor — als sein „Statistischer Berater" — berichtete darüber am 6. November 1946 im Dokument II/4-296a:

„Die Zuteilung der Flüchtlinge wird nach bestem Wissen und Können vom Staatskommissar nur für die (damals) fünf Regierungsbezirke vorgenommen, die Aufteilung innerhalb der Regierungsbezirke dagegen von den fünf Regierungskommissaren in eigener Verantwortlichkeit. Hierfür werden einige statistische und wissenschaftlich fundierte Unterlagen vom Staatskommissar zur Verfügung gestellt. Örtliche Notlagen durch Sperrung seitens der Militärregierung für irgendwelche militärischen Zwecke usw. sind von den Regierungskommissaren auszugleichen. Die Aufteilung innerhalb der (damals 166) Stadt- und Landkreise mit möglichst weitgehender Berücksichtigung der lokalen Verhältnisse unternimmt der zuständige Flüchtlingskommissar."

Diese organisatorische Aufteilung war geschickt und weitsichtig, beweist aber auch die außergewöhnliche Verantwortung, die der Staatskommissar jedem seiner Mitarbeiter aufbürdete.

Am 10. Januar 1946 wurden der Staatskommissar und sein Statistischer Berater zum Chef der Amerikanischen Militärregierung für Bayern, Brigadegeneral *Walter J. Muller*, bestellt. Dort erhielten sie die ersten Weisungen für eine laufende statistische Erfassung der Flüchtlinge, Ausgewiesenen und Evakuierten. Zwangsläufig wurde dabei die Notwendigkeit der Begriffsbildung zur Sprache gebracht. Diese einstündige Diskussion endete abrupt mit dem Befehl, innerhalb 24 Stunden eine kreisweise „Abschätzung der möglichen Flüchtlingszuweisung" vorzulegen, wobei davon auszugehen sei, daß innerhalb kürzester Zeit rund 2 000 000 Deutsche aus der Tschechoslowakei und Ungarn von Bayern aufzunehmen seien. Es bestand kein Zweifel, daß diesem Befehl termingemäß entsprochen werden mußte, allein um den guten Willen zu zeigen. Zwei aktuelle Unterlagen standen zur Verfügung. Einmal die von Präsident Professor Dr. *Friedrich Burgdörfer* im Juni 1945 auf Befehl der Militärregierung durchgeführte „Flüchtlings- und Evakuiertenzählung". Diese Erhebung des Bayerischen Statistischen Landesamtes hatte gezeigt, wie vor allem die östlichen Landkreise bereits mit Flüchtlingen aus Schlesien usw. seit den Monaten des Zusammenbruchs belastet waren. Die Anfang Januar 1946 noch nicht vorliegenden Ergebnisse einer neuen Erhebung vom 10. Dezember 1945 bestätigten später, daß von den 734 021 Flüchtlingen 291 529 in Niederbayern-Oberpfalz und 224 285 in Oberfranken-Mittelfranken provisorisch untergekommen waren, aber nur 124 795 in Oberbayern, 56 454 in Schwaben und 36 958 in Unterfranken. Die zweite Unterlage bildeten die Daten der sog. „Nährmittelbevölkerung". Das waren Einwohnerzahlen aufgrund der Ausgabe von Lebensmittelkarten. Die jüngsten Daten stammten von der 81. Periode (Laufzeit 15. 10.—10. 11. 1945).

Mit Hilfe dieser Zahlen einerseits über die Vorbelastung in Ostbayern und über die Bevölkerungsabnahme in den luftkriegszerstörten Städten (1939/45) andererseits, sowie aufgrund seiner genauen Landeskenntnisse fertigte der Statistische Berater in der folgenden Nacht die gewünschte Unterlage. Die Zahlen wurden am nächsten Morgen in die gerade neu erschienene Verwaltungskarte Bayerns (Hauptvermessungsabteilung XIII) eingetragen.

Tatsächlich kamen dann — um dies gleich klarzustellen — 1946 nicht zusätzlich 2 000 000 Ausgewiesene, sondern „nur" 786 037 in organisierten Eisenbahn- und wenigen Autotransporten, dazu 175 843 Einzelgänger und aus der Kriegsgefangenschaft entlassene Soldaten, deren Heimat in den Vertreibungsgebieten lag. Allerdings stieg die Gesamtzahl der Flüchtlinge und Ausgewiesenen, die später als „Vertriebene" bezeichnet wurden, bis 1. Januar 1947 auf 1 695 901. Und glücklicherweise war auch das Ausweisungstempo anfangs nicht so schnell, wie zuerst angedroht worden war. Zwar kam der erste Transport am 19. Januar 1946, aber bis 31. Januar trafen nur elf weitere Transporte mit insgesamt 12 123 Ausgewiesenen ein.

Immerhin waren die Offiziere der Besatzungsmacht überrascht, wie prompt der Staatskommissar innerhalb 24 Stunden reagiert hatte. Dennoch machte das verhörähnliche Gespräch deutlich, daß sie mißtrauisch waren. Die Amerikaner wollten genau wissen, warum hierhin so viele und dorthin so viele Ausgewiesene gebracht werden sollten. Anhand der mitgebrachten Arbeitsunterlagen konnten die einzelnen Quoten begründet werden. Wenn auch heute die kreisweisen Angaben nicht mehr belangreich sind, dürften doch die damals programmierten Daten für die fünf Regierungsbezirke von Interesse sein:

Abschätzung der möglichen Flüchtlingszuteilung
Staatskommissariat für Flüchtlingswesen, Abt. Statistik, 11. Januar 1946

	Januar 1946 Bevölkerung in Mill.	Zunahme 1939/ Ende 1945	Flüchtlings- zuteilung 1946	Zunahme 1939/ Ende 1946
Oberbayern	2,1	9 %	540 000	37 %
ohne München, Ingolstadt	1,4	31 %		83 %
Niederbayern-Oberpfalz	1,9	33 %	420 000	63 %
Oberfranken-Mittelfranken	2,1	12 %	540 000	40 %
ohne Nürnberg-Fürth	1,7	26 %		65 %
Unterfranken	0,9	11 %	240 000	40 %
ohne Aschaffenburg, Schweinfurt, Würzburg	0,8	25 %		64 %
Schwaben	1,0	14 %	260 000	44 %
ohne Augsburg	0,9	23 %		58 %
Bayern rechts des Rheins	8,0	16 %	2 000 000	45 %

Der die Amerikaner befriedigende Ausgang dieser schwierigen „Unterhaltung" war von großer Bedeutung für die weitere Tätigkeit. Die für den Staatskommissar gedruckte Verwaltungskarte Bayerns 1 : 1 250 000 fand großen Anklang; in Zukunft wünschten sie alle statistischen Informationen in dieser Form kreisweise kartiert zu bekommen. Das war der Anfang eines „Kartendienstes"[1]), der 1946 neben dem „Statistischen Informationsdienst"[2]) herausgebracht wurde. In zwei Folgen „Amtliches Zahlenmaterial zum Flüchtlingsproblem in Bayern" wurden die wichtigsten Ergebnisse zusammengestellt[3]).

An diesem 11. Januar 1946 wurde ferner erstmalig der Militärregierung die Absicht vorgetragen, einen bayerischen Flüchtlingsausweis einzuführen. Dabei kam das Problem zur Sprache, wie jene 734 021 „Flüchtlinge" zu behandeln seien, die bereits Ende 1945 in Bayern registriert waren. Es handelte sich einmal um 513 801 aus den „Deutschen Gebieten östlich Oder und Neiße", die in den Monaten des Zusammenbruchs nach Bayern evakuiert worden waren oder in Flüchtlings-Trecks oder einzeln durch Böhmen hierher geflohen waren. Der Alliierte Kontrollrat hatte am 2. November 1945 beschlossen, die Ostdeutschen 1946 nicht in die Amerikanische Besatzungszone auszuweisen, sondern in die Britische und Russische. Die anderen 220 220 „Flüchtlinge" stammten aus der Tschechoslowakei, Österreich, Ungarn, Ru-

1) Staatskommissar für das Flüchtlingswesen im Bayer. Staatsministerium des Innern: Kartendienst, 1946, 94 Ausgaben.
2) Desgl.: Statistischer Informationsdienst, 1946, 27 Ausgaben (wurde bis 25. 1. 1952 fortgeführt — Nr. 170).
3) Martin Kornrumpf: Amtliches Zahlenmaterial zum Flüchtlingsproblem in Bayern; hrsg. vom Bayer. Staatsministerium des Innern, München; 1. Folge Okt. 1946, 28 S., 2. Folge Jan. 1947, 24 S.; 3. Folge Mai 1947, 24 S.; 4. Folge Febr. 1948, 52 S.

mänien, Jugoslawien usw. Sofort stimmte die Militärregierung zu, daß diese 220 220 Flüchtlinge den 1946 zu erwartenden „Ausgewiesenen" gleichgestellt wurden. Aber der Staatskommissar plädierte auch spontan dafür, aus humanitären Gründen die Ostdeutschen nicht in die „zuständigen" Zonen abzuschieben, jedenfalls nicht sofort. Ernstlich ist dieses Problem kein zweites Mal zwischen der Militärregierung und dem Staatskommissar diskutiert worden.

„Statistical Advisor" der Militärregierung für Bayern war der ehemalige Präsident des Lettischen Statistischen Amtes, Prof. Dr. *Anatol Tooms*, der später nach Ottawa auswanderte. Zwischen ihm und dem Staatskommissariat entwickelte sich nach dieser Unterredung ein bald freundschaftlicher Kontakt, der für beide Seiten außerordentlich nützlich war. Als Fachmann war ihm natürlich klar, daß für jede Statistik exakte Begriffsdefinitionen erforderlich sind. So wurden mit ihm — noch ehe juristische oder gar gesetzliche Formulierungen vorlagen — die Begriffe „Evakuierter", „Flüchtling", „Ausgewiesener" und „Ausländer" festgelegt. Auf Vorschlag von Professor *Tooms* führte OMGUS (Office of US Military Government for Germany), Berlin, für statistische Zwecke sofort diese vorläufigen Definitionen ein. Auf S. 75 wird darüber genauer berichtet. Präziser formuliert wurden diese Begriffe in der Verordnung über die Einführung des Flüchtlingsausweises (6. April 1946) und schließlich im zoneneinheitlichen Flüchtlingsgesetz vom Februar 1947. So endete diese erste ins Detail gehende Unterredung, die wie ein Verhör begonnen hatte, erfreulich und legte den Grundstein für eine Entwicklung, die bereits im März 1946 einer durchaus vertrauensvollen Zusammenarbeit den Weg ebnete. Die Kontrollfunktion der Besatzungsmacht wandelte sich Schritt für Schritt zur Hilfsbereitschaft gegenüber dem Staatskommissariat.

1. 2 Durchschleusung der Ausweisungstransporte im Grenzlager

Im Kartendienst Nr. 20 vom 15. Mai 1946 (II/4-105a) wurde erstmalig über das „Fassungsvermögen der Durchschleusungslager für Ausgewiesene" berichtet. In der 8. Ausgabe vom 8. August 1946 — also im Höhepunkt der Ausweisung — heißt es:

Fassungsvermögen der sechs Grenzdurchgangslager	13 900
Piding — nahe dem Grenzübergang Salzburg/Freilassing	3 000
Schalding — bei Passau	1 400
Furth im Wald	900
Wiesau — nahe dem Grenzübergang Eger	1 500
Hof	5 000
Neu-Ulm	2 100

Am 18. Oktober 1946 wurde bei einer Besprechung des Statistischen Beraters mit Grenzkommissar *Karl Keller* der folgende Bericht über das Funktionieren der Durchschleusung im Grenzlager verfaßt, der erstmalig am 2. November 1970 veröffentlicht wurde[4]):

„Grenzlager Furth im Wald 18. Oktober 1946

Der Bahnhof Furth im Wald an der Strecke Pilsen-Nürnberg und das sich anschließende Flüchtlingsdurchgangslager liegen 4 km von der bayerisch-böhmischen Grenze entfernt, umrahmt von den Höhenzügen des Bayerischen Waldes. Das Gesamtlager umfaßt 40 kleinere und größere Baracken einschließlich der Wasch- und Toilettenbaracken. Es wurde versucht, hier ein mustergültiges Grenzdurchgangslager zur Linderung des ersten Notstandes der ausgewiesenen Sudetendeutschen aufzubauen, was jedoch infolge vieler Schwierigkeiten erst Schritt für Schritt gelang.

Die Zugabfertigung

Der zehngleisige Bahnkörper ermöglicht es dem Grenzkommissar, bis zu fünf Transporten mit je 1200 Personen, also 6000 Sudetendeutsche, pro Tag durchzuschleusen, d. h. aufzunehmen und weiterzuleiten. Und dies trotz der Repatriierungs-Transporte nach Polen (DP's) und eines umfangreichen Frachtenverkehrs.

Durchschleusung der Flüchtlingstransporte in Furth i.Wald 1946

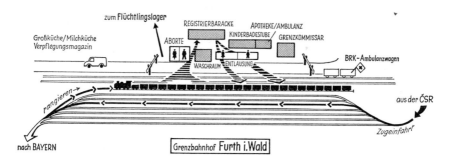

Anlage zum Bericht vom 18.Okt.1946

nach dem Original von Martin Kornrumpf gezeichnet von R. Winklmeier, 2. Nov. 1970

---

4) Martin Kornrumpf: Der Staatskommissar 1945; Festvorlesung am 2. 11. 1970 in München; in: „Arbeit und Wirtschaft in Bayern", München 1970, Nr. 10, 14 S.

Der tschechoslowakische Verbindungsoffizier gibt über den amerikanischen Besatzungsoffizier dem Grenzkommissar alle 14 Tage die Abgangsorte der vorgesehenen Züge bekannt. Die Zielbahnhöfe bestimmt die Transportabteilung des Staatskommissars in München und sagt diese (dem Grenzkommissar, der Reichsbahn und dem jeweils zuständigen Regierungskommissar) telefonisch durch. Zielbahnhöfe in Württemberg-Baden und Hessen werden den in Furth im Wald sitzenden Transportbeauftragten von ihren Staats- bzw. Landeskommissaren entsprechend angegeben.

Die genaue Zugankunft im Grenzbahnhof Furth im Wald kann erst nach Abfertigung und Übergabe des Zuges an den amerikanischen Verbindungsoffizier in Taus (Domažlice) durch Vermittlung der ČSR-Bahn durchtelefoniert werden. Sodann wird durch eine Lautsprecheranlage das gesamte Personal des Durchgangslagers verständigt, daß der Zug mit Ausgewiesenen von ... nach ... Einfahrt hat. Dadurch werden auch wartende Angehörige informiert.

Das Bahnpersonal rangiert den Zug auf das für ihn vorgesehene Gleis. Dann beginnt die Arbeit des Grenzkommissariats. Durch Lautsprecher werden die Wageninsassen kurz begrüßt und aufgefordert, sofort auszusteigen und vor den Wagen zu warten, bis sie von den Ordnerinnen (BRK) zur ärztlichen Untersuchung geführt werden. Diese Ansage muß mehrfach wiederholt werden, weil die Angehörigen der Transporte nicht gewohnt sind, durch eine deutsche Stimme angesprochen zu werden.

Alsdann wird der Transport, von den rückwärtigen Wagen angefangen, ausgeladen und die Personen zur Entlausung (DDT), ärztlichen Untersuchung (Männer und Frauen getrennt) und Registrierung geführt. Durch genaueste Beachtung der DDT-Einstaubung (1946 das neue Allheilmittel!) wird der Ausbruch verschiedener Krankheiten vorgebeugt. Mit dem in der Registrierungsstelle ausgestellten Gesundheitsschein versehen — wobei sich der untersuchende BRK-Arzt vom Gesundheitszustand jedes einzelnen überzeugt —, können die Ausgewiesenen sich in der gutangelegten Waschanlage für Durchreisende reinigen und in sauberem Zustand die Fahrt an das Endziel des Transportes fortsetzen.

Am vorderen Ende des Transportes wird inzwischen durch Verpflegungsausgabe für die Angekommenen Sorge getragen. Dadurch kann der gesamte Flüchtlingstransport innerhalb von zwei bis zweieinhalb Stunden vollkommen abgefertigt werden.

Während des Aufenthaltes im Bahnhofsgelände erfolgt die ganze Steuerung durch Lautsprecheransagen. So werden die Ausgewiesenen zu sämtlichen Abfertigungsstellen geleitet. Von Anbeginn an hat man sich auf einen einheitlichen Sprechtext festgelegt.

Mütter mit Säuglingen und Kleinkindern bis zu drei Jahren benutzen einen eigenen Baderaum, sodaß auch für die Kleinsten wohl gesorgt ist.

Marschverpflegung bekommen nur Transporte, die Bayern wieder verlassen; bei Fahrtzielen innerhalb Bayerns wird die vom Transport mitgebrachte Verpflegung durch einen Furier und Gehilfen hier ausgegeben. Mütter mit Kleinstkindern haben ferner Gelegenheit, in einem besonderen Wagen des BRK-Hilfszuges Vollmilch abzuholen.

Was dabei vom gesamten Personal (Grenzkommissariat und Bayerisches Rotes Kreuz) an Kleinarbeit geleistet wird, ist bereits oft genug von den vorgesetzten Dienststellen gewürdigt worden. Wirklich nur mit dem Einsatz der ganzen Persönlichkeit kann diese vielseitige Arbeit in so gedrängter Zeit bewältigt werden. Es bleibt nicht allein bei der routinemäßigen Abfertigung während des Durchschleusungsprozesses, sondern das ganze Streben des Personals ist darauf gerichtet, in jeder Hinsicht dem Einzelnen ständig die vollste Unterstützung angedeihen zu lassen.

Heute (am 18. Oktober 1946), nachdem schon 480 Transporte durchgeschleust wurden, sieht die Abwicklung äußerlich vielleicht mechanisch aus; tatsächlich ist der Arbeitsgang bei jedem Zug wieder etwas anders. Alle Mitarbeiter machen laufend Vorschläge, die der Erleichterung und Vereinfachung dienen, in erster Linie, um den Ausgewiesenen in den ersten Stunden im Grenzlager mit Menschlichkeit zu begegnen.

Krankenbetreuung

Auf Gleis 10 ist der Ambulanzwagen des Rotkreuz-Zuges abgestellt. Hier ist ständig der Leitende Arzt zu erreichen, der bei der allgemeinen Untersuchung nicht beteiligt ist. Schwer- und Leichtkranke erhalten hier auf deutschem Boden die erste Hilfe. Leider stehen nicht genügend Arzneien zur Verfügung, um sofort eine straffe Behandlung zu beginnen. Der Leitende Arzt nimmt in Verbindung mit dem Grenzkommissar transportfähige Kranke heraus. Da es in der Amerikanischen Zone keine Trennung von Familien gibt, wird mindestens ein Angehöriger, falls sich ein solcher in dem Transport befindet, mit herausgenommen und auch das ihnen gehörende Gepäck. Sie werden dann in das Flüchtlingsdurchgangslager eingewiesen und bleiben dort, meist ein paar Tage. (Nach Wiederherstellung der Reisefähigkeit wurden sie mit dem nächsten Transport weitergeleitet.)

Weiterreise

Sind dann nach etwa zwei Stunden alle Personen eines Transportes durch die verschiedenen Stationen des Durchschleusungsverkehrs gegangen, erhält der Grenzkommissar die „Fertig"-Meldung von der Aufsichtsführung. Abfahrtszeit und die Weiterleitung und Aufteilung des Zuges — meist in drei Gruppen zu je 400 — hat der Grenzkommissar schon mit dem amerikanischen Transportoffizier (RTO) und dem deutschen Fahrdienstleiter besprochen, der die Informationen an das Fahrplanbüro in Regensburg meldet. Alle steigen ein. Abfahrt!

Permit-Durchgangsverkehr (Antifa-Leitstelle)

Im Rahmen der Flüchtlings-Durchschleusung wird auch der Permit-Durchgangsverkehr abgewickelt. Personen, welche die Aussiedlungskosten selbst tragen wollen, können unter bestimmten Voraussetzungen bei der zuständigen Prager Stelle ein „Permit" für die Ausreise in die Amerikanische Zone erhalten. Genannte Personen fahren mittels Auto vom Abgangsort nach Furth i. Wald und dürfen in unbeschränktem Maße Gepäck und Möbelstücke mitführen. Die hier eintreffenden Aussiedler werden nun je nach Ausstellung des Permits ausgeladen oder mit den gleichen Autos nach dem Zielort weitergeleitet. Sie erhalten jeweils für einen Tag Marschverpflegung, falls sie nicht ein Ziel in Bayern nennen.

Falls die Lkw's nicht weiterfahren, erfolgt die Weiterleitung wie folgt: Von der Antifa-Leitstelle (Anti-Faschisten-Leitstelle), die die Permitfälle mitbearbeitet, wird jeweils zwei Tage vor Weiterleitung bei der Güterabfertigung der Bahn ein Waggon bestellt, der an die Verladerampe geschoben wird, um ein ungehindertes Einladen zu gewährleisten. Danach wird der Wagen an den Bestimmungsort weitergeleitet.

Baracken für die Durchschleusung:

1. Bürobaracke des Grenzkommissars für Flüchtlingswesen
2. Waschraum mit fließendem kalten Wasser
3. Abortbaracke mit 60 Sitzen
4. Registrierbaracke
5. Untersuchungs- und Entlausungsbaracke
6. Kinderbadestube, Ambulanz und Apotheke
7. Großküche mit 2600 Litern Kochraum
8. Milchküche mit 300 Litern Kochraum
9. Verpflegungsmagazin

Äußerst notwendig wäre die Anschaffung einer modernen amerikanischen Entlausungsmaschine mit 15 Zerstäubern, um täglich 2500 Personen reibungslos behandeln zu können. Sonst kann der Aufbau des Lagers als beendet angesehen werden.

Das Flüchtlingslager Furth im Wald

Das hinter den Durchschleusungsbaracken befindliche „Flüchtlingslager" hat eine Kapazität für 1200 Personen. Pro Lagerinsasse stehen 2,5 m² Fläche zur Verfügung. Für dieses Lager ist eine Küche mit 2400 Litern Kochraum eingerichtet. In drei Waschräumen stehen den Flüchtlingen 80 Waschstellen zur Verfügung. Zwei weitere Waschbaracken sind in nächster Zeit fertiggestellt. Die Abortanlagen zählen 60 Sitze. Für die aus den Transporten herausgenommenen Kranken besteht eine

Krankenbaracke mit 60 Betten und ein Kinderkrankenhaus, sowie eine Infektionsabteilung mit weiteren 60 Betten. Bettwäsche ist nur für die Krankenstationen vorhanden.

Für die Abstellung des Gepäcks und eventuell des Mobiliars existieren Gepäckbaracken. Die Flüchtlinge bekommen von der Lagerleitung Gepäckscheine. Gegen deren Rückgabe wird beim Verlassen des Lagers das Gepäck von einem Arbeitskommando unmittelbar an den Eisenbahnwagen gebracht.

Die Reinigung obliegt Putzfrauen, die Barackengänge und Außenreviere säubern. Ein Arzt geht jeden Morgen durch sämtliche Baracken und nimmt Krankenmeldungen entgegen. Bei schweren Fällen erfolgt die Einweisung in die Krankenbaracken. Hier erhalten sie eine besondere Pflege."

Dieses Dokument vom 18. Oktober 1946, an Ort und Stelle aufgezeichnet und mit einer Lagerskizze versehen, veranschaulicht, wie die Aufgaben und die Tätigkeit der Grenzkommissare aussahen.

1. 3 Die „gerechte" Verteilung innerhalb der Regierungsbezirke

Nach kurzem Aufenthalt in den Grenzlagern fuhren die Ausgewiesenen in deutschen Güterzügen zu den „Regierungslagern". Den fünf Regierungskommissaren standen 13 Durchgangslager mit einer Kapazität von 18 100 Plätzen zur Verfügung. Die Güterzüge brachten in der Regel je 1200 Ausgewiesene; spätestens in den Regierungslagern wurden sie gedrittelt, d. h. in Gruppen zu je 400 den einzelnen Flüchtlingskommissaren zur Unterbringung anvertraut.

Die verantwortungsvolle Aufgabe der Regierungskommissare, die Flüchtlinge „gerecht" zu verteilen, war nicht leicht zu bewältigen. Zwar hatten die Flüchtlingskommissare weisungsgemäß Wohnräume beschlagnahmt und die betroffenen Einheimischen hatten im allgemeinen die Zwangslage der Flüchtlingsverwaltung und die Notlage der Ausgewiesenen begriffen, aber Oberbürgermeister, Landräte und Bürgermeister, ja die gesamte einheimische Bevölkerung waren sich im klaren darüber, daß es sich nicht wie bei den Evakuierten um eine nur vorübergehende „Einquartierung" handelte. Obendrein war von einer sinnvollen Planung keine Rede. Denn oft waren die Familien zerrissen, der Ernährer der Familie kriegsgefangen, verschollen oder gefallen. Selbst wenn eine Familie beisammen geblieben war, mußte erst ein Arbeitsplatz gefunden werden. Die vertriebenen Bauern, Handwerker und die Industriellen, die Kaufleute, Ärzte, Rechtsanwälte usw. standen zuerst einmal vor dem Nichts. Würden sie je wieder selbständig werden können? Das war ihre quälende Frage. Dagegen hieß die Hauptaufgabe der Regierungs- und Flüchtlingskommissare, zunächst einmal vor Beginn des Winters 1946/47 alle Vertriebenen provisorisch unterzubringen.

Um den Regierungskommissaren für ihre eigenen Überlegungen und für die Diskussionen mit den örtlichen Stellen Entscheidungshilfen zu geben, versorgte der Staatskommissar sie mit allen greifbaren Informationen über die Struktur ihres Bezirkes. Man konnte damals sich nicht wie heute „schnell einmal" diese oder jene Daten beschaffen. Erst am 12. November 1946 genehmigte die Amerikanische Besatzungsmacht auf Antrag des Stuttgarter Länderrates vom 4. Juni 1946 die Herausgabe eines „Statistischen Handbuchs von Deutschland 1928—1944", das dann endlich 1949 im Franz-Ehrenwirth-Verlag, München, erschien.

1946 informierte der Staatskommissar seine Regierungskommissare und z. T. auch direkt seine 166 Flüchtlingskommissare über Berufsgliederung, Bevölkerungsdichte, Konfessionsverteilung, Verkehrsnetz, Fremdenverkehr usw., zumeist Daten von 1939. Aber selbstverständlich auch über alle neuen vom Bayerischen Statistischen Landesamt veröffentlichten Ergebnisse. So hatte das Landesamt z. B. am 10. Dezember 1945 in einer großen Erhebung auch u. a. nach „zurückerwarteten (einheimischen) Wehrmachtangehörigen" gefragt. Im März 1946 lag das Ergebnis vor: 470 000 zurückerwartete Soldaten. Das Hauptthema aber war eine Wohnungszählung.

1. 4 Die Wohnungs-Statistik vom 10. Dezember 1945 als Grundlage

Das Bayerische Statistische Landesamt, dessen kommissarische Leitung in die Hände von Dr. *Meinrad Hagmann* gelegt worden war, führte auf Befehl der Militärregierung am 10. Dezember 1945 eine Wohnungszählung durch, übrigens in Verbindung damit auch eine neue, dritte, Erfassung der „Zugewanderten", d. h. der Flüchtlinge und Evakuierten.

Ende Februar 1946 lagen die ersten Ergebnisse vor, u. a. eine kreisweise Statistik der „Bewohner je Wohnraum". Dr. *Leonhard Achner* war dafür zuständig. Heute, in einer Zeit der perfektionierten elektronischen Datenverarbeitung, ist es kaum verständlich, wie schnell damals Erfassung und Auswertung von lebenswichtigen Statistiken abliefen. In den ersten Märztagen 1946 konnte daher der Staatskommissar im Kartendienst Nr. 1 die Regierungs- und Flüchtlingskommissare über die Wohnlage informieren. Acht ostbayerische Landkreise hatten schon vor Beginn der organisierten Ausweisung eine Wohndichte von 1,5 bis 1,7 Bewohnern je Wohnraum. Fast ganz Niederbayern-Oberpfalz lag in der Stufe 1,3 bis unter 1,5. Der Landesdurchschnitt betrug 1,16.

Da bis Ende 1948 praktisch der Neubau von Wohnungen ruhte, konnte die im Dezember 1945 festgestellte Zahl von Wohnräumen auch das ganze Jahr 1946 hindurch neuen Wohnraum-Dichteberechnungen zugrunde gelegt werden. Die Dichte betrug dann am Ende des Jahres 1946 1,6 Personen je Wohnraum im Landesdurchschnitt, in weiten Teilen Bayerns 1,8 und im Landkreis Regen (Niederbayern) und im Landkreis Brückenau (Rhön) gar über 2, übrigens auch im kriegszerstörten Würzburg.

Um die „Belastbarkeit" der einzelnen Bezirke abschätzen zu können, reichte die primitive „Bevölkerungsdichte", d. h. Einwohner je km², nicht aus. Man rechnete deshalb das Ackerland zu 100 %, Wiesen zu 50 %, Weiden zu 25 %, den Wald mit 10 % und alle sonstigen Flächen mit 3 % und kam dann zu einer „gewogenen Wirtschaftsfläche". Bayerns Fläche schrumpfte von 6,9 auf 3,3 Millionen Hektar „gewogene Fläche". Das Voralpenland, der Bayerische Wald, Fichtelgebirge und Frankenwald, die Fränkische Alb und Spessart erschienen dadurch „relativ dicht" bevölkert (Kartendienst Nr. 30). Auch wurde, auf Vorkriegsuntersuchungen von *Gerhart Isenberg* und dem Autor fußend, eine „Landwirtschaftliche Bevölkerungsdichte, bezogen auf 100 000 Reichsmark Einheitswert", also nicht auf km², kreisweise errechnet. 1939 betrug der Einheitswert im Durchschnitt 1000 RM je Hektar, d. h. 100 000 RM je km². Je geringer der Einheitswert, so lautete die Aussage, umso geringer ist die „Tragfähigkeit"[5].

Während die Transporte in immer schnellerer Folge eintrafen und untergebracht werden mußten, schlugen die Statistiker eine andere Berechnung der „Überbelegung" vor. Man unterstellte, daß die Bevölkerungsdichte 1939 „normal" gewesen sei — was natürlich auch nicht zutraf — und „minderte die Bevölkerung" um so viele Prozent, wie vom früheren Wohnungsbestand luftkriegszerstört worden waren. Wenn ein Bezirk bei Kriegsausbruch 25 000 Einwohner gezählt hatte und 20 % des Wohnraumbestandes zerstört worden war, bedeutete dies, daß unter Vorkriegsbedingungen nunmehr nur noch 20 000 Personen normal untergebracht werden konnten. Lebten aber tatsächlich 35 000 dort, sprach man von einer „Überbelegung" von 75 % (20 : 35 Tausend).

Diese Überlegungen wurden absichtlich so eingehend beschrieben, um den Leser zu beweisen, wie die Flüchtlingsverwaltung in ihrer Ratlosigkeit sich bemühte, irgendwelche Maßstäbe für eine „gerechte Verteilung der Flüchtlinge" zu finden. Diese „Zahlenspiele" waren bei den Diskussionen mit den Landräten und Oberbürgermeistern für die Flüchtlingskommissare hilfreich. Und sie wurden auch in den Beratungen im Stuttgarter Länderrat benutzt, wenn über die gerechte Verteilung zwischen den Ländern (erfolglos) gestritten wurde. In diesen politischen Auseinandersetzungen, die auch später den Bayerischen Landtag beschäftigten, tauchten dann immer wieder die hier erläuterten statistischen Konstruktionen auf: „Geminderte Bevölkerung", „Überbelegung", „gerechte Verteilung" usw. Weiter unten erfährt der Leser, warum die Stuttgarter Länderratsdiskussionen an diesem Punkt scheiterten (S. 97), und welche anderen Gesichtspunkte Bedeutung gewannen, als Bundesregierung und Bundesländer über eine innerdeutsche Umsiedlung von Vertriebenen berieten (S. 216).

5) Martin Kornrumpf: Bayern-Atlas, München 1949, S. 33.

Die Regierungskommissare gaben dem Statistischen Berater wöchentlich telefonisch bekannt, in welche Stadt- und Landkreise die dem Regierungsbezirk zugeteilten Ausgewiesenen weitergeleitet wurden. Aus dem 4. Wochenbericht vom 1. April 1946 geht hervor, daß der Staatskommissar anfangs

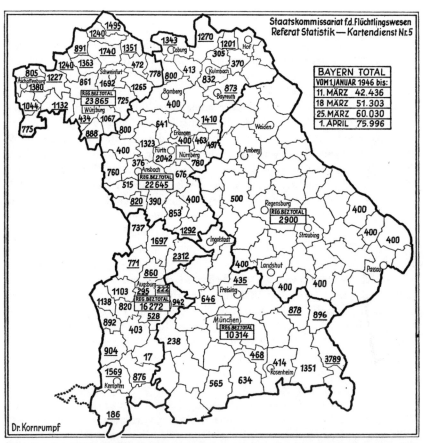

Die seit 1. Jan. 1946 mit Eisenbahntransporten aus dem Ausland nach Bayern r.d.Rh. eingeschleusten Flüchtlinge ——— Anzahl und Verteilung auf Stadt-u. Landkreise

DISTRIBUTION OF THE OFFICIALLY TRANSPORTED EXPELLEES INTO THE BAVARIAN LANDKREISES AFTER JANUARY 1ᵗʰ 1946

Bei Veränderungen gegenüber der letzten Woche: Zahlen unterstrichen
In case of change in the last week figures are underlined

1. April 1946
4. Wochenbericht
WEEKLY REPORT

Stand 1. April 1946 nach telephonisch. Berichten der Regierungskommissare
State of April 1ᵗʰ 1946 phone reports of the 5 Regierungscommissioners

Staatskommissar f.d. Flüchtlingswesen
Referat Statistik — Kartendienst Nr. 86

43.
WOCHENBERICHT
WEEKLY REPORT

Vom 1. Januar bis
30. Dezember
BAYERN
TOTAL
774.951
EXPELLEES IN ORGANISIERTEN TRANSPORTEN
UND AM NEUEN WOHNSITZ REGISTRIERT
Weitere 2179 Personen nicht registriert

Dr. Kornrumpf

Vom 1.Januar bis 31. Dezember 1946 wurden Ausgewiesene eingeschleust

	mit Eisenbahn	mit Autos	in %
NACH BAYERN	777 130 *)	8 907	51 %
NACH HESSEN	397 185	979	26 %
NACH WÜRTTEMBERG - BADEN	360 897	422	23 %
in die amerikanische Zone	1 535 212	10 308	100 %

Dazu DURCH Bayern in andere Zonen : 37 740
*) einschließlich 1515 Flüchtlinge in sogenannten „Streuzügen"

Die seit 1.Jan.1946 mit organisierten Transporten aus dem Ausland nach Bayern r.d.Rh.eingeschleusten Flüchtlinge
Anzahl und Verteilung auf Stadt-und Landkreise

DISTRIBUTION OF THE OFFICIALLY TRANSPORTED EXPELLEES INTO THE BAVARIAN LANDKREISES AFTER JAN.1st 1946

versuchte, Niederbayern-Oberpfalz wegen der „Vorbelastung" mit Flüchtlingen bei der Zuteilung von Ausweisungstransporten zu schonen. Später war dies nicht mehr realisierbar. Als in den Monaten Mai, Juni und Juli in den Grenzlagern täglich oft 5, manchmal 6 oder gar 7 Transporte für Bayern eintrafen, war es unter den damaligen Verhältnissen weder für die Deutsche Reichsbahn noch für die Flüchtlingsverwaltung möglich, einen ganzen

31

Regierungsbezirk von der Aufnahmepflicht zu entbinden. Die Reichsbahn mußte 1946 außerdem nach Hessen 397 185 und nach Württemberg-Baden 360 897 Ausgewiesene durch Bayern weiterleiten. Dennoch beweist der 43. und letzte Wochenbericht, wieviel stärker im Jahre 1946 der Westen und Süden Bayerns belastet wurden. Ganz deutlich muß noch einmal betont werden, daß es sich in diesem Kapitel ausschließlich um die „in organisierten Eisenbahntransporten eingeschleusten Ausgewiesenen" handelt, nicht um die „Vorbelastung" von 1945 und nicht um die entlassenen Kriegsgefangenen und Einzelgänger, die über die „Grüne Grenze" eintrafen, obwohl sie ebenfalls von den örtlichen Flüchtlingskommissaren zu betreuen waren.

In organisierten Eisenbahntransporten trafen in Bayern ein:

Januar	1946 in	11	Transporten	12 123	Ausgewiesene
Februar	1946 in	19	Transporten	21 284	Ausgewiesene
März	1946 in	38	Transporten	42 583	Ausgewiesene
April	1946 in	72	Transporten	85 344	Ausgewiesene
Mai	1946 in	128	Transporten	137 523	Ausgewiesene
Juni	1946 in	132	Transporten	142 191	Ausgewiesene
Juli	1946 in	93	Transporten	102 540	Ausgewiesene
August	1946 in	80	Transporten	79 188	Ausgewiesene
September	1946 in	85	Transporten	72 806	Ausgewiesene
Oktober	1946 in	68	Transporten	60 156	Ausgewiesene
November	1946 in	33	Transporten	16 307	Ausgewiesene
Dezember	1946 in	5	Transporten	3 570	Ausgewiesene
In „Streuzügen" (z. T. in andere Länder)				1 515	Ausgewiesene
im Jahr	1946 in	764	Transporten	777 130	Ausgewiesene
dazu in Autotransporten				8 907	Ausgewiesene

Aus dem 43. Wochenbericht geht hervor, daß Bayern 51 % der 1946 eingeschleusten Ausgewiesenen aufgenommen hat. Auf der ersten Sitzung des Ausschusses „Flüchtlingsfürsorge" im Stuttgarter Länderrat hatte sich am 11. November 1945 Innenminister *Josef Seifried* bereit erklärt, 50 % der einzuschleusenden Ausgewiesenen aufzunehmen (vgl. S. 98).

Nicht aus Liebe zur Statistik, sondern wegen des menschlichen Hintergrundes sei der Leser auf eine kleine Differenz aufmerksam gemacht. Im 43. Wochenbericht erscheint unten die Zahl 777 130, aber rechts oben 774 951 aufgenommene Ausgewiesene und darunter der Zusatz. „Weitere 2179 Personen nicht registriert". Noch auffallender sind die Abweichungen innerhalb der Regierungsbezirke. Es geht nur um Ausgewiesene in Eisenbahntransporten!

Der Grund: Wenn Angehörige, die in verschiedenen Zügen transportiert worden waren, sich irgendwo während der Fahrt durch Bayern zufällig trafen, halfen natürlich die „Waggon-Nachbarn" beim „Umsteigen"; denn ihnen allen war völlig egal, ob die statistischen Berichte dadurch „Schönheitsfehler" bekamen. Und kein einziger Mitarbeiter der Flüchtlingsverwaltung kam auf den Gedanken, solche Initiativen zu unterbinden, falls er sie überhaupt bemerkte. Und auch die amerikanischen Transportoffiziere drückten ein Auge zu.

Damit soll dieser Abschnitt über die Einschleusung im Jahr 1946 abgeschlossen werden. Anhand von Dokumenten wurde berichtet, wie der Staatskommissar mit seinem „Innendienst" (3 Abteilungen mit 9 Referaten) und seinem „Außendienst" (mit 5 Regierungskommissaren, 7 Grenzkommissaren, 6 Feldinspektoren, 1 Außenkommissar und mit 166 Flüchtlingskommissaren) die ihm im Flüchtlingsnotgesetz aufgebürdete Aufgabe bewältigte. Er hatte — so heißt es im § 1 — „alle Maßnahmen zu ergreifen und anzuordnen, die geeignet sind, die Notstände in der Unterbringung, der Ernährung und Bekleidung der Flüchtlinge zu beheben".

Anerkennend wurde zugleich über die umsichtige und unermüdliche Mitwirkung der Deutschen Reichsbahn berichtet — vom Regensburger Fahrplanbüro in der Reichsbahndirektion bis zum Personal auf den Grenzbahnhöfen und den Lokomotivführern. Über 1 500 000 Ausgewiesene wurden ohne ein einziges Eisenbahnunglück in Bayern verteilt oder durch Bayern nach Württemberg-Baden und Hessen gefahren. Dabei waren viele Eisenbahnbrücken zerstört und erst notdürftig repariert, viele Bahnhöfe noch Trümmerhaufen. Lediglich die Gleisanlagen hatte man wieder fahrsicher gemacht.

1. 6 1381 *Flüchtlingslager 1946 — Lagerauflösung seit 1949*

Eine für das Gelingen der Einschleusung entscheidende Zwischenstation wurde bisher nur am Rand erwähnt: Das Flüchtlingslager. Kurz nach dem Überschreiten des Höhepunktes der organisierten Ausweisung — nämlich am 29. Oktober 1946 — gab es neben den sechs Grenzlagern 1375 staatliche Flüchtlingslager in Bayern mit damals 145 827 Insassen. Dies war ein Ergebnis einer Sonderauszahlung am Tag der Volkszählung 1946.

Am 2. Januar 1946 mußte *Jaenicke* eine der ersten großen Entscheidungen treffen. Er hatte alle irgendwie erreichbaren Bauunternehmer in die Prinzregentenstraße 7 eingeladen. Im Parterre der Staatskanzlei standen drei Dienstzimmer zur Verfügung. Die Fenster waren nur z. T. verglast; fehlende Scheiben waren durch Bretter ersetzt. Die Heizung wärmte gerade auf 15⁰ C und im Zimmer des Staatskommissars gab es einen einzigen Schreibtisch und zwei Stühle. Als sich der Raum gefüllt hatte, eröffnete er — selber stehend — die Konferenz; von einer „Sitzung" konnte man angesichts der fehlenden Stühle ja nicht sprechen. Etwa 15 Minuten lang erläuterte *Jaenicke* seinen Auftrag und seine ersten Vorstellungen über die Einschleusung. Seinen Organisationsplan nahmen die Zuhörer aufmerksam zur Kenntnis.

Als er jedoch ausführte, wie er sich den Vorgang an der Grenze und bei der Übernahme durch die Regierungskommissare bzw. in den Stadt- und Landkreisen vorstellte, sah man nur von Bedenken gezeichnete Gesichter.

Es war unbestritten, daß die Durchschleusung weder hier noch dort unter offenem Himmel abgewickelt werden konnte. Die Frage lautete: Wann können mehrere hundert Baracken errichtet und benutzt werden? Noch ehe die Kostenfrage auch nur angeschnitten worden war, stand das negative Ergebnis der Beratung fest: Die notwendigen Baracken könnten frühestens in vier bis fünf Monaten hergestellt werden. Denn es gab weder Dachpappe noch Nägel; Bretter in der erforderlichen Menge waren damals kurzfristig nicht zu beschaffen. Mit Dank für ihr Erscheinen verabschiedete *Jaenicke* die Bauunternehmer, von deren Mithilfe er sich so viel versprochen hatte.

Täglich aber war mit dem Beginn der Massenausweisung zu rechnen. Noch an diesem 2. Januar traf Jaenicke seine Entscheidung: Benutzung aller von Städten und Gemeinden, von Kirchen und dem Roten Kreuz errichteten provisorischen Flüchtlingslager und sofortige Beschlagnahme von Schulen, Turnsälen, Tanzsälen, Hotels, Heimen der NSV (Nationalsozialistische Volkswohlfahrt) und RAD-Baracken (Reichsarbeitsdienst). Als in der zweiten Januarhälfte die ersten Ausweisungstransporte eintrafen, war im Gerippe die Organisation der Flüchtlingslager abgeschlossen. Man hüte sich aber, aus heutiger Sicht etwa anzunehmen, dies alles wäre reibungslos abgelaufen. Die erste „Lagerliste" erschien zusammen mit dem Kartendienst Nr. 20 am 7. Mai 1946[6]). Kurz danach gab der Staatskommissar folgendes Rundschreiben an die fünf Regierungskommissare und die 166 Flüchtlingskommissare heraus (14. Mai 1946 Nr. II/4 105a):

„Für jede planmäßige Lenkung des Flüchtlingsstromes ist genaue Kenntnis der Aufnahmefähigkeit der Flüchtlingslager Voraussetzung. Sowohl bei der ersten Zusammenstellung aufgrund der Meldungen der Regierungskommissare vom 30. Januar 1946, wie bei den späteren Meldungen vom 11. Februar, 11. März, 24. April mußten von mir wie auch von Offizieren der Militärregierung bei Überprüfung an Ort und Stelle unerhörte und untragbare Falschmeldungen festgestellt werden. Solche Irreführungen haben die schwersten Nachwirkungen für die betreffenden Beamten zur Folge.

In der Anlage geht der 12. Statistische Informationsdienst zu. Jeder Flüchtlingskommissar hat bis 25. Mai — notfalls telegraphisch — an den Regierungskommissar und gleichzeitig an den Staatskommissar, II/4 (Statistik), das Fassungsvermögen seines Kreislagers zu melden. Die Meldungen über die Regierungslager erfolgen zum gleichen Termin von den Regierungskommissaren. Leere Turnhallen und Fabrikräume ohne jegliche Vorbereitung für eine vorübergehende Aufnahme von Flüchtlingen können nicht als „Lager" angesehen werden, sondern nur wirklich

---

6) Staatskommissar für das Flüchtlingswesen: Lagerlisten (Fassungsvermögen und Belegung); München, erstmalig 7. 5. 1946; wurde fortgesetzt bis zur Auflösung der „alten" Lager (Juli 1963).

aufnahmefähige mit Bettstellen, Waschräumen, Aborten usw. einge-
richtete Räume. Veränderungen (des Fassungsvermögens) müssen an
Staatskommissar II/4 gemeldet werden, sobald sie ± 10 % ausmachen,
bei Regierungslagern ± 5 %. Unterlassung von Meldungen und Falschmeldungen werden unabhängig von Maßnahmen der Militärregierung
disziplinarisch verfolgt mit dem Ziel der Dienstentlassung."

In engster Zusammenarbeit mit dem Transportreferenten *(Haesert)* wertete
der Statistische Berater die Meldungen für die weitere Transportplanung
laufend aus. Bald wurden nicht nur das Fassungsvermögen, sondern auch
die jeweilige Belegung der Flüchtlingslager erfragt.

Wie schon erwähnt führte der Staatskommissar am Tag der Volkszählung
1946 eine Sonderauszählung auf Bitte des Bayerischen Statistischen Landesamtes durch. Gerade in jener Zeit wurde ein Maximum der Lagerbelegung
erreicht, weil die kontinuierliche Einquartierung von Vertriebenen den Flüchtlingskommissaren ständig größere Schwierigkeiten bereitete. Durch den Rück-
stau erklärt sich die hohe Zahl von 151 113 Lagerinsassen (einschl. der sechs
Grenzlager). Diese Zahl entsprach rund 125 Ausweisungstransporten oder
anders ausgedrückt: Die seit Ende August aufgenommenen Ausgewiesenen
mußten längere Zeit in den „Durchgangslagern" auf ihre Einweisung warten.
Wegen des geringen Zugangs an neuen Ausweisungstransporten im November
und Dezember 1946 konnten fast 300 dieser provisorischen Durchgangslager
aufgelöst werden. Aber in den verbleibenden 1098 staatlichen Lagern mußten
doch noch 109 053 Vertriebene die Silvesternacht 1946/47 verbringen. Über
die weitere Entwicklung, d. h. über die Umwandlung der Durchgangslager zu „Wohnlagern" und die beginnende Lagerauflösung wird noch in
diesem Abschnitt zu berichten sein. Aber zuvor soll der Leser Anwort auf
einige fällige Fragen erhalten: Wie waren die Lager organisiert, wie wurden
die Lagerinsassen versorgt? Es war ein außerordentliches Glück, daß der „Stab
Steffen" helfen konnte.

Durchschleusungslager in Bayern Okt. 1946/Jan. 1947

Regierungsbezirk	29. Oktober 1946		15. Januar 1947	
	Lager	Insassen	Lager	Insassen
Oberbayern	358	37 741	194	23 186
Niederbayern/Oberpfalz	435	38 057	427	32 614
Ober-/Mittelfranken	377	41 806	279	30 969
Unterfranken	64	9 557	64	6 552
Schwaben	141	18 666	128	13 868
Grenzlager	6	5 286	6	1 864
Bayer. Lager insgesamt	1 381	151 113	1 098	109 053

1. 7 Der Stab Steffen und die Gemeinschaftsverpflegung in Lagern

„In diesen Tagen des völligen Zusammenbruchs gab es nur eine Möglichkeit, ganz vorn mit einfachsten Mitteln anzufangen. Der entschlossene Wille des Siegers, Ordnung in ein drohendes Chaos zu bringen, ließ auch keine Zeit und führte schneller, als man es damals für möglich halten durfte, in Bayern zu einem einzigartigen, ernährungswirtschaftlichen Hilfswerk für die Opfer des Krieges, nämlich der späteren Bayerischen Lagerversorgung (BLV)." Diese Sätze schrieb Dr. jur. *Werner Fuhrmann,* Justitiar der BLV, im Vorwort zu seiner Schrift:

„Die *Bayerische Lagerversorgung* 1945—1951, ein ernährungswirtschaftlicher Beitrag zur Versorgung von Gemeinschaftsverpflegungseinrichtungen und der Schulspeisung"[7]).

Vom gleichen Autor stammt die 1974 erschienene Festschrift der BLV: „Die Geschichte der Bayerischen Lagerversorgung 1945—1974, ein Zeitspiegel der Ernährungswirtschaft"[8]).

Mit Erlaubnis des BLV-Gründers *Kurt Steffen,* bis Ende 1978 einer der drei BLV-Geschäftsführer, bringen wir folgenden Auszug aus dem Bericht von 1951:

„Als Deutschland Ende April 1945 militärisch besiegt war, strömten gewaltige Heeresmassen von Norden und Süden nach Österreich ein, um dort ihrer Kapitulation entgegenzusehen oder sich in den höchsten Bergen zum letzten Widerstand zu stellen. Widerstand wurde jedoch praktisch nicht mehr geleistet, sondern die Restbestände des deutschen Heeres ergaben sich den Amerikanern.

Im Verhältnis zu dem kleinen Österreich war die Versorgung der nun entstandenen Kriegsgefangenenlager und der Lazarette zu einem brennenden Problem geworden, weil Deutschland auch wirtschaftlich, ernährungsmäßig und politisch zusammengebrochen war.

Nach Österreich waren aus Italien und Jugoslawien auch die Schwerverletzten überführt worden, so daß die Lazarette in Kitzbühl, Hofgastein, Bad Gastein, Wörgl, St. Johann, Waidring usw. überfüllt waren. Täglich kamen aus Italien weitere Truppentransporte in den österreichischen Kapitulationsraum, bis schließlich über eine Million Kriegsgefangener in den Lagern Innsbruck, Wörgl, Saatz, Bischofswiesen, Salzburg, Lofer, Maishofen usw. zu versorgen waren.

In Österreich waren zwar große Heeresbestände an Verpflegung und Material vorhanden, aber es war größte Eile geboten, wenn sie vor Plünde-

---

7) Werner Fuhrmann: Die Bayerische Lagerversorgung 1945—1951, ein ernährungswirtschaftlicher Beitrag zur Versorgung von Gemeinschaftsverpflegungs-Einrichtungen und der Schulspeisung; Hrsg. Bayer. Lagerversorgung (BLV), München 1951, 126 S.
8) Werner Fuhrmann: Die Geschichte der Bayer. Lagerversorgung 1945—1974, ein Zeitspiegel der Ernährungswirtschaft; Hrsg. Bayer. Lagerversorgung (BLV), München 1974, 176 S.

rungen und Eigenmächtigkeit der österreichischen Stellen bewahrt werden sollten. Nur mit Hilfe des nach Saalfelden bzw. Zell am See geflüchteten „Versorgungsstabes des Oberbefehlshabers Süd" konnte die amerikanische Truppenführung die Wehrmachtsbestände sicherstellen und die Versorgung der Kriegsgefangenen und Lazarette mit Verpflegung durchführen.

Wichtiger war aber für die US-Armee eine politische Forderung, nämlich Österreich die Eigenstaatlichkeit zurückzugeben und so schnell wie möglich vom deutschen Militär freizumachen und damit neben dem Abtransport der Kriegsgefangenen und Lazarette die Voraussetzung für die Versorgung der noch unübersehbaren Kriegsgefangenenlager zu schaffen.

Bei dem wirklich totalen Zusammenbruch Deutschlands stand auch die US-Armee vor großen Ernährungsschwierigkeiten. Sie mußte daher in ihrer Besatzungszone eine Organisation ins Leben rufen, die der Bewältigung schwierigster Versorgungsaufgaben unter den damaligen kritischen Verhältnissen gewachsen war.

Der Oberquartiermeister der 7. US-Armee übertrug diese Aufgabe dem bisherigen „Sachbearbeiter für Verpflegung beim Leitenden Intendanten Oberbefehlshaber Süd", dem Oberstabsintendanten und Juristen *Kurt Steffen*.

Er wurde von Saalfelden nach München gebracht, um von dort aus die Versorgung aller Kriegsgefangenen und Lazarette zu übernehmen, soweit sich diese im Gewahrsam der amerikanischen Besatzungsmacht in Bayern, Österreich und im tschechischen Raum befanden.

Die erste Aufgabe des Stabes Steffen sollte es sein, zur Durchführung dieses Versorgungsprogramms in Bayern sämtliche Verpflegungsbestände der ehemaligen Wehrmacht zu erfassen, sicherzustellen, vor weiteren Plünderungen oder eigenmächtigen Dispositionen der Landräte und Bürgermeister zu schützen und beschleunigt auszugeben.

Die amerikanische Armee wollte damit auch den unmöglichen Zustand beseitigen, daß mangels jeglicher zentraler Steuerung in der Aufbringung deutscher Lebensmittel jeder amerikanische Truppenverband aus den Wehrmachtlagern zusammenfuhr, was greifbar war, und dementsprechend planlos an Ausländer- und Kriegsgefangenenlager ausgab. Jeder Überblick über die Bestände ging dadurch verloren, Bestandsaufnahmen wurden illusorisch.

Am 15. Mai 1945 übernahm *Steffen* als „Beauftragter zur Erfassung ehemaliger Wehrmachtbestände" in München das frühere Wehrmacht-Ersatzverpflegungsmagazin in der Orleansstraße 6 als Dienststelle, in der die Hauptverwaltung ihren ständigen Sitz behielt.

In einer ihm fremden, von schweren Kriegszerstörungen gezeichneten Stadt war *Steffen* mit einem Pkw und Fahrer zunächst allein auf sich gestellt. Das erforderliche Fach- und technische Personal, ehemalige Wehrmachtverpflegungsbeamte und Kraftfahrer, wurden auf ausdrückliche Anordnung der amerikanischen 7. Armee aus den Kriegsgefangenenlagern und die notwendigen Kraftfahrzeuge aus den Beuteparks nach und nach freigegeben.

Tag und Nacht wurden nun sämtliche früheren Wehrmachtlager, Lagerstellen und Mühlen in Bayern abgefahren, um die Wehrmachtbestände aufzufinden, zu registrieren und zu sperren, auch soweit Privatfirmen sie noch vorrätig hatten. Die Wehrmachtbestände waren nämlich vor dem Einmarsch der Amerikaner vielfach an Geschäfte, Bauernschaften und Private aufgeteilt worden und damit im Lande überall verstreut. Umso mühsamer war es, den Aufbewahrungsort der z. T. getarnten und gut versteckten Lebensmittel ausfindig zu machen, damit der für die Versorgung völlig fehlende Grundstock gebildet werden konnte.

Es gelang, Naturalien in einer Menge von über 100 000 Tonnen und einem Wert von 78 Millionen Reichsmark zu erfassen und ihrer Verwertung zuzuführen. Die erfaßten Bestände ließ der Beauftragte in den inzwischen neu errichteten Zweigstellen einlagern, die damit für die Kriegsgefangenenlager und Lazarette ausgabebereit wurden.

In vierzehn Tagen hatte der „Stab Steffen", wie er damals schon genannt wurde, es jedenfalls erreicht, die organisatorischen Voraussetzungen zu schaffen, um eine Massenverpflegung der über ganz Bayern verteilten Kriegsgefangenenlager und Lazarette durchzuführen.

Unter welchen Widerwärtigkeiten sich der Aufbau der Dienststelle und der 13 Zweigstellen vollzog, kann heute nur noch der ermessen, der damals dabeigewesen ist. Nichts war vorhanden als Trümmer, Unsicherheit in Stadt und Land; Überfälle, Raub, Mord, Plünderung von Geschäften, Bauernhöfen und Bahntransporten waren an der Tagesordnung. Die Polizei unbewaffnet, die Jugend enttäuscht, das Verkehrsleben lahmgelegt, keine Postzustellung, kein Bahnverkehr, kein Telefon, 25 Tage überhaupt keine Zeitungen in München, die Strom- und Gasversorgung unzulänglich, die Behörden geschlossen oder machtlos, die Bürgermeister, Landräte, Ortsbauernführer u. a. verhaftet oder amtsentlassen, und die Ernährungsdienststellen daher nicht arbeitsfähig.

Das Amt für Ernährung und spätere Ernährungsministerium mußte erst geschaffen werden. Ausgehverbot von 21 bis 6 Uhr früh, Straßensperre wichtiger Hauptverkehrsstraßen, Beschlagnahmen jeder Art, Mangel auf allen Gebieten, Schwarzhandel, Kindersterblichkeit, Typhusgefahr, Rattenplage usw. usw. Kohlen fehlten, um — nur auf unserem Sektor (Stab Steffen) — die Bäckereien, Molkereien, Salinen und Glasfabriken wieder in Gang zu bringen; infolgedessen gab es kein Salz, kein Glas für die Treibhäuser und Fenster usw. Die Mühlen waren zerstört oder außer Betrieb, Treibriemen und Säcke gestohlen. Brücken waren gesprengt, Fahrzeuge fehlten, so daß das Gemüse bei den Bauern verfaulte, Fässer fehlten für den Transport von Naturalien, für Reparaturen fehlten Werkzeuge und Drehbänke, Glühlampen für die Lagerhallen. Eine Bewaffnung der Nachtwächter zum Schutz der Lebensmittelbestände war verboten, Überfälle mußten daher leider in Kauf genommen werden. Die Landräte und Bürgermeister waren ohne Anweisung und Verbindung mit den Regierungsbezirken und Ministerien. Andererseits setzten sich die örtlichen Ernährungsämter über Weisungen ihrer vorgesetzten Stellen hinweg oder verfügten eigenmächtig über Wehrmachtbestände. Die vielen Kontrollen der Amerikaner verzögerten die Transporte und führten immer wieder zur Verhaftung von Fahrern und Wageninsassen bzw. zur Beschlagnahme von Wagen, weil entweder die Ausweise der Militärregierung von der 3. und 7. Armee oder umgekehrt nicht anerkannt wurden oder weil die Bekleidung (Uniform) beanstandet wurde, obwohl die Beschaffung von Zivilkleidern völlig unmöglich war. Unkenntnis der fremden Sprache (Englisch) und ungenaue Übersetzung von Fachausdrücken erschwerten den Umgang mit der Besatzungsmacht.

(Hier möchte der Autor als Beispiel einfügen: CORN bedeutet im Deutschen Roggen, im Englischen Weizen und in den USA Mais. Als Deutsche bei Einfuhr von Mais aus den USA von „Hühnerfutter" sprachen, weil sie Weizen erwartet hatten, gab es „Krach". *Johannes Semler*, Direktor der bizonalen „Verwaltung für Wirtschaft" in Frankfurt am Main, wurde im Januar 1948 wegen „einiger markanter Feststellungen" während einer CSU-Sitzung in Erlangen aus seinem Amt entfernt.)

Trotz aller äußeren Widerstände mußte schnell gehandelt und mit Initiative improvisiert werden. Die Auswahl charakterfester und verantwortungsbewußter Menschen, denen man in größter Notzeit, in der erfahrungsgemäß alle Begriffe von Ehrlichkeit und Zuverlässigkeit schwanken und die Moral sinkt, wertvollstes Gut anvertrauen konnte, war von entscheidender Bedeutung für die Bewährungsprobe der neuen Dienststelle. Mit ganz vereinzelten Ausnahmen, die durch die Bayerische Lagerversorgung selbst oder durch die Polizei unschädlich gemacht wurden, ließ sich bei dem guten Menschenmaterial durch strenge Anweisungen an alle Zweigstellen von Anfang an die peinliche Gewissenhaftigkeit, Sauberkeit und Verantwortung vor Staats- und Volkseigentum erreichen und damit die als Kapitulationserscheinung in der Öffentlichkeit bereits eingerissene Lockerung der Disziplin auf dem Ernährungssektor unterbinden.

Die Arbeitsämter erklärten sich außerstande, die damals dringend benötigten Fachkräfte oder Lagerarbeiter nachzuweisen. Dafür legten die Arbeitsämter auf alle ehemaligen militärischen Dienstgrade vom Unteroffizier aufwärts das Odium des Militaristen, die nur mit gewöhnlichen Arbeiten in untergeordneter Stellung beschäftigt werden durften oder auf Betreiben der Betriebsräte zu entlassen waren, bis dann die Entnazifizierungsbestimmungen einen Teil der politisch belasteten Angestellten und Arbeiter ganz ausschalteten.

Diese Maßnahmen erschwerten zwar die Arbeit, aber die erfolgreiche Bewältigung der gestellten Aufgaben vermochten sie nicht zu beeinträchtigen. Von höchster Stelle des Bayerischen Staates ist wiederholt allen Mitarbeitern, die damals vielfach geschmäht, trotz persönlicher Sorgen um Familie, Haus und Beruf selbstlos einer großen sozialen Sache gedient haben, der Dank ausgesprochen worden. Diese Anerkennung soll zugleich im Namen der unzähligen durch die „Organisation Steffen" betreuten Menschen für alle Mitarbeiter einer bewegten Zeit in diesem Tätigkeitsbericht ihren besonderen Ausdruck finden.

1. 8 *Versorgung der Flüchtlingslager — Gemeinschaftsverpflegung*

Bis zum Herbst 1945 oblag die Versorgung der Flüchtlinge den Städten und Gemeinden, in deren Bereich Flüchtlingslager eingerichtet wurden, unter Mitwirkung des Roten Kreuzes. In Nürnberg war z. B. die Nothilfe und in Fürth eine Großküche mit der Durchführung der Verpflegung beauftragt. Da aber schon die normale Versorgung der Zivilbevölkerung nicht gesichert war, überstieg die zusätzliche Belastung mit den Flüchtlingslagern die lokalen Möglichkeiten in dem Herbeischaffen der notwendigen Lebensmittel und machte die Betreuung örtlich unterschiedlich. Wenn die Verpflegung auch in den Flüchtlingslagern in Übereinstimmung mit dem geltenden Kartensystem ausgegeben werden sollte, mußte ein übergebietlicher Naturalaustausch vorgenommen werden, den die Bayerische Lagerversorgung mit ihren 13 Zweigstellen damals wohl allein durchzuführen in der Lage war.

Daraufhin wurde der Bayerischen Lagerversorgung am 20. September 1945 die Verpflegung der Flüchtlingslager einschließlich der auf den Bahnhöfen eingerichteten Verpflegungsstellen mit Transportverpflegung für durchfahrende Flüchtlingstransporte durch das damalige Amt für Ernährung und Landwirtschaft übertragen mit der gleichzeitigen Anweisung an die Ernährungsämter, bei der Errichtung von Flüchtlingslagern sofort mit der nächstgelegenen Zweigstelle der Bayerischen Lagerversorgung Verbindung aufzunehmen, um eine geregelte Verteilung sicherzustellen.

Die jetzt (1951) federführende Dienststelle des Staatssekretärs für das Flüchtlingswesen wurde Ende 1945 ins Leben gerufen; Bayern war damit das erste deutsche Land, das eine eigene Flüchtlingsverwaltung schuf. Mit ihr hielten die Bayerische Lagerversorgung und ihre Zweigstellen engste Fühlung, um bereits an den Grenzübertrittsstellen helfend einzuspringen.

Versorgungsmäßig kam in den Massenlagern nur eine Gemeinschaftsverpflegung in Frage, die eine warme Mahlzeit bot und die Gemeinden in der örtlichen Versorgung entlastete. Stellenweise war aber die Gemeinschaftsverpflegung nicht möglich, weil es an den erforderlichen Großküchen fehlte; es mußten daher erst Verhandlungen mit den Amerikanern geführt werden zwecks Freigabe von ehemaligen Wehrmachtfeldküchen, die in geeigneten Räumen eingebaut wurden.

Die Zweigstellen haben in diesen Monaten (1946), als täglich die Transporte ankamen, Tag und Nacht ihr Möglichstes getan, um die Lebensmittel und Transportverpflegung rechtzeitig heranzubringen; denn niemals konnte vorausgesagt werden, zu welchem Zeitpunkt und in welcher Stärke die einzelnen Transporte ankamen.

Es mußte daher ein besonderer Auslieferungsdienst eingeführt werden, der zu jeder Zeit, an Sonn- und Feiertagen die Lebensmittelanforderungen entgegennahm und umgehend zustellte.

Hierin lag für die Flüchtlingskommissare und die Lagerleiter eine große Beruhigung, weil man damals auf den Ernährungsämtern oft stunden- und tagelang auf die Ausstellung der Bezugsberechtigungen warten mußte und dann noch nicht sicher war, ob der Handel diese beliefern konnte oder wollte.

Aus dieser zwangsläufigen Notwendigkeit einer zentralen Belieferung der Flüchtlingslager heraus wurde den Ernährungsämtern die Berechtigung zur Ausstellung von Lebensmittelkarten usw. für Gemeinsschaftsverpflegungsempfänger entzogen und der Bayerischen Lagerversorgung im Juni 1946 generell übertragen, die nun für die in den Zweigstellen nicht vorrätigen Frischwaren die Bezugscheine selbständig ausstellte und die damit verbundene rationsmäßige Abrechnung und Kontrollen durchführte.

Diese Aufgabe erstreckte sich auf alle Lager, die dem Staatskommissar für das Flüchtlingswesen unterstanden, und zwar Dauerlagen, Durchgangslager, Hilfskrankenhäuser, Kinderheime, Altersheime und Flüchtlingstransporte.

Nur unter großen Schwierigkeiten konnten nach und nach die Flüchtlingslager, Kinder- und Altersheime mit dem primitivsten Inventar und Kochgeräten ausgestattet werden. Solange die Organisation des Staatskommissars noch im Aufbau begriffen war, sah die Bayerische Lagerversorgung ihre Aufgabe nicht nur in der rationsmäßigen Belieferung der Flüchtlingslager, sondern zog auch aus ihren Zweigstellen geeignete Angestellte zur Einweisung und Schulung des Verwaltungs- und Küchenpersonals in den Flüchtlingslagern heran. Es war keine leichte Aufgabe, das richtige Personal herauszufinden und zu einer geordneten Buchführung anzuleiten.

Die ersten Flüchtlingsdienststellen, teilweise ohne Erfahrungen und vor allem ohne ausreichende materielle und finanzielle Grundlage, waren dankbar, ihre Sorgen und Wünsche der Bayerischen Lagerversorgung anvertrauen zu können, deren Tätigkeit zu jener Zeit jedenfalls von keinem anderen Unternehmen übernommen werden wollte.

Als zwangsläufige Folge der Bezugscheinausstellung wurde der Bayerischen Lagerversorgung bzw. ihren Dienststellen auch die Überprüfung der Küchenbuchführung in den Flüchtlingslagern übertragen.

In unzähligen Prüfungen und Kursen wurde (1946) eine ordnungsgemäße, saubere und gute Küchenwirtschaft eingeführt und Anregungen für den Speisenzettel, die Verwertung der Abfälle, Lagerung der Lebensmittel und Vorbeugung von Verderb gegeben. Vorgefundene Mißstände wurden beseitigt, auf Einhaltung der Bewirtschaftungsbestimmungen gedrungen und die Lagerleiter der Flüchtlingslager in besonderen Tagungen unterwiesen. Mit den Regierungs- und Kreisbeauftragten für das Flüchtlingswesen und den Lagerleitern fanden turnusmäßige Besprechungen der Zweigstellen über sämtliche

Versorgungsaufgaben und Wünsche der Lager statt. Zur Überprüfung der dem Staatskommissar für das Flüchtlingswesen unterstehenden Flüchtlingslager hinsichtlich der Verpflegung nach Art, Güte und Zubereitung, Zustand der gelagerten Vorräte, Sauberkeit und Hygiene im gesamten Küchenbetrieb sowie Abrechnung der Lebensmittel waren neben den Flüchtlingskommissaren und der Bayerischen Lagerversorgung die Landräte und Sonderbeauftragten berechtigt.

Für geschlossene Flüchtlingstransporte wurden auf Veranlassung der Bayerischen Lagerversorgung 1946 für sämtliche Verbrauchergruppen einheitliche Verpflegungssätze festgesetzt. So niedrig diese Sätze zunächst auch waren (1276,45 Kalorien täglich für Personen über 18 Jahre), entscheidend war, überhaupt etwas zu tun, und es wurde von den ankommenden Flüchtlingen nach strapaziöser Reise dankbar anerkannt, wenn sie auf deutschem Boden sofort eine warme Mahlzeit erhielten.

Der Tagessatz von 1276,45 Kalorien entsprach:

Frühstück	Mittagessen	Abendessen
100,0 g Brot	500,0 g Kartoffeln	150,0 g Brot
10,0 g Marmelade	37,0 g Hülsenfrüchte	5,0 g Butter
4,5 g Zucker	30,0 g Fleisch	50,0 g Wurst
5,0 g Kaffee-Ersatz		5,0 g Kaffee-Ersatz

Diese Tagesverpflegung mit 5 g Fett gehört zu dem Tiefststand der Bewirtschaftung; zudem bereitete die rechtzeitige Auslieferung der Lebensmittel noch besondere Schwierigkeiten."

1. 9 Was ist nun aus der BLV geworden?

Das ausführliche Zitat aus der BLV-Festschrift dürfte deshalb dem heutigen Leser willkommen sein, weil beide Berichte (1951 und 1974) von der BLV für Mitarbeiter und Freunde herausgegeben wurden und nicht im Buchhandel zu haben sind. Engster Mitarbeiter von *Steffen* war seit Juli 1945 Oberstabsintendant a. D. *Kurt Simon*. Nachträglich ist gar nicht auszudenken, was 1946 während der Massenausweisung geschehen wäre, hätte der Staatskommissar nicht auf die tatkräftige Hilfe des „Stabes Steffen" rechnen können.

Der von der Militärregierung eingesetzte Stab Steffen, dessen offizielle Bezeichnung „Beauftragter zur Erfassung ehemaliger Wehrmachtbestände" lautete, wurde im Oktober 1945 dem Ministerium für Ernährung und Landwirtschaft (Minister Dr. *Josef Baumgartner*) als staatlicher Regiebetrieb unterstellt. Ab 1946 lautete die Bezeichnung „Beauftragter für Lagerversorgung".

Die veränderten wirtschaftlichen Verhältnisse nach der Währungsreform hatten einen Wandel zur Folge. Der rechtliche Charakter des Regiebetriebes

wurde dadurch kompliziert, daß er Handel trieb und gleichzeitig Hoheits-
aufgaben (z. B. Ausstellung von Bezugsscheinen) wahrnahm.

„Durch Bekanntmachung der Bayerischen Staatsregierung vom 7. Februar
1950 wurde die BLV als kaufmännischer Betrieb im Sinne des § 15
der Reichshaushaltsordnung anerkannt und auch das Bayerische Staatsministerium der Finanzen hatte entschieden, daß die Betätigung der
BLV nicht überwiegend der Ausübung öffentlicher Gewalt dient, sondern
daß sie als Gewerbebetrieb der Körperschaftssteuer und der Gewerbe-
steuer unterliegt.
In der Bekanntmachung war ausdrücklich festgelegt, daß die BLV ihren
Geschäftsbetrieb nicht mit dem Zweck der Gewinnerzielung führen
darf, und daß sie auf die lagermäßige Gemeinschaftsversorgung beschränkt ist."

Mit der Bekanntmachung von 1950 war das Ende der BLV als staatlicher
Regiebetrieb eingeleitet; denn der Staat sollte grundsätzlich keine wirtschaftliche Tätigkeit ausüben. 1945 zählte der Stab Steffen 2400 Mitarbeiter, 1954
waren es nur noch 124. „Die Stimmen mehrten sich", schreibt *Fuhrmann*,
„die BLV als schädliche Konkurrenz des Handels auszuschalten. Die Presse
scheute auch nicht vor persönlichen Angriffen gegen die Leitung zurück."
Die massiven Angriffe des Lebensmittelhandels beschäftigten schließlich Land-
tagsausschüsse und politische Parteien.

„Die Leitung blieb nicht untätig und verhandelte u. a. auf höchster
Ebene mit dem damaligen *Ministerpräsidenten Dr. Ehard* über eine
die interessierten Kreise befriedigende Lösung, nachdem sich die Verhandlungen mit der Ministerialbürokratie jahrelang von 1951 bis 1954 hin-
gezogen hatten. Bei der Größe des Objekts und der Vielfalt wirtschaftlicher und personeller Fragen verständlich."

Der Landtagsbeschluß, die BLV als Staatsbetrieb aufzulösen, lief nicht
auf eine Liquidation hinaus; vielmehr verkaufte der Bayerische Staat den
umfangreichen Vermögenskomplex an die „Coloniale e. GmbH", das
Zentralkontor des bayerischen Sortiment-Großhandels. Aufsichtsratvorsitzen-
der war Präsident *Ernst Heim*, zugleich Vorsitzender der Landes-Vereinigung
des Bayerischen Lebensmittelgroßhandels. „Heims Gewandtheit, Sachkenntnis,
Zähigkeit und Geduld" führten am 24. April 1954 zur Gründung des Privat-
unternehmens „Bayerische Lagerversorgung GmbH"; Geschäftsführer wurden
die beiden bewährten Organisatoren *Steffen* und *Simon*. Ende 1978 trat
Steffen in den Ruhestand, sein Nachfolger wurde *Hans Werner Runge*. 1970
hatte *Herbert-Josef Grochut* den Posten des 3. Geschäftsführers übernommen;
er und *Simon* werden Ende 1979 gleichfalls in den Ruhestand treten. Heute hat
die BLV mit ihren C & C Großmärkten, BLV-Möbel- und Baumärkten,

dem BLV Tiefkühldienst usw. sich zu einem in ganz Bayern vertretenen Großunternehmen entwickelt. 1976 betrug der Umsatz 908 Mill. DM bei einem Mitarbeiterstab von 2600 Personen.

Vielleicht interessiert den einen oder anderen Leser, was bis heute aus jenem „Stab Steffen" geworden ist, der in den schlimmsten Nachkriegsjahren Hunderttausenden von Flüchtlingen, Ausgewiesenen, Heimkehrern usw. für Tage, für Wochen oder Monate, manchmal für Jahre die „Gemeinschaftsverpflegung" sicherte. Eine Erinnerung an die Notzeiten, zugleich ein Dank an den „Stab Steffen".

1. 10 Die Lagerleiter

Es ist unmöglich, alle 1381 Lagerleiter oder auch nur einige zu würdigen. Sie waren nicht nur bereitwillige Untergebene des Staatskommissars, seiner Regierungs- und Flüchtlingskommissare. Oft mußten sie von einer Minute auf die andere selbständig neue Probleme lösen. Vor allem brachten sie den Ausgewiesenen in den Tagen und auch Wochen der Lagerunterbringung persönliche Warmherzigkeit entgegen, ja auch Verständnis für manche nicht bequemen Insassen. Kurz nach dem Besuch im Grenzlager Furth im Wald am 18. Oktober 1946 mußte der Statistische Berater wieder einmal das große Lager Wülzburg oberhalb von Weißenburg besichtigen. Der Lagerleiter *Heinrich Gabrisch* hatte im Geschäftszimmer einen Organisationsplan der Lagerverwaltung hängen. Er bat *Gabrisch*, dieses Schema abzeichnen zu lassen; die Graphik wird in diesem Bericht erstmalig veröffentlicht. Auch wenn nicht überall gleich gute Organisatoren eingesetzt werden konnten, an sich mußte jeder Neuankömmling in jedem Lager die dargestellten „Stationen" durchlaufen. Und es kann aufgrund vieler hundert Lagerbesuche bestätigt werden, daß die „Stimmung" in jenen Lagern gut war, in denen auch die Organisation gut war — nicht aufdringlich, aber wirkungsvoll.

1. 11 Für 100 000 Vertriebene wurde das Lager zur Dauerunterkunft

Jaenicke hatte anfangs damit gerechnet, daß nach Abschluß der organisierten Ausweisung alle Durchgangslager aufgelöst werden könnten. Dem war aber nicht so! Dennoch darf man rückblickend die Leistung bewundern, daß von den 1,7 Millionen Flüchtlingen und Ausgewiesenen, die seit dem Zusammenbruch bis Ende 1946 in Bayern aufgenommen worden waren, 1,6 Millionen irgendwo einquartiert waren, ehe der strenge Winter 1946/47 einbrach.

Für weitere 100 000 Vertriebene standen zumutbare Wohnräume nicht mehr zur Verfügung. Obendrein war manches Lager vom neuen Arbeitsplatz nicht weit entfernt; dort zu leben, war besser als in einem bildschönen Wohn-

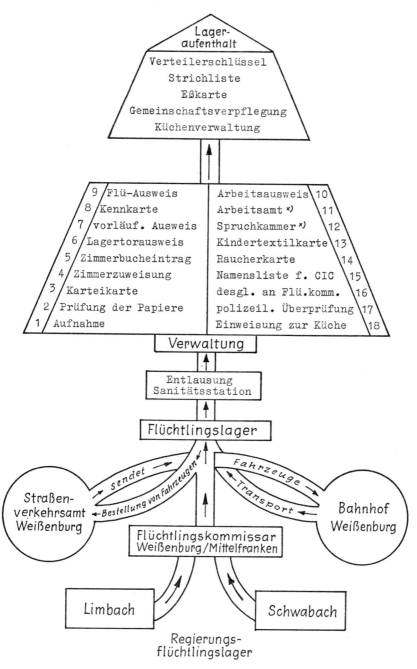

Lager-
aufenthalt

Verteilerschlüssel
Strichliste
Eßkarte
Gemeinschaftsverpflegung
Küchenverwaltung

9	Flü-Ausweis	Arbeitsausweis	10
8	Kennkarte	Arbeitsamt *)	11
7	vorläuf. Ausweis	Spruchkammer *)	12
6	Lagertorausweis	Kindertextilkarte	13
5	Zimmerbucheintrag	Raucherkarte	14
4	Zimmerzuweisung	Namensliste f. CIC	15
3	Karteikarte	desgl. an Flü.komm.	16
2	Prüfung der Papiere	polizeil. Überprüfung	17
1	Aufnahme	Einweisung zur Küche	18

Verwaltung

Entlausung
Sanitätsstation

Flüchtlingslager

Straßen-
verkehrsamt
Weißenburg

sendet →
← Bestellung von Fahrzeugen

Fahrzeuge
Transport

Bahnhof
Weißenburg

Flüchtlingskommissar
Weißenburg/Mittelfranken

Limbach

Schwabach

Regierungs-
flüchtlingslager

x) Ausfüllung des Registrierbogens für das Arbeitsamt und des Meldebogens für Entnazifizierung

45

raum fernab von jeder Arbeitsmöglichkeit. Würde erst einmal der Wohnungsbau beginnen, dann könnte sich für solche Lagerinsassen das Tor zur wirklichen Eingliederung sofort öffnen. Aber eine Reihe der großen Barackenlager besaß leider keinen günstigen Standort; dann nützte es wenig, wenn ein „Massenlager" durch technische Verbesserungen zum „Wohnlager" ausgebaut wurde. Hier war die baldige Auflösung das einzige Ziel, und, da es sich um staatliche Lager handelte, galt „Anstaltsrecht", nicht Mietrecht.

Während des Jahres 1947 konnten — trotz gleichbleibender Gesamtzahl der Lagerinsassen, nämlich rund 100 000 Vertriebene — 303 kleinere Lager aufgelöst und 1948 weitere 281 ehemalige Durchganglager zu Altersheimen, Kinderheimen usw. ausgebaut und an die Bezirksfürsorgeverbände und an caritative Verbände abgegeben werden. Anfang 1949 zählte der Staatssekretär dennoch 95 993 Insassen, obwohl die Lagerzahl schon auf 514 zurückgegangen war. Allerdings vegetierte nur noch die knappe Hälfte in ausgesprochenen „Massenlagern". Das Jahr 1949 endete höchst unerfreulich. Im Winter stieg die Arbeitslosenzahl in Bayern bis Ende Februar 1950 auf 524 806, was eine Arbeitslosenquote von 18,8 % bedeutete.

Der Staatssekretär, ja die ganze Staatsregierung, sahen eine latente Gefahr in der Lagersituation. In dieser schwierigen Phase wurde die Mithilfe der freien Wohlfahrtsverbände immer wichtiger — nicht nur für die Lagerinsassen, sondern gerade auch für die Flüchtlingsverwaltung.

Aus der Fülle zeitgenössischer Dokumente sei hier ein Heft der Monatszeitschrift „Das Schweizerische Rote Kreuz" herausgegriffen[9]). Der Autor nahm es 1975 bei Vorarbeiten für diesen Bericht wieder einmal in die Hand, ausgestattet mit den eindrucksvollsten Fotos, die je in deutschen Flüchtlingslagern aufgenommen wurden; sie stammten von *Gotthard Schuh*. Erinnert an unsere gemeinsame Studienreise im Sommer 1949 gab der damalige Delegationschef Prof. Dr. *Hans Haug*, heute Präsident des Schweizerischen Roten Kreuzes, seine Zustimmung, den erschütternden Stimmungsbericht seines Begleiters *Edwin Arnet* abzudrucken (Auszug).

„Der Menschenpferch

In einem Kreis von Politikern und Volkswirtschaftlern sprachen wir (1949) über das Flüchtlingsproblem in Bayern. Welch ein Problem! Eine Bevölkerung von 9,3 Millionen Einwohnern muß eine zusätzliche Flüchtlingsschicht von zwei Millionen schlucken. Flüchtlinge drängen in ein Land, das selber durch Krieg eine Million seiner Wohnräume verloren hat. Man diskutierte, und das Gespräch bewegte sich ganz in der Atmosphäre volkswirtschaftlicher und politischer Überlegungen. Als ich dann die Flüchtlingslager in Bayern besuchte, stand ich mitten in der Wirklichkeit, die ich mir so nicht vorgestellt hatte. Und ich sah hinter

---

9) Schweizerisches Rotes Kreuz: Monatszeitschrift, Bern 1949, Nr. 11/12, 46 S.

dem volkswirtschaftlichen und politischen Problem noch ein menschliches Problem. Es verschlug mir den Atem, so wie es mir den Atem verschlug, als ich in Augsburg ins erste Lager trat. In einen Menschenpferch.

Die Not heißt nicht mehr Hunger oder Krankheit — obwohl auch diese Gespenster noch umgehen — sie heißt Pferch. Ein Flüchtling kann im Durchschnitt nicht einmal über 5 m² Wohnfläche verfügen, während für Strafgefangene, wie man weiß, gesetzlich 6 m² vorgeschrieben sind.

In einem solchen Saal, ob es der Raum einer Fabrik oder eines Klosters oder eines ehemaligen Kriegsgefangenen-Barackenlagers ist, schlägt uns ein süßlich-schauriger Atem entgegen. Rund herum haben sie aus ärmlichen Bettgestellen, Schnüren und Lumpen ihre ‚Wohnungen' errichtet: Es sieht nach dem Biwak von Elenden aus. Es gibt kein frisches Tuch, alles ist angelaufen, grau und gräulich, muffig. Auf einer Kiste steht der Küchenrat, man sitzt auf einem mit der Flüchtlingshabe mitgebrachten Hocker. Oben schläft eine kranke Greisin, unten liegt ein Kind bleich in den unbezogenen Kissen, und morgen steckt vielleicht einmal ein vielbeschäftigter Arzt hier seinen Kopf herein und spricht von Heilmitteln, die nicht oder nur schwer erhältlich sind.

Niemand hat Hunger, man kann sich an der Ausgabestelle irgendwo im Keller sein Essen holen, für das der Staat sorgt. Es ist Butter da, es gibt gelegentlich Gemüse, es hat Konserven mit amerikanischen Aufschriften, es gibt Brot, aber man hungert nach etwas ganz anderem. Man hungert nach dem Heim. In jeder Ecke wohnt hier eine Familie, aber ihr Privatleben ist öffentlich, denn eine Schnur mit einem Lumpen reicht nicht aus, Menschen einen familiären Raum zu gewähren. Auf kleinstem Platz wird gearbeitet, gegessen, geschlafen, gelitten und wohl auch geliebt. Ich vergesse jene Frau nicht, die von ihrer einzigen und sie ausfüllenden Sehnsucht sprach:

‚Ach einmal wieder am Morgen sich allein kämmen dürfen!' Denn man darf nicht vergessen: in diesen Notstätten leben sie nun schon seit Jahren. Auf Gestellen, die improvisiert scheinen, schläft man seit Jahren; in Verschlägen, die ganz den Charakter von Provisorien haben, hat man sich für lange, lange Zeit niedergelassen. Und niemand weiß, nimmt dieses morgen ein Ende, oder wird es wieder ein Jahr, oder gar jahrelang dauern.

Das ist die Brutstätte der Lethargie. Diese Männer, diese Jünglinge, diese Frauen, diese Greisinnen empfangen uns nicht mit einem revolutionären Blick. Sie prüfen uns, sie lächeln sogar, wie sie erfahren, daß wir aus der Schweiz kommen, denn nur schon dieser rasche Blick eines Fremden hat für sie die Bedeutung eines Geschenkes. Man beachtet sie. Man hat sie nicht ganz vergessen. Keiner hat uns gefragt: ‚Was bringt Ihr? Habt Ihr eine Rettungsaktion für uns vorbereitet?' Man dankte für unser Kommen, ohne nach anderem zu fragen. Eine Frau, die einst am gesellschaftlichen Leben teilgenommen hat, die später den

Gatten, den Bruder, die Kinder verlor, begann zu schluchzen, als sie den Namen ‚Schweiz' hörte . . ."

Edwin Arnet endete:

„Wie können wir Schweizer helfen? Das Flüchtlingsproblem in Deutschland, das weiß nun nachgerade jedes Kind, kann nur von internationalen Instanzen gelöst werden. Aber die Schweiz ist im Stande, einen großen und gerade in diesem Augenblick sehr wesentlichen Beitrag zu leisten. Schon daß wir die Diskussion über dieses Problem einleiten und laut rufen: ‚Hier ist eine unvorstellbare Not, die bis jetzt verschwiegen wurde' wird als Erlösung empfunden. Und dann können wir das Elend lindern helfen. Mit Kleidern, Bettzeug, Stoffen, Medikamenten, ja mit Spielzeug und Lesestoff (wie hungrig stürzt man sich auf alles Gedruckte!) kann man in diese Menschenpferchs eine unendliche Linderung bringen."

1. 12 Die Lagerauflösung

Die Lagerauflösung forderte *Jaenicke* seit der Währungsreform 1948. Mit Hilfe statistischer Unterlagen wies er nach, daß die hohen DM-Kosten für 100 000 Lagerinsassen volkswirtschaftlich auf die Dauer untragbar seien. Sein Ziel: Wohnungsbau und Lagerauflösung.

Der Bayerische Staatsminister des Innern Dr. *Willi Ankermüller* stellte ihm daraufhin für Planung und Durchführung Oberregierungsrat Dr. *Josef Hausner* zur Verfügung, den späteren Präsidenten des Bayerischen Obersten Rechnungshofes (1961—1967).

Kaum war die Durchführung des Hausner-Planes angelaufen (d. h. Ausbau der Massenlager zu Wohnlagern ohne Gemeinschaftsverpflegung und Bau von 3075 Sozialwohnungen im Jahr 1949), wurde *Hausner* „von heute auf morgen" am 7. Dezember 1949 zum Bayerischen Bevollmächtigten bei der gerade errichteten Bundesregierung versetzt. Ankermüller stellte zur Abwicklung des Hausner-Planes Oberregierungsrat Dr. *Ludwig Gillitzer* dem Staatssekretär zur Verfügung. *Gillitzer* wurde später Leiter des Landesausgleichsamtes und war von 1960 bis 1970 Ministerialdirektor im Bayerischen Staatsministerium für Arbeit und Sozialordnung.

Die Graphik veranschaulicht den schrittweisen Fortgang der Lagerauflösung, die praktisch 1958 abgeschlossen war, als 21 501 Wohnungen im Rahmen eines Sonderbauprogramms fertiggestellt waren. Das allerletzte dieser sogenannten „alten Lager" in Heuberg-Dürrenzimmern im Landkreis Nördlingen wurde allerdings erst am 1. Juli 1963 aufgelöst.

In einem späteren Kapitel wird über die Lagerauflösung der „alten Lager", über die von der IRO übernommenen Ausländerlager, über die „neuen Lager" für die Zuwanderer aus der DDR und zur Aufnahme der Spätaussiedler zusammenfassend berichtet.

Flüchtlingslager in Bayern

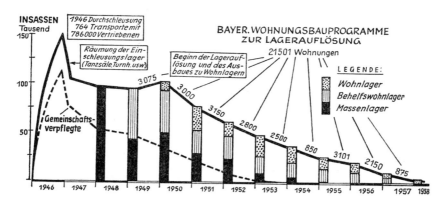

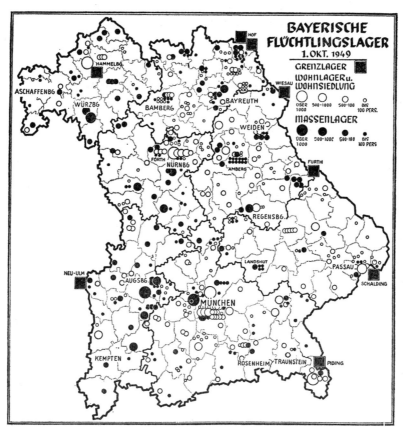

94 225 Insassen in 465 staatlichen Flüchtlingslagern

2. Die Einführung eines Flüchtlingsausweises — eine staatspolitische Tat

Am 6. April 1946 erließ *Jaenicke* die „Verordnung über die Einführung des Flüchtlingsausweises", veröffentlicht in der Nr. 1 des Bayerischen Staatsanzeigers vom 1. Juni 1946. Dem eiligen Leser genügt diese Information vielleicht und er ist versucht, sofort das nächste Kapitel aufzuschlagen.

Jedoch dürften die Darstellung der *Motive,* warum eine solche Maßnahme notwendig erschien, und die weittragenden Schlußfolgerungen aus den *Ergebnissen,* die auf diesem Wege gewonnen werden konnten, jeden Leser überzeugen, daß nicht überflüssiger oder gar unnötiger Perfektionismus einer Bürokratie hinter dieser Aktion zu suchen ist. *Jaenicke* sah sich vielmehr vor die Notwendigkeit gestellt, sehr schnell zuverlässige Daten zu bekommen, ohne die er sozusagen blind seine staatsmännische Aufgabe hätte lösen müssen, obwohl sein Blick über Jahre und Jahrzehnte hinaus in die Zukunft schweifen mußte. Als erstes hatte er ganz einfach erkennbar zu machen, wer auf seine Fürsorge rechnen konnte und wer nicht. Und er mußte „seine Flüchtlinge" gegenüber anderen Behörden, den kirchlichen Hilfsstellen und gegenüber den freien Wohlfahrtsverbänden legitimieren. Der Ausweisbesitz dokumentierte z. B. die Berechtigung, bei den Wirtschaftsämtern der Gemeinden Antrag auf „Flü-Bezugsscheine" zu stellen oder bei den Arbeitsämtern Vermittlungshilfe zu bekommen oder Lohnsteuerermäßigung zu beantragen. Große Bedeutung kam auch der Adressengewinnung zu; denn durch die Kenntnis der neuen Anschrift konnte mit Hilfe der Suchdienst-Zentrale München die Familienzusammenführung erfolgreich betrieben werden (vgl. S. 195).

Den biologischen Zusammenbruch Deutschlands darzustellen und auf die Folgerungen hinzuweisen, dürfte aus heutiger Sicht als bleibendes Verdienst des Staatskommissars gewürdigt werden. Manche Gruppen meinten damals, Auswanderung „in alle Welt" sei die beste, jedenfalls die einfachste Lösung des deutschen Flüchtlingsproblems. Eine solide Berufsausbildung der Jugend zu fordern oder die Probleme des „Rentenberges", wie man in späteren Jahren die vorauszuberechnende Kopflastigkeit der Alterspyramide bezeichnete, zu diskutieren — all das war schon Ende 1946 (!) aufgrund der Auswertung jener Daten möglich, die mit Ausstellung von Flüchtlingsausweisen angefallen waren.

2. 1 *Definition des „Status eines Flüchtlings" (Vertriebener)*

Man muß in das Jahr 1945 sich zurückversetzen. Bereits im Juni hatte die Militärregierung für Bayern dem Statistischen Landesamt befohlen, die „Evakuierten und Flüchtlinge" zu zählen, also zwei Monate vor dem Potsdamer Abkommen (2. August 1945). Damals gab es noch keine Unterscheidung zwischen beiden Gruppen, aber es war klar, welcher Personenkreis gemeint war, nämlich die seit 1. September 1939, Kriegsausbruch, Zugewanderten.

Und es war völlig klar, daß ausschließlich an die kriegsbedingt Zugewanderten gedacht war, wie *Burgdörfer* Ende 1946 dem Autor in einem Gespräch bestätigte. Der Schock der letzten Kriegswochen und die Angst vor der Besatzungsmacht erklären, daß die Juni-Zählung 1945 zuverlässige kreisweise Daten vermittelte. Nach den erst ein Jahr später definierten Begriffen ging es um 605 000 Flüchtlinge (Vertriebene) und um 678 000 Evakuierte aus Vier-Zonen-Deutschland, ohne „evakuierte Bayern in Bayern", d. h. Münchner, Nürnberger usw.[10]).

Eine Wiederholung im Oktober 1945 brachte nicht nur wegen der unklaren Definitionen kaum brauchbare Ergebnisse. Denn inzwischen besaß man gewisse — wenn auch noch nicht konkrete — Vorstellungen über die Auswirkungen des Potsdamer Abkommens. Und die Evakuierten aus den vier Besatzungszonen wollten nicht mehr unbedingt als solche registriert werden. Schon ging das Gerücht vom zwangsweisen Abtransport in die „Russische Zone", ins Ruhrgebiet und andere schwer kriegszerstörte Regionen um. (Die Amerikanische Militärregierung sprach damals immer von der „Russian Zone"; die Bezeichnung „SBZ", also Sowjetische Besatzungszone, kam erst im „Kalten Krieg" in Gebrauch.) In die frühere Wohngemeinde zurückkehren zu müssen, selbst wenn die eigene Wohnung nicht zerstört worden war, schien oft weniger erfreulich, also vorerst einmal in der Einquartierungsgemeinde zu bleiben. So schlecht hatte man im „Luftschutzkeller des Deutschen Reichs" ja gar nicht gelebt[11]).

Am 10. Dezember 1945 hatte das Bayerische Statistische Landesamt — in Verbindung mit einer Wohnungszählung — auf Befehl der Militärregierung eine dritte, detaillierte Zählung der „nach dem 1. September 1939 nach Bayern rechts des Rheins zugezogenen Personen" durchzuführen. Der kommissarische Präsident Dr. *Meinrad Hagmann* übertrug die Organisation Dr. *Leonhard Achner.* „Der Bericht ... wird zur Militärregierung ... nicht später als 14. Januar 1946 eingeschickt werden", lautete der Befehl. Für heutige Begriffe unglaublich schnell lagen erste Ergebnisse vor, sodaß der Staatskommissar am 19. Januar 1946 in dem „Statistischen Informationsdienst Nr. 1" Regierungsbezirkzahlen seinen Flüchtlingskommissaren mitteilen konnte. Allerdings mußte am 14. Februar eine Berichtigung herausgebracht werden und die Großstädte München und Nürnberg korrigierten später noch einmal ihre Ergebnisse. Ende 1945 wurden 734 021 Flüchtlinge (Vertriebene) und (nur noch) 468 689 Evakuierte aus „Restdeutschland" gezählt. Während beim „vorläufigen Ergebnis" die beiden Summen nahezu richtig angegeben wurden,

10) Friedrich Burgdörfer: Berechnung der Bevölkerungszahl im Gebiet der regionalen Militärregierung Bayern; Bayer. Statistisches Landesamt Nr. 1400/02/ 8. 8. 1945; München 1945, 16 S.

11) Meinrad Hagmann: Die Belastung der bayer. Stadt- und Landkreise durch Evakuierte, Flüchtlinge und Ausländer; Bayer. Statistisches Landesamt Nr. 2874; München, 7. 11. 1945, 13 S. (Anlage: Tabellen der Zählung vom Juni und 15. Okt. 1945 nach Regierungsbezirken, Stadt- und Landkreisen, sowie Herkunftsgebieten).

mußten bald Mängel bei der befohlenen Aufgliederung nach Herkunftsgebieten festgestellt werden. Grund war die Oder-Neiße-Linie, von der die Bevölkerung, aber auch die Verwaltung noch recht verschwommene Vorstellungen besaßen.

Das Landesamt hatte die Aufzählung der Herkunftsgebiete natürlich entsprechend den letzten Reichsstatistiken geordnet. Die Liste begann mit „Preußen", davon Ostpreußen, Stadt Berlin, Mark Brandenburg usw. bis Hohenzollernsche Lande; dann folgten Land Sachsen, Thüringen, Mecklenburg usw. bis Schaumburg-Lippe. *Achner* hatte zusätzlich bei den drei durch die Oder-Neiße-Linie geteilten Provinzen Zusätze eingefügt. Und diese wurden mißverstanden,

Als eklatantes Beispiel erwähnen wir die Angaben der Landräte und Oberbürgermeister über „ihre" Schlesier. Achner hatte formuliert: „Ober- und Niederschlesien, polnisches Gebiet (d. i. ohne Stadtkreis Görlitz, Landkreis Hoyerswerda und Rothenburg/Niederlausitz)" und von hier sollten nur 344 622 schlesische Vertriebene stammen. Das war unglaubhaft! Und aus dem kleinen Zipfel, der heute zur DDR gehört, 109 203 Schlesier. Nach sorgfältigen Beratungen zwischen dem Statistischen Landesamt und dem Staatskommissariat am 14. Februar 1946 lauteten die verbesserten Zahlen: 411 427 schlesische „Flüchtlinge" und nur 42 696 schlesische „Evakuierte" aus der Russischen Zone. Bei den Daten für Pommern und für die Mark Brandenburg war es ähnlich.

2. 2   Der Begriff „Flüchtling" (heute „Vertriebener")

Bereits Anfang November 1945 war dem Bayerischen Ministerrat klar, daß ein Staatskommissar für das Flüchtlingswesen nicht ausschließlich für die 1946 zu erwartenden Ausgewiesenen zuständig sein sollte, sondern auf jeden Fall auch für jene 220 220 „Deutschen aus dem Ausland", die bereits Ende 1945 in Bayern lebten. „Ausland" hieß damals: „außerhalb der Grenzen des Deutschen Reichs im Gebietsstand vom 1. März 1938", d. h. vor dem Anschluß Österreichs am 13. März 1938. Daher gehörten zu dieser statistischen Gruppe die Deutschen aus der Tschechoslowakei (die Sudetendeutschen). Schon in den ersten Besprechungen tauchte das Problem ihrer Staatsangehörigkeit auf, die ihnen — juristisch anomal — „kollektiv", nicht im Einzelverfahren, zugesprochen worden war. „Im § 2 des Gesetzes vom 21 November 1938 wurden die Bewohner des Sudetengaues formell durch den in diesem Gesetz vollzogenen Hoheitsakt deutsche Staatsbürger. Die ,Volksdeutschen' des Protektorats (Böhmen und Mähren) wurden gemäß Art. 2 des Führer-Erlasses vom 16. März 1939 deutsche Staats-Reichsbürger", so liest man in einem Dokument, daß der Staatskommissar am 19. Juli 1946 im Flüchtlingsausschuß des Stuttgarter Länderrats vortragen ließ. In dem seinerzeit vielbeachteten Dokument heißt es weiter:

„In keiner bisher ergangenen Verfügung der Alliierten wird die Frage der Staatsangehörigkeits-Rechtsfolgen dieser seinerzeitigen Hoheitsakte angeschnitten oder gar aufgehoben. Durch ein Dekret des Präsidenten der Tschechoslowakischen Republik vom 24. August 1945, welches die Staatsangehörigkeit dieses Landes behandelt, heißt es, daß alle Personen, welche zu irgendeinem Zeitpunkt nach dem 1. Oktober 1938 ihre frühere tschechoslowakische Staatsbürgerschaft aufgegeben und dafür die deutsche erworben haben, als ,Angehörige des Deutschen Reiches' betrachtet werden und ihnen nur in ganz besonderen Fällen (drei Kategorien) die tschechoslowakische Staatsbürgerschaft wieder zuerkannt werden könne.

Die Österreichische Bundesregierung vertritt in einem Erlaß vom Dezember 1945 die Ansicht, daß Bewohner des Sudetenlandes nach wie vor deutsche Staatsangehörige seien ...

Die ausgewiesenen *Volksdeutschen* sind bezüglich ihrer Staatsangehörigkeit besonders schwierig zu beurteilen. Bei denjenigen, welche den Einbürgerungsbrief nachweisen können, ist die Lage ähnlich wie bei den Deutschen aus der Tschechoslowakei. Der größte Teil der heute in die US-Zone kommenden Volksdeutschen wird jedoch lediglich aufgrund seines seinerzeitigen Bekenntnisses zum Deutschtum ausgewiesen. Sie ließen sich in die deutsche Volkstumsliste eintragen ... Eine durch Gesetze fundierte Beurteilungsbasis dieser letzten Gruppe gibt es nicht. Überprüfungsmöglichkeiten fehlen vollständig."

Alle diese Reichs- und Volksdeutschen „aus dem Ausland" sollten vom Staatskommissar betreut werden; das war von Anfang an klar. Nicht eindeutig war die Einstellung gegenüber den 1945 aus den ehemaligen Reichsgebieten östlich der Oder-Neiße-Linie zwangsevakuierten oder geflüchteten Deutschen. Sollte nun der Staatskommissar auch für diese 513 801 Ostdeutschen zuständig sein? Viele der zuletzt zwangsevakuierten Schlesier hatten nicht nur Wertgegenstände, sondern sogar nur bedingt haltbare Nahrungsmittel daheim vergraben — im festen Glauben, bald zurückkehren zu können. Sie hatten nicht auf eine endgültige Ausweisung gerechnet und betrachteten sich in den ersten Nachkriegsmonaten noch als „echte" Evakuierte. Im Kapitel „Lastenausgleich" wird ein erschütternder Brief von Schlesiern an den Landesbischof *Meiser* abgedruckt (S. 318). Die ostdeutschen Flüchtlinge durften in Bayern bleiben, obwohl die Ausweisung der Ostdeutschen (aus den polnisch verwalteten Gebieten) nach Kontrollratsbeschluß vom 2. November 1945 in die Russische und Britische Zone erfolgen sollte.

Feststand andererseits, daß der Staatskommissar nicht für die Luftkriegsevakuierten aus den vier Besatzungszonen zuständig war. Dennoch wurde die Flüchtlingsverwaltung bei der organisierten Rückführung eingeschaltet. Es ging dabei lediglich um 15 000 Personen, wie auf Seite 128 nachzulesen ist.

Im Staatskommissariat war vom ersten Tage an klar, daß der Stichtag

„Wohnsitz am 1. 9. 1939", also bei Kriegsausbruch, wie er im Juni 1945 von der Militärregierung als Merkmal eingeführt worden war, für die Arbeit der Flüchtlingsverwaltung auf die Dauer nicht geeignet war. Als die erste Zählung im Juni 1945 angeordnet wurde, waren die nach Kriegsbeginn geborenen Kinder noch nicht schulpflichtig. Aus wohlüberlegten statistischen Erwägungen blieb man bei dem amtlichen Volkszählungen 1946, 1950 usw. bei diesem Stichtag; man behalf sich mit der Frage nach dem Wohnsitz am 1. September 1939 und ordnete alle danach geborenen Kinder einfach dem Wohnsitz des Vaters bei Kriegsausbruch zu. Eine Zeitlang war ein solcher Notbehelf statistisch tragbar und entsprach den Denkbildern der amtlichen „Wanderungsstatistik".

Für die Betreuung durch den Staatskommissar mußten dagegen *Flucht und Vertreibung die wirkliche Ursache* des Wohnsitzwechsels sein. Denn während des Krieges war aus persönlichen Gründen (wie Heirat) oder aus beruflichen Gründen (wie Versetzung von Beamten) ebenfalls hin- und hergezogen worden, aber nicht kriegsbedingt im engeren Sinn. Für einen während des Krieges nach Bayern versetzten Schlesier oder Sudetendeutschen, der seinen bisherigen Wohnsitz völlig aufgegeben hatte, konnte die Flüchtlingsverwaltung nicht zuständig sein. Umgekehrt jedoch für einen Bayern, der nach Kriegsausbruch in die späteren Vertreibungsgebiete umgezogen war und dort seinen „ständigen Wohnsitz" aufgeschlagen hatte. Dies traf z. B. auf Bahn- und Postbeamte zu.

Wollte also der Staatskommissar den ihm anvertrauten Personenkreis betreuen, mußte er erkennbar machen, wer auf seine Fürsorge rechnen könne und wer nicht.

Derartige Überlegungen wurden in der zweiten Dezemberhälfte 1945 intern lebhaft diskutiert. Als dann am 14. Januar 1946 von OMGUS (US Military Government for Germany) der Befehl MG/DP/I/F eintraf (vgl. S. 73), alle sechs Wochen den „Civilian population status" kreisweise zu erfassen, argumentierte der Statistische Berater, daß die Einführung eines Flüchtlingsausweises eine entscheidende Hilfe zur Überwachung dieser laufenden Zählung der Vertriebenen darstellen würde.

Und auch vom Bayerischen Roten Kreuz, von den freien Wohlfahrtsverbänden, den Kirchen usw. wurde der Staatskommissar gedrängt, eine Art Legitimation für die Flüchtlinge zu schaffen. Wie immer und überall in der Welt gab es auch damals manche in Not geratene Menschen, die es geschickt verstanden, da wo es etwas gab, sich auch etwas zu holen. Der weitaus überwiegende Teil der Flüchtlinge aber stand — ehrlich, bescheiden, ungewandt oder in Lethargie versunken — beiseite. Für die bevorstehende Zeit der Einschleusung sollte nun jeder Mißbrauch unterbunden werden.

Der Statistische Berater regte ferner an, bei der Ausweisausstellung eine Karteikarte mit den wichtigsten Daten zur Person ausfüllen zu lassen, um bevölkerungswissenschaftliche Fragen nach dem Altersaufbau, nach dem sog. „Frauenüberschuß" (d. h. Männerverlust) u. a. beantworten zu können. Seinen

Vorschlag griff der Suchdienst auf (vgl. S. 195); denn dieser erkannte die Chance, Namen und jetzige Adresse sämtlicher Flüchtlinge zu erhalten, und damit die Zahl der „Findefälle" im Rahmen der Familienzusammenführung erheblich zu erhöhen[12]).

Eine technische Schwierigkeit darf hier nicht übergangen werden, weil sie zeittypisch ist. Damals war es unmöglich, für Hunderttausende Paßfotos zu beschaffen. Zwar hatte die Besatzungsmacht einen „Registrierschein" eingeführt; dessen Ausstellungsort und -datum wurden auf der ersten Seite des Flüchtlingsausweises eingetragen. Aber zur Personenidentifizierung trat anstelle eines Paßfotos der Abdruck des rechten Zeigefingers. Trotz Unbehagen stimmte *Jaenicke* dieser Notlösung zu und der Fingerabdruck wurde, weil der Grund jedermann bekannt war, von niemandem als diskriminierend angesehen — weder von den Flüchtlingskommissaren und den den Ausweis ausstellenden Gemeinden, noch von den Vertriebenen.

Solche bayerischen Überlegungen und Vorbereitungen wurden auch im Flüchtlingsausschuß des Stuttgarter Länderrats vorgetragen. Dieser verlangte am 15. Februar 1946 die Klärung des Begriffs „Flüchtling" und beschloß, einen für alle Länder der Amerikanischen Zone gültigen Ausweis zu schaffen. Als Bayern am 6. April 1946 den Ausweis einführte, beantragte Hessen grundsätzlich gemeinsame Behandlung des Flüchtlingsproblems in allen Ländern der vier Besatzungszonen. Am 23. April erließ der Innenminister von Württemberg-Baden seine Verordnung über die Einführung des Flüchtlingsausweises. In der ersten Nummer der Bayerischen Staatszeitung vom 1. Juni 1946 wurde die Verordnung des Staatskommissars (St/58) vom 6. April 1946 abgedruckt:

2. 3 Verordnung über die Einführung des Flüchtlingsausweises

Auf Grund des Flüchtlingsgesetzes vom 14. Dezember 1945 (Bayer. GVBl Nr. 1/1946) wird folgendes angeordnet:

§ 1 Zweck des Flüchtlingsausweises
Zur genauen Erfassung und zur angemessenen Betreuung der Flüchtlinge wird ein Flüchtlingsausweis geschaffen.

§ 2 Begriff des Flüchtlings
Flüchtlinge (expellees) im Sinne dieser Verordnung sind:
1. Alle Personen deutscher Staats- und Volkszugehörigkeit, die bis 1. 1. 1945 ihren Wohnsitz außerhalb der Grenzen des Deutschen Reiches nach deren Stand vom 1. 3. 1938 hatten — ohne dorthin

---

12) Kurt W. Böhme: Gesucht wird ..., die dramatische Geschichte des Suchdienstes; München 2. Aufl. 1970, S. 49.

evakuiert zu sein — und auf Grund ihrer Volkszugehörigkeit geflüchtet sind bzw. ausgewiesen wurden, oder nach ihrer Entlassung
aus der Kriegsgefangenschaft dorthin nicht mehr zurückkehren können.
Als evakuiert gelten alle diejenigen Personen, die infolge der Kriegsereignisse durch behördliche Maßnahmen oder freiwillig nach dem
1. 9. 1939 ihren ständigen Wohnsitz verlassen haben.

2. Alle Personen deutscher Staats- bzw. Volkszugehörigkeit, die bis
   1. 1. 1945 in den deutschen Ostprovinzen östlich der Oder und
   Görlitzer Neiße (Gebietsstand 1. 9. 1939) beheimatet waren und von
   dort geflüchtet oder ausgewiesen sind und zur Zeit nicht zurückkehren können.

3. Personen, auf die — ohne daß sie zu den vorgenannten Gruppen
   gehören — die Verordnung durch Erlaß des Staatskommissars für
   das Flüchtlingswesen ganz oder teilweise für anwendbar erklärt wird.

Dieser § 2 stellt die erste deutsche amtliche Begriffsbildung zum „Flüchtlings-Status" dar (später: „Vertriebener"). Nicht Kriegsausbruch, sondern
Kriegsende (1. Januar 1945) wurde als Stichtag für den ständigen Wohnsitz
gewählt. Natürlich war dies nicht als exakter Stichtag gedacht. In späteren
Jahren (ab 1956) hat das Bundesausgleichsamt im Hinblick auf die Schadensfeststellung den Ausgleichsämtern sogenannte „Länder-Merkblätter" zur
Verfügung gestellt. Darin wurde u. a. für die einzelnen Vertreibungsgebiete
ein Stichtag für den jeweiligen Beginn der Fluchtbewegung mitgeteilt, abhängig vom Vorrücken der Roten Armee. Im § 2 wurde ausdrücklich auch
der aus den Vertreibungsgebieten stammende Kriegsgefangene, der nach
seiner Entlassung nicht in die alte Heimat zurückkehren konnte, als Flüchtling
anerkannt — selbstverständlich, wird der Leser denken.
  Keinen bayerischen Flüchtlingsausweis bekamen die Evakuierten. Bei diesen
wurde vorausgesetzt, daß sie infolge der Kriegsereignisse ihren ständigen
Wohnsitz nur vorübergehend verlassen, nicht aufgegeben hatten.
  Im § 2 Abs. 2 („deutsche Ostprovinzen") wurde von „deutscher Staats-
und Volkszugehörigkeit" gesprochen. Diese Formulierung dürfte heutzutage
kaum richtig gedeutet werden, falls man nicht daran erinnert, daß im Zuge
der „Heim-ins-Reich-Umsiedlung" während des Zweiten Weltkrieges viele
Umsiedler dort untergebracht und nun von dort, nicht von der ursprünglichen
Heimat aus abtransportiert wurden.
  Am Abschnitt 2 Abs. 3 schuf sich *Jaenicke* einen Ermessensraum für
Härtefälle. Man dachte u. a. an die mögliche, ja erhoffte Rückkehr deutscher
Emigranten aus der Schweiz, Großbritannien, den skandinavischen Staaten
und den USA, sofern diese aus den inzwischen zu Vertreibungsgebieten ge-
wordenen Regionen stammten. Denn es war klar, daß auch die politisch und
rassisch Verfolgten in die alte Heimat nicht zurückkehren konnten.

§ 3 Pflichten der Flüchtlinge (Auszug)

Jeder Familienvorstand einer Flüchtlingsfamilie ist verpflichtet, für sich und sämtliche Familienangehörigen binnen zwei Wochen nach seinem Eintreffen in Bayern bzw. zwei Wochen nach Inkrafttreten dieser Verordnung bei der vom örtlichen Flüchtlingskommissar bestimmten Dienststelle die Ausstellung eines Flüchtlingsausweises zu beantragen.

§ 4 Inhalt des Flüchtlingsausweises

. . .

§ 5 Wirkung des Ausweises

Zur Aushändigung von Lebensmittelkarten oder Bezugsausweisen für Bedarfsgegenstände ist die Vorlage des Flüchtlingsausweises erforderlich.

Die ausgebende Dienststelle für die erwähnten Bezugsberechtigungen (Ernährungsamt, Wirtschaftsamt usw.) hat die Aushändigung in den Flüchtlingsausweis einzutragen. Die Ausgabe von Lebensmittelkarten wird nur beim erstmaligen Empfang sowie bei Um- und Abmeldungen eingetragen.

Lebensmittelkarten und Bedarfsgegenstände dürfen nur ausgehändigt werden, wenn im Flüchtlingsausweis ein Vermerk über die Meldung beim Arbeitsamt und die Vorlage des im Verteilungslager erhaltenen Gesundheitsscheins eingetragen ist.

Hilfsbedürftige Flüchtlinge dürfen nur eine Unterstützung von den Fürsorgeverbänden erhalten, wenn sie im Besitz des Flüchtlingsausweises sind.

§ 6 Flüchtlingskartei

. . .

§ 7 Strafandrohung

1. Wer es unterläßt, die Ausstellung eines Flüchtlingsausweises zu beantragen, wird mit einer Geldstrafe bis zu RM 150.— oder mit Haft bestraft.

2. Wer unrichtige Angaben zur Erlangung eines Flüchtlingsausweises macht oder wer die mehrfache Ausstellung eines Flüchtlingsausweises für ein und dieselbe Person herbeiführt oder wer einem anderen den Flüchtlingsausweis zum widerrechtlichen Gebrauch überläßt, wird nach den Bestimmungen der §§ 271—274 Abs. 1 sowie § 281 StGB bestraft.

§ 8 Diese Verordnung tritt mit dem Tage der Verkündung in Kraft.

Am 24. April 1946 erließ der Staatskommissar die „I. Ausführungsbestimmungen zur Verordnung über die Einführung des Flüchtlingsausweises" (II/4

135a). Aus den weiteren Rundentschließungen des Statistischen Beraters (II/4 135a [1] vom 26. April, 135a [2] vom 15. Mai und II/4 536 vom 20. Juli 1946) erkennt man die Handhabung dieser Aktion.

Im Abschnitt III der Ausführungsbestimmungen heißt es u. a.:

> „Am 29. März (1946) ist der Statistische Berater des Staatskommissars beauftragt worden, die karteimäßige Erfassung der nach Bayern rechts des Rheins transportierten Flüchtlinge zu organisieren und durchzuführen. Ihm obliegt die Führung der Zentralkartei und die Überwachung der örtlichen Karteien ... Der Wert der Kartei wird in Zukunft darauf beruhen, daß statistische Sondererfassungen nach Beendigung der Einschleusung der Flüchtlinge weitgehend eingeschränkt oder eingestellt werden können ... Die Wohnungsänderungen sind ab 1. Mai (1946) zu erfassen ... Es wird darauf hingewiesen, daß auf dem neuen polizeilichen Anmeldeformular (Bayer. Statistisches Landesamt) ... auch nach dem Flüchtlingsausweis gefragt wird."

Die Ausweise wurden in einer Augsburger Druckerei hergestellt und nummeriert. Den Postversand durch die Druckerei an die Flüchtlingskommissare überwachte der Regierungskommissar für Schwaben. Zur beschleunigten Erfassung beim Suchdienst (Zonenzentrale München) beantragte dieser (Nr. 53/31/33) die für ihn bestimmte dritte Karteikarte (mit Anschrift der Vertriebenen) ihm direkt zuzuleiten. Der Staatskommissar gab dann eine entsprechende Weisung an seine 166 Flüchtlingskommissare. Nicht unerwähnt bleiben darf auch der Abschnitt VI der Ausführungsbestimmungen vom 24. April 1946:

> „Die polizeiliche Überprüfung durch CIC entsprechend der Verfügung des Herrn Staatsministers des Innern, Nr. 2084 g 16 vom 18. Februar wird durch diese Ausführungsbestimmungen nicht berührt (gemeint waren die wöchentlichen Meldungen an die Militärregierung des jeweiligen Regierungsbezirks — Refugee Office) ..."

„CIC" bedeutet „Counterintelligence Corps" der US-Army. „The principal tasks of counterintelligence are to prevent espionage", heißt es in der Encyclopaedia Britannica 1965. Die CIA (Central Intelligence Agency) wurde erst 1947 als „clearinghouse" aller militärischen und politischen Geheimdienste der USA durch den „National Security Act" errichtet.

2. 4 Zuteilung von „Flü-Bezugsscheinen" 1946—1948

Um anschaulich zu schildern, wie die Ausgabe von zusätzlichen Bezugsscheinen für Flüchtlinge gehandhabt wurde, nehmen wir aus dem Archiv die am 25. April 1946 ausgestellten Flüchtlingsausweise 599 998 und 599 999. Diese Familie mit vier Kindern (das älteste war elf Jahre alt) war vom Flüchtlingskommissar in zwei Zimmern und eine Wohnküche als Untermieter in einem Münchner Vorort eingewiesen worden.

Die erste Bezugsscheinausgabe wurde am 9. Mai 1946 in den Ausweis eingetragen: je 1 Hemd, 1 Unterhose/Schlüpfer, 1 Anzug/Kleid und 1 Paar Schuhe, dazu 5 Wolldecken. Am 17. September: 1 Kleiderbürste (!) und am nächsten Tag Möbelbezugsscheine für 1 Küchenbuffet, 1 Schlafzimmer, 6 Sessel (Holz mit Papierschnurgeflecht), 6 tiefe und 6 flache Teller, 6 Tassen und Untertassen, 1 Kaffeekanne, 1 Schüssel, 1 Milchtopf. Am 22. Oktober: 1 Notofen mit Rohr und Rohrbogen. Vor Weihnachten 1946: 1 Paar Strümpfe, die sechste Wolldecke, 1 Kostüm, 5 Regenmäntel, 8 m Schürzenstoff, 4 m Kinderkleiderstoff, 12 m Leibwäschestoff, 3 Kinderpullover, 1 Paar Hausschuhe.

Im Januar 1947 sind Bezugsscheine für 1 Kartoffelpresse, 1 Reibeisen und 2 Kleiderspinde eingetragen, am 22. Juni: ein zweiter Kachelofen und am 2. Februar 1948 — kurz vor der Währungsreform also — Bezugsscheine für 2 Sprungrahmen (beim oben erwähnten „Schlafzimmer" gab es nur Bretter), 1 Herrenhemd, 1 Paar Schuhe, 1 Paar Hausschuhe.

2. 5 *Familienzusammenführung durch den Suchdienst*

Es wurde bereits erwähnt, daß eine der drei Karteikarten, die bei der Antragsstellung ausgefüllt werden mußten, für die Suchdienst-Zentrale München bestimmt war. Das Staatskommissariat gab am 6. Juni 1946 (II/4 172a) folgenden Erlaß heraus:

„In Übereinstimmung mit der Verordnung Nr. 26 des Herrn Bayer. Ministerpräsidenten vom 26. November 1945 und entsprechend einer Vereinbarung der drei Staatskommissare für das Flüchtlingswesen in der amerikanisch besetzten Zone gebe ich bekannt: Die dritte Kopie der Karteikarte ... wird für Suchzwecke zur Verfügung gestellt. Nach Beendigung der z. Z. laufenden Ausstellung der Flüchtlingsausweise muß jeder Flüchtling aus den ehem. Reichsgebieten östlich Oder und Neiße (Schlesien, Ost-Brandenburg, Ost-Pommern, Ostpreußen) und jeder reichs- und volksdeutsche Flüchtling aus dem Ausland in der Suchkartei gefunden werden ... Der Suchdienst, der mit allen beteiligten Dienststellen des Staates, der kirchlichen Verbände, der UNRRA (United Nations Relief and Rehabilitation Administration) und dem Internationalen Roten Kreuz zusammenarbeitet, ist daher die einzige Auskunftsstelle. Suchanfragen an die Flüchtlingskommissare, die Landräte und Oberbürgermeister, an die Regierungskommissare und den Staatskommissar für das Flüchtlingswesen sind daher vollständig zwecklos und verzögern die Beantwortung. Alle Anfragen sind vielmehr auf den Suchkarten, die bei den örtlichen Rot-Kreuz-Stellen zu erhalten sind, direkt an den SUCHDIENST, Zonenzentrale München, 13b München 22, Wagmüllerstraße 14, zu richten. Alle Stellen haben zum Besten der Flüchtlinge für die Bekanntgabe dieser Verfügung in jeder möglichen Form zu sorgen."

2. 6 Ausstellung von 1,5 Millionen Ausweisen in sieben Monaten

In seinem vorläufigen Abschlußbericht vom 6. November 1946 berichtete der Statistische Berater, daß innerhalb von sieben Monaten rund 1,5 Millionen Ausweise in Bayern ausgestellt worden waren. Bei der alphabetischen Ordnung der Karteikarten für den Suchdienst wurde in noch nicht einmal 100 Fällen ein „Doppelantrag" entdeckt und als Folge eine Sperrung dieser Ausweisnummern im Bayerischen Staatsanzeiger veröffentlicht, — „ein Zeichen sehr erfreulicher Moral in Flüchtlingskreisen"[13].

Die Karteikarten bei den Flüchtlingskommissaren erfaßten bis Ende 1947 Tod, Geburt (Nachtrag im Ausweis des Vaters oder der Mutter), sowie Umzug; die Wanderungsstatistik des Statistischen Landesamtes wurde erst neu aufgebaut. Mit Hilfe dieser Unterlagen wurde das erste Mal in der Nachkriegszeit für einen größeren Personenkreis der Altersaufbau ausgezählt. Probeerhebungen ab Juli 1946 brachten technisch gute, wenn auch bevölkerungspolitisch unerfreuliche Ergebnisse, wie selbstverständlich erwartet worden war. Erste Ergebnisse der Gesamtauswertung wurden am 12. April 1947 im Bayerischen Staatsanzeiger veröffentlicht[14].

Im Aprilheft 1947 „Bayern in Zahlen" konnte *Bruno Wronski* aufgrund der Volkszählung vom 29. Oktober 1946 auch über den Altersaufbau der Gesamtbevölkerung vorläufige Daten bekanntgeben. „Diese Ergebnisse stellen infolge der angewandten repräsentativen Methode naturgemäß nur vorläufige Werte dar. Die Abweichungen liegen ... innerhalb einer Fehlergrenze von nur wenigen Prozenten", meinte *Wronski*.

Ende 1946 hatte der Staatskommissar angeordnet, die Tabellen vollständig zu veröffentlichen und zu kommentieren. Im Mai 1947 konnten in der Dritten Folge des „Amtlichen Zahlenmaterials ..." auch die vorläufigen Volkszählungsergebnisse berücksichtigt werden:

„*Der biologische Zusammenbruch Deutschlands*

... Was besagen diese Zahlen? Bei den Jugendlichen ist bis zum Jahrgang 1928 das Zahlenverhältnis zwischen männlichen und weiblichen

---

13) Martin Kornrumpf: Abschlußbericht über die Ausstellung von Flüchtlingsausweisen in Bayern; Vermerk vom 6. 11. 1946 (Nr. II/4).
14) Martin Kornrumpf: Der Altersaufbau der Flüchtlinge; „Bayer. Staatsanzeiger" 12. 4. 1947.

Personen ausgeglichen. In den Jahrgängen 1911—1927, also im Alter von 18—35 Jahren, ist es dagegen außerordentlich gestört. Diese Gruppe schließt die kinderarmen Weltkriegsjahrgänge (1914/18) ein. Die 1939 noch völlig normale Alterstufe 1901—1910, die im vorigen (Ersten) Weltkrieg nicht mehr zum Einsatz kam, zeigt gleichfalls erschreckende Lükken . . .

Es muß darüber Klarheit bestehen, daß mit der Alters- und Geschlechtsgliederung noch nicht das gesamte biologische Problem vollständig erfaßt ist. Denn durch die verschiedenen Wege der Flucht und Ausweisung und durch die Entlassung aus der Kriegsgefangenschaft scheint im Geschlechtsaufbau das Bild ungünstiger, als es tatsächlich ist. Hunderttausende von Familien sind heute noch zerrissen. Zwei Jahre nach Kriegsende werden noch über drei Millionen Deutsche aus der Kriegsgefangenschaft zurückerwartet. Wenn ihnen wieder die Freiheit geschenkt wird, erscheint das katastrophale Bild natürlich etwas günstiger . . . Warum man aber mit Recht von einem biologischen Zusammenbruch Deutschlands sprechen kann, zeigen die abgedruckten Zahlenreihen nicht allein. So denke man zuerst an die große Zahl der Beschädigten. Man denke ferner an die Generationsschäden unserer Kinder. Die schweren Folgen für ihre weitere Entwicklung werden nachdrücklich von den Ärzten aufgezeigt. Man denke schließlich an die in etwa sechs Jahren auftretenden und dann nicht mehr wiedergutzumachenden Schäden unserer jetzt arbeitenden Bevölkerung. Bei einer nicht ausreichenden Ernährung ist nämlich der weitaus größte Teil des Volkes gezwungen, Raubbau an seinen Körperkräften zu treiben, sei es, daß er durch den Krieg seine Existenz verloren hat, sei es, daß er total ausgebombt ist, oder als Flüchtling ausgewiesen wurde.

Wohl in gutem Glauben, aber in völliger Verkennung der tatsächlichen Gegebenheiten erwarten manche eine nennenswerte *Erleichterung durch die Auswanderung.* Wenn nur arbeitsfähige Spezialisten davon getroffen würden, wäre es ein ausgesprochener Schaden für das gesamte Volk.

Diese warnenden Worte sind nicht aus pessimistischer Hoffnungslosigkeit geboren, sondern sollen ermahnen, trotz der ungeheuren Tagesprobleme einige Jahre vorauszuschauen, um all das an Not abzuwenden, was abgewendet werden kann. Gerade das Durchdenken der gegenwärtigen biologischen Struktur wirft ungeheure Probleme im Arbeitseinsatz und der sozialen Fürsorge für das nächste Jahrzehnt auf."

Soweit der im Mai 1947 veröffentlichte Kommentar. Es handelte sich bei diesem Alarmruf nicht um die kaum beachtete private Meinung eines Bevölkerungswissenschaftlers, sondern um „amtliche" Darstellung des Bayerischen Staatsministeriums des Innern. Die Auflagenhöhe von 5000 Exemplaren sorgte für eine ausreichende Verbreitung dieser Fakten und Befürchtungen. Dahinter stand *Jaenickes* staatspolitische Zielsetzung, nicht durch

Auswanderung, sondern durch Eingliederung der Vertriebenen, zugleich auch den Einheimischen und dem Staat den besten Weg in die Zukunft zu ebnen.

Mit größtem Erstaunen wird der Leser erfahren, wie ernsthaft damals die Chancen für eine Auswanderung diskutiert wurden. Experten meinten, Afrika (!) „bilde das logische Hinterland, das Europa erschließen muß" und 500 Millionen Europäer könnte es aufnehmen *(Volney D. Hurd* in „Christian Science Monitor" 3. April 1948).

Es war der Beachtung dieser Probleme dienlich, daß auch OMGUS bei Veröffentlichung von Volkszählungsdaten der Amerikanischen Zone im November 1947 gerade diese Kriegsfolgen mit Text und Graphiken deutlich herausstellte[15]). Solche Publikationen in englischer Sprache gingen damals „in alle Welt".

Selbstverständlich gab es eine Handvoll anderer Persönlichkeiten, die sich auch mit solchen zukunftsweisenden Fragen beschäftigten; viele waren es aber nicht! Das Kieler Institut für Weltwirtschaft und in dieser allerersten Phase vor allem Professor Dr. *Wilhelm Bauer* müssen hier erwähnt werden. Bauer, später langjähriger Vorsitzender des „Sachverständigenrats zur Begutachtung der gesamtwirtschaftlichen Entwicklung", war seinerzeit im „Deutschen Institut für Wirtschaftsforschung (Institut für Konjunkturforschung)" in Berlin tätig. Im Rahmen eines regelmäßigen Gedankenaustausches sandte er im Herbst 1947 dem Autor die Druckfahnen von zwei Beiträgen zum DIW-Dokument: „Die deutsche Wirtschaft zwei Jahre nach dem Zusammenbruch"[16]).

2. 7 Die Kriegsschäden am deutschen Volkskörper

Wilhelm Bauer stellte darin die erste „Bilanz der Bevölkerungsentwicklung für ,Restdeutschland' vom Mai 1939 bis Oktober 1946" auf:

> „Ob ein Land überbevölkert ist, hängt allein von seiner Wirtschafts-Struktur ab. (Hinsichtlich des Altersaufbaus der Vertriebenen in Bayern schrieb er:) Die Relationen sind nicht wesentlich anders als für den Durchschnitt der gesamten Bevölkerung. (Aber) mehr als die Hälfte der männlichen Arbeitskräfte ist in der nächsten Zeit über 40 Jahre alt. Besonders nachteilig wirkt sich das für die Zukunft aus.
> Der Frauenüberschuß, die zweite der verheerenden bevölkerungspolitischen Folgen des Krieges, beträgt gegenwärtig 7,3 Millionen. Mehrere

15) OMGUS (US Military Government for Germany): The population of the US-Zone of Germany, Part 2; Some results of the census of Oct. 1946 in relation to economic, social and demographic policy; Civil Administration, Berlin, Nov. 1947, 113 S.
16) Wilhelm Bauer: Die Kriegsschäden am deutschen Volkskörper (S. 14—36) und: Der gegenwärtige und künftige Lebensstandard (S. 159—194); Berlin 1947 (Im Sammelband des Deutschen Instituts für Wirtschaftsforschung „Die deutsche Wirtschaft zwei Jahre nach dem Zusammenbruch").

Millionen Frauen haben demnach Zeit ihres Lebens keine Chance, sich zu verheiraten. Die Hauptlast der Arbeitslosigkeit und des Kampfes um die Existenzmöglichkeiten fällt deshalb auf die Schultern der Frauen, besonders der Frauen zwischen 20 und 40 Jahren (1946). Auch die gesellschaftliche Struktur wird durch den Frauenüberschuß nachhaltig beeinflußt werden.

Die Wirkungen auf den Arbeitsmarkt

... Die Verzerrung im Altersaufbau der Männer und der Frauenüberschuß bringen es mit sich, daß Deutschland — überspitzt ausgedrückt — zwar zu viel, aber die „falschen" Arbeitskräfte hat, die sich außerdem noch — infolge der regionalen Neuverteilung der Bevölkerung auf Stadt und Land — an der ‚falschen' Stelle befinden.

Als Gesamteindruck aus allen diesen Einzelheiten
— so endet *Bauer* seine Untersuchung — ergibt sich, daß der Fluch des Krieges durch die Wunden, die er in den Bevölkerungsaufbau gerissen hat, noch nach Generationen nachwirken wird. Gewiß werden die Wellen in der Geburtenzahl und in der Zahl der Sterbefälle, die der Krieg durch den Verlust an Männern einer bestimmten Altersklasse und durch den Ausfall an Geburten mit sich gebracht hat, allmählich verebben und von anderen Einflüssen überdeckt werden. Sie werden aber als konkrete Tatsachen auch dann noch in Erscheinung treten, wenn die Verluste, die der Krieg für den Kapitalbestand und die volkswirtschaftliche Produktivität mit sich gebracht hat, längst überwunden sein werden."

Bauers zweiter Beitrag trug den Titel: „Der gegenwärtige und künftige Lebensstandard in Deutschland". Nachdem die Ergebnisse der Volkszählung vom 29. Oktober 1946 für die Besatzungszonen vorlagen, verfaßte *Wilhelm Bauer* einen weiteren alarmierenden Aufsatz für das Europa-Archiv von *Wilhelm Cornides* (Juni/Juli 1948)[17]. Dieser kurz vor der Währungsreform verfaßte Artikel beginnt:

„Nur wenige Menschen, auch unter den Politikern und verantwortlichen Staatsmännern, sind sich heute über das Gewicht und die wahre Natur des deutschen Bevölkerungsproblems im klaren. Noch heute werden nicht selten in entscheidenden Fragen der Wirtschaftspolitik Meinungen vertreten, die darauf hindeuten, daß man die tiefgreifende Wandlung in der bevölkerungspolitischen Lage Deutschlands nach dem Kriege und die Konsequenzen, die sich daraus ergeben, in ihrer vollen Tragweite noch nicht erkannt sind ...

---

17) Wilhelm Bauer: Das deutsche Bevölkerungsproblem in europäischer Sicht; Europaarchiv (Wilhelm Cornides) Frankfurt/Main, Juni 1948, S. 1395—1410.

Es kommt hinzu, daß die Informationen über Bevölkerungsfragen nur recht spärlich und nur in Form trockener Statistiken zur Verfügung stehen. Die amtliche Statistik ist zwar eifrig bemüht, sich von den eingefahrenen Gleisen der überkommenen Denkrichtung und Methode zu lösen; sie ist aber aus vielen Gründen in ihrer Aktivität behindert. Sie kann daher beim besten Willen nicht das leisten, was der Lage entsprechen würde. Soweit aber Informationen vorliegen, sind sie oft recht unbequem, weil sie, wie gesagt, den landläufigen Anschauungen und Deduktionen widersprechen. *Statt sich mit ihnen auseinander zu setzen und mit ihrer Hilfe das eigene Urteil zu korrigieren, zieht man es begreiflicherweise vor, sie nicht zur Kenntnis zu nehmen.*"

Die Kritik an der amtlichen Statistik, nicht nur von *Bauer* vorgetragen, verfehlte nicht ihre Wirkung. Vorerst gab es allerdings teilweise unerfreuliche Reaktionen. Vier Bayerische Staatsministerien jedoch nahmen — im Gegensatz zu vielen anderen Stellen — die „recht unbequemen und den landläufigen Anschauungen widersprechenden Informationen" höchst aufgeschlossen entgegen. Aus schwierigen, aber fruchtbaren Diskussionen entsprangen viele Pläne; fundierte Pläne, die auch realisierbar waren und tatsächlich realisiert wurden. Gemeint sind die Oberste Baubehörde im Innenministerium (Staatssekretär *Franz Fischer*), das Wirtschaftsministerium (Prof. Dr. *Ludwig Erhard*, Dr. *Rudolf Zorn*, Dr. *Hanns Seidel*), das Finanzministerium (Prof. Dr. *Fritz Terhalle*, Dr. *Hans Kraus*, Dr. *Rudolf Zorn*) und schließlich — darüber wird jedoch später im Kapitel „Arbeitsmarkt" ausführlich berichtet — das Arbeitsministerium (S. 281).

Man darf auch nicht annehmen, daß *Jaenicke* und seine Mitarbeiter sich mit einem einmaligen Hinweis auf irgendein erkanntes Problem begnügten. Vielmehr wiederholten sie die entscheidenden Fakten und die sich daraus ergebenden Probleme immer und immer wieder — in Sitzungen, Vorträgen, Rundfunk-Sendungen und in der Presse. Als Beispiele für nicht-amtliche Dokumente seien folgende Stichproben erwähnt.

2. 8 Wandlungen im Altersaufbau 1939—1971 (Vorausberechnung)

In seinem „Bayern-Atlas" kommentierte der Autor 1948 diese Graphiken[18]):

> „Die beiden Alterspyramiden der Flüchtlinge von 1947, die sich übrigens weitgehend mit der (Alterspyramide) der gesamten Bevölkerung decken, wirken gegen den ausgeglichenen Lebensbaum von 1910 wie eine zerzauste Bergtanne ... Nicht unwesentlich könnte das Bild sich bessern, wenn alle zurückerwarteten Kriegsgefangenen wieder heimgekehrt sein werden. Die Folgen soziologischer Art werden aber das letzthin ausschlag-

18) Martin Kornrumpf: Bayern-Atlas, München 1949, S. 59.

gebende Problem unseres ganzen Lebens sein. Die Vorausberechnungen des Altersaufbaus für die nächsten Jahrzehnte zeigen (unter Voraussetzung normaler Entwicklung) so ungeheure Verschiebungen, daß es notwendig ist, diese bei allen Planungen der Berufsausbildung, der Altersversorgung u. v. a. in Rechnung zu stellen."

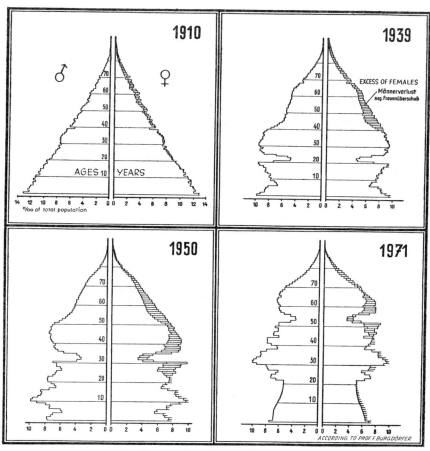

Wandlungen im Altersaufbau 1910/1971

Heute weiß jeder, was man unter dem „Rentenberg" versteht. Diese Aufsätze von 1947/48 dürften die frühesten Hinweise sein. Als zweites Beispiel mag ein Beitrag in der „Lebendigen Erziehung" dienen[19]). Eine Graphik veranschaulichte die Vorausschätzung von *Friedrich Burgdörfer* für das Jahr 1971. Inzwischen liegt dieses Jahr längst hinter uns und es ist

19) Martin Kornrumpf: In zwanzig Jahren; Deutsche Gesellschaft für Erziehung, „Lebendige Erziehung"; München 1952, Nr. 7, S. 181—183.

möglich, *Burgdörfers* Schätzung aus den Jahren 1947/48 mit der tatsächlichen Entwicklung zu vergleichen. Er konnte damals nicht die Millionen-Zuwanderung aus der SBZ/DDR voraussehen, um nur einen Faktor zu nennen. Die Volkszählungsergebnisse von 1970 lauteten: Kinder unter 15 Jahren 21,7 % und Jugendliche (15—20 Jahre) 7,3 % — also in beiden Fällen etwas mehr als geschätzt; im Haupterwerbsalter (20—45 Jahre) 34,4 % und ältere Erwerbstätige (45—65 Jahre) 22,7 % — d. h. in beiden Fällen etwas weniger. Im Rentenalter (d. h. 65 Jahre und älter) standen nach der Volkszählung 13,9 % der Bevölkerung; *Burgdörfers* Vorausberechnung des „Rentenberges" traf nahezu ein. Heute selbst im „Greisenalter", bedauert der Autor, damals die Worte „Ältere" und „Greise" in die Graphik eingetragen zu haben.

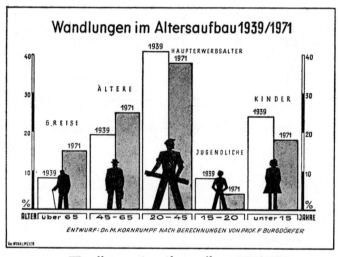

Wandlungen im Altersaufbau 1939/1971

Dieser Artikel von 1952 trug den Titel:

„In zwanzig Jahren . . ."

„. . . Nur wenigen Menschen ist bewußt, in welchem Ausmaß diese beiden Tatsachen (gemeint sind: Vertriebene und Altersaufbau) auf Generationen hinaus unseren Volkskörper beeinflussen werden, und zwar völlig unabänderlich. Noch lange, weit über die kommende Jahrhundertwende hinaus, wird spürbar bleiben, daß während der Weltkriege und der Nachkriegs-Krisenjahre so viele Kinder nicht geboren und so viele junge Männer gefallen sind . . .

Die Aufgabe von heute

Hilde Wander hat leider recht, wenn sie schreibt, daß ,die Frage der Berufsausbildung bisher viel zu sehr von der rein wirtschaftlichen Seite her beurteilt wird. Dabei übersieht man, daß sie zugleich bedeutende, erzieherische Funktionen hat, die für Wirtschaft und Gesellschaft von unschätzbarem Wert sind. Es ist zwar richtig, daß überhaupt jede sinnvolle Arbeit zwangsläufig auch pädagogische Einflüsse ausübt, aber es kann wohl kaum bezweifelt werden, daß diese bei einem Lehrverhältnis mit einem bestimmten Ausbildungsziel nachhaltiger sind als bei einem gewöhnlichen Arbeitsverhältnis, das jederzeit wieder gelöst werden kann. Lehrlinge und Facharbeiter sind in der Regel selbstbewußter und allen politischen und wirtschaftlichen Fragen gegenüber aufgeschlossener als ungelernte Arbeiter, denen das Bewußtsein des Eigenwertes aus beruflicher Qualifikation häufig fehlt. Dieses mangelnde Vertrauen in die eigene Schaffenskraft belastet die Ungelernten oft ebenso stark wie die ungünstige Existenzbasis.' (Soweit *Hilde Wander*.)

Hier spielen auch schulische Fragen hinein. Die Anforderungen der sich immer höher entwickelnden Industrie steigern sich ständig. Die Schulausbildung und die (meist in Handwerksbetrieben erfolgende) Lehrlingsausbildung haben sich diesen Anforderungen keineswegs ausreichend angeglichen. Dazu kommt, daß durch die übersetzten Schulklassen sogar ein Abfallen des Ausbildungsstandes gegeben ist. Beides können wir uns nicht leisten.

Die Feststellung, daß der deutschen Industrie und dem deutschen Staat das Geld fehle, großzügige Abhilfe zu schaffen, gibt keine befriedigende Antwort, wenn man an die kommenden Jahrzehnte denkt, wo diese Nachlässigkeit nicht mehr zu reparieren sein wird. Welches Volk kann es sich leisten, 500 000 seiner Jugendlichen ungenügend auf das Berufsleben vorzubereiten?"

2. 9 *Das Flüchtlingsgesetz 1947 legalisiert die Ausweisausstellung*

Dieser Abschnitt über den Flüchtlingsausweis muß mit dem Hinweis abgeschlossen werden, daß die Verordnung vom 6. April 1946 durch das Flüchtlingsgesetz vom 19. Februar 1947 mit drei Sätzen legalisiert wurde:

§ 3) Die im § 1 aufgeführten Personen erhalten einen Flüchtlingsausweis. Die Erteilung der Urkunde begründet die Anerkennung als Flüchtlinge. Sie ist widerruflich.

In den Ausführungsbestimmungen zum zoneneinheitlichen Flüchtlingsgesetz findet der Leser im Artikel III Abs. 2 eine höchst bedeutsame Bemerkung:

„Der Flüchtlingsausweis kann eingezogen werden, wenn die Eingliederung des Flüchtlings durch Erfüllung der Bedingungen des § 7 Ziff. 2, §§ 8 und 9 des Flüchtlingsgesetzes vollzogen ist. Die erste Überprüfung in dieser Richtung findet nicht vor dem 31. 12. 1947 statt."

Die hier erwähnten Bedingungen betrafen: Unterkunft, Wohnung, Arbeit und Berufslenkung. Als die Ausführungsbestimmungen 1946 während der mehrmonatigen Gesetzesberatungen sich herauskristallisierten, war also die Ansicht des Staatskommissars, daß er in einzelnen Fällen bis zum Ende des Jahres 1947 die Eingliederung als vollzogen ansehen und deshalb den Ausweis einziehen könne. Das bedeutete nichts anderes als eine zeitliche Begrenzung des „Flüchtlings-Status". Die Entwicklung ging jedoch ganz andere Wege.

Der in der Amerikanischen Zone 1946 eingeführte Flüchtlingsausweis (für Vertriebene) besaß in erster Linie eine *sozialpolitische* Bedeutung für die Betreuung durch die Flüchtlingsverwaltung. Das ganze deutsche Volk hatte den Krieg verloren. Die Bayerische Staatsregierung und auch die Amerikanische Militärregierung hatten der Flüchtlingsverwaltung anfangs nur die Aufgabe gestellt, die zusätzliche, also „besondere" Belastung als Folge von Flucht und Vertreibung durch geeignete Maßnahmen zu beheben.

2. 10 Das Bundesvertriebenengesetz von 1953

Das Bundesvertriebenengesetz vom 19. Mai 1953 (BGBl. I S. 201) führte entsprechende Ausweise ein, von nun an aber auch für Sowjetzonen-Flüchtlinge (Ausweis C). Diesen Bundesvertriebenen- und -flüchtlingsausweisen wurde eine *staatspolitische* Bedeutung zugemessen.

> BVFG § 15) Vertriebene und Sowjetzonenflüchtlinge erhalten zum Nachweis ihrer Vertriebenen- oder Flüchtlingseigenschaft Ausweise, deren Muster der Bundesminister für Vertriebene bestimmt ...
> § 18) Der Ausweis ist (wohlgemerkt nur!) einzuziehen oder für ungültig zu erklären, wenn die Voraussetzungen für seine Ausstellung nicht vorgelegen haben.
> § 19) Die Beendigung der Inanspruchnahme von Rechten und Vergünstigungen ist im Ausweis zu vermerken. Der Ausweis bleibt im Besitz des Inhabers.

Die politische Bedeutung des Bundesvertriebenenausweises wird besonders durch die Vererblichkeit des Vertriebenenstatus betont:

> BVFG § 7) Kinder, die nach der Vertreibung geboren sind, erwerben die Eigenschaft als Vertriebener oder Sowjetzonenflüchtling des Elternteils, dem im Zeitpunkt der Geburt ... das Recht der Personensorge zustand ...

Klarer kann man den Wandel in der Konzeption kaum darstellen. Der Autor schrieb Anfang 1966 über das Thema „Die Vererblichkeit des Vertriebenen-Status als statistisches Problem"[20] Die Graphik verdeutlicht die vier Extremfälle. Oben sind alle „Vertriebene", unten alle „Einheimische". In der Mitte ist einmal allein der Großvater väterlicherseits selber vertrieben,

Die Vererblichkeit des Vertriebenen-Status
— ein statistisches Problem —

● = Vertriebener   ○ = Nicht-Vertriebener

Vertriebenen-Status durch:			Zahl der Vertriebenen-Großeltern-teile
Flucht, Vertreibung, politische Emigration §§1 und 2 BVFG	Vererbung §7 BVFG (Nach Vertreibung Geborene)		
1. GENERATION	2. GENERATION	3. GENERATION	
●—● ●—●	●—●	●	4
● led. Mutter ● led. Mutter	●—●	●	

▨ = Ungeklärt ab 1.4.1953 wegen Urteil des Bundesverfassungsgerichts vom 29.7.1959 (BGBl. I S. 633, BVerfGE 10, 59) betr. §1629 BGB

Gesetzlicher Vertreter bis 31.3.1953 *in aller Regel der Vater*

●—● ●—○	●—▨	▨	3
●—● ○—●	●—○	▨	3
●—○ ●—●	▨—●	▨	3
○—● ●—●	▨—●	○	3
●—● ○—○	●—○	○	2
●—○ ●—○	▨—●	○	2
○—○ ●—●	●—▨	○	2
●—○ ○—●	▨—○	○	2
●—○ ●—○	▨—○	○	2
○—● ●—○	▨—○	○	2
●—○ ○—○	●—○	○	1
○—● ○—○	▨—○	○	1
○—○ ●—○	●—▨	○	1
○—○ ○—●	○—▨	▨	1

Partner des Gesetzlichen Vertreters bis 31.3.1953 *in aller Regel die Mutter*

○—○ ○—○	○—○	○	0

20) Martin Kornrumpf: Die Vererblichkeit des Vertriebenen-Status — ein statistisches Problem, Vorgeschichte und Gedanken zum § 7 des Bundesvertriebenengesetzes (BVFG); Deutsche Nansen-Gesellschaft, Beitrag zur Diskussion, bei der Volkszählung 1970 „Ausweisinhaber" zu zählen; Gräfelfing 18. 1. 1966, 10 S. Dazu auch: Protokoll des Deutschen Bundestages, 18. Sitzung der 5. Wahlperiode, 9. 2. 1966: Antwort des Bundesvertriebenenministers Dr. Gradl, S. 709; ferner: Resolution der Deutschen Nansen-Ges. an Deutschen Bundestag 20. März 1968, 4 S.
Fritz Franz: Zur Vererblichkeit des Vertriebenen- und Flüchtlingsstatus; „Rundschau für den Lastenausgleich", 1966, Nr. 9, S. 129—135.

seine Frau und die Eltern seiner Schwiegertochter sind Einheimische; dennoch ist sein Enkel im Sinne des § 7 BVFG „Vertriebener". Umgekehrt, obwohl drei Großelternteile vertrieben wurden und nur der Großvater väterlicherseits Einheimischer ist, ist das Enkelkind „einheimisch".

Die Juristen lösten das Vererbungsproblem nicht im Geist des Brünner Augustinermönchs Mendel. *Franz Zopfy* hatte schon 1959 in „Bayern in Zahlen" geschrieben[21]):

> „So verständlich diese Regelung rein rechtlich sein mag, biologisch und soziologisch ist sie in hohem Maße unbefriedigend und wird es im Laufe der Zeit immer mehr."

Die vom Grundgesetz eingeführte Gleichberechtigung von Mann und Frau brachte dann die totale Verwirrung. Die schlaue Idee, den § 1629 des Bürgerlichen Gesetzbuches zwar neuzufassen, aber „hintenherum" die allbeherrschende Rechtsstellung des Vaters beizubehalten, brachte das Bundesverfassungsgericht mit Urteil vom 29. Juli 1959 zu Fall. Am 15. März 1960 erschien eine Entschließung des Bayerischen Arbeitsministeriums (MABl. S. 235):

> „Im Hinblick auf das Urteil des BvG vom 29. Juli 1959 (Juristenzeitung 1959 S. 528) ist ein Vollzug des § 7 BVFG dann nicht mehr möglich, wenn ein eheliches Kind, geboren nach dem 31. März 1953, aus einer Ehe stammt, in der die beiden Elternteile nicht denselben Status besitzen."

Fritz Peter Habel führte für die Sudetendeutsche Landsmannschaft einen Musterprozeß; seine Klage wurde durch Urteil vom 20. November 1962 vom Bayerischen Verwaltungsgericht München abgelehnt:

> „Da infolge der Nichtigkeitserklärung des § 1629 Abs. 1 BGB eine weitere Anwendung des § 7 BVFG weder im Wege einer entsprechenden Auslegung der Bestimmungen des BVFG noch in Anwendung der Grundsätze des § 4 RuSTAG (Staatsangehörigkeit) möglich ist, muß es *allein dem Bundesgesetzgeber* überlassen bleiben, eine dem Art. 3 GG und den Grundsätzen des Urteils des BVerfg vom 29. Juli 1959 entsprechende Neuregelung des derzeit gegenstandslos gewordenen § 7 BVFG zu finden."

In einem Abschlußbericht über die Ausgabe von BVFG-Ausweisen berichtete der Autor: „Eine Novellierung (des § 7 BVFG) hat der Deutsche Bundestag jedoch nicht für notwendig gehalten". In der Tat fiel in München keine höchstrichterliche Entscheidung (AMBl. 1969, S. 338/339).

---

21) Franz Zopfy: Zur gesellschaftlichen Eingliederung der Vertriebenen; in: „Bayern in Zahlen", München 1959, Nr. 1, S. 2—4.

3. Das Beschaffungsamt des Staatskommissars

Die Versorgung mit den lebenswichtigsten Konsumgütern — mit Kleidung, Schuhen, Hausrat, Kochherden usw. — war unvorstellbar schwierig. In seinem vierseitigen „Ersten Jahres-Bericht über die Tätigkeit der Bayerischen Flüchtlings-Verwaltung" schrieb der Staatskommissar im Januar 1947.

„Zum Betrieb der Flüchtlingslager war deren Ausstattung mit Betten, Decken, Wäsche, Geschirr, Glühbirnen usw. notwendig. Auch die Flüchtlinge selbst, die aus der Tschechei nur 50 kg Gepäck mitbringen durften, aus den Gebieten östlich der Oder und Neiße fast nichts mit sich brachten, leiden auf das Schwerste unter dem Mangel an Kleidung, Schuhen und Hausrat. Es wurde deshalb beim Staatskommissariat eine Beschaffungsabteilung eingerichtet, die im Benehmen mit den Landeswirtschaftsstellen für die Herbeischaffung der erforderlichen Gegenstände zu sorgen hat (Referent *Franz Thoma*).
Obwohl den Flüchtlingen ein Vorzugsrecht auf den Bezug der vorhandenen und neu hergestellten Gebrauchsgegenstände eingeräumt wurde, konnte der wirkliche Bedarf nur ganz unzulänglich gedeckt werden. Zwar konnten für die Flüchtlinge über 3 000 000 (Stück!) Textilien zugänglich gemacht und für die Lagerausstattung 70 000 Einzelbetten, 16 000 Doppelbetten, 400 000 Feldbetten (Geschenk der Militärregierung), 87 000 (Seegras-)Matratzen, 24 000 Strohsäcke, 31 000 Wolldecken, 82 000 Kocher, 8 000 Tische, 119 000 Emaillewaren und Küchengeschirr, 367 000 Glaswaren und Porzellan, über 1 000 000 Stück Einheitsseife, 70 000 kg Waschpulver, 66 000 Glühbirnen, 8 000 Kochplatten und noch viele andere Gebrauchsgegenstände beschafft werden; aber dies alles ist nur ein geringer Prozentsatz des wirklichen Bedarfs für diese fast nichts besitzenden Menschen, besonders an Schuhwerk, Bettstellen, Decken und Öfen. Der Mangel an Schuhwerk verhindert in zahlreichen Fällen auch die Möglichkeit des Einsatzes in eine Arbeit und den Besuch der Schulen durch die Kinder.
Ich habe daher, da eine ausreichende Beschaffung durch die Landesstellen des Wirtschaftsministeriums nicht gelungen ist, eine Weihnachtssammlung in ganz Bayern im Einvernehmen mit den caritativen Verbänden eingeleitet und gleichzeitig an den Kontrollrat durch den Länderrat die Bitte gerichtet, aus freiwerdenden Heeresbeständen Material, insbesondere Schuhwerk, zu geben. In der Britischen Zone hat die Militärregierung 1 000 000 Schuhe für die Flüchtlinge z. T. aus Heeresbeständen zur Verfügung gestellt.
Von den Flüchtlingskommissaren sind an vielen Orten Schneider- und Schuhmacherwerkstätten zur Instandsetzung der Bekleidung und des Schuhwerks eingerichtet worden. Da es leider nicht möglich ist, die Flüchtlinge annähernd mit Heiz- und Kochgelegenheiten zu versorgen,

wurden die Flüchtlingskommissare ermächtigt, unbenützte Öfen und Herde für Zwecke der Flüchtlingsbetreuung zu beschlagnahmen."

Diejenigen, die damals Kinder waren und dann in der Zeit des sog. „Wirtschaftswunders" heranwuchsen, vor allem aber die danach Geborenen, deren Vorstellungswelt sich zu einer Zeit formte, als Konsumgüter in verschwenderischer Fülle angeboten wurden und man von einer „Bestkonjunktur" (Josef Stingl Sommer 1970) sprach, — sie alle kennen solche Schilderungen nur aus den sorgenvollen Berichten über die aktuellen Flüchtlingsprobleme in Asien, Afrika und Südamerika.

3. 1 Das „Notofenprogramm"

Um den Eindruck noch zu vertiefen, sei kurz über das sog. „Flüchtlings-Notofenprogramm" berichtet. Der zuständige Referent Georg Rosenmeier (II/1) legte am 21. Juni 1946 dem Staatskommissar einen 7-Seiten-langen Vermerk vor. Auszug:

„Die von dem seinerzeitigen Beauftragten Heinrich Güttinger, Bamberg, im Januar 1946 eingeleiteten Maßnahmen zur Ingangbringung der Ofen- und Herdfabrikation konnten sich nicht voll auswirken, da alle Voraussetzungen für eine reibungslose Fertigung fehlten. Kohle, Stahl und Schamotte waren im ersten Halbjahr (1946) in viel zu geringem Umfange den Werken zugewiesen worden ...
Hieraus resultiert die Tatsache, daß die örtlichen Organe der Flüchtlingsbetreuung den unmittelbar dringenden Bedarf der Flüchtlinge selbst besorgten. Derzeit läuft eine Erhebung um festzustellen, wieviel Heiz- und Kochgelegenheiten die Flüchtlingskommissare sozusagen ‚auf eigene Faust' herangeschafft haben. Nach der hier geführten Statistik konnten bis 30. Juni 1946 zur Verfügung gestellt werden:
    309 Öfen für Barackenräume (40—50 m²)
  5 973 kleine Zimmeröfen
14 807 Kleinstherde für 1—3 Personen
  5 193 Normalherde für 4—7 Personen
    100 ‚Ökonomieherde' für 7—12 Personen
    182 Kantinenherde für 100—150 Personen
    158 Kochkessel (RAD-Modell) mit 300 Litern
    120 Waschkochkessel für Lager und Krankenhäuser
Die im ersten Halbjahr 1946 gewonnenen Erfahrungen geben Anlaß, wesentlich anders zu handeln. In wiederholten Verhandlungen mit den beteiligten Landesstellen sowie den Lieferwerken wurde vereinbart, daß die Anforderungen an Rohmaterialien über den Staatskommissar den Landesstellen zuzuleiten sind."

Danach berichtete *Rosenmeier,* daß die Landesstelle „Eisen und Metalle" von der Gesamtproduktion an Walzwerkerzeugnissen (5000 t) 3500 t für das Flüchtlings-Notofenprogramm bis Ende 1946 zur Verfügung stellen werde. Mit der Landesstelle „Baustoffe", die im zweiten Halbjahr 1946 mit 34 000 t Gesamtproduktion aller bayerischen Tonwarenerzeuger rechnete, war die Verhandlung schwieriger, weil nur 20 % für die Schamotte-Produktion vorgesehen waren. Und obendrein konkurrierte bei der vordringlichen Versorgung mit feuerfesten Tonmaterialien das Flüchtlings-Notofenprogramm mit dem Lokomotivbau, dem Bergbau, der Glasherstellung, der Zementfabrikation und Gießerei. „Hinzu kommt der ungewöhnlich hohe Bedarf der Militärregierung für Bayern", endet dieser Abschnitt. Die Ingangbringung der Produktion wurde der Firma Buchtal AG, Schwarzenfeld/Oberpfalz, übertragen. Der Bericht fuhr fort:

> „Nicht minder dringend ist die Beistellung der zusätzlich benötigten 1500 *Arbeitskräfte* ... Zweckmäßig wäre es, wenn aus den Reihen der *Flüchtlinge,* die in der Industrie für Steine und Erden tätig waren und für deren Ansässigmachung bei den Werken z. T. günstige Voraussetzungen bestehen, im Einvernehmen mit den Arbeitsministerium und der Landesplanungsstelle die angeforderten Arbeitskräfte herangezogen würden."

Rosenmeier schätzte den Produktionswert im zweiten Halbjahr 1946 auf „etwa 7 Millionen Reichsmark" und schließt:

> „Es ist deshalb fraglich, ob jede Flüchtlingsfamilie ... die Koch- und Heizgelegenheiten erwerben kann. Voraussichtlich wird ein nicht geringer Anteil an der Finanzierung der öffentlichen Fürsorge zur Last fallen, vor allem der Bedarf der größeren Flüchtlingsfamilien, die für einen zweckentsprechenden Herd 150 bis 180 RM mit Ofenrohr, Rohrbogen, Ofenblech und für den Ofenanschluß selbst zu bezahlen haben."

4. 23 Zählungen der Evakuierten und Flüchtlinge 1946—1949

4. 1 *OMGUS-Befehl MG/DP/I/F*

Am 14. Januar 1946 erhielt, wie bereits erwähnt, der Ministerpräsident durch die Militärregierung für Bayern den OMGUS-Befehl MG/DP/I/F. Damit wurde für die Amerikanische Zone eine laufende Erfassung der Flüchtlinge und Evakuierten angeordnet. Ab 15. Februar 1946 war diese Zählung alle sechs Wochen fällig, ab Januar 1948 vierteljährlich und zum 23. und letzten Mal am 1. Oktober 1949.

An dieser Stelle interessieren heute nicht mehr die einzelnen Zahlen, sondern die Verfahrensweise, vornehmlich jedoch der politische Hintergrund und die Ergebnisse der Auswertung. Am 28. Januar 1946 gab der Staatskommissar, sechs Wochen nach seiner Berufung, mit dem Aktenzeichen I/8 58/17 die Zählungsanweisung an die Oberbürgermeister und Landräte heraus. Darin heißt es:

> „Die Militärregierung für Bayern hat unter dem 14. Januar 1946 den Herrn Ministerpräsidenten angewiesen, eine regelmäßige sechswöchentliche kreisweise Fortschreibung der Zählung der Evakuierten (refugees) und der aufgrund der Potsdamer Beschlüsse ausgewiesenen Flüchtlinge (expellees) einzureichen. Der Herr Ministerpräsident hat den Staatskommissar für das Flüchtlingswesen angewiesen, die Unterlagen von den Landräten und Oberbürgermeistern in Verbindung mit den Flüchtlingskommissaren zusammenstellen zu lassen."

Die Meldungen sollten erstmalig am 14. Februar beim Regierungskommissar, „notfalls durch Kurier, telefonisch oder telegraphisch" übermittelt, vorliegen. Zwei Tage später mußten die kritisch durchgesehenen Originalmeldungen durch Kurier zum Staatskommissar gebracht werden. Sieben weitere Tage später hatte der Statistische Berater die 166 Originalmeldungen, sowie die fünf Regierungsbezirksergebnisse und das Landesergebnis der Militärregierung zu überreichen. In *Jaenickes* Weisung heißt es u. a.:

> „Laut Befehl der Militärregierung ‚muß der Landrat durch Unterschrift bestätigen, daß die Erhebungen innerhalb plus-minus 1 % korrekt sind' ... Die Militärregierung wird nach ausdrücklicher Erklärung für nicht absolut pünktliche Berichterstattung den betreffenden Beamten zur Verantwortung ziehen."

„So streng sind hier die Sitten", möchte man rufen! Wegen der Mißverständnisse bei der Zählung vom 10. Dezember 1945 wurden auf Anregung von *Tooms* und des Autors die 56 Herkunftspositionen den Zeitumständen entsprechend von OMGUS umgestellt, anfangs in der Reihenfolge:

Russische Zone östlich Oder und Neiße
Russische Zone westlich Oder und Neiße
Großberlin
Britische Zone
Französische Zone
Amerikanische Zone
Deutsche Flüchtlinge aus dem Ausland
Ausländer (ohne UNRRA-DPs)

In den einzelnen Positionen findet man dann Formulierungen wie „Bayer. Kreis Lindau im Bodensee" bei der Französischen Zone und umgekehrt „Regierungsbezirk Schwaben *ohne* Lindau" bei der Amerikanischen Zone. Bald mußten die „Deutschen Flüchtlinge aus dem Ausland" tiefer untergliedert werden. In sämtlichen Positionen waren getrennt Männer, Frauen und Kinder unter 14 Jahren anzugeben.

Ab 1. Januar 1947 wurde die Untergliederung bei den Evakuierten auf die jeweilige Zonensumme beschränkt und bei den Vertriebenen auf fünf Gruppen begrenzt: Ostdeutsche (Reichsgebiete östlich der Oder-Neiße-Linie), Sudetendeutsche, Ungarndeutsche, Deutsche aus Österreich und „Deutsche aus anderen Staaten"; dazu nichtdeutsche Ausländer und UNRRA-DPs (Displaced persons, betreut durch die „UN Relief and Rehabilitation Administration").

Zur großen Überraschung konnten nicht nur der erste, sondern auch alle folgenden Termine eingehalten werden. Da es sich nicht um eine „Zählung" im statistischen Sinn handelt, sondern um eine Meldung der Oberbürgermeister und Landräte, hatte bereits Dr. *Achner* im Dezember 1945 die Militärregierung überzeugt, daß dafür die neue Flüchtlingsverwaltung zuständig sein müßte. Schon bei der Zählungsanweisung für die Oktober-Erhebung spürte man das Unbehagen des Statistischen Landesamtes. In der Ministerialentschließung des Innenministeriums vom 11. Oktober 1945 Nr. 4115/41 hieß es:

> Es liegt daher im eigensten Interesse der Stadt- und Landkreise, die verlangten Zahlen peinlichst genau unter Heranziehung aller bei den Fürsorgeeinrichtungen, Ernährungsämtern usw. vorhandenen Unterlagen zu ermitteln bzw. zu *schätzen*. Mit Rücksicht auf den knappen Termin kommt eine Befragung der Gemeinden über die Zahl ihrer Evakuierten usw. im allgemeinen nicht in Betracht.

Diese Vorgänge, die in mehrfachen Vorgesprächen zwischen der Militärregierung, dem Statistischen Landesamt und dem Statistischen Berater abgestimmt worden waren, zwangen *Jaenicke* zu Klärung der Begriffe „Evakuierter", „Flüchtling" und „Ausgewiesener". Er bestätigte mit Schreiben vom 23. Januar 1946 Nr. 58/13 den vereinbarten Kompromiß:

> „To:
> Military Government for Bavaria, Munich
> Concerning: Periodical reports on refugees and expellees in Bavaria
> Referring: MG/DP/I/F, your letter of January 14, 1946 and conference between Prof. Tooms, Military Government, and Dr. Kornrumpf
> In the conference with Prof. Tooms various mistakes and questions were cleared. According to your order we give a written report:

1. The terms ‚refugees' and ‚expellees':
The meaning of the term ‚refugees': Displaced Germans, evacuated persons, *repatriable* persons.
The meaning of the term ‚expellees':
All *non-repatriable* Germans coming from foreign countries and from the former Prussian regions east of the Oder and the Goerlitzer Neisse...‟

Im gehobenen Sprachgebrauch kannte man damals die Vokabel „evacuees‟ in diesem Sinn noch nicht; sie erscheint z. B. in Cassel's Dictionary erst Jahre später. „Evacuation‟ wurde allgemein im medizinischen Sinn für „Stuhlgang‟ sowie technisch für „Auspumpen (of air)‟ benutzt. Im *britischen* Militärjargon benutzte man den Ausdruck „evacuee‟ bereits im April 1944, wie das vom „Ministry of Economic Warfare‟ in London herausgegebene (secret!) „Germany — Basic handbook‟ beweist. Im Kapitel VIII „Civil defence‟ (S. 175—200) findet man detaillierte Angaben; man schätzte damals drei Millionen Evakuierte.

Die beiden Statistiker einigten sich darauf, die damals offizielle OMGUS-Vokabel für Evakuierte, nämlich „refugees‟, zu benutzen. Entscheidend war die Tatsache, daß es sich um „repatriable persons‟ handelte, die *infolge der Kriegsereignisse* durch behördliche Maßnahmen oder freiwillig nach Kriegsbeginn ihren ständigen Wohnsitz vorübergehend verlassen haben‟ und die „spätestens bis Kriegsende nach Bayern gekommen sein müssen‟. Solche Hinweise in den verschiedenen Statistik-Rundschreiben beantworteten die Anfragen der kommunalen Meldebehörden. Es konnte z. B. nicht jemandem im Jahre 1946 der „Evakuierten-Status‟ nachträglich zuerkannt werden, nur weil er nunmehr zu seinen während des Krieges nach Bayern evakuierten Angehörigen zog. Ebenso bestand kein Zweifel, daß nicht jeder Zugewanderte erfaßt werden sollte; denn auch während des Krieges waren Personen nach Bayern gezogen, die *nicht* kriegsbedingt im engeren Sinn hierher gekommen waren. Man dachte etwa an die Braut aus Sonneberg in Thüringen, die aus der Spielwarenstadt in die nahe Puppenstadt Neustadt bei Coburg nach ihrer Hochzeit umgezogen war. *Im Grundsatz war also bereits im Januar 1946 die Definition des „Evakuierten‟ eindeutig.*

Dem Begriff „expellee, non-repatriable‟ standen jedoch im Deutschen zwei Bezeichnungen gegenüber: „Flüchtling‟ und „Ausgewiesener‟. Man benutzte sie nebeneinander, z. B. bei der Benennung des „Hauptausschusses der Flüchtlinge und Ausgewiesenen in Bayern‟. Der „Flüchtling‟ war *vor*, der „Ausgewiesene‟ *nach* dem Potsdamer Abkommen in Bayern aufgenommen worden. Erst allmählich bürgerte sich der zusammenfassende Begriff „Vertriebener‟ ein. *Jaenicke* gab im März 1950 seinem amtlichen Bericht den Titel: „Vier Jahre Betreuung der Vertriebenen in Bayern.‟ Als durch die Verordnung vom 12. Oktober 1948 (GVBl. S. 207) das „Staatssekretariat‟ in die Innere Verwaltung als Abteilung V eingegliedert wurde, lautete die amtliche Be-

zeichnung noch: „Abteilung für Wohnraumbewirtschaftung und Flüchtlingswesen." Die Dienstbezeichnung des Staatssekretärs wurde erst am 14. Juli
1951 in „Staatssekretär für Angelegenheiten der Heimatvertriebenen" geändert (GVBl. S. 121). Für die Amerikanische Besatzungsmacht gab es jedoch
keinen solchen Unterschied. Das Merkmal „non-repatriable" war allein entscheidend.

Daß bei der OMGUS-Zählung MG/DP/I/F bei der Frage nach dem
Herkunftsgebiet als Stichtag der 1. September 1939, also Kriegsbeginn,
bestimmt wurde, hing damit zusammen, daß man den letzten normalen
„ständigen Wohnsitz" der Vertriebenen wissen wollte; man dachte u. a. an
die „Heim-ins-Reich"-Umsiedler, die bei der Zählung ihre „echte" Heimat
angeben sollten, aus der sie durch Hitler ausgesiedelt worden waren.

Wie streng die Militärregierung die Befolgung ihrer Befehle überwachte,
mag ein kleines Erlebnis beweisen:

Bei der ersten Erfassung vom Stichtag 15. Februar 1946 gab es ein Miß-
verständnis: Die Meldung der Stadt Passau ging (richtig) an die Regierung
in Regensburg und zugleich (zur Information) an das Landratsamt Passau.
Hier addierte man beide Daten, d. h. die Stadt Passau wurde doppelt erfaßt.
Durch Vergleich mit den Dezemberzahlen bemerkte der Statistische Berater
diesen Fehler, klärte ihn telefonisch auf und legte eine neue Meldung für
Passau-Land (ohne die Stadt) bei. Während der Übergabe blätterten die
Offiziere in den 166 Meldungen und beanstandeten plötzlich, daß der
Landrat von Passau nicht unterschrieben habe. Der Statistische Berater
erklärte daraufhin den Zusammenhang. Erst Wochen später, als die Atmosphäre sich freundlicher gestaltet hatte, erzählte man dem Staatskommissar,
daß das „dringende Staatsgespräch" seines Statistikers mit Passau abgehört,
jedoch nicht richtig verstanden worden war. Gezielt also und keineswegs durch
Zufall hatte man am 23. Februar die Passauer Landrats-Statistik heraus-
gefunden.

Daß entgegen allen Erwartungen die Sechs-Wochen-Meldung zuverlässige
Ergebnisse brachte, beruhte auf einer vierfachen Überwachung. Die meldenden
Oberbürgermeister und Landräte tauschten ihre Daten mit den Kartei-
Ergebnissen ihrer Flüchtlingskommissare aus. Ferner überprüfte der Statistische
Berater — während zahlreicher Dienstfahrten zu den Flüchtlingskommissaren
und Lagerleitern — so oft wie möglich die statistischen Originalunterlagen
an Ort und Stelle. Und schließlich tauchten gelegentlich Offiziere der Militär-
regierung überraschend auf.

4. 2 *Entlassene Kriegsgefangene und Einzelwanderer*

Entlassene *Kriegsgefangene*, die nicht in ihre Heimat zurückkehren konnten,
weil diese in den Vertreibungsgebieten lag, suchten nach ihren Angehörigen
in Restdeutschland. Wie viele blieben in Bayern? *Das war die eine Frage.* Es

war ferner bekannt, daß eine nicht unbedeutende Zahl „illegal" im Sinne der Militärregierungen „über die grüne Grenze" wanderte. Verständlicherweise befanden sich darunter viele Vertriebene. Denn aufgrund des Kontrollratsbeschlusses vom November 1945 war z. B. ein Teil der Sudetendeutschen in die Amerikanische, ein anderer Teil in die Russische Zone ausgewiesen worden. Und die Ostdeutschen wurden in die Britische und in die Russische Zone transportiert, aber allein in Bayern waren bereits in den Monaten des Zusammenbruchs über 500 000 aus diesen Gebieten, vor allem Schlesier, aufgenommen worden. Völlig ratlos, wo ihre *Familienangehörigen* sich aufhielten, falls sie überhaupt noch lebten, drängten diese unglücklichen Menschen zu den Hilfsstellen und füllten ihre „Suchkarten" aus. Der *Suchdienst* führte Hunderttausende zusammen. Wurde der Aufenthaltsort der Angehörigen gefunden und lag dieser in einer anderen Besatzungszone, fuhren die Menschen in Bremserhäuschen oder anderen Verstecken auf Güterzügen weiter oder schlichen nachts auf heimlichen Wegen über die Zonengrenzen. *Wie groß war diese sogenannte „illegale" Zuwanderung nach Bayern?*

Beide Fragen wurden aus vielen Gründen gestellt und sie konnten — wenigstens global — laufend beantwortet werden. Bei diesem Zahlenspiel dienten die Flüchtlingszahlen vom Februar 1946 als Ausgangsdaten. Man kannte nämlich durch die Transport-Statistik die genaue Zahl der in offiziellen Transporten eingetroffenen Ausgewiesenen. Alle sechs Wochen lag nun das Ergebnis der Zählung MG/DP/I/F vor. Die so festgestellte Gesamtzunahme seit Anfang 1946 war stets größer, als nach der Transport-Statistik zu erwarten war, und zwar im ersten Halbjahr um rund 100 000, im zweiten Halbjahr 1946 um rund 75 000. In dieser Größenordnung lag also der „Wanderungsgewinn" durch entlassene Kriegsgefangene und „Einzelgänger", die aus den Vertreibungsgebieten stammten. Die Kontrolle durch die Ausweis-Statistik bestätigte nachträglich die Richtigkeit dieser groben Berechnungen.

Da sowohl die Transport-Statistik wie die Sechs-Wochen-Meldung nach Männern, Frauen und Kindern unter 14 Jahren aufgliederte, erfuhr man durch dieses Zahlenspiel eine hocherfreuliche Tatsache: Während bei den Ausweisungen der Männeranteil nur rund 27 % betrug, war er bei den Einzelgängern und entlassenen Kriegsgefangenen mit rund 73 % dreimal so hoch. Einen Jahresüberblick veröffentlichte der Staatskommissar im „Bayerischen Staatsanzeiger" im Februar 1947, sowie im „Amtlichen Zahlenmaterial ...". Dieses Beispiel mag verdeutlichen, wie nützlich für die Maßnahmen des Staatskommissars die intensive Auswertung der Sechs-Wochen-Zählung war. Die Tabelle zeigt das Ergebnis. Die überraschende Angabe „minus 874" erklärt sich durch Zusammenführen schlesischer Kinder mit ihren Eltern in anderen Zonen.

Entlassene Kriegsgefangene und Einzelgänger („Vertriebene") 1946

Entlassene Kriegsgefangene und Einzelgänger („Vertriebene")	Männer	Frauen	Kinder	insgesamt
aus ČSR/Ungarn	64 313	12 983	7 168	84 464
übriges Ausland	23 262	16 626	7 975	47 863
östl. Oder-Neiße	39 968	4 422	—874	43 516
insgesamt	127 543	34 031	14 269	175 843
	72,5 %	19,5 %	8 %	100 %

Zum Vergleich:

Ausgewiesene in Transporten (Güterzüge/Auto)	212 587	375 993	197 457	786 037
	27 %	48 %	25 %	100 %

Ein anderes Beispiel, besonders für die Arbeitsmarktpolitik bedeutsam, betrifft die Verteilung auf Stadt und Land. Auf Bitte des Bayerischen Arbeitsministeriums forderte der Staatskommissar gelegentlich gemeindeweise Daten an. Aufgrund einer solchen Sondererhebung im Rahmen der Zählung vom 15. November 1946 konnte daher das Stadt-Land-Problem untersucht werden. Im März 1947 wurde die Auswertung abgeschlossen.

4. 3 Das Ende der Landflucht?

Unter diesem Titel schrieb der Autor am 7. April 1947 in der „Neuen Zeitung", im Mai 1947 in der „Dritten Folge des Amtlichen Zahlenmaterials zum Flüchtlingsproblem in Bayern" abgedruckt, folgendes:

„Seit Kriegsbeginn hat die bayerische Großstadtbevölkerung um 12 % abgenommen. Auf dem flachen Land, d. h. in Gemeinden mit weniger als 2000 Einwohnern, leben heute fast eine Million Menschen mehr als vor 100 Jahren und 775 000 mehr als 1939. Die Landstädte und Marktgemeinden haben ihre Einwohnerzahl in den letzten sieben Jahren (seit 1939) fast verdoppelt. Diese bei Kriegsausbruch nur von wenigen für möglich gehaltene Entwicklung wird durch die Tabelle eindrucksvoll beleuchtet, in der die Gesamtzunahme von 7 Millionen im Jahre 1939 auf 9 Millionen Ende 1946 einschließlich der UNRRA-DPs nach Gemeindegrößenklassen aufgegliedert ist.

Bayerns Bevölkerungszunahme 1939—1946 nach Gemeindegrößenklassen

Gemeinden mit	Zu-/Abnahme 1939/1946	
100 000 und mehr Einwohnern	— 180 815	—12 %
20 000—100 000 Einwohnern	+ 223 274	+30 %
5 000— 20 000 Einwohnern	+ 532 240	+75 %
2 000— 5 000 Einwohnern	+ 578 623	+80 %
unter 2 000 Einwohnern	+ 775 456	+23 %
Bayerns Zunahme insgesamt	+1 928 778	+27,5 %

Bedeutet diese Zahlenreihe nun das wirkliche Ende der Landflucht? Nein, nur der großstädtische Wohnraum ist durch den Krieg erheblich geschrumpft. Würzburg mit 87 % total zerstörten oder unbewohnbaren Wohnungen (im Verhältnis zum Bestand von 1939 gerechnet) ist vorübergehend überhaupt aus der Großstadtreihe ausgeschieden und bietet nur mehr 63 000 Menschen Quartier. München verlor durch Totalzerstörung 82 000 Wohnungen, Nürnberg 61 000, Augsburg 26 000, Regensburg aber nur 1800, das 1945 infolge dieses verhältlich geringen Schadens die 100 000-Grenze überschritt und als neue Großstadt an die Stelle Würzburgs trat. Die 170 000 zerstörten Großstadtwohnungen stellen drei Viertel des gesamten Wohnraumverlustes in Bayern dar. Der Abnahme der Großstadtbevölkerung um 12 % steht demnach eine Minderung des Wohnraums um 40 % gegenüber. Es ist also, wie zu erwarten, eine erhebliche Überbelastung auch des großstädtischen Wohnraums zu erkennen ... Diese Überlegungen, die eine Ausdeutung der Volks- und Wohnungszählungen des Bayerischen Statistischen Landesamtes darstellen, können aufgrund der Zählungen des Staatssekretärs wesentlich vertieft werden.

Einheimische und Zugewanderte in Bayern nach Gemeindegrößenklassen
Sonderauszählung vom 15. November 1946

	Einwohner 15. 11. 1946 absolut	in %	in Gemeinden mit ... Einwohnern				
			100 000 u. mehr	20 000— 100 000	10 000— 20 000	4 000— 10 000	unter 4 000
Einheimische	6 614 208	73,8	86,0	73,9	68,6	75,6	70,7
(darunter							
evak. Bayern)	334 911	3,7	3,0	3,2	3,8	5,2	3,7
Zugewanderte insg.	2 348 526	26,2	14,0	26,1	31,4	24,4	29,3
davon:							
Evakuierte	291 279	3,2	2,5	4,6	5,8	4,8	2,6
Flüchtlinge							
östl. Oder/Neiße	553 701	6,2	2,5	5,7	5,5	5,4	7,5
aus dem Ausland	1 103 614	12,3	3,2	6,8	8,4	10,9	16,4
Ausländer incl.							
UNRRA-DPs	399 932	4,5	5,8	9,0	11,7	3,3	2,8

Erst so ergibt sich der hier angestrebte Aufschluß über die Verteilung der Flüchtlinge auf Stadt und Land, deren Kenntnis für die Behörden, darüber hinaus auch für weitere Kreise, von erheblichem Belang ist; denn es läßt sich daraus schließen, in welcher Richtung der gewaltige Strukturwandel der Bevölkerung in Zukunft verlaufen dürfte ..."

Die Ergebnisse der „Geschäftsstatistiken" des Staatskommissars druckte das Statistische Landesamt in „Bayern in Zahlen" usw. ab; umgekehrt wurden beim Staatskommissariat sämtliche erreichbaren „amtlichen" Statistiken des Landesamtes ausgewertet. Für unser Quellenverzeichnis zu diesem Kapitel hat des Bayerische Statistische Landesamt für den interessierten Leser freundlicherweise seine wichtigsten Berichte aufgeführt[22]).

In diesem Zusammenhang ist Heft 142 der „Beiträge zur Statistik Bayerns" besonders zu erwähnen, weil das Landesamt darin die Ergebnisse einer Sonderauswertung der Volkszählung vom 29. Oktober 1946 mitteilte („Die Flüchtlinge in Bayern"). Die Bearbeitung lag in Händen von *Klaus Szameitat, Gerhart Reichling* und *Franz Zopfy*. Der Wert dieser und mancher anderen eingehenden Auswertung kann gar nicht überschätzt werden.

Hier sei am Rande ein Hinweis gestattet. Diese Auswertung der Daten vom Oktober 1946 stand erst 1948 zur Verfügung. Für die Tagesarbeit des Staatskommissars war 1946, im Jahr der Einschleusung, eine wesentlich schnellere Berichterstattung erforderlich, selbst wenn sie manche Mängel aufweisen mußte. Auch noch 1947/48 — also nach Abschluß der organisierten Massenausweisung — brauchte der Staatssekretär seine eigene „Geschäftsstatistik".

Als Beispiel, wie *Jaenicke* nicht nur die amtliche Statistik des Bayerischen Statistischen Landesamtes, sondern auch entsprechende Unterlagen aus den anderen Statistischen Landesämtern auswerten ließ, sei hier ein im Oktober 1949 erschienener Bericht erwähnt, der möglich wurde, als aus allen vier Besatzungszonen die Volkszählungsergebnisse von 1946 erschienen waren.

22) Bayer. Statistisches Landesamt:
a) Beiträge zur Statistik Bayerns, Heft 142 „Flüchtlinge in Bayern", 1948; Heft 151 „Die Vertriebenen in Bayern", 1950; Heft 171 und 186 „Volkszählung 1950", Heft 253 und 254 a „Volkszählung 1961", Heft 327 b und 331 „Volkszählung 1970".
b) Zeitschrift des Bayer. Statistischen Landesamtes, 1950 Heft 3/4 „Abwanderung der Heimatvertriebenen"; 1952 Heft 1/2 „Die Heimatvertriebenen im bayer. Gewerbe".
c) Bayern in Zahlen, 1947 Nr. 7; 1948 Nr. 1/2 und Nr. 10; 1949 Nr. 7, Nr. 8; 1950 Nr. 1, Nr. 3, Nr. 6, Nr. 7; 1951 Nr. 8; 1952 Nr. 1, Nr. 2, Nr. 3, Nr. 5, Nr. 8/9, Nr. 10; 1953 Nr. 3; 1954 Nr. 1; 1958 Nr. 8; 1962 Nr. 4/5, Nr. 10; 1965 Nr. 1.
d) Statistisches Jahrbuch für Bayern: Jahrgänge 1947, 1952, 1955, 1958, 1961, 1964, 1969 und 1972.

4. 4 Zerstörte Städte — Überfüllte Dörfer

Diese Überschrift trug Nr. 104 des „Statistischen Informationsdienstes" vom 31. Oktober 1949; der Text erschien gleichzeitig in der „Schlesischen Rundschau"[23]. Die bereits oben angeschnittenen Probleme der unerfreulichen Verteilung der Bevölkerung auf Stadt und Land wurden nunmehr für Vier-Zonen-Deutschland kommentiert. Zwei Tabellen zeigten das Ergebnis. Die erste brachte die Verteilung auf Stadt und Land in den drei Regionen: Westdeutschland, Russische Zone und Berlin. 1949, als die Untersuchung abgeschlossen wurde, befand sich die Bundesrepublik im status nascendi und Berlin war bereits geteilt. Jedoch stammten die kommentierten Daten vom Oktober 1946!

Die Bevölkerungszunahme in Deutschland 1939/1946 nach Ländern
(Einzelzahlen und Summen auf volle 1000 abgerundet)

Länder	Gesamt-bevölk. 1946	Zunahme 1939—1946 insgesamt absolut	in %	in Gemeinden unter 10 000 Einwohnern absolut	in %
Bayern	9 029	+1 991	+28	+1 735	+40
Württemberg-Hohenzollern	1 119	+ 43	+ 4	+ 36	+ 5
Baden	1 198	— 32	— 3	— 30	— 3
Württemberg-Baden	3 675	+ 458	+14	+ 476	+32
Rheinland-Pfalz	2 761	— 201	— 7	— 6	— 0
Hessen	4 064	+ 585	+17	+ 731	+38
Nordrhein-Westfalen	11 797	— 148	— 1	+ 614	+19
Niedersachsen	6 433	+1 893	+42	+1 459	+57
Schleswig-Holstein	2 650	+1 061	+67	+ 725	+97
Bremen	487	— 76	—14	—	—
Hamburg	1 424	— 288	—17	—	—
Westdeutschland	44 637	+5 287	+13	+5 739	+32
Mecklenburg	2 140	+ 734	+52	+ 634	+73
Sachsen-Anhalt	4 161	+ 718	+21	+ 640	+35
Thüringen	2 927	+ 497	+20	+ 391	+27
Sachsen	5 559	+ 93	+ 2	+ 351	+15
Brandenburg	2 527	+ 114	+ 5	+ 228	+15
Russische Zone	17 314	+2 157	+14	+2 244	+28
Berlin	3 200	—1 139	—26	—	—
Vierzonen-Deutschland	65 151	+6 305	+11	+7 982	+31

Die zweite Tabelle brachte Einwohnerzahlen der Länder nach dem Gebietsstand von 1946; diese Tabelle leitet auf das nächste Kapitel über. Einige Partien aus dem Kommentar dürften zur Beurteilung der damaligen Lage auch heute noch von Belang sein.

23) „Schlesische Rundschau", Stuttgart, 1. Jg., Nr. 4, 17. 10. 1949.

„... Glauben Sie, daß unsere Abgeordneten und Behörden das Wohnungsproblem, um nur eines herauszugreifen, nutzbringend diskutieren können, wenn sie sich nicht vorher genau orientiert haben, wie viele Menschen durch die Ausweisung und die Luftkriegsschäden z. B. auf dem flachen Lande aufgenommen wurden, ohne daß dieselben auf die Dauer arbeits- und wohnungsmäßig dort bleiben können und wollen? Vielleicht wenden Sie ein, die Ergebnisse (von 1946) seien (1949) längst überholt? In der Tat haben die westdeutschen Länder seit der Volkszählung bis Anfang 1949 nochmals um 2,7 Millionen zugenommen, die also nicht berücksichtigt sind. Dabei handelt es sich um die restlichen Ausgewiesenen, die inzwischen aus der Kriegsgefangenschaft entlassenen Einheimischen und Vertriebenen. Dazu kommt weiterhin der Geburtenüberschuß, der in der ‚Bizone‘ 1947 211 000 betrug und 1948 fast 250 000 und Monat für Monat ein Anwachsen zwischen 15 000 und 20 000 mit sich bringt. Für die Russische Zone sind neuere Bevölkerungszahlen jedoch (1949) nicht bekannt geworden, so daß die Volkszählungsergebnisse die letzte Grundlage darstellen. Der sehr hohe Prozentsatz der Flüchtlinge auf dem flachen Lande stellt ein riesiges Problem dar. Fast drei Viertel aller Flüchtlinge lebt in bäuerlichen Gemeinden, in denen jeder Vierte ein Vertriebener ist. Während feststehen dürfte, daß in Zukunft die Kleinstädte und Marktgemeinden ihre große Zunahme als Dauerzustand hinnehmen müssen, und anzunehmen ist, daß die Stadtkreise im Rahmen einer bereits beginnenden Binnenwanderung mit dem Ziele des berufsrichtigen Einsatzes noch eine erhebliche Zahl von Heimatvertriebenen werden aufnehmen müssen, ist ein derzeit ungelöstes Problem, wohin diese 1,3 Millionen (Vertriebene) ziehen sollen, die jetzt (1949) die Abkehr von der Landflucht vortäuschen. *Ihr Brot werden sie, die nur zum kleinen Teil landwirtschaftlichen Berufen entstammen, auch bei einer noch so rigorosen Bodenreform, auf die Dauer dort kaum finden, wenn nicht in den neuen Flüchtlingsbetrieben.*"

Am 3. November 1949 stellte der Staatssekretär die seinerzeit von OMGUS befohlene Sechs-Wochen-Zählung MG/DP/I/F ein und schrieb an das Bayerische Statistische Landesamt (AZ: V/7/880l, 89 — 151 533):

„Am 1. 10. 1949 wurde zum 23. Male von den Flüchtlingsämtern die Zahl der Heimatvertriebenen und früheren Bewohner der Ostzone festgestellt. 1946 war diese Zählung sachlich und technisch auf das engste mit unserer Transportstatistik verbunden. Durch die strenge Überwachung der Zuzüge und Umzüge war es den Flüchtlingsämtern noch bis 1948 möglich, alle Veränderungen genügend zuverlässig zu erfassen.
Da inzwischen die Wanderungsstatistik des Bayerischen Statistischen

Landesamtes wieder ordnungsgemäß aufgebaut worden ist, die natür-
liche Bevölkerungsbewegung (Todesfälle und Geburten) zahlenmäßig
eine immer größere Rolle spielt und durch die in Gang gekommene
Auflockerung der Zuzugsgenehmigungen eine zuverlässige Überprüfung
durch das Staatsministerium des Innern (Abt. V) nicht mehr garantiert
werden kann, wird das Statistische Landesamt beauftragt, ab 1. 1. 1950
mit den Stadtverwaltungen und Landratsämtern die Weiterführung
der Zählung zu übernehmen."

Die zum Abschluß dieses Kapitels abgedruckte Tabelle galt als „Standard-
Tabelle" und wurde bis Ende 1947 mehrfach berichtigt und ergänzt.
Gerade die Entwicklung in den einzelnen Phasen der Jahre 1945, 1946 und
1947 dürfte den interessierten Leser besser als lange Kommentare über die
Größe der Aufgaben informieren, die die Bayerische Staatsregierung zu lösen
hatte.

Evakuierte, Vertriebene und Ausländer in Bayern
Februar 1945 bis 1. Januar 1948

Erste Fassung im „Amtl. Zahlenmaterial zum Flüchtlingsproblem in Bayern"
3. Folge, Mai 1947, S. 20, mehrfach verbessert und ergänzt

Bevölkerung nach Herkunftsgebieten	Einwohner insgesamt Februar 1945	Zu- und Abnahme im Jahr 1945 Erstes Halbjahr	Zweites Halbjahr	Einwohner insgesamt Dezember 1945	Zu- und Abnahme Jahr 1946	Einwohner insgesamt 1. Januar 1947	Zu- und Abnahme Jahr 1947	Einwohner insgesamt 1. Januar 1948
Einheimische (Zurückerwartete)*)	6 300 000 (672 000)			6 510 000 (470 000)		6 625 000 (470 000)		6 767 682 (230 000)
nichtbayerische US-Zone	110 000	+ 13 000	− 63 000	59 567	− 22 208	37 359	+ 4 422	41 781
Französische Zone	100 000	+ 30 000	− 77 000	53 279	− 31 739	21 540	+ 322	21 862
Britische Zone	160 000	+ 40 000	− 53 000	146 398	− 74 143	72 255	− 2 504	69 751
Russische Zone (SBZ)	30 000	+ 95 000	− 7 000	118 302	− 37 029	81 273	+ 6 521	87 794
Berlin (Ost + West)	50 000	+ 50 000	− 9 000	91 143	− 16 393	74 750	− 3 396	71 354
Evakuierte insgesamt	450 000	+228 000	−209 000	468 689	−181 512	287 177	+ 5 365	292 542
Ostdeutschland (1938)	15 000	+425 000	+ 74 000	513 801	+ 43 516	557 317	+ 37 766	595 083
Sudetendeutsche (ČSR)	5 000	+ 50 000	+ 45 000	99 621	+842 926	942 547	+ 70 211	1 012 758
aus übrigem Ausland	10 000	+100 000	+ 10 000	120 599	+ 75 438	196 037	+ 19 799	215 836
Vertriebene insgesamt	30 000	+575 000	+129 000	734 021	+961 880	1 695 901	+127 776	1 823 677
Ausländer	500 000	− 42 000	− 97 000	166 000	− 30 000	135 587	+ 269	135 856
UNRRA-betreute DP's	—	—	—	195 000	+ 56 516	251 516	− 34 786	216 730
Gesamtbevölkerung*)	7 280 000	—	—	8 074 000	—	8 995 000	—	9 236 487

Zum Vergleich: Volkszählung 29. Okt. 1946 8 983 015

109. Periode

*) Ohne von Einheimischen zurückerwartete Kriegsgefangene, Internierte.

Die sog. *Standard-Tabelle* verdeutlicht den Zustrom von Evakuierten und Flüchtlings-Treks im ersten Halbjahr 1945, danach den Beginn der Rückwanderung der Evakuierten, ferner für 1946 die Aufnahme der Ausweisungstransporte. Die Tabelle endet mit den Ergebnissen der 16. Zählung des Staatssekretariats vom 1. 1. 1948 (vor der Währungsreform). Die Angaben über Gesamtbevölkerung (und die errechneten „Einheimischen") beruhen auf der „Nährmittelbevölkerung" (Ausgabe der Lebensmittelkarten; 109. Periode 1948) plus Gemeinschaftsverpflegte in DP-Camps der UNRRA.

II. Die Zusammenarbeit im Länderrat der Amerikanischen Zone

1. Das Flüchtlingsgesetz vom Februar 1947 und seine Auswirkungen

Am 19. Juni 1946 begannen die Beratungen über das Flüchtlingsgesetz im Stuttgarter Länderrat, sie waren am 5. November beendet. Die Zustimmung von OMGUS (US Military Government for Germany) traf am 24. Januar 1947 ein. Das zoneneinheitliche Gesetz wurde in Württemberg-Baden am 14., in Bayern und Hessen am 19. Februar 1947 erlassen. Es trug den Titel „Gesetz über die Aufnahme und Eingliederung deutscher Flüchtlinge (Flüchtlingsgesetz)" und wurde in Bayern als Gesetz Nr. 59 verkündet[1]). Dr. *Walter Straßmann* und Dr. *Walter Ahnelt* waren bei den Formulierungen des Entwurfs auf bayerischer Seite maßgebliche Referenten.

Bereits am 8. Juli 1947 ergingen die Ausführungsbestimmungen des Staatsministers des Innern *Josef Seifried* im Benehmen mit dem Staatsminister der Justiz Dr. *Wilhelm Hoegner*. Aus dem bisherigen „Staatskommissar" wurde laut § 10 ein „Staatsbeauftragter für das Flüchtlingswesen", der dem Innenminister direkt unterstellt wurde. Seit 31. Januar 1947 war *Jaenicke* als „Staatssekretär für das Flüchtlingswesen" Regierungsmitglied geworden. Man hatte es eilig, den „Staatskommissar" (mit seinen diktatorischen Vollmachten aufgrund des Flüchtlingsnotgesetzes vom 14. Dezember 1945) abzuschaffen. Eigentlich hatte dieses Flüchtlingsnotgesetz nur bis 1. Juli gelten sollen und war dann vom Ministerrat zweimal, schließlich bis 31. Dezember 1946 verlängert worden.

Am 1. Dezember 1946 wurde zum ersten Mal nach dem Zusammenbruch ein Bayerischer Landtag gewählt, zugleich mit dem Volksentscheid über die neue Bayerische Verfassung. Schritt für Schritt bekam der Staat ein geordnetes demokratisches Gerippe. Ob es jedoch sehr sinnvoll war (und ist), die anomale Staatsführung aufgrund des Flüchtlingsnotgesetzes nachträglich zu kritisieren, mag dahingestellt sein. Es handelte sich um sog. „mittelbares Besatzungsrecht". *Jaenicke* fürchtete nur, daß eine Neuregelung „zu früh" in Kraft gesetzt würde, ehe die „kommissarische" Aufgabe erfüllt sei, um die endgültige Eingliederung der Vertriebenen dem normalen Verwaltungsapparat anzuvertrauen. Im übrigen sei daran erinnert, daß bereits ab Mitte 1946 das Flüchtlingsgesetz der Amerikanischen Zone beraten wurde und damit über die Beendigung der Sondervollmachten des Staatskommissars!

Jaenicke — allein seines Alters wegen — und seine Mitarbeiter — allein ihrer früheren Berufstätigkeit wegen — hatten 1946 und wohl auch noch 1947

---

1) Gesetz Nr. 59 über die Aufnahme und Eingliederung deutscher Flüchtlinge (Flüchtlingsgesetz) vom 19. 2. 1947 (Bayer. GVBl. S. 51); Ausführungsbestimmungen vom 8. 7. 1947 (Bayer. GVBl. S. 153).

nicht damit gerechnet, daß die Flüchtlings-Sonderverwaltung lange Zeit bestehen bleiben würde. Ein Abschnitt aus dem Bericht „Vier Jahre Betreuung der Vertriebenen in Bayern" muß hier zitiert werden[2]).

„An Stelle des Flüchtlingsnotgesetzes trat § 10 Abs. 2 des neuen Flüchtlingsgesetzes, der den *Staatsbeauftragten* zwar ermächtigt, die zur Lösung seiner Aufgaben notwendigen Maßnahmen zu treffen, dies jedoch nur *‚im Rahmen der Gesetze und im Einvernehmen mit den zuständigen Ministerien'*. Dazu kommt noch, daß das Reichsleistungsgesetz von den Verwaltungsgerichten zum Teil für nicht anwendbar und vom Verfassungsgerichtshof in seinen wirksamen Bestimmungen durch dessen Entscheid vom 27. November 1948[3]) rückwirkend für nichtig erklärt wurde, weil diese mit der Bayerischen Verfassung in Widerspruch stehen. Die genannten Gesetzesbestimmungen des Flüchtlingsgesetzes mögen in einem Rechtsstaat unter normalen Verhältnissen ausreichend sein, sie sind es aber kaum, wenn Aufgaben, wie sie hier zur Debatte stehen, gelöst werden sollen."

Am 31. Januar 1947, mit der Berufung von *Jaenicke* zum *Staatssekretär*, beschloß der Bayerische Landtag aufgrund der Artikel 49 und 50 der Bayerischen Verfassung und in Erwartung der OMGUS-Zustimmung zum neuen Flüchtlingsgesetz einen „besonderen Geschäftsbereich für Flüchtlingsangelegenheiten im Staatsministerium des Innern" zu schaffen.

Am 9. April 1948 wurde das Bauwesen und die Wohnraumbewirtschaftung vom Arbeits- auf das Innenministerium übertragen. Am 12. Oktober 1948 erließ Ministerpräsident Dr. *Hans Ehard* eine „Verordnung über die behördliche Organisation der Wohnraumbewirtschaftung und des Flüchtlingswesens" (GVBl. S. 207) mit der Errichtung einer nachgeordneten Dienststelle „Bayerisches Landeszuzugsamt" (vgl. S. 115). Am 24. November 1948 erfolgte eine Bekanntmachung des Innenministers Dr. *Willi Ankermüller* über die Eingliederung der Flüchtlingsverwaltung in das Innenministerium; denn das „Staatssekretariat" hatte immer noch eine Sonderstellung. Diese neue Organisationsform zu verstehen, ist für die richtige Beurteilung der Entwicklung zwingend notwendig; Staatsregierung und Landtag sahen darin eine Grundsatzentscheidung. Denn dadurch wurden die letzten Spuren der kommissarischen Sonderverwaltung ausgewischt. Die Auffassungen von *Ankermüller* und *Jaenicke*, ob aus staatspolitischer Sicht bereits der richtige Zeitpunkt für eine solche Entscheidung gekommen sei, wichen voneinander ab.

2) Wolfgang Jaenicke: Vier Jahre Betreuung der Vertriebenen in Bayern 1945—1949; München 1950, 38 S.
3) Bayer. Verfassungsgerichtshof: Entscheidung über Verfassungswidrigkeit des Reichsleistungsgesetzes vom 1. 9. 1939 (RGBl. I S. 1645); VGH n. F. Bd. 1, S. 81.

Aus den Bestimmungen zum bayerischen Flüchtlingsausweis (Ausführungs-bestimmungen zum Flüchtlingsgesetz, Artikel III Abs. 2 vom 8. Juli 1947) ist zu erkennen, daß die Flüchtlingsverwaltung damals für denkbar hielt, ab 31. Dezember 1947 die „Eingliederung" als vollzogen anzusehen!

Demgegenüber waren die Bayerische Staatsregierung und der Landtag bereits überzeugt, daß eine „Flüchtlingsverwaltung" noch viele Jahre werde bestehen müssen.

Teilte man diese Ansicht — wie sich später herausstellte: zu Recht —, war die Umwandlung der bisherigen Sonderverwaltung und die Eingliederung in die allgemeine Verwaltung nicht nur verständlich, sondern staatspolitisch notwendig. Im Nachlaß von *Jaenicke* liegen viele seiner Briefe, in denen er voller Leidenschaft seine Argumente gegenüber dem Innenminister und gegen-über dem Ministerpräsidenten darlegte. *Willi Ankermüller* hatte die neue parteipolitische Entwicklung beobachtet und war über die Unruhe in den Parteien und Flüchtlingsgruppen besorgt. Am 26. November 1948 veröffent-lichte er einen Aufruf. Zu jenem Zeitpunkt konnte er als Staatsminister des Innern kaum anders formulieren. Hätten der Innenminister und sein Staatssekretär für das Flüchtlingswesen, zwei ganz unterschiedliche Charak-tere, damals einen gemeinsamen Weg gefunden, wäre manches anders gelaufen. Mit der Bildung der Bundesregierung kamen andere Zielvorstellungen zum Zuge. *Ankermüllers* Aufruf, am 26. November 1948 im Bayerischen Staats-anzeiger veröffentlicht, lautete:

„Durch eine Verordnung der Bayerischen Staatsregierung ist die bisherige Flüchtlingssonderverwaltung in die innere Verwaltung eingebaut worden. Gleichzeitig ist die Flüchtlingsbetreuung weitgehend mit der Wohnraum-bewirtschaftung gekoppelt worden. Diese Neuregelung ist von weit-tragender Bedeutung für unsere Neubürger und für die einheimische Bevölkerung. Bisher war die Flüchtlingsverwaltung völlig unabhängig von der inneren Verwaltung. Vorzug dieser Regelung war, daß die Sonderverwaltung von den weitgehenden Vollmachten, die namentlich das Flüchtlingsnotgesetz eingeräumt hatte, ungehemmt durch andere Instanzen Gebrauch machen konnte. Ohne diese Regelung hätte die rasche Unterbringung der Hunderttausende von Heimatvertriebenen, so notdürftig sie war und vielfach heute noch ist, wohl nicht bewältigt werden können.

Nachteil dieser Regelung war, daß die innere Verwaltung von der Flüchtlingsbetreuung weitgehend ausgeschlossen war und daher für diese wichtige Aufgabe sich nicht verantwortlich zu fühlen brauchte. Die Folge war, daß die Behörden der inneren Verwaltung sich vielfach als die Vertretung der einheimischen Bevölkerung betrachteten und sich ihrerseits verpflichtet fühlten, deren Interessen gegenüber den manchmal harten Maßnahmen der Flüchtlingsverwaltung zu wahren. Dieses Neben-einander, ja teilweise Gegeneinander, mußte aus staatspolitischen Gründen durch den *Einbau der Flüchtlingsverwaltung in die Innere Verwaltung* beseitigt werden.

Diese ist daher künftig für die Betreuung der Flüchtlinge unmittelbar verantwortlich. Die innere Verwaltung steht damit vor einer ungeheuer schweren und verantwortlichen Aufgabe. Die Mittel, die der Bayerische Staat zur Verfügung stellen kann, sind zwar beträchtlich, aber beschränkt. Die Finanzkraft eines Landes, das nicht nur für fast 2 000 000 Flüchtlinge, sondern auch für Millionen von Währungsgeschädigten und Ausgebombten zu sorgen hat, hat ihre Grenzen. Nur ein gewissenloser Hetzer kann diese Tatsache übersehen. Die Lösung der Flüchtlingsfrage ist daher kein organisatorisches, sondern ein politisches Problem, das weit über Bayern, ja Deutschland hinausgreift.

Trotzdem kann und muß die Eingliederung der bisherigen Sonderverwaltung zu einer Verbesserung in der Betreuung der Flüchtlinge führen. Die Behörden der inneren Verwaltung können infolge ihrer Verwurzelung in der einheimischen Bevölkerung und durch ihre genaue Kenntnis des Verwaltungsapparates viele Möglichkeiten stärker und zweckmäßiger nutzen, als dies einer Sonderverwaltung möglich ist. Dies gilt besonders auf dem Gebiet der Wohnraumbewirtschaftung. Flüchtlinge, die keine menschenwürdige Unterkunft haben, während Einheimische überzählige Räume behalten, werden mit Gewalt in die Arme des Radikalismus getrieben. Einheimische, deren Wohnraum durch Beschlagnahme über die Grenze des Erträglichen hinaus beschränkt wird, werden gleichfalls aufs Tiefste verbittert. Hier sind in der Vergangenheit nach beiden Seiten Fehler gemacht worden, die in Zukunft vermieden werden müssen. Wir werden auch in Zukunft unseren Neubürgern vieles nicht geben können, was sie dringend nötig hätten. Wir werden auch in Zukunft unserer einheimischen Bevölkerung harte Opfer zumuten müssen. Beides ist leider unvermeidbar. Eines aber müssen wir erreichen, in den beiden großen Schichten unseres Volkes, den Alt- und Neubürgern, das Vertrauen zu begründen, daß sie mit gleicher Hingabe betreut und mit gleicher Gerechtigkeit behandelt werden. Als zuständiger Minister für Flüchtlingswesen bitte ich alle staatlichen und kommunalen Behörden, ihre ganze Tatkraft und Umsicht in den Dienst dieser großen staatspolitischen Aufgabe zu stellen."

Dieser Aufruf des Innenministers erging fünf Monate nach der Währungsreform. Bereits im Februar 1949 erschien er dem Autor so bedeutungsvoll, daß er *Resi Koller* riet, den Text in ihrer Studie „Das Flüchtlingsproblem in der Staatsverwaltung" ungekürzt wiederzugeben[4]). Die Auseinandersetzungen über die Kompetenzen spielten für die Amtsangehörigen kaum

---

4) Resi Koller: Das Flüchtlingsproblem in der Staatsverwaltung, entwickelt am Beispiel der Bayer. Flüchtlingsverwaltung; Schriftenreihe der Verwaltungsakademie Speyer; Tübingen 1949, 48 S.

eine Rolle; auf Referentenebene war die sachliche Zusammenarbeit eigentlich immer gut. In der Personalpolitik jedoch gab es manche unerfreulichen Auswirkungen, vor allem für die Flüchtlingsamtsleiter, deren außerordentliche Leistung während des Jahres 1946 als „Flüchtlingskommissare" später selten und dann meist nur rhetorisch anerkannt wurde.

Auf das wegweisende, zonen-einheitliche „Gesetz über die Aufnahme und Eingliederung deutscher Flüchtlinge" wird man zwangsläufig zu sprechen kommen, sobald man eine politische Diskussion über die deutsche Geschichte während der ersten Nachkriegsjahre eröffnet, speziell wenn es um die damalige „Staatsaufgabe Nr. 1" geht, d. h. die Eingliederung der Vertriebenen. Zwar brachten die meisten der 17 Paragraphen „nur" eine gesetzliche Festlegung und Präzisierung von Entscheidungen, die das Flüchtlingsnotgesetz von 1945 und die Verordnungen im Jahre 1946 (Flüchtlingsausweis usw.) vorweg genommen hatten. Den wesentlichen Fortschritt brachten jedoch die beiden §§ 2 und 9 über die Eingliederung. Aus dieser Zielsetzung ergab sich zwangsläufig die Wandlung vom Staatskommissariat zur Abteilung des Innenministeriums. Nicht unerwähnt bleiben darf der Hinweis, daß im großen und ganzen bereits im Höhepunkt der Massenausweisungen, nämlich im Juni 1946, die Entscheidung über die weitere Eingliederungspolitik im Entwurf konzipiert worden war; *eine für Deutschlands Zukunft hoch bedeutsame Entscheidung.* Die beiden §§ lauten:

„§ 2 *Die Eingliederung der Flüchtlinge* soll ihr organisches Aufgehen in der einheimischen Bevölkerung gewährleisten.

§ 9 *Für die Arbeits- und Berufslenkung der Flüchtlinge gelten die gleichen Grundsätze wie für die einheimische Bevölkerung.* Bei der Arbeits- und Berufslenkung ist die bisherige Tätigkeit und die Berufsausbildung nach Möglichkeit zu berücksichtigen. Die zuständigen Behörden sind verpflichtet, die Eingliederung der Flüchtlinge mit allen Mitteln zu fördern, insbesondere bei der Einstellung von Beamten, Angestellten und Arbeitern, bei der Erteilung von Handels- und Gewerbegenehmigungen, bei der Zulassung zur Ausübung freiberuflicher Tätigkeit und bei der Errichtung selbständiger landwirtschaftlicher Betriebe, sie (d. h. die Vertriebenen) als der einheimischen Bevölkerung unter den gleichen Voraussetzungen gleichberechtigt zu behandeln."

Bei den Ausschuß- und Plenarsitzungen des Stuttgarter Länderrats wurde in diesem Fall und bei vielen anderen Gelegenheiten sachlich und konstruktiv beraten. Nicht ganz so reibungslos verlief die Diskussion zum Problem der „gerechten" Verteilung der Vertriebenen auf die (west-)deutschen Länder. Innerhalb Bayerns hatte *Jaenicke*, wie oben beschrieben, seine Vollmachten an die Regierungskommissare und auf der Ebene der Stadt- und Landkreise an die Flüchtlingskommissare im Jahr der Einschleusung delegiert — eine glückliche Entscheidung. Auf Länderebene gab es keine solche Möglichkeit und es wäre ungerecht und primitiv, bösartig vom Länderegoismus zu sprechen. Man muß sich schon der Mühe unterziehen, die damalige Situation zu verstehen. Nur dann kann man sich ein Urteil über die Auseinandersetzungen im Stuttgarter Flüchtlingsausschuß zum Thema „gerechte Verteilung" bilden.

1. 1 Der Flüchtlingsausschuß des Stuttgarter Länderrats

Oben, am Südrand des Kessels, in den sich der Stadtkern von Stuttgart drängen muß, steht die Villa Reitzenstein. Seit Jahren residiert dort der Ministerpräsident von Baden-Württemberg. Im Sommer 1945 hatte die Amerikanische Besatzungsmacht diese Villa als Sitz ihres „Co-ordinating Office" gewählt und dort tagte der Länderrat der Amerikanischen Zone.

Am 19. September 1945 errichteten die Amerikaner durch die OMGUS-Proklamation Nr. 2 in ihrer Besatzungszone drei Länder: Bayern, Württemberg-Baden und Großhessen. Bremen, das der US-Army wegen der Hafenanlagen als Nachschubbasis diente, gehörte gleichfalls zur Amerikanischen Besatzungszone, spielte aber eine Sonderrolle. Durch diese Proklamation verlor Bayern die Pfalz und vorübergehend Stadt- und Landkreis Lindau im Bodensee; diese Region diente als Brücke zwischen den Französischen Zonen in Deutschland und Österreich.

Einen Monat später, am 17. Oktober 1945, errichteten die Amerikaner den Länderrat mit Sitz in Stuttgart. Ihr Auftrag lautete, einheitliche Gesetze für die Länder ihrer Zone vorzubereiten, die dann nach Genehmigung durch OMGUS (US Military Government for Germany) verabschiedet werden sollten. Und noch einmal einen Monat später, am 11. November, tagte erstmalig der Länderratsausschuß „Flüchtlingsfürsorge". Bayern war durch Innenminister *Josef Seifried* vertreten. Kurz vorher hatten die drei Länder sich bereits entschlossen, „Staatskommissare für das Flüchtlingswesen" zu berufen, Bayern am 2. November 1945.

So oft die drei Ministerpräsidenten bzw. ihre Fachminister in Stuttgart zusammenkamen, stimmten sie die Regierungsgeschäfte ab, erarbeiteten Vorschläge, erbaten Zustimmung von OMGUS und erhielten von dort Informationen. Jedes Land unterhielt eine ständige Vertretung. Will man die Atmosphäre heute schildern, so kann sie am ehesten mit der des Deutschen Bundesrats verglichen werden. Dies bezieht sich auf die Tatsache, daß die Länder *sachbezogen* meist gut zusammenarbeiteten. *Helmut Hoffmann* schrieb 1972 in seinem „Bayern — Handbuch zur staatspolitischen Landeskunde"[5].

„Bayern nahm durch seinen damaligen Ministerpräsidenten Dr. *Wilhelm Hoegner* an dem Zustandekommen und den Arbeiten dieses Gremiums

---

5) Helmut Hoffmann: Bayern, Handbuch zur staatspolitischen Landeskunde; München, 2. Aufl. 1972, 349 S.

lebhaften Anteil. War dieser (Länder-)Rat auch noch kein föderalistisches Staatsorgan, so verlieh ihm der föderalistische Geist, in dem sich seine Arbeit vollzog, Wirksamkeit und Autorität. Nie wurde dabei der Gedanke an einen Gesamtstaat aufgegeben."

Gelegentlich tauchte früher und taucht auch jetzt noch die Frage auf, warum gerade Bayern in dieser ersten Aufbauzeit nach der bedingungslosen Kapitulation auf so vielen Sachgebieten die Initiative ergriff, nicht nur im Stuttgarter Länderrat, sondern auch in Vier-Zonen-Deutschland. Eine klassische Erklärung gab Alt-Reichskanzler Dr. *Hans Luther* am 4. Oktober 1952 dem Autor in einer privaten Unterhaltung über dieses Verhalten. Er meinte, die neuen „Bindestrich-Staaten" hätten damals andere Sorgen gehabt; denn ihre Landesregierungen mußten sich an die „Neugliederung" erst gewöhnen. Bayern dagegen hatte zwar die Pfalz verloren, aber an sich waren die letzten Kriegswochen nach der Zerstörung Würzburgs am 16. März 1945 bis zur Kapitulation am 8. Mai über das Land sozusagen „hinweggerollt". Schon am 28. Mai 1945 setzte die Militärregierung *Fritz Schäffer* als Ministerpräsidenten und Finanzminister für „Bayern rechts des Rheins" — also ohne Pfalz — ein.

Wenn also mit gewissem Recht festgestellt wird, Bayern sei von der „Ersten Stunde" an aktionsfähig gewesen, so muß dennoch diese Behauptung relativiert werden, um die mühevolle Aufbauleistung wirklich zu würdigen. Mit welchen unsäglichen Schwierigkeiten die damals neu geschaffenen Ministerien in dem zerstörten München zu kämpfen hatten, zeigt in aller Deutlichkeit eine Schilderung von *Sebastian Imhof* im Tätigkeitsbericht des Bayerischen Arbeitsministeriums 1945—1950[6]).

„Große Schwierigkeiten machte die Beschaffung der Büroeinrichtungen, die vorerst nur leihweise in bescheidenem Umfang erlangt werden konnten. Von den aufgelösten Verwaltungsbehörden konnten sodann Büromöbel und sonstiger Bürobedarf, insbesondere Schreibmaschinen, dem Ministerium überwiesen werden. Infolge Lahmlegung aller Verkehrsmittel war es in der ersten Zeit nach dem Zusammenbruch äußerst schwierig, mit den auswärtigen Behörden und Körperschaften eine Verbindung aufzunehmen. Bis der Bahn- und Postverkehr einigermaßen in Gang gebracht war — September 1945 —, war der Verkehr nur durch den von der damaligen Landesregierung eingerichteten Kurierdienst möglich. Selbst nach Aufnahme des Postverkehrs war die Verbindung nach auswärts durch den unregelmäßigen Verkehr der Eisenbahn, die Briefkontrolle (nämlich durch die Amerikanische Besatzungsmacht) usw. noch so gehemmt, daß es oft eine Woche und länger dauerte, bis

6) Sebastian Imhof: Das Bayer. Staatsministerium für Arbeit und soziale Fürsorge, Tätigkeitsbericht 1945—1950; München 1950, 163 S.

eine Briefsendung eintraf. Bemerkenswert war aber, daß trotz aller Schwierigkeiten wenig Postsendungen verloren gingen. Im Juni, Juli und August 1945 kamen allmählich Mitteilungen von den Außenbehörden über größere Entlassungen von Beamten."

Wer damals als Sachverständiger zu den Stuttgarter Länderratssitzungen hinzugezogen wurde, durfte dies als Auszeichnung werten. Vordergründig traf ihn zwar gelegentlich der „Neid" von Kollegen, weil es in der Villa Reitzenstein „Ami-Zigaretten" gab und das Mittagessen im Ministerzimmer ein wenig besser war als das sonst übliche Gaststättenessen auf „Reisemarken". Und es gab sogar ein Gläschen württembergischen Wein. Entscheidend für die objektive Wertung einer Teilnahme an den Stuttgarter Beratungen war aber die effektive Einflußnahme auf die grundlegenden Beratungen über die Zukunft, und doch eben nicht nur eines einzelnen Landes. Obendrein erhielt man in Stuttgart durch den direkten Kontakt mit autorisierten OMGUS-Offizieren zuverlässige „Informationen aus Erster Hand" — meistens Befehle.

Dennoch waren diese Begegnungen in den ersten zwei Monaten oft deprimierend. Etwa, wenn ein „private first class" das Erscheinen eines Besatzungsoffiziers mit dem Befehl ankündigte, die Bleistifte niederzulegen, nichts mitzuschreiben, und gleichzeitig sofortige Dienstentlassung bei Nichtbefolgung der Befehle androhte. Oder, wenn ein junger Offizier, der der Enkelsohn mancher Anwesenden hätte sein können, diesen Politikern Lob spendete für die demokratischen Fortschritte, die er soeben aus der Diskussionsführung entnommen habe. Dabei war mancher der Apostrophierten vor 1933 Minister, Reichstags- oder Landtagsabgeordneter gewesen. Doch nach erstaunlich kurzer Zeit ändert sich das Verhalten. Bei maßgeblichen Amerikanern erweckte das betont sachliche und manchesmal weit vorausschauende Denken einiger deutscher Gesprächspartner durchaus Vertrauen. Die Ländervertreter waren ja keine Zivilangestellten der Besatzungsmacht.

So begann bereits im März 1946 eine mehr taktvolle, gelegentlich sogar freundschaftliche Zusammenarbeit. Die Besatzungsoffiziere waren froh, wenn es keinen „trouble" gegeben hatte und sie an OMGUS militärisch knapp „O. K." melden konnten. Allerdings war nicht in allen Ausschüssen des Länderrats die Atmosphäre in gleicher Weise und so bald entspannt. Uneingeschränkt darf dies aber für den Flüchtlingsausschuß — mit höchst seltenen Ausnahmen — vom Autor als damaligem Teilnehmer bestätigt werden.

Bereits vom März 1946 an genoß *Wolfgang Jaenicke* aufgrund seiner souveränen Haltung und seiner international bekannten Integrität die Würde eines „primus inter pares" im Flüchtlingsausschuß. Wenn er später über diese Anfangszeit sprach, erwähnte er gern ein Erlebnis von Ende 1949. Es betraf die Verabschiedung eines amerikanischen Obersten beim Flüchtlingsausschuß. In „Vier Jahre Betreuung der Vertriebenen in Bayern" zitierte er diesen hohen amerikanischen Beamten, der die Eingliederung der Flüchtlinge als das „größte Nachkriegswunder" bezeichnet hatte. Zum letzten Mal wiederholte *Jaenicke* die Worte dieses Amerikaners im Rahmen der deutschen FRIDTJOF-NANSEN-FEIER zu dessen 100. Geburtstag am 10. Oktober 1961 im Münchner Sophiensaal. Jaenicke erhielt dort für seine Verdienste als „Vater der deutschen Flüchtlingsverwaltung" 1945—1950 und für sein Engagement im Weltflüchtlingsjahr 1959/60[7]) den damals als internationale Auszeichnung von Professor Dr. Dr. h. c. *Fahrettin Kermin Gökay*, Istanbul, im Einvernehmen mit *Odd Nansen* gestifteten goldenen Nansenring. In seiner Dankesrede erwähnte er die Abschiedsworte:

> „Der amerikanische Oberst sagte: ‚Ich bin als Feind der Nazis gekommen, um das verhaßte Deutschland zu vernichten. Vier Jahre später scheide ich als Freund. Sie haben einen schrecklichen Krieg angefangen und verloren. Wenn es Ihnen wirtschaftlich jetzt besser geht, verdanken Sie dies den USA, die den Start ermöglichten. Wenn aber einmal die Geschichte dieser Zeit geschrieben werden wird, wird als entscheidende Tat für die Wiedergewinnung internationaler Achtung Ihres Staates die Eingliederung der Flüchtlinge gelten. Meine Achtung gewannen die Flüchtlinge und die Einheimischen, meine Bewunderung aber Ihre Arbeit hier in diesem Ausschuß. In hoffnungsloser Lage blickten Sie staatsmännisch in die Zukunft.' "

Als Zuhörer kann der Autor die Richtigkeit dieser frei wiedergegebenen Abschiedsrede im Länderrat bestätigen.

Als am 11. Dezember 1945 der Flüchtlingsausschuß OMGUS bat, mit der Aufnahme der Ausweisungstransporte erst nach Winterende zu beginnen und rechtzeitig Medikamente und Lebensmittel aus Wehrmachtsbeständen (vgl. „Stab Steffen" S. 40) zur Verfügung zu stellen, hatte der Aufbau der Flüchtlingsverwaltung praktisch noch gar nicht begonnen.

Schon am 21. Dezember 1945 beantragte der Flüchtlingsausschuß auf Betreiben von *Jaenicke*, die Militärregierung möge erreichen, daß jedem Ausgewiesenen ein „Ausweisungsbefehl" mit den polizeilichen Meldedaten mitgegeben würde, wie es früher während des Krieges bei den Evakuierten geschah. Denn man hatte bereits zur Kenntnis nehmen müssen, daß viele Flüchtlinge im Augenblick keinerlei Personalpapiere in Händen hatten. Diese Situation nutzten bekanntlich politisch besonders Belastete dazu aus, vorerst einmal mit falschem Namen und falschen Papieren unterzutauchen.

In Auswirkung der ersten Kontakte Ende 1945 zwischen *Jaenicke* und den beiden Amerikanern, *Major Davis* (OMGUS) und Oberleutnant *Rainer*

---

7) Festschrift zur „Europ. Erstaufführung von Porgy und Bess" am 1. 4. 1960; Grußworte von Heinrich Lübke, Hans Ehard, August R. Lindt und Samuel Goldwyn; Wolfgang Jaenicke (Vorsitzender des Landeskuratoriums für das „Weltflüchtlingsjahr"): Gedanken zum Weltflüchtlingsjahr; Martin Kornrumpf: Thesen zum Weltflüchtlingsproblem.

(Militärregierung für Bayern), reisten diese beiden nach Prag und besprachen am 8. und 9. Januar 1946 im ČSR-Ministerium für nationale Verteidung Einzelheiten über die Organisation und Durchführung der Ausweisungstransporte. Am 19. Januar 1946 trafen dann die beiden ersten Ausweisungstransporte in bayerischen Grenzlagern ein, der erste aus Wien mit 1202 Ausgewiesenen, für München bestimmt, der andere aus Kleinmünchen bei Linz für Württemberg-Baden, der mit 941 Ausgewiesenen nach Göppingen weitergeleitet wurde. Am folgenden Tag kam der dritte Transport aus Wien mit 809 Ausgewiesenen, die nach Kassel gebracht wurden. Am 2. April 1946 gab *Jaenicke* eine Erklärung an den Länderrat, die er im März 1950 in seinen Bericht „Vier Jahre Betreuung der Vertriebenen in Bayern" aufnahm.

> „In Erkenntnis der ungeheuren Schwierigkeiten, die sich einer Lösung des Vertriebenenproblems entgegenstellen, habe ich am 2. April 1946 als damaliger Bayerischer Staatskommissar, zugleich im Namen der Staatskommissare von Hessen, Württemberg und Baden (Der Landesteil Nord-Baden war durch Landrat *Werner G. Middelmann*, Bruchsal, eigens vertreten) folgende Erklärung abgegeben, die für die spätere Geschichtsschreibung im Wortlaut wiedergegeben sei:
> ,Wir vier durch die Amerikanische Militärregierung für die Lösung des Flüchtlingsproblems als verantwortlich bezeichneten Staatskommissare sind zu folgendem Ergebnis gekommen und halten es für unsere Pflicht, dies vor dem Gremium des Länderrats im folgenden zum Ausdruck zu bringen ...‘ "

Nach Aufzählung der Sorgen und ungelösten Probleme, die in unserem dokumentarischen Bericht — detailliert für Bayern — bereits ausführlich beschrieben wurden, schloß *Jaenicke*:

> „Aber — und dies ist die Enderkenntnis unserer Darlegungen — die notwendige, endgültige, befriedigende und menschenwürdige Unterbringung und Eingliederung der Flüchtlinge ist uns nur dann möglich, wenn die amerikanischen, alle deutschen Regierungsstellen und am wirksamsten wohl eine großzügige *internationale Hilfe* die Voraussetzungen schaffen, deren Nichtvorhandensein wir uns erlaubt haben darzulegen."

Dieses Dokument ist wohl das *erste*, in dem von *staatlicher* Seite nach internationaler Hilfe gerufen wird. Zu jener Zeit hätten nicht viele Deutsche einen solchen Appell wagen dürfen, noch kein Jahr nach dem Zusammenbruch! Es ging dabei um Förderung der *wirtschaftlichen* Eingliederung. Die so erfolgreichen Hilferufe der katholischen und evangelischen Kirchen sowie des Roten Kreuzes im Jahre *1945* betrafen *Liebesgaben,* die vor schlimmstem Hunger und Frieren bewahren sollten. Beiden gemeinsam war die Hoffnung auf einen neuen friedlichen Anfang in Deutschland.

Ein Jahr später, am 15. Mai 1947, übergab der Flüchtlingsausschuß dem Direktorium des Länderrats zur Weiterleitung ein umfangreiches Dokument: „Das Flüchtlingsproblem in der Amerikanischen Besatzungszone — Ein Bericht des Länderrats an *General Clay*". Es erschien in deutscher Sprache Anfang 1948[8]).

Ende April 1947 hatte der Tschechoslowakische Innenminister bekanntgegeben, daß sich noch rund 200 000 Sudetendeutsche in seinem Land befänden. Anfang Juli 1947 ließ General *Lucius D. Clay* die Prager Regierung wissen, daß die Amerikanische Zone keine weiteren Transporte aufnehmen könne, bis sich die Lebensbedingungen gebessert hätten. Das Schicksal dieser Sudetendeutschen, soweit sie sich nicht als Einzelgänger absetzen konnten, änderte sich erst später im Rahmen der „Aussiedlung". Von 1950 bis Ende 1978 kamen 87 314 Sudetendeutsche als „Spätaussiedler" in die Bundesrepublik Deutschland.

1. 2 „Gerechte" Verteilung der Ausweisungstransporte auf die Länder

Ende 1946 wurde die Überbelegung in den Wohnungen als Folge der Massenausweisung als grausam empfunden, nicht nur von den Einheimischen, sondern auch den Flüchtlingen, und die 100 000 Ausgewiesenen in Lagern waren der Verzweiflung nahe. Diese Umstände machen es verständlich, daß General *Lucius D. Clay* im Frühjahr 1947 eine weitere Aufnahme — im speziellen Fall von 200 000 Sudetendeutschen — in die Amerikanische Zone für unerträglich hielt, auch aus der Sicht und Verantwortung der Besatzungsmacht.

Der Leser möge sich (noch einmal) in die Zeit der ersten Sitzung des Länderratsausschusses vom 11. November 1945 zurückversetzen. Wie sah damals die Lage in Bayern aus? Innenminister *Josef Seifried* war in der Lage, aufgrund der allerersten Flüchtlingszählung des Statistischen Landesamtes im Juni 1945 zweifelsfrei beweisen zu können, wie stark Bayern, insbesondere Ostbayern, bereits belastet war. Sechs Kärtchen aus dem Bayern-Atlas des Autors dürften auch heute noch besser als komplizierte Tabellen verdeutlichen, in welchen Phasen die Bevölkerungsverschiebungen 1945/46 abliefen[9]). Bis Februar 1945 war die Einwohnerzahl gegenüber 1939 in fast allen Landkreisen angestiegen und zwar durch die Aufnahme von Luftkriegsevakuierten aus Bayern und aus dem übrigen Reich. Und dies, obwohl bei der Nährmittelbevölkerung (Auszählung der Lebensmittelkarten) rund 672 000 Bayern, die Soldaten oder bereits Kriegsgefangene waren, nicht miterfaßt worden waren. Da der Bayerische Wald und der Oberpfälzer Wald schon in der Weimarer Republik als Notstandsgebiete galten, auch hinsichtlich

8) Bericht des Länderrats an General Clay: Das Flüchtlingsproblem in der Amerikanischen Besatzungszone; Stuttgart 1948, 32 S.
9) Martin Kornrumpf: Bayern-Atlas, München 1949, 66 S.

der Wohnraumversorgung, waren Anfang 1945 noch relativ wenige Evakuierte dorthin gebracht worden. Zwischen Februar und Juni 1945 stauten sich die Flüchtlingsströme aus dem Osten; denn Tag für Tag war die Westfront nähergerückt und wirkte wie eine Hafenmole.

Als dann im zweiten Halbjahr 1945 die Evakuierten, sofern es ihnen möglich, in ihre Heimatorte zurückkehrten, blieb als Ergebnis die oben erwähnte überdurchschnittliche Belastung in Niederbayern, Oberpfalz und Oberfranken (Kärtchen „Zusammenfassung 1945").

Diese Auswirkungen des Zusammenschlagens von Ost- und Westfront zeigten sich natürlich in gleicher Weise in Mittel- und Norddeutschland. Der Autor schilderte diesen Ablauf häufig, insbesondere vor Ausländern und im Ausland[10].

An sich wurde diese sog. „Vorbelastung" Bayerns mit Flüchtlingen aus dem Jahre 1945, also vor Beginn der organisierten Ausweisung, in Stuttgart bei der Sitzung des Länderrats der Amerikanischen Zone notgedrungen anerkannt. Trotzdem kam es 1946/47 bei der Verteilung der Ausweisungstransporte nicht zu einer Berücksichtigung dieser Vorbelastung. Württemberg-Baden und Großhessen erwähnten mit Nachdruck die riesigen Luftkriegszerstörungen in ihren Ländern (Stuttgart, Bruchsal, Mannheim, Rhein-Main-Gebiet usw.). Jede Landesregierung war damals vor fast unlösbare Aufgaben und schwierigste Entscheidungen gestellt.

Die Staatskommissare für das Flüchtlingswesen kümmerten sich erfolgreich um eine schnelle provisorische Unterbringung jener, die ab Anfang 1946 in organisierten Transporten eingeschleust werden mußten, natürlich dachten sie auch an die Notwendigkeit einer möglichst schnellen wirtschaftlichen Eingliederung; man kann das eindeutig an den Formulierungen des Zonenflüchtlingsgesetzes vom Februar 1947 erkennen. Aber in jenen Monaten Anfang 1946 wußte niemand, was aus Deutschland werden würde. Der Leser wird diese Phase und dieses Thema im Kapitel über den Arbeitsmarkt behandelt finden. Und gerechterweise muß auch daran erinnert werden, daß der Flüchtlingsausschuß des Länderrats nur einer von vielen war und daß die Ministerpräsidenten schon froh waren, wenn die Einschleusung aus der ČSR, Ungarn und Österreich ohne Unruhe verlief. Es ging damals wirklich nur ums Überleben.

Negative Urteile von Persönlichkeiten, die diese Zeit in Deutschland nicht selbst miterlebt haben (z. B. kriegsgefangen oder interniert waren), gehen einfach fehl, weil sie sich die Trostlosigkeit jener Tage, nicht nur für die Vertriebenen, schwerlich vorstellen können. Die Bayerische Staatsregierung, insbesondere die Bereiche Flüchtlingsverwaltung, Arbeitsmarkt, Wirtschaft

10) Martin Kornrumpf: Les réfugiés en Allemagne d'après les statistiques démographiques; l'Institut National d'Etudes Démographiques (INED), „Etudes Européennes de Population", Paris 1954, S. 301—309.
Desgl.: Germany's Refugee Problem as reflected by Population Statistics; INTEGRATION, Bulletin International, Augsburg 1955, S. 126—139.

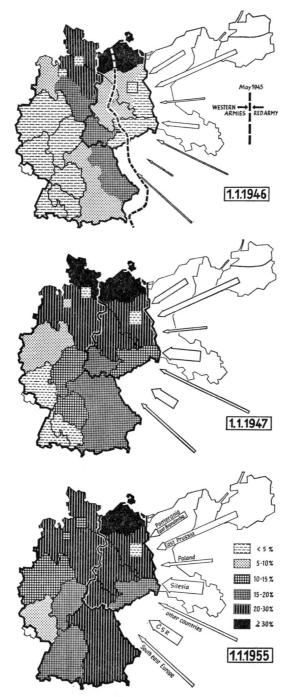

May 1945
WESTERN ◄─┼─► RED ARMY
ARMIES │

1.1.1946

1.1.1947

Pomerania
East Brandenburg
East Prussia
Poland
Silesia
other countries
ČSR
South east Europe

	< 5 %
	5-10 %
	10-15 %
	15-20 %
	20-30 %
	≧ 30 %

1.1.1955

Vertriebene in Prozent der Gesamtbevölkerung 1946 — 1947 — 1955
(bei DDR 1950 statt 1955)

und Finanzen, hatten die Problematik voll erkannt. Die nach der Währungsreform so schnell einsetzende Aufwärtsentwicklung bewies, daß lange vor dem Juni 1948 sorgfältige Überlegungen angestellt worden waren, die nunmehr planmäßig realisiert werden konnten. Bis zur Währungsreform lief parallel zur staatlichen Aktivität eine bewundernswerte Selbsthilfe einer Reihe von Vertriebenen, die zur Schaffung von Arbeitsplätzen führte. *Klaus Schreyer* formulierte den Untertitel seines Buches „Bayern — ein Industriestaat" zutreffend: „Die importierte Industrialisierung"[11]).

Im Flüchtlingsausschuß des Länderrats gab es seit Anfang 1946 kontinuierliche Beratungen (auch Auseinandersetzungen) über einen Verteilungsschlüssel. Die Massenausweisung war Ende 1946 beendet und noch kein Schlüssel angenommen. Während des Jahres 1947 bekam die Staatsverwaltung neue geordnete Formen, der neue Bayerische Landtag war am 1. Dezember 1946 gewählt worden. Der blinde Respekt vor einem „Staatskommissar" war gewichen, die wirtschaftliche Lage blieb trostlos. Da entstand in manchen politischen Kreisen und in der Öffentlichkeit der Vorwurf, Bayern hätte seine „Vorbelastung" nicht energisch genug gegenüber Stuttgart und Wiesbaden vertreten. Im Einvernehmen mit der Bayerischen Staatskanzlei und dem Bayerischen Bevollmächtigten beim Länderrat Dr. *Gebhard Seelos* gab der Staatssekretär dem Autor die Weisung, im Bayerischen Staatsanzeiger über die Entwicklung zu berichten, gedacht als sachliche Information für die Öffentlichkeit. Das Echo aus Bayern klang nicht ganz so, wie *Jaenicke* es erhofft hatte; dabei „wurden die Formulierungen von mir, wie von Herrn Dr. *Johannes von Elmenau* und anderen Herren der Staatskanzlei durchgesehen, besprochen und korrigiert", schrieb *Jaenicke* später. Die dreiteilige Serie im Staatsanzeiger (Januar/Februar 1948) ist auch heute noch die kürzeste und korrekteste Darstellung über die zwei Jahre andauernden Beratungen[12]). Dieser amtliche Artikel wurde gleichzeitig in der Vierten Folge des „Amtlichen Zahlenmaterials zum Flüchtlingsproblem in Bayern" abgedruckt, dazu auf 14 Seiten alle zum Verständnis erforderlichen Quellen[13]). Die allgemeine Einleitung über Flucht und Ausweisung sind in unserem Bericht genauer dargestellt worden und dürften ebenso wenig interessieren wie die Fachdiskussion der Flüchtlings-Statistiker. Einige Abschnitte aber sollen des dokumentarischen Wertes wegen wörtlich übernommen werden.

11) Klaus Schreyer: Bayern — ein Industriestaat, die importierte Industrialisierung; München-Wien 1969, 404 S.
12) Martin Kornrumpf: „Gerechte" Verteilung der Flüchtlinge auf die deutschen Länder; Bayer. Staatsanzeiger, München, 24. und 31. 1. und 7. 2. 1948.
13) Martin Kornrumpf: Amtliches Zahlenmaterial zum Flüchtlingsproblem in Bayern, 4. Folge, München, Febr. 1948: Berichte der fünf Regierungskommissare zum Problem innerhalb Bayerns (S. 9—17) und Abdruck des Aufsatzes im Staatsanzeiger mit Dokumenten (S. 30—47), vgl. Nr. 12.

Zum Problem der „gerechten" Verteilung der Flüchtlinge auf die deutschen Länder

„Die Amerikanische und die Britische Militärregierung hatten aus Gründen der Humanität Ende 1946 sich geweigert, während der Wintermonate weitere Transporte aufzunehmen. Im Jahre 1947 blieb diese Sperre im Hinblick auf die katastrophale Wohnraumnot aufrechterhalten, da bereits in der Bi-Zone 6,4 Millionen Flüchtlinge und Ausgewiesene außer 850 000 Ausländern (DPs) und 3 Millionen Evakuierten untergebracht worden waren.

Die Bevölkerungsdichte war in der Amerikanischen Zone zwischen 1939 und 1946 von 133 auf 160 Einwohner je km² gestiegen, die der Britischen Zone von 203 auf 228. Aber auch den Noch-nicht-Ausgewiesenen ist zumeist ihre bisherige Existenz vernichtet worden und sie fristen ihr Dasein in völlig abhängiger Stellung. Viele ihrer Angehörigen sind bereits ausgewiesenen und es geht ein schmerzlicher Riß mitten durch die Familien. (Gemeint war das „Spätaussiedler-Problem".)

Im Hinblick auf die für 1947 erwarteten neuen Ausweisungstransporte wurde von Bayern Mitte 1947 die Frage der Neuverschlüsselung wieder aufgegriffen. Im Zuge der Erweiterung der zweizonalen Zusammenarbeit wurde am 8. Mai 1947 die Statistisch-Soziologische Arbeitsgruppe für Flüchtlingsfragen eingesetzt. In der „Resolution zur Flüchtlingsfrage" wurde am 7. Juni 1947 auf der Deutschen Ministerpräsidenten-Konferenz in München das Problem der endgültigen Unterbringung der nach Deutschland eingeschleusten Ausgewiesenen und der Ausgleich des Bevölkerungsdruckes zwischen den Ländern angeschnitten. Dabei wurde unter Punkt 5 die Sammlung, Beratung und Ausarbeitung des statistischen Materials gefordert. Im Auftrage der daraufhin errichteten Arbeitsgemeinschaft der deutschen Flüchtlingsverwaltungen hat die Statistisch-Soziologische Arbeitsgruppe diese Arbeit vorbereitet und z. T. durchgeführt.

Aus den verschiedensten Gründen stellt die gerechte Verteilung der Flüchtlinge auf die deutschen Länder eine sehr belangreiche, aber auch ungemein schwierige Aufgabe dar.

1.

Bis die Ausgewiesenen völlig im Wirtschaftsleben eingegliedert sind, waren und sind mit ihrer Einschleusung, Unterbringung und vorläufigen Versorgung beachtliche Kosten verbunden. Außer den normalen fürsorgerischen Aufwendungen, die nicht einbezogen sind, hat Bayern seit 1945 bis zum 1. April 1948 518 000 000 RM aufzubringen. Solche finanziellen Lasten dürfen nicht für ein Land unerträglich hoch sein, wenn sie bei anderen Ländern erheblich unter dem Durchschnitt liegen. Ein kleines Land wie Schleswig-Holstein, das eine Preußische Provinz mit einem einzigen Regierungsbezirk gewesen war, muß durch die ungeheure Last fast erdrückt werden. Aber auch für Bayern mit dem geringsten Steueraufkommen je Kopf der Bevölkerung innerhalb der acht Länder der Bi-Zone bedeutet es im Augenblick (Februar 1948) eine ungeheure Belastung, wenn jede zehnte Reichsmark nach dem Haushaltsplan für die Flüchtlingsverwaltung ausgegeben werden muß.

Nach der Eingliederung in die Wirtschaft werden natürlich die Ausgewiesenen selbst bedeutsame Steuerbeträge aufbringen. Dies dürfte aber wohl erst im Haushaltsjahr 1948/49 anfangen, spürbar zu werden. Bei den Besprechungen eines möglichen Lastenausgleichs muß, von deutscher Seite aus, die Flüchtlings-Leere der Französischen Zone als besonders ungerecht angesehen werden.

2.

Ein anderer Gesichtspunkt ist die Wohnungslage. Schon die ungeheuren Kriegsverluste an Wohnraum hatten für die einheimische Bevölkerung erhebliche Wohnraumbeschränkungen gebracht. Allein in Bayern mußten ³/₄ Millionen kriegszerstörte Wohnräume wieder errichtet werden, nur um den Bestand von 1939 zu erreichen.

3.

Die Flüchtlinge selbst erheben — vor allem aus dem Blickwinkel ihrer eigenen wirtschaftlichen Zukunft — die Forderung nach einer gerechten Verteilung, um die gleiche Chance zum Aufbau der neuen Existenz zu haben. Keine deutsche Behörde hat eine genügend klare Vorstellung über die wirtschaftliche Zukunft unseres Vaterlandes, um wirklich planend hier einzugreifen. Auch die Flüchtlinge verhalten sich ebenso abwartend und die Binnenwanderung der Neubürger ist noch verhältnismäßig gering. Soll das Jahr 1948 unsere Hoffnung auf einen wirtschaftlichen Aufstieg nicht enttäuschen, werden die Länder alles daransetzen müssen, um nicht durch zu strenge Zuzugsbestimmungen einer automatisch sich einspielenden gerechten Verteilung der Flüchtlinge unabsichtlich entgegenzuwirken. Manche Flüchtlinge werden sicherlich in noch schlechtere Wohnverhältnisse einwilligen, wenn durch solchen Platzwechsel auf weite Sicht gesehen die Voraussetzungen für eine grundlegende Verbesserung ihrer Existenz geschaffen werden.

Wenn wir zugeben müssen, daß es sogar heute (Januar 1948) noch schwierig ist, verantwortliche Beratung für eine gerechte Verteilung der Flüchtlinge auszuüben, so müssen wir bei Beurteilung der jetzigen Zustände uns erinnern, daß es im Jahre 1946 fast unmöglich war, auf diesem Gebiet klar zu sehen.

Die Verteilung der Flüchtlinge — eine politische Aufgabe

Die gerechte Verteilung der Flüchtlinge, die Frage, ob ein Lastenausgleich bereits erheblich helfen kann, oder ob und in welcher Form der ungleiche Bevölkerungsdruck sonst noch ausgeglichen werden könnte, ist (Januar 1948) eine politische Aufgabe. Denn es spielen so viele kaum greifbare Dinge eine Rolle, daß ein eindeutiges Expertengutachten mit verbindlichen Vorschlägen derzeit nicht möglich ist. Trotzdem ist die Sammlung und Gegenüberstellung von vergleichbaren statistischen Unterlagen von großer Bedeutung. Leider ist die Koordinierung der deutschen Statistik erst im Werden.

Die Feststellung der Unvergleichbarkeit und der teilweisen Unzuverlässigkeit der Wohnraumzahlen aber ist das entscheidende Ergebnis der Besprechungen der „Statistisch-Soziologischen Arbeitsgruppe für Flüchtlingsfragen in Deutschland" — eine so wichtige Feststellung, daß die Arbeitsgemeinschaft der deutschen Flüchtlingsverwaltungen daraufhin die Durchführung einer neuen Wohnungszählung vorgeschlagen hat und die Ministerpräsidenten der süddeutschen Länder von deren Ergebnissen die Durchführung eines Ausgleichs abhängig gemacht haben." (Die Zählung kam aber erst 1950 zur Durchführung, vgl. S. 113.)

Soweit das Zitat. Danach brachte der Aufsatz detaillierte Angaben über die verschiedenen „Verteiler-Schlüssel". Die bereits im ersten Kapitel über die Einschleusung erwähnten statistischen Begriffe wie „geminderte Bevölkerung", „gewogene Fläche" u. v. a., die als Grundlage für die verschiedenen Schlüssel dienen sollten, wurden danach beschrieben. Diese Ausführungen sollen nicht wiederholt werden. Doch die Schlußfolgerungen des Aufsatzes von 1948 sind für das Verständnis der weiteren Entwicklung belangreich:

„... Da die Stuttgarter Fassung des Münchner Schlüssels mit Einbeziehung der Fläche fallen gelassen worden ist und der Württemberger Schlüssel mit den Originalzahlen unbrauchbar ist, kann *zusammenfassend* gesagt werden, daß *innerhalb der US-Zone Bayern noch immer eine Vorbelastung von mindestens 250 000 aufzuweisen hat; es ist sogar wahrscheinlich, daß diese Zahl erheblich höher liegt.* Die Ergebnisse der Wohnungszählungen in den norddeutschen Ländern sind von den Wohnraumstatistikern der süddeutschen Länder nicht anerkannt worden. Bei so weiten Fehlergrenzen, die über 10 % liegen können, kann im Augenblick noch nichts Verbindliches über die Verhältnisse gesagt werden. Auf jeden Fall steht Schleswig-Holstein an der Spitze aller deutschen Länder. Die Statistisch-Soziologische Arbeitsgruppe für Flüchtlingsfragen (der Autor war ihr Leiter) ist in enger Zusammenarbeit mit allen Statistischen Landesämtern und anderen Fachleuten an die Sammlung und Sichtung weiterer statistischer Unterlagen gegangen. Statistisches Material aus der Französischen und der Russischen Zone steht allerdings zur Zeit (Februar 1948) kaum zur Verfügung."

*

Es ging also Anfang 1948 gar nicht mehr um eine „gerechte" Verteilung innerhalb der Amerikanischen Zone, und auch nicht ausschließlich um die Bi-Zone. Vornehmlich dachten die Länder an die Französische Zone. Solange Professor Dr. *Theodor Eschenburg*, Tübingen, damals Ministerialrat in der Regierung von Württemberg-Hohenzollern, als „Gast" an den Stuttgarter Sitzungen des Flüchtlingsausschusses teilnehmen durfte, kam niemals der geringste Zweifel auf, daß über kurz oder lang auch die Länder der Französischen Zone an der gesamtdeutschen Aufgabe der Eingliederung von Vertriebenen sich beteiligen würden; bekanntlich untersagte später die Französische Militärregierung *Eschenburg* die Teilnahme.

Als nach der enttäuschenden Moskauer Friedenskonferenz von Ostern 1947 Ministerpräsident Dr. *Hans Ehard* (auf Anregung von *Seelos*, wie *Eschenburg* berichtete)[14] zur Deutschen Ministerpräsidentenkonferenz einlud, stand auch die Einbeziehung der Russischen Zone in einen gesamtdeutschen Flüchtlingsausgleich zur Diskussion. Am Tag vor Beginn dieser Konferenz (6.—8. Juni 1947) wies *Jaenicke* in vertraulichen Vorbesprechungen darauf hin, daß — sollten die Ministerpräsidenten der Länder der Russischen Zone zustimmen — neben Schleswig-Holstein auf jeden Fall Mecklenburg als „Hauptflüchtlingsland" deklariert werden müßte. Aber nicht wegen dieser Flüchtlingsresolution scheiterte die Konferenz, sondern u. a. an der Forderung der Ministerpräsidenten aus der Russischen Zone, an den Anfang der Erörterungen „die Bildung einer deutschen Zentralregierung durch Verständigung der demokratischen deutschen Parteien und Gewerkschaften zur Schaffung eines deutschen Einheitsstaates" zu stellen. Ein weiterer Grund war „die kompromißlose Gegnerschaft (der SPD) zur SED, ausgelöst durch die ‚Zwangsfusionierung' von SPD und KPD in der Ostzone. *(Kurt) Schumacher* sprach den Regierungschefs der Länder in den Westzonen das Recht ab, im Hinblick auf eine politische Neugestaltung Deutschlands initiativ zu werden"[15].

Die Lage von Bayern und Niedersachsen war wegen der starken Flüchtlingsbelastung schwierig, die von Schleswig-Holstein katastrophal. Als sich am 12. November 1947 die Chefs der Landesflüchtlingsverwaltungen der Bi-Zone in Rothenburg o. d. T. trafen, kam man mit einer Geste Schleswig-Holstein zu Hilfe. Innenminister Dr. *Ankermüller* leitete die Konferenz, die zu platzen drohte, bis während der Mittagspause eine Kompromißlösung formuliert und anschließend angenommen wurde (vgl. Karte S. 105):

---

14) Theodor Eschenburg: Erinnerungen an die Münchener Ministerpräsidentenkonferenz 1947; Vierteljahrshefte für Zeitgeschichte, Stuttgart 1972, S. 411—417.
15) Rolf Steininger: Zur Geschichte der Münchener Ministerpräsidentenkonferenz 1947; Vierteljahrshefte für Zeitgeschichte, Stuttgart 1975, S. 375—453.

Zu- und Abnahme der Bevölkerung

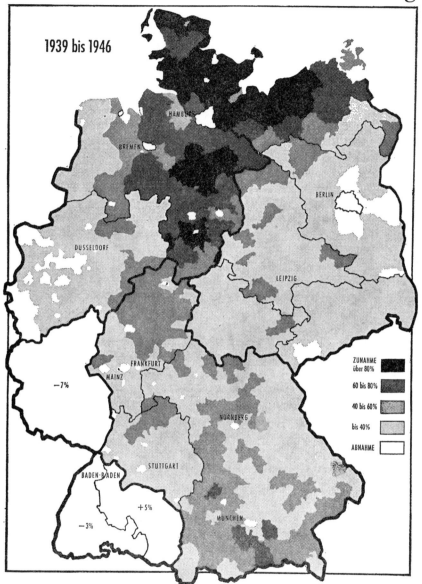

1939 bis 1946

ZUNAHME
über 80%

60 bis 80%

40 bis 60%

bis 40%

ABNAHME

Auf einer Konferenz der deutschen Flüchtlingsverwaltungen in Rothenburg ist beschlossen worden, den Ländern einen interzonalen Flüchtlingsausgleich zugunsten Schleswig-Holsteins und Schritte bei den Militärregierungen zur Öffnung der französischen Zone für den Flüchtlingsstrom zu empfehlen. Unsere Karte verdeutlicht ohne nähere Erläuterungen das Problem, vor das die Rothenburger Tagung gestellt war. Die Bevölkerungsabnahme in den Großstädten ist eine Folge der „ruinösen" Verringerung des Wohnraums. Die relativ geringe Zunahme in Sachsen und dem Ruhrgebiet ist durch die hohe Bevölkerungsdichte dieser Gebiete schon in der Vorkriegszeit zu erklären.

Quelle: DIE NEUE ZEITUNG, München, 5. Dezember 1947, Entwurf: Kornrumpf.

„Die Vertreter aller Länder der Britischen und Amerikanischen Zone erklärten sich bereit, um ihr Interesse an der Regelung des für Schleswig-Holstein dringend erforderlichen Flüchtlingsausgleichs zu bekunden, ihren Regierungen vorzuschlagen, daß jedes Land innerhalb der nächsten Monate bis Ende März nächsten Jahres (1948) gleichmäßig verteilt 5000 Flüchtlinge, die Stadtstaaten Hamburg 1000 und Bremen 500 von Schleswig-Holstein abnehmen soll . . ."

In ihrem Aufsatz „Aufnahme und Unterbringung" schrieben *Georg Müller* und *Heinz Simon* 1959[16]):

„Daß es sich hierbei um eine politische Lösung handelte, ist nie bestritten worden. Entlastung sollte lediglich das Land Schleswig-Holstein erfahren, dessen kurz zuvor ernannter erster Flüchtlingsminister sich mit allem Nachdruck in Rothenburg dafür einsetzte. Es erscheint heute rückblickend *verwunderlich*, daß sich sowohl die beiden Vertriebenenländer Niedersachsen und Bayern als auch die beiden stark zerstörten Hansestädte zur Aufnahme von Vertriebenen aus Schleswig-Holstein bereit erklärten. Mit der Umsiedlung aus Schleswig-Holstein wurde im Sommer 1948 auch tatsächlich begonnen. Die Tageszeitung „Die Welt" berichtete am 31. August 1948 über diese Aktion, daß der niedersächsische Flüchtlingsminister, Pastor *(Heinrich) Albertz*, gegen eine Umsiedlung von 5000 Vertriebenen in sieben Transporten aus Schleswig-Holstein nach Niedersachsen am 26. Juli (1948) bei der Militärregierung protestiert habe . . . Die Proteste aus Niedersachsen und die Weigerung anderer Länder, im Sinne der Rothenburger Erklärung Vertriebene aufzunehmen, ließ die gesamte Umsiedlungsaktion von 26 500 Flüchtlingen aus Schleswig-Holstein scheitern. Die Länder beriefen sich vornehmlich auf die Nichterfüllung einer Voraussetzung der Rothenburger Erklärung, daß nämlich zunächst ein Ausgleich innerhalb der Britischen Zone durchgeführt werden müßte. Vor allem aber wurde immer wieder auf die Französische Zone hingewiesen, die noch keinerlei Vertriebene aufgenommen habe . . ."

Es handelte sich nicht nur um eine Auseinandersetzung der Landesregierungen, sondern auch der Militärregierungen. Erinnert werden soll z. B. an die Tatsache, daß der Kontrollrat auf Drängen der Russischen Militärregierung schon am 30. Juni 1946 die Zonengrenze schloß und dann am 29. Oktober 1946 mit der Kontrollratsdirektive Nr. 63 den „Interzonenpaß" für den Verkehr zwischen der Russischen und den westlichen Zonen einführte. Fünf Tage vorher hatte sich *Stalin* gegenüber dem Präsidenten der United Press, *Hugh Baillie*, zu Weltproblemen geäußert und dessen 18. Frage „Sieht Ruß-

---

16) Georg Müller und Heinz Simon: Aufnahme und Unterbringung; in: „Die Vertriebenen in Westdeutschland", Kiel 1959, Band I, S. 300—446.

land die Westgrenze Polens als endgültig an?" mit Ja beantwortet („Neue Zeitung", München, 1. 11. 1946).

Kurz vor Erscheinen des oben zitierten Artikels im Staatsanzeiger tagte in Heidenheim an der Brenz der Flüchtlingsausschuß des Länderrats. Ein wichtiges Thema war die Rückführung Ostdeutscher, die bei Kriegsende mit Schiffstransporten nach Dänemark gebracht worden waren. Dr. *Hans von Freyberg*, Flüchtlingskommissar-West der Evangelischen Kirchen in Deutschland, teilte mit, „daß Frankreich vorläufig keine Flüchtlinge aus Dänemark oder dem sonstigen Ausland in seiner Besatzungszone aufnehmen wird". Nicht nur die negative Einstellung war bemerkenswert, sondern die Tatsache, daß ein Kirchenvertreter die Botschafterrolle zwischen Bi-Zone und Französischer Zone spielen mußte. Unter Punkt 6 der Tagesordnung wurde der Zuzug aus der Tschechoslowakei behandelt. Dort heißt es:

> „Dr. *(Walter) Ahnelt* (München) teilt mit, daß nur solche Personen aus der ČSR im Rahmen der Wochen-Quote nach Bayern kommen können, die dort wohnhafte und polizeilich gemeldete Angehörige besitzen. Die Bestätigung hierüber benötigt der Antragssteller zur Vorlage beim ČSR-Innenministerium. Beim Amerikanischen Verbindungsoffizier ist zu beantragen, in die Liste der Permit-Leute eingereiht zu werden, die über Furth im Wald in die US-Zone gelangen können. Personen ohne Angehörige in Bayern können nicht einreisen …
>
> Landrat *(Werner) Middelmann*, Referent beim Länderrat, teilt mit, daß an eine Überführung der in der ČSR zurückgehaltenen ca. 170 000 Deutschen solange nicht gedacht werden könne, bis der von der US-Militärregierung angeordnete Ausweisungsstop aufgehoben würde."

Wie eigentlich regelmäßig ergriffen am Schluß auch dieser Sitzung die führenden Besatzungsoffiziere das Wort. In Heidenheim war es *Lt. Col. Harry Messec* von OMGUS-Berlin, begleitet von *Mr. Charles B. Rovin* von der Militärregierung für Bayern:

> „Oberstleutnant *Messec* spricht dem Flüchtlingsausschuß zum Schluß der Sitzung seinen besonderen Dank für die in den letzten zwei Jahren geleistete Arbeit aus. Er weist darauf hin, daß die Ungleichheit in der Verteilung des vorhandenen Wohnraums beseitigt werden muß, wozu die Registrierung des Wohnraumes mithelfen wird.
>
> Ferner weist Oberstleutnant *Messec* darauf hin, daß die falschen Hoffnungen der Flüchtlinge auf Rückkehr in die Ausweisungsländer beseitigt werden müssen. Einheimische und Flüchtlinge über die Unmöglichkeit der Rückkehr aufzuklären, ist ein Problem der Sozialpädagogik.
>
> Ebenso ist das Flüchtlingsgesetz ohne Zwangsmaßnahmen nicht durchzuführen. Die Aufklärung bei der einheimischen Bevölkerung und bei den Flüchtlingen und die gleichberechtigte Beteiligung der Ausgewiesenen

am politischen Leben sind Sofortaufgaben. Die Lösung des Flüchtlings-problems ist eine Aufgabe für eine ganze Generation.

Oberstleutnant *Messec* ist ebenso der Ansicht, daß es viele Stellen gibt, die der Arbeit der Flüchtlingsverwaltungen mit Unverständnis begegnen und versuchen, die Dinge totzuschweigen. Die Lösung der Flüchtlingsfrage ist eine ausschließlich deutsche Angelegenheit. Sie ist das Anfangsexperi-ment einer wirklich demokratischen Arbeit, zu deren seitherigen Teil-lösungen dem Flüchtlingsausschuß ein großes Lob ausgesprochen wird. Oberst *Messec* hofft, daß der Ausdruck ‚Flüchtlinge‘ in Wegfall kommen kann und dieser Personenkreis bald in der einheimischen Bevölkerung assimiliert sein wird.“

So unfruchtbar auch die Auseinandersetzung über eine „gerechte“ Verteilung war, mußte dieses Thema doch wenigstens in groben Zügen mit ein paar Beispielen dargestellt werden. In dem späteren Kapitel über die innerdeutsche Umsiedlung (vgl. S. 213) findet der Leser nicht nur Vorschläge für eine sinnvolle Fortführung der Bemühungen um einen Bevölkerungsaustausch zwischen den Ländern, sondern auch kritische Urteile über jene frühe Zeit.

Und es darf wohl auch nicht ein kurzer Hinweis auf den Bayerischen Landtag fehlen. Im großen ganzen kann der Landtag behaupten, daß er die Flüchtlingsprobleme nicht parteipolitisch mißbraucht hat. *Ankermüllers* und *Jaenickes* Appelle an die neu gebildeten Parteien und ab 1947 an die Abgeordneten des Landtages wurden positiv aufgenommen. Über das meist gute Verhältnis zwischen dem Hohen Haus und seinem Flüchtlings-ausschuß einerseits und dem „Staatssekretariat für das Flüchtlingswesen“ andererseits wäre eine spezielle Dokumentation angebracht.

Allerdings gab es Mitte August 1947 eine Mißstimmung. Dem Landtags-abgeordneten *Josef Scharf* aus Beilngries war ein anonymes Gutachten zugespielt worden, die Flüchtlingsverwaltung sei Schuld an Bayerns Über-belegung. Die Bayernpartei und die KPD griffen diese reichlich scharfe Kritik auf und die Presse veröffentlichte die Vorwürfe. Solche Vorkommnisse in den Anfängen der Parlamentstätigkeit waren öfters zu beobachten und beruhten meist auf Fehleinschätzungen. Erinnert sei nur an einen Parlamenta-rischen Untersuchungsausschuß, der am 11. Februar 1947 zusammentrat und 17 mal tagte. Es ging um Professor *Ludwig Erhards* Wirtschaftsministerium. Der sachverständige Kronzeuge warf Erhard vor, er habe sich vornehmlich um „wirtschaftspolitische Strömungen gekümmert“, in seinem Ministerium habe „Schlamperei geherrscht“. „Er habe eine Wirtschaftspolitik großen Ausmaßes betrieben und versäumt, den wirtschaftlichen Apparat aufzu-bauen.“ Seinen Mitarbeitern habe die moralische Qualifikation gefehlt, zum anderen sei das Wirtschaftsministerium mit Flüchtlingen und Norddeutschen „überfremdet“.

Nachdem die Angriffe auf *Jaenicke* in den öffentlichen Sitzungen des Landtagsausschusses für Flüchtlingsangelegenheiten nicht aufhörten, erklärte er dem Landtag[17]), „er werde den ganzen Streitfall, ob falsche Rechnung oder nicht, einem Kollegium von hervorragenden neutralen Statistikern unterbreiten". Unter Leitung von Geheimrat Professor Dr. *Otto von Zwiedeneck-Südenhorst* untersuchten Dr. *Friedrich Eicher*, Direktor des Statistischen Amtes der Landeshauptstadt München, und Regierungsdirektor Dr. *Josef Nothaas* vom Bayerischen Arbeitsministerium die Zusammenhänge. Dieses kompetente Gremium legte erst am 10. Dezember 1949 ein umfangreiches Gutachten vor; das Urteil soll in den entscheidenden Partien wörtlich zitiert werden:

„Zwiedeneck-Südenhorst:

Was die Frage einer Schuld an der Überbelegung Bayerns betrifft, darf das Urteil der beiden Herren Vorreferenten wohl in dem Sinne als übereinstimmend verstanden werden, daß den statistisch orientierten Vorschlägen irgendwelcher Schlüssel kein Gewicht zukam. Entscheidend blieb das politische Wollen und dieses lag maßgebend bei den Machtfaktoren. Maßgebend waren die Weisungen von OMGUS (US Military Government for Germany). Ich schließe mich dieser Auffassung an. Daß die im Herbst (11. November) 1945 vereinbarte Quote von 50 % für Bayern von dem Vertreter Bayerns (Innenminister *Seifried*) bei den Verhandlungen — es war noch vor der Berufung des Staatskommissars — angenommen worden war, ist bei dem damaligen Verwaltungschaos und dem Diktatverfahren seitens der Besatzungsmächte wohl begreiflich.

In der gemeinsamen Sitzung der Untersuchungskommission ist aber außerdem zur Geltung gebracht worden, daß die Vereinbarung vom Herbst 1945 *nur bis zum März 1946* Gesetzeskraft hatte und daß gerade in der Zeit der allerstärksten Einwanderungswoge vom Frühjahr *bis Herbst 1946 ein gesetzloser Zustand* herrschte, sodaß schon aus diesem Grund auch keinem an der Schlüsselberatung mitwirkendem Statistiker Schuld an der zweifellosen Überbelegung des Landes zugeschrieben werden kann ... Hätte schon damals der Vergleich der Unterlagen gezeigt, daß der Wohnraum unter 10 m² von Württemberg und Hessen in Höhe von 240 000 Wohnräumen nicht berücksichtigt worden ist, so wäre wohl niemals die Festlegung des Schlüssels von 52 % für Bayern vom Ministerpräsidenten *Hoegner* anerkannt worden."

Und der Chefstatistiker des Arbeitsministeriums *Nothaas* stellte die rethorische Frage:

„Kann man bei den damaligen verworrenen Verhältnissen überhaupt von einer Schuld sprechen, wenn Bayern 1946 um 15 000 mehr Flücht-

17) Bayer. Landtagsdienst, München, 9. 11. 1948, S. 8.

linge erhielt, als es nach dem Schlüssel von 1945 bekommen sollte oder um 6000 mehr, als es nach dem nachträglich berichtigten Wohnraumschlüssel hätte bekommen sollen?"

Die reichlich scharfe Kritik hatte durchaus positive Auswirkungen zur Folge. Innerhalb der Länder — nicht nur in Bayern — wuchs das Mißtrauen gegenüber statistischen Berechnungen als Grundlage einer „gerechten" Verteilung. Von hier kam nämlich ein starker Impuls auf die am 1. September 1948 begonnenen Beratungen des Parlamentarischen Rats, im Grundgesetz endlich die Freizügigkeit zu garantieren:

Grundgesetz Artikel 11 beginnt:

„Alle Deutschen genießen Freizügigkeit im ganzen Bundesgebiet."

Im Artikel 73 GG wurde u. a. bestimmt, daß die ausschließliche Gesetzgebung auch für die Freizügigkeit beim Bund liegt. Der Leser wird erstaunt sein, weshalb dennoch (nach den mißglückten Versuchen, eine „gerechte" Verteilung zu erreichen) eine innerdeutsche Umsiedlung von Vertriebenen stattfinden mußte. Im Art. 117 GG heißt es im Rahmen der Übergangsbestimmungen unter (2):

„Gesetze, die das Recht auf Freizügigkeit mit Rücksicht auf die gegenwärtige Raumnot einschränken, bleiben bis zu ihrer Aufhebung durch Bundesgesetz in Kraft."

Allein die Notlage infolge der Aufnahme von Millionen Vertriebenen und infolge der Luftkriegszerstörungen von Wohnräumen machen verständlich, daß noch so viele Jahre nach dem Zusammenbruch des Deutschen Reichs das an sich selbstverständliche demokratische Grundrecht der Freizügigkeit in der Praxis nicht galt. Bereits in der am 1. Dezember 1946 durch Volksentscheid angenommenen „Verfassung des Freistaats Bayern" beginnt der Artikel 109: „Alle Bewohner Bayerns genießen volle Freizügigkeit." Nur realisiert werden konnte dieses Recht anfangs nicht.

2. Wohnungsstatistik, Wohnraumbewirtschaftung und Wohnungsbau

Immer wieder war es in den vorhergehenden Kapiteln notwendig, Probleme der Wohnungsstatistik zu behandeln, ferner die Wohnraumbewirtschaftung zu erwähnen, die anfangs in die Zuständigkeit des Bayerischen Arbeitsministerium, später in die des Staatssekretärs für das Flüchtlingswesen gehörte, und schließlich 3. — als Voraussetzung für die Eingliederung der Vertriebenen — die zwingende Forderung vorzutragen, die unzumutbare Überbelegung der vorhandenen Wohnräume durch massierten Neubau zu mildern. Der Leser dürfte es begrüßen, diese drei Sachgebiete noch einmal zusammenhängend, wenn auch gedrängt, dargestellt zu finden.

2. 1 Die Schwierigkeiten einer Wohnungsstatistik

Einen ersten Versuch, Wohnungen zu zählen, startete die amtliche Statistik am 16. Mai 1918. Als wirklichen Beginn müßte man aber wohl die „Reichs-wohnungszählung" vom 16. Mai 1927 ansehen. Deren Ergebnisse wurden laufend aufgrund der „Bautätigkeits-Statistik" fortgeschrieben. Wer jemals die technischen und methodischen Probleme der Baustatistik kennengelernt hat, weiß über die Grenzen der Zuverlässigkeit Bescheid. Immerhin wird in dem anonymen Gutachten, das der Landtagsabgeordnete *Scharf* am 19. August 1947 dem Statistischen Landesamt zuleitete (vgl. S. 108), diese zwanzig Jahre alte Erhebung als Grundlage für eine gerechte Verteilung empfohlen.

„Nach den Ergebnissen der Reichswohnungszählung 1927 hätten Hessen erst rund 280 000 und Württemberg-Baden rund 360 000 Flüchtlinge zu-geteilt werden müssen, um deren geringere Wohnraumbelegung gegen-über Bayern auszugleichen. Sodann hätten nach diesen ersten 640 000 Flüchtlingen die beiden Länder Württemberg-Baden und Hessen rund 540 000 weitere Flüchtlinge aufnehmen müssen (230 000 + 310 000), um die bayerische Vorbelastung mit inzwischen eingeströmten Evakuier-ten und Flüchtlingen auszugleichen. Erst danach hätte auch Bayern Flüchtlinge (1946) aufzunehmen gehabt."

So verlockend dem Abgeordneten derartige Zahlenspiele erschienen, so überzeugt wird er gewesen sein, daß ein solcher Verteilungsschlüssel nicht (mehr) realisierbar war; ihm dienten diese Denkbilder nur dazu, dem Staats-sekretär Vorwürfe zu machen.

Und noch etwas ist zu erwähnen. Es wäre utopisch anzunehmen, die Amerikanische Militärregierung hätte sich mit Daten aus dem Jahre 1927, auch wenn sie fortgeschrieben worden waren, noch im Herbst 1945 zufrieden gegeben. Sie brauchte aus verschiedenen Gründen ausreichende Kenntnis über die (noch) vorhandenen Wohnräume, und zwar in erster Linie für die Unter-bringung ihrer Truppen und der Militärverwaltung. Allerdings konnte bereits 1946 der Autor nicht klären, warum die Militärregierung am 10. Dezember 1945 nur in Bayern eine Wohnungszählung durchführen ließ und nicht in der übrigen Amerikanischen Zone. Vermutlich war in diesem Augenblick der Aufbau der Statistischen Landesämter in den beiden neugegründeten Ländern Württemberg-Baden und Großhessen noch nicht weit genug gediehen.

Dr. *Leonhard Achner*, der für diese Erhebung zuständige Referent, konnte im März 1946 (Heft 7 der „Mitteilungen") kreisweise Berechnungen über die Belegung „Bewohner je Wohnraum" veröffentlichen. Für den Staatskommissar waren derartige Daten im Hinblick auf die gerechte Verteilung der Ausweisungstransporte in Bayern von großem praktischen Nutzen. Eine Kartenskizze veröffentlichte der Autor in Nr. 5 des Bayerischen Staatsanzeigers.

Dr. *Achner* hatte viele Wochen diffiziler Überprüfung durchzustehen; denn teilweise waren die Zahlen grob falsch und konnten in Extremfällen ohne Rückfragen und Korrekturen niemals anerkannt werden. Es ging nicht um methodische Fehler, sondern zumeist um Falschmeldungen.

Überall in Bayern wußten natürlich die Wohnungsinhaber Ende 1945, daß die Militärregierung sich nicht aus Menschenfreundlichkeit für die Wohnverhältnisse interessierte. In Ostbayern, das mit Flüchtlingen (vor allem Schlesiern) stark vorbelastet war, vermutete man richtig, daß es sich um eine Vorbereitungsmaßnahme für die Einweisung von Vertriebenen handelte. Darum deklarierte man einen Raum, wenn sich das irgendwie vermeiden ließ, nicht unbedingt als Wohnraum. In den übrigen Teilen Bayerns, vornehmlich in Schwaben, hatte die Flüsterpropaganda manchenorts das genaue Gegenteil bewirkt. Dort glaubte man, die Wohnungszählung würde als Grundlage für die Kohlezuteilung dienen. Als krasser Extremfall ist der Landkreis Füssen in Erinnerung. Dort waren die statistischen Mängel derart groß, daß der Landrat, als Flüchtlinge statt Kohlen eintrafen, zuerst beim Staatskommissar und dann zuständigkeitshalber beim Statistischen Landesamt die Unrichtigkeit seiner Meldungen nachwies und um nachträgliche Korrektur bitten mußte.

Daß es bei den in Hessen und Württemberg-Baden erst im Oktober 1946 durchgeführten Wohnungszählungen zu eher noch größeren Manipulationen kam und daß dort die Statistischen Landesämter vor gleichartigen Schwierigkeiten standen, ist verständlich.

Um jedoch einem Mißverständnis vorzubeugen, soll der Leser ausdrücklich darauf aufmerksam gemacht werden, daß es sich bei der Länderratsdiskussion zum Problem der „gerechten" Verteilung der Flüchtlinge noch um eine ganz andere Sache handelte. Bayern hatte 1945 „Wohnräume unter 10 m²" erfaßt, jedoch keine untere Grenze angegeben. Man erwartete nicht, daß Kammern unter 6 m² als „Wohnräume" gemeldet würden. Leider traf dies, wie sich später herausstellte, nicht zu. Als ein Jahr später bayerische Daten mit den Ergebnissen in Hessen und Württemberg-Baden verglichen wurden, erkannte man die Zusammenhänge. Hierin ist die Hauptursache für die oben skizzierten Auseinandersetzungen im Länderrat zu suchen.

Daraufhin drängten der Staatssekretär und das Bayerische Statistische Landesamt das damals zuständige Arbeitsministerium, doch noch eine neue Wohnungszählung anzuordnen. Der vom Innenministerium abgeordnete Ministerialrat Dr. *Kurt Wolf*, später Präsident der Bayerischen Gemeindebank, war diesen Plänen gegenüber sehr aufgeschlossen. Ein von allen drei beteiligten Stellen ausgearbeiteter „Wohnungsbogen" wurde am 7. Mai 1947 unter Nr. 1 vom (neuerrichteten) „Statistischen Landesausschuß" gebilligt, die Zählung für 18. Juni 1947 vorgesehen und dann doch unterlassen; die Millionen ausgedruckter Zählbogen blieben unbenutzt.

Man wird die Freude eines sorgfältigen Statistikers wie Dr. *Achner* verstehen, als er dann doch noch erlebte, wie aufgrund des Volkszählungsgesetzes 1950 vom 27. Juli 1950 (BGBl. S 335) am 13. September 1950 eine Wohnungszählung abgehalten wurde. In seinen Händen lag die Durchführung in Bayern.

Im Februar 1953 erschien Heft 174 der „Beiträge zur Statistik Bayern". Die Arbeiten des inzwischen verstorbenen Dr. *Achner* mußten seine beiden Mitarbeiter, Dr. *Eduard Schmidt* und Dr. *Fritz Engel* abschließen. Im Vorwort zu diesem Heft „Die Wohnungen in Bayern — Gebäude- und Wohnungszählung 1950" wurde die Vorgeschichte ab 1918, aber auch die methodischen Schwierigkeiten behandelt.

„Die Angaben der ersten Nachkriegs-Wohnungszählungen waren daher — abgesehen von ihrer mangelhaften Vergleichbarkeit von Land zu Land — durch die Verhältnisse selbst weitgehend überholt."

Später folgten eingehende Erhebungen 1956, 1961 (wieder in Verbindung mit der Volkszählung) und 1968. Zusätzlich gab es vier Stichproben (Repräsentativ-Erhebungen) 1957, 1960, 1965 und 1972. Eine umfassende neue Zählung soll 1981 in Verbindung mit der Volkszählung stattfinden.

2. 2 Die Wohnraumbewirtschaftung

Der Leser kann sich, falls er nicht Zeitgenosse war, die Bedeutung dieses Wortes kaum richtig vorstellen. Man muß es als Tatsache hinnehmen, daß vorerst an Neubau von Wohnungen nicht zu denken war. Reicht das Vorstellungsvermögen nicht aus, so greife man nach einigen Dokumenten, die eindrucksvoll aufklären können. Hier sei als Beispiel die „Amtliche Denkschrift des Referenten für den Wiederaufbau über die Beseitigung der Ruinen, der Trümmer und des Schuttes in München" genannt, die der Oberbürgermeister der Landeshauptstadt Dr. *Scharnagl* am 30. Januar 1946 verteilte[18]). Hat der Leser keine Lust, Text und Tabellen zu studieren, genügt ein Blick auf zwei Karten: 1) Schadenplan der Stadt München, 2) Geräumte Straßen, Stand 1. November 1945. Kleine Lokomotiven zogen auf Schmalspurgleisen durch die schuttübersäten Straßen vollgefüllte Loren zu den Ablagerungsplätzen. Wer heute vom Olympiaturm auf das schön gestaltete Sportgelände und die Hügel herabblickt, kann sich kaum vorstellen, wie damals auf dem Oberwiesenfeld — ähnlich den Pyramiden — dieser Schuttberg Meter für Meter von Tag zu Tag wuchs.

18) Karl *Scharnagl*: Amtliche Denkschrift des Referenten für den Wiederaufbau „Der erste Schritt zum Wiederaufbau unserer Stadt", München 1946, 21 S.

Am 20. Juni 1945 hatte die Militärregierung für Bayern das „Gesetz über die Bildung des Bayerischen Arbeitsministeriums" erlassen, abgedruckt in Nr. 1 des Amtsblattes dieses Ministeriums (erst) am 20. März 1946. In diesem Gesetz wurde bei Bildung der Abteilung VI das Aufgabengebiet umgrenzt: „Alle Funktionen hinsichtlich des Bauens, der Bewachung, Erhaltung, Verwaltung und Zuteilung von Wohnraum." Hieraus ergab sich für *Jaenicke* die Notwendigkeit, bereits vom ersten Augenblick an engste Fühlungnahme mit dem Arbeitsministerium zu bekommen und zu behalten, also damals vorerst gar nicht aus der Sicht des Arbeitsmarktes! Durch eine vom Innenminister *Josef Seifried* und Arbeitsminister *Albert Roßhaupter* unterzeichneten Entschließung wurde am 16. April 1946 die Zusammenarbeit bei der Unterbringung der Vertriebenen geregelt.

Einige Sätze aus den Durchführungsbestimmungen des Staatskommissars beleuchten grell die damalige Lage:

„In der Praxis hat sich daher der Flüchtlingskommissar zunächst mit dem Wohnungsamt ins Benehmen zu setzen und zu versuchen, den erforderlichen Wohnraum durch das Wohnungsamt zu beschaffen. Erst wenn dies nicht mit genügender Schnelligkeit zum Ziel führt, hat der Flüchtlingskommissar von seinem Beschlagnahmerecht Gebrauch zu machen und kann dieses Recht notfalls auch ohne Mitwirkung der Wohnungsämter ausführen. Der Flüchtlingskommissar hat jedoch dabei zu berücksichtigen, daß das Wohnungsamt seinerseits häufig ähnliche Aufgaben zur kurzfristigen Unterbringung von Einheimischen (infolge der Beschlagnahme durch die Besatzungsbehörde) zu lösen hat."

Diese Ministerialentschließung vom 16. April 1946 wurde am 9. Juli bis 30. September verlängert, stillschweigend bis April 1947. Dann aber änderte Ministerpräsident Dr. *Hans Ehard* die Geschäftsbereiche am 12. April 1947:

„Es hat sich als notwendig erweisen, die Wohnraumbewirtschaftung (Erfassung und Verteilung von Wohnraum) zu vereinheitlichen und zu vereinfachen, insbesondere muß die Aufnahme der noch zu erwartenden Flüchtlinge gesichert und die Umgruppierung der schon aufgenommenen Flüchtlinge nach arbeitsmäßigen Gesichtspunkten ermöglicht werden. (Zusatz: Damals galt es als unseriös, von einem „Arbeits*markt*" zu sprechen!) Ich ordne deshalb aufgrund des Artikels 50 der Verfassung des Freistaats Bayern an, daß die Wohnraumbewirtschaftung aus dem Geschäftsbereich des Bayerischen Arbeitsministeriums in den Geschäftsbereich des Bayerischen Staatsministeriums des Innern — Staatssekretär für das Flüchtlingswesen — übertragen wird."

Damit bestätigte der Regierungschef die vorausgegangenen Regelungen vom 8. 11. und 9. 12. 1946 und vom 15. 2. 1947. Aus den von *Seifried*,

Roßhaupter und *Jaenicke* unterzeichneten Durchführungsbestimmungen vom 15. Februar 1947 ist der neue Trend zu erkennen. In Anwendung des § 2 der Ausführungsbestimmungen zum Kontrollratsgesetz Nr. 18 übernahm von da ab der Regierungsbeauftragte für das Flüchtlingswesen das Referat B des Landessiedlungsamtes bei der Regierung und analog der Flüchtlingsamtsleiter das Aufgabengebiet „Wohnungswesen" auf Kreisebene.

Ein Jahr später, am 9. April 1948, unterzeichnete der Ministerpräsident das Gesetz Nr. 112 über die behördliche Organisation des Bauwesens (GVBl. S. 56):

> „§ 2) Zur Erfüllung der staatlichen Aufgaben des Bauwesens wird die *Oberste Baubehörde* im Bayerischen Staatsministerium des Innern errichtet. Sie ist eine Abteilung dieses Ministeriums mit eigenem Personal- und Sachhaushalt."

Am 12. Oktober 1948 unterzeichnete *Ehard* die Verordnung über die behördliche Organisation der Wohnraumbewirtschaftung und des Flüchtlingswesens (GVBl. S. 207):

> „§ 1) Die Bearbeitung der *Wohnraumbewirtschaftung und des Flüchtlingswesens* obliegt in der Oberstufe dem Staatsministerium des Innern, in dem hierfür *eine besondere Abteilung* gebildet wird.
> Zur Bearbeitung nicht grundsätzlicher Angelegenheiten des Zuzugs- und Flüchtlingswesens wird als eine dem Staatsministerium des Innern *nachgeordnete zentrale Dienststelle* das *Bayerische Landeszuzugsamt* errichtet."

Diese Verordnung trat am 1. Oktober 1948 in Kraft. Das Bayerische Staatsministerium des Innern erließ am 24. November 1948 (Nr. 1001 a 54) eine am 26. November im Bayerischen Staatsanzeiger veröffentlichte Bekanntmachung. Der § 3 legte den Aufgabenbereich dieses Landeszuzugsamtes fest:

> „Das Landeszuzugsamt ist zuständig
> 1. für die Erteilung von Zuzugs- und Aufenthaltsgenehmigungen an bisher außerhalb Bayerns wohnhafte Personen,
> 2. für die Entscheidung über Beschwerden gegen Bescheide der Regierungen in Zuzugs- und Aufenthaltsangelegenheiten,
> 3. für die Bearbeitung der Transport- und Lagerangelegenheiten der Flüchtlinge.
> Die Behandlung grundsätzlicher Angelegenheiten des Zuzugs- und Flüchtlingswesens bleibt dem Staatsminister des Innern vorbehalten.
> Das Bayerische Landeszuzugsamt wird von dem Staatsbeauftragten für das Flüchtlingswesen geleitet. Das Staatsministerium des Innern bestellt hierfür auf Vorschlag des Staatsbeauftragten einen ständigen Vertreter."

Staatssekretär *Jaenicke* als Staatsbeauftragter im Sinne des Flüchtlingsgesetzes schlug als ständigen Vertreter Oberregierungsrat *Georg Nentwig* vor. Obwohl es verwaltungsrechtlich eine anomale Konstruktion war, gab es von daher keine Schwierigkeiten. Im Gegenteil, die Ausgliederung so wichtiger Sachgebiete in das nachgeordnete Landeszuzugsamt ging reibungslos vor sich, weil eben der Staatssekretär zugleich Leiter dieses Landeszuzugsamtes war und sein Stellvertreter zugleich Referent im Ministerium blieb.

Dagegen gingen die Hoffnungen des Ministerpräsidenten und die Erwartungen des Innenministers auf einen glatten Einbau der Flüchtlingsverwaltung als Abteilung V des Innenministeriums nicht ganz in Erfüllung. Manche legten deshalb *Jaenicke* nahe, ein „Ministerium für Flüchtlingswesen und Wiederaufbau" anzustreben. Aus den Privatakten von Jaenicke ist ein 1950 verfaßtes Dokument bekannt (acht Seiten ohne Unterschrift), in dem die Bildung eines solchen Ministeriums „nach Auffassung der in erster Linie mit den Dingen Befaßten" gefordert wird. Voller Klagen ist dieses Dokument. Dort liest man Sätze wie:

> „Daß die Flüchtlingsverwaltung heute als eine Nebenerscheinung angesehen wird, geht u. a. auch daraus hervor, daß Bewerber für die Beamtenlaufbahn ... mit gutem Zeugnis ... den Bescheid bekommen, ‚Für das Flüchtlingswesen sind Beamtenstellen nicht vorgesehen, weshalb eine Übernahme ins Beamtenverhältnis nicht erfolgen könne'."

Die Autoren wollten aber den Eindruck vermeiden, sie strebten nur zum eigenen Vorteil ein Sonderministerium an, und sie schilderten Auswirkungen der stark eingeschränkten Vollmachten. Durch eine Ministerialentschließung vom 9. September 1949 (Nr. V/9-8300, 289-144466) war die alleinige Zuständigkeit der Obersten Baubehörde für alle Um- und Erweiterungsbauten in Flüchtlingslagern erklärt worden. Die Autoren berichteten in ihrem Dokument:

> „Als in Augsburg ein Teil der Flak-Kaserne frei wurde, hat der Regierungsbeauftragte von diesen Gebäuden sofort Besitz ergriffen. Es wurden Wachleute kurz nach Abzug der Amerikaner eingesetzt, die verhütet haben, daß das Gebäude völlig ausgeraubt wurde. Die Mechan. Baumwollspinnerei und Weberei in Augsburg, in deren Werk Rosenau ein Flüchtlingslager mit 660 Menschen (bei einer Belegung von 65 Leuten in manchen Räumen) untergebracht war, erklärte sich bereit, notwendige Instandsetzungsarbeiten wie Ausmalen der Zimmer und Herrichtung von Türen und Fenstern und dergleichen in der Flak-Kaserne auf eigene Kosten durchzuführen.
> Auf dieses Angebot ging der Regierungsbeauftragte ein. Die Firma hat für diese Instandsetzungsarbeiten einen Betrag von DM 35 000 aufgewendet und dazu beigetragen, daß diese Räume innerhalb kürzester Frist

belegt werden konnten. Durch diese Maßnahme war es möglich, die Fabrikräume freizumachen. Die Firma konnte in denselben somit Webstühle aufstellen und 700 Arbeitskräfte, denen bei nicht rechtzeitigem Anlauf hätte gekündigt werden müssen, weiterbeschäftigen. Darüber hinaus wurde es möglich, die bisher in menschenunwürdigen Verhältnissen lebenden Lagerinsassen in anständige Unterkünfte zu bringen.
Die Folge dieser vom Regierungsbeauftragten angeordneten Maßnahme war, daß Letzterem bedeutet wurde, er habe etwas getan, was an den Grundpfeilern der staatlichen Ordnung rüttelt."

Derartige Vorkommnisse ohne vorheriger Einholung der notwendigen Zustimmung wurden anfangs zum Zankapfel. Es ging hierbei um das große Dilemma, in dem jeder demokratische Staat steckt: In Katastrophenfällen sind Sondervollmachten mit diktatorischer Entscheidungsfreiheit notwendig, sie müssen aber zeitlich begrenzt bleiben.

Obwohl also *Jaenicke* gedrängt wurde, konnte er sich dennoch nicht entschließen, ernsthaft ein eigenes Sonderministerium anzustreben. Als erfahrenem Verwaltungsbeamten kamen ihm grundsätzliche Bedenken. In seiner letzten, schriftlich vorgelegten Haushaltsrede vom 9. November 1950 berichtete er dem Landtag:

„Die Zusammenarbeit zwischen Flüchtlingsverwaltung und Oberster Baubehörde sowie der im interministeriellen Flüchtlingsausschuß vertretenen Staatsministerien verläuft reibungslos und hat einen wesentlichen Beitrag zur schnellen Durchführung aller bezeichneten Maßnahmen geleistet."

Das bis Ende 1948 de facto recht selbständige „Staatssekretariat für das Flüchtlingswesen" wurde am 16. Februar 1949 zur Abteilung V. Staatsminister Dr. *Ankermüller* kündigte an, daß er die Mitarbeiter des „Staatssekretariats" zum Teil in das Ministerium berufen werde, die übrigen Kräfte dem Landeszuzugsamt zuteilen wolle. Mit der Ministerialentschließung Nr. 1156 b 6 errichtete Ankermüller am 16. Februar 1949 „mit sofortiger Wirkung" die Abteilung V „Wohnraumbewirtschaftung und Flüchtlingswesen" und bildete folgende drei Gruppen:

A) Wohnraumbewirtschaftung, Oberregierungsrat Dr. *Michael Fellner;*
B) Rechts- und Verwaltungsangelegenheiten des Flüchtlingswesens, Oberregierungsrat Dr. *Eugen Liedl;*
C) Wirtschaftliche und soziale Angelegenheiten des Flüchtlingswesens, Dr. *Ahnelt.*

Wahrscheinlich werden viele Leser genauer wissen wollen, für wen eigentlich Zuzugs- und Aufenthaltsgenehmigungen vom Staatssekretariat und später vom Landeszuzugsamt ausgestellt wurden.

Erteilte Zuzugsgenehmigungen 1948—1950

Grund	1948	1949	1950
Gebürtige Bayern	2 416	2 861	2 052
Familienzusammenführung von Vertriebenen	43 424	25 911	16 676
Fachkräfte	3 476	5 408	4 190
Rassisch, religiös, politisch Verfolgte	598	153	131
Härtefälle	9 188	17 724	16 688
andere Fälle	7 815	8 842	7 274
insgesamt	66 917	60 899	47 011

Für Heimkehrer, die den Vertriebenenstatus erhielten, deren Angehörige aber in die Russische Zone ausgesiedelt worden waren, wurde ab 10. März 1949 die Zusammenführung nach Bayern ermöglicht. Für Deutsche, die in den Ausweisungsländern zurückgeblieben waren, regelte die Amerikanische Militärregierung den Zuzug und zwar im Januar 1949 für die Sudetendeutschen und im März 1949 für das übrige Ausland. In der gerade erwähnten Haushaltsrede vom 9. November 1950 widmete *Jaenicke* der Tätigkeit und den Aufgaben des Landeszuzugsamtes breiten Raum. Grundsätzlich hatte sich die Lage dadurch gewandelt, daß im Artikel 11 des Grundgesetzes vom 23. Mai 1949 die „Freizügigkeit" garantiert wurde.

Am 15. Juni 1950 ließ dann die Alliierte Hohe Kommisison die Freizügigkeit innerhalb der neuen Bundesrepublik zu, wobei 13 „Brennpunkte des Wohnbedarfs" ausgeklammert wurden. Da daraufhin in der Öffentlichkeit vielfach die Vorstellung erweckt worden war, das Landeszuzugsamt sei „nunmehr eigentlich überflüssig", legte *Jaenicke* dem Landtag dar, daß 1950 etwa 80 % aller Anträge einen Zuzug aus der Russischen Besatzungszone oder aus den Vertreibungsgebieten (Spätaussiedler) betrafen. Dieser Personenkreis war aber der Zuzugsbeschränkung nach wie vor unterworfen. Der Bayerische Verwaltungsgerichtshof hat am 29. September 1950 in einer Grundsatzentscheidung diese Rechtsauffassung des Landeszuzugsamtes ausdrücklich bestätigt. Das Landeszuzugsamt genehmigte 1950 (ohne Dezember) 47 011 Personen den Zuzug und lehnte 19 943 Personen den Zuzug ab.

Die Zahl der echten Familienzusammenführung sank also von 1948 bis 1950 von 43 424 auf 16 676 Vertriebene, umgekehrt stieg die Zahl der „Härtefälle" von 9 188 auf 16 688; dabei handelte es sich zumeist um die sog. „erweiterte Familienzusammenführung". Dem Bayerischen Landtag klagte *Jaenicke* sein Leid[19]):

„Der überwiegende Teil der Ablehnungen hat seinen Grund in dem Nichtvorhandensein entsprechenden Wohnraumes. Es liegt auf der Hand,

19) Wolfgang Jaenicke: Haushaltsrede, dem Bayer. Landtag schriftlich überreicht, 9. 11. 1950, 20 S.

daß die Ablehnung eines Zuzugsantrages dann eine besondere Härte bedeuten kann, wenn Familienangehörige unter erschwerten Bedingungen im Ausland leben, insbesondere, wenn sie dort in Gefängnissen oder Internierungslagern festgehalten werden. Die Bundesregierung hat sich deshalb bereit erklärt, in derartigen Fällen eine Zuzugsgenehmigung für die Durchgangslager Friedland (Hessen) bzw. Furth im Wald mit der Maßgabe zu erteilen, daß die Heimatvertriebenen nach ihrer Ankunft in den genannten Ländern in andere Länder des Bundesgebietes weitergeleitet werden, also nicht in Bayern verbleiben.

Hinsichtlich der Arbeit der Zuzugsabteilung des Landeszuzugsamtes ist erwähnenswert, daß von den durch die Verwaltungsgerichte bisher behandelten 650 Klagen lediglich 16 zu ungunsten des Bayerischen Staates entschieden wurden, und daß der Verwaltungsgerichtshof in allen fünf bisher verhandelten Berufungen die Entscheidung des Bayerischen Landeszuzugsamtes bestätigte.

Diese nüchternen Tatsachen beweisen mit eindringlicher Deutlichkeit, mit welcher Sorgfalt die Zuzugssachen im Landeszuzugsamt behandelt werden."

Wegen dieser neuen Sachlage muß auch daran erinnert werden, daß das Landeszuzugsamt seit seiner Errichtung zusätzlich für die Belegung und Ausstattung der Flüchlingslager und das Transportwesen zuständig war. Weitere neue Aufgaben kamen mit der Durchführung der innerdeutschen Umsiedlung von Vertriebenen, sowie durch die Übernahme von IRO-Camps hinzu. Über beide Sachgebiete wird weiter unter zusammenhängend berichtet (S. 225 und 264).

Am 9. September 1952 wurde durch eine Entschließung des Innenministeriums (MABl. S. 636) die Auflösung des Landeszuzugsamtes angeordnet. Daraus darf nicht geschlossen werden, daß die Probleme endgültig gelöst worden waren. Vielmehr kamen die Restaufgaben und neue zusätzliche nunmehr in die Abteilung V des Innenministeriums. Die Abwicklung und Personalübernahme dauerte Monate. Ende 1954 verkündete Staatssekretär *Walter Stain,* der ab 24. November 1954 die Nachfolge von Professor *Oberländer* angetreten hatte, daß das Landeszuzugsamt aufgelöst und die verbliebenen Aufgaben der Flüchtlingsabteilung übertragen worden waren.

Erst nach jahrelangen Beratungen konnte am 31. März 1953 ein Bundesgesetz über die Wohnraumbewirtschaftung verkündet werden (BGBl. I S. 97). Bereits am 22. Juni 1953 erschien eine Zusammenfassung des nunmehr in Bayern geltenden Rechts in diesem Bereich (MABl. S. 429). Mit Ausnahme von Genehmigungen für Spätaussiedler fielen schließlich ab 1. Oktober 1954 alle Zuzugsbeschränkungen fort.

119

2. 3   Der Wohnungsbau in der Bundesrepublik Deutschland

Dr. *Walter Fey* vom Bundesministerium für Wohnungsbau schrieb Anfang 1951 im Auftrag seines Ministers *Eberhard Wildermuth* die Broschüre „Der Wohnungsbau in der Bundesrepublik Deutschland — Zwischenbilanz und Vorschau"[20]). Niemand hat damals jedoch vorausgesehen, in welch großartiger Form dieses Problem gelöst wurde. Dem Leser wird es vielleicht gelegen kommen, wenn an dieser Stelle ein ganz grober Überblick über den Wohnungsbau vermittelt wird. *Fey* berichtete in der Einleitung:

> „In der Regierungserklärung vom 20. September 1949 kam die Bedeutung des Wohnungsbaues für die soziale und ethische Gesundung des deutschen Volkes zum Ausdruck. Es wurde ferner betont, daß die Schaffung von Wohnraum eine entscheidende Voraussetzung dafür ist, daß die Millionen Vertriebenen und die Millionen, die Wohnung und Heim durch den Luftkrieg verloren, wieder zu einem erträglichen Dasein kommen können. Die Förderung des Wohnungsbaues seitens des Bundes soll in erster Linie durch Bereitstellung von Finanzmitteln herbeigeführt werden. Daneben soll in den kommenden Jahren vorsichtig und allmählich die Wohnraumbewirtschaftung und die staatliche Mietfestsetzung gelokkert werden, um — neben öffentlichen Mitteln — wieder das Privatkapital in stärkerem Umfang in den Wohnungsbau zu lenken."

Jahr für Jahr gab dann das Bundeswohnungsbauministerium drei eindrucksvolle Graphiken heraus. Mit freundlicher Hilfe des Bundesministeriums für Raumordnung, Bauwesen und Städtebau konnte der Autor diese graphischen Darstellungen bis Ende 1978 ergänzen.

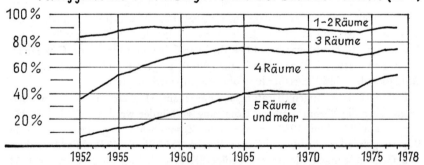

Fertiggestellte Wohnungen nach der Zahl der Räume (in %)

20) Walter Fey: Der Wohnungsbau in der Bundesrepublik Deutschland — Zwischenbilanz und Vorschau, i. A. des Bundesministers Eberhard Wildermuth, Bonn 1951, 75 S.

15,7 Millionen fertiggestellte Wohnungen von 1945-1978
(darunter 6,6 Millionen öffentlich geförderte Sozialwohnungen)
Bundesgebiet und Berlin(West)

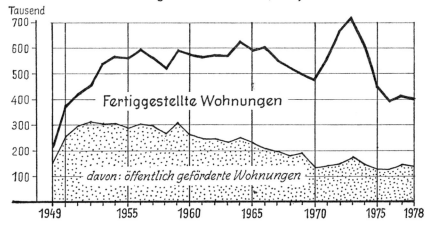

Finanzierung des Wohnungsbaues 1950-1978

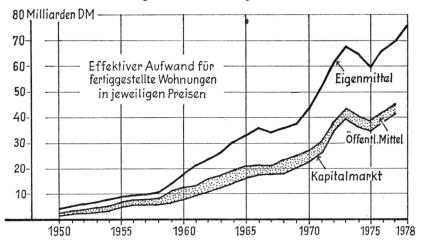

Der effektive Aufwand betrug (in jeweiligen Preisen) insgesamt 874 Milliarden DM, davon 264 Milliarden DM Eigenmittel, 102 Milliarden DM öffentliche Mittel und 508 Milliarden DM Mittel des Kapitalmarkts.

Bei Betrachtung der drei Graphiken wird der aufmerksame Leser entsetzt sein, wenn er die Menge der fertiggestellten Wohnungen einerseits und die Baukosten andererseits vergleicht. Der katastrophale Kostenanstieg — das muß in aller Deutlichkeit betont werden — beruht allerdings zu einem nicht unerheblichen Teil auf der wesentlich verbesserten, manchmal luxuriösen Bauweise sowie der größeren Wohnfläche der einzelnen Räume.

Einem Sozialpolitiker wird sich heute die Frage stellen, ob nicht die kleinen, allzu engen Sozialwohnungen der ersten Baujahre Ursache für manche unerfreuliche Entwicklungen waren (Kinderfeindlichkeit, Geburtenrückgang usw.). Wir lesen später, daß 1949 diese Sorgen zur Gründung kirchlicher Siedlungswerke führten, die „in erster Linie Familien mit Kindern berücksichtigen" (S. 167 und 181). In der dritten Graphik erkennt man, eine wie große Rolle in den ersten Jahren „Wohnungen mit drei Räumen" spielten; dennoch, über die Wohnfläche einer Drei-Raum-Wohnung — damals und heute — sagt diese Statistik nichts aus.

Dr. *Helmut Schlesinger*, Deutsche Bundesbank, meinte 1977, deshalb charakterisiere die Zahl der fertiggestellten Wohnungen nicht das Bauvolumen. Und zur weiteren Entwicklung möge man zwei fundamentale Tatsachen sich vor Augen halten: Im statistischen Sinn kann heute von einem Wohnungsmangel nicht mehr gesprochen werden; den rund 24 Millionen Haushaltungen stehen 24 Millionen Wohnungen gegenüber. Und zweitens: Die Wohnbevölkerung der Bundesrepublik wächst derzeit nicht mehr. Die Lage des Wohnungsbaues und des Wohnungswesen hat sich also in vielen Punkten entscheidend geändert[21]).

Die am 20. März 1979 zum 13. Ifo-Baugespräch in München versammelten hundert Sachverständigen beschäftigten sich mit diesem Problem. Allgemein war man der Ansicht, daß bis weit in die achtziger Jahre mit einem Bedarf an Neubauwohnungen von jährlich 400 000 zu rechnen ist. Einmal scheint die auf unvollständigen Meldungen beruhende „Fortschreibung" des Wohnungs-*bestandes* um rund eine Million überhöht zu sein. Zum anderen handelt es sich bei einer weiteren Million um „Zweitwohnungen". Daher rechnet man mit einem echten Fehlbestand von zwei Millionen Neubauwohnungen.

3. Die Luftkriegsevakuierten

Innenminister *Josef Seifried* umriß in seiner Verordnung Nr. 3 am 2. November 1945 die Aufgaben eines „Staatskommissars für das Flüchtlingswesen". Darin kommt das Wort „Evakuierter" nicht vor. In dem darauf fußenden Flüchtlingsnotgesetz Nr. 5 vom 14. Dezember 1945, das sich in erster Linie

---

21) Helmut Schlesinger: Gegenwärtige wirtschaftspolitische Probleme und die Lage der Bausparkassen; Deutsche Bundesbank „Auszüge aus Presseartikeln", Frankfurt/Main, 18. 5. 1977, Nr. 20.

auf die beginnende Einschleusung der Ausweisungstransporte bezog, wird nur in der Präambel von der Fürsorge für Flüchtlinge „und Evakuierte" gesprochen, dagegen nicht bei der Kompetenzfestlegung.

Dennoch mußte sich der Staatskommissar sofort mit der Begriffsbestimmung beschäftigen, weil er aufgrund des Befehls MG/DP/I/F neben den Flüchtlingen auch die Evakuierten alle sechs Wochen zählen sollte. „Refugees" war damals die amtliche Bezeichnung der Amerikanischen Militärregierung für „Evakuierte" (repatriable), die Flüchtlinge und Ausgewiesenen dagegen wurden als „expellees" (non-repatriable) genannt (vgl. S. 76). Als damaliger Gesprächspartner der Besatzungsoffiziere kann der Autor bestätigen, daß man selbstverständlich nur den kriegsbedingten Zuzug meinte, was auch in dem Wortsinn „refugees" klar erkennbar ist. Einen nicht kriegsbedingten Zuwanderer hätte man nicht als „refugee" bezeichnet.

Schon bei der zweiten Sechs-Wochen-Meldung vom 1. April 1946 kam eine deutsche Definition in Anwendung, die amtlich am 6. April in der Verordnung über die Einführung des bayerischen Flüchtlingsausweises bestätigt wurde. Die Evakuierten bekamen nämlich *keinen* Flüchtlingsausweis; denn sie besaßen ja — in aller Regel — das amtliche Dokument, das das zuständige „Amt für Volkswohlfahrt" über die erlaubte „Umquartierung aus Luftschutzgründen und wegen Fliegerschaden" in der Kriegszeit ausgestellt hatte.

Im Flüchtlingsgesetz Nr. 59 vom 19. Februar 1947 wurde im § 1 der Geltungsbereich festgelegt, d. h. wer den Flüchtlingsstatus besitzt. Im Abschnitt 2 hieß es:

„Der Regelung dieses (zoneneinheitlichen) Gesetzes unterliegen *nicht* die *evakuierten* Personen. Als evakuiert gelten Personen, die nach dem 1. September 1939 *infolge* der Kriegsereignisse durch behördliche Maßnahmen oder freiwillig ihren Aufenthalt in Bayern genommen haben."

Es ist auch wichtig zu beachten, daß ein Spielraum durch die Formulierung „durch behördliche Maßnahmen oder freiwillig" gelassen wurde. Unbestritten blieb aber die Voraussetzung „kriegsbedingt".

3. 1 Der verstärkte Luftkrieg ab 1942

Nur vereinzelt und meist vorsorglich waren nach Kriegsbeginn „Umquartierungen" vorgekommen. 1942 begannen die Luftangriffe immer wirkungsvoller zu werden. Der erste Bombenteppich fiel auf Lübeck am 29. März 1942.

In einer Darstellung der Geschichte der bayerischen Flüchtlingsverwaltung braucht über den Luftkrieg nicht detailliert berichtet zu werden. Das Bundesministerium für Vertriebene, Flüchtlinge und Kriegsgeschädigte hat obendrein ein fünfbändiges Werk „Dokumente deutscher Kriegsschäden" herausgegeben[22]). In unserem Bericht sollen bei diesem Kapitel nur Tatsachen erwähnt werden, die im Rahmen der Rückführung der Evakuierten für die Tätigkeit der Flüchtlingsverwaltung von Belang waren.

Wie die „Umquartierung", im Sprachgebrauch „Evakuierung", im Einzelfall vor sich gegangen war, mag an einem Beispiel aus Nürnberg gezeigt werden. Am 29. September 1942 wurde einer 60jährigen Witwe vom Ortsgruppenleiter der NSDAP bestätigt, daß ihre Wohnung infolge eines Fliegerangriffs teilweise beschädigt und die Wohnung nicht bezugsfähig sei. Vorübergehend wurde sie in eine andere Nürnberger Wohnung eingewiesen. Am 18. März 1944 nahm Dinkelsbühl sie nach einem weiteren Totalschaden auf. Auf der „Umquartierungskarte Nr. 6313 der NSDAP Gauleitung Franken, Amt für Volkswohlfahrt, Kreis Dinkelsbühl" steht zwar vorgedruckt: „Dieser Ausweis ist ... nach Rückkehr in den Heimatort bei der zuständigen Kreisamtsleitung abzugeben", aber in dieser späten Phase des Luftkrieges und obendrein nach einem Totalschaden wurde in die Zeile „Auf die Dauer von ... umquartiert" bereits das Wort „unbestimmt" eingetragen. Übrigens mußte auch in diesem Fall das Arbeitsamt Nürnberg am 22. April 1944 (Sachgebiet II A/F 5550) bestätigen, daß „gegen eine Abreise aus der Stadt Nürnberg-Fürth arbeitseinsatzmäßig keine Bedenken bestehen; Suchkartei kein Vorgang". Diese politische Suchkartei kontrollierte den Arbeitseinsatz.

Am 3. Oktober 1945 konnte die inzwischen 63jährige Witwe eine Untermieterwohnung beziehen und was geschah? Am 3. September 1946 teilte der Bürgermeister mit:

„Gemäß des Stadtrats vom 23. August 1946 werden Sie künftig nicht mehr als Evakuierte, sondern als ständige Einwohnerin in der Stadt Dinkelsbühl geführt."

Derartige Beendigungen des Evakuierten-Status waren keine ungewöhnliche Ausnahme. Eine Rückführung in das schwer zerstörte Nürnberg kam für die Witwe nicht in Frage. Es ist (dem Autor) nicht bekannt, ob derartige freundlich gemeinte Gesten auch Ausgebombten gewährt wurden, falls die Heimatgemeinde nicht in Bayern lag, es ist jedoch wahrscheinlich. Primär allerdings rechnete die Staatsregierung (und auch die einheimische Bevölkerung) mit der Rückkehr der Evakuierten in ihre Heimatgemeinde, vor allem, wenn sie in anderen Zonen lag.

In politischen Diskussionen um die Jahreswende 1945/46 versuchte mancher, die bevorstehende Aufnahme der Ausweisungstransporte dadurch zu bagatellisieren, daß die Unterbringung der Vertriebenen ja nur ein Austausch gegen die zurückkehrenden Evakuierten darstelle. *Jaenicke* hatte Mühe, auch

22) Bundesministerium für Vertriebene, Flüchtlinge und Kriegsgeschädigte: Dokumente deutscher Kriegsschäden — Evakuierte, Kriegssachgeschädigte — Währungsgeschädigte — Die geschichtliche und rechtliche Entwicklung; Bonn 1958—1964, 5 Bände.

einflußreiche Persönlichkeiten zu überzeugen, daß 734 021 de-jure-Evakuierte aus den Ostgebieten de facto bereits „Ausgewiesene" geworden waren. Aber natürlich wäre eine Rückkehr aller Evakuierten in die anderen Teile Vier-Zonen-Deutschlands eine gewisse Chance gewesen, in Bayern Wohnräume für Ausgewiesene freizubekommen. So betrachteten es anfangs auch die Amerikaner.

Die Amerikanische und Französische Militärregierung schlossen ein Abkommen für den Austausch von Evakuierten. Am 31. März 1946 mußte *Jaenicke* auf Befehl der Militärregierung für Bayern die „Ausführungsbestimmungen" erlassen (Nr. St/40 a). Die ersten beiden Abschnitte sollten die Leser im Wortlaut zur Kenntnis nehmen:

> „1. Der Abtransport der Evakuierten in die Französische Zone beginnt laut Anordnung des Kontrollrats (?) am 1. April 1946.
> 2. Zurückzukehren haben grundsätzlich alle Personen, die in der Französischen Zone vor dem 1. 9. 1939 ihren ständigen Wohnsitz hatten und infolge der Kriegsereignisse nach Bayern, Großhessen, Württemberg-Baden gekommen sind. Hierzu gehören auch solche Personen, welche durch Verlegung von Betrieben ... oder infolge der Kriegsereignisse ... dienstverpflichtet wurden. Alle Personen, die bis zum 1. 7. 1946 nicht in die Französische Zone zurückgekehrt sind, verlieren nach Mitteilung der Amerikanischen Militärregierung ihren Rechtsanspruch auf Wohnraum in der US-Zone."

In weiteren neun Punkten wurde das Verfahren detailliert festgelegt, z. B. welche Personen vom Rücktransport vorläufig ausgenommen wurden (etwa Kranke oder nach Ansicht des Arbeitsamtes unabkömmliche Facharbeiter) und welche dauernd in Bayern bleiben durften. Dies betraf Schwerkriegsbeschädigte der Versehrtenstufe IV und Experten, deren Verbleib im öffentlichen Interesse lag. Familienmitglieder sollten nicht getrennt werden, Kinder nicht allein reisen. Zugelassen waren Eisenbahntransport oder „privater" Transport, jedoch mußte die Zonengrenze stets in *Neu-Ulm, Karlsruhe* oder *Wiesbaden* überschritten werden. Für die Bahntransporte waren Züge mit 20 Personenwagen für die Evakuierten und 20 Güterwagen für die Beförderung ihres Hausrats, auch von Öfen, vorgesehen. Pro Kopf durften 100 kg mitgenommen werden. Das zurückbleibende Mobiliar sollte unter Aufsicht aufbewahrt und später nachgeholt werden. Als Reiseausweis diente eine Genehmigung der Militärregierung, die — nach Abstempelung durch den zuständigen Flüchtlingskommissar — beim Abtransport mitgeführt werden mußte.

Diesem ersten Schritt folgte am 1. Juni 1946 der Befehl AG 383.7 MGBO der Militärregierung für Bayern:

> „Nur wirkliche (bona fide) Einwohner der Amerikanischen Besatzungszone dürfen hier bleiben. Ein deutscher Bürger, der nach dem 8. Mai

1945 aus persönlichen Gründen oder nach dem 1. 9. 1939 in die US-
Zone aus Gründen gezogen ist, die unmittelbar oder mittelbar mit
Deutschlands Kriegsführung oder dem Ablauf des Krieges in Verbindung standen, ist kein ‚wirklicher‘ Einwohner. Es ist daher unangebracht,
diese Personen in der Zone der Vereinigten Staaten zu behalten, nachdem die Aufnahme (d. h. Rückkehr) dieser Evakuierten innerhalb der
Zone ihrer Heimat angeordnet ist.
Die Vorbereitung zur Rückkehr derjenigen Evakuierten, deren Heimat
in der Französischen Zone ist, war am 1. 4. 1946, die für die Rückführung in die Britische Zone am 1. 5. 1946 abgeschlossen.
Daher wird angeordnet, daß das Wohnrecht, die Lebensmittelkarten und
andere Betreuungsmaßnahmen denjenigen Personen, deren Heimat in der
Französischen oder in der Britischen Zone gelegen ist, binnen 90 Tage
vom Tage dieser Anordnung entzogen werden.“

Die weiteren Paragraphen regelten wiederum die Ausnahmen und die
technischen Einzelheiten. In seiner „Ausführungs-Anordnung“ bestimmte
Jaenicke am 4. Juni 1946 (St. V 48 a), daß „der Rücktransport von den zuständigen Stellen des Flüchtlingswesens verantwortlich durchgeführt wird“.
Grenzübergang in die Britische Zone wurde *Volksmarsen*, rund 20 km nord-
westlich von Kassel.
Am 14. August mußte der Staatskommissar anordnen, daß „in Ausführung
des Beschlusses des Länderrats vom 6. 8. 1946, mit welchem für Bayern und
Württemberg-Baden die zwangsweise Rückführung der Evakuierten festgelegt wurde“, nunmehr auch die Evakuierten aus der Russischen Zone einbezogen werden sollten. Nur Evakuierte aus den übrigen Ländern der Amerikanischen Zone und aus Groß-Berlin blieben ausgenommen. Als Endtermin
der Rückführung wurde der 10. November 1946 festgesetzt. Als zusätzliche
Grenzübergänge wurden *Hof-Moschendorf* und *Bebra* bestimmt. Der amtliche „Rückführungsausweis“ war übrigens viersprachig abgefaßt.
Im „Ersten Jahresbericht über die Tätigkeit der Bayerischen Flüchtlings-
Verwaltung“ vom Januar 1947 findet man ganze drei Sätze über die Evakuierten. In dem einen wird als „weitere Aufgabe“ die Rückführung erwähnt,
an der anderen Stelle heißt es:

„Die Zahl der Vertriebenen betrug 1 695 901 (31. 12. 1946), während die
Zahl der nicht-bayerischen Evakuierten auf 287 177 zurückging. Die
Zahl der bayerischen Evakuierten in Bayern beträgt zur Zeit 334 911,
überschreitet also die Zahl der anderen Evakuierten.“

Der starke Rückgang der Zahl der Evakuierten im Laufe des Jahres 1946
(um 181 512) erklärte sich nur zum kleinsten Teil durch zwangsweise Rückkehr. Viele waren auf eigene Faust zurückgekehrt, vor allem wenn ihre
Wohnung nicht zerstört war. In manchen Fällen war der ursprüngliche „Eva-

kuierten-Status" bloß aufgegeben worden, insbesondere von Personen, die von einer Rückführung befreit worden waren.

In der Literatur zu diesem Problem werden gern zwei „Interzonenkonferenzen für Flüchtlingswesen" erwähnt, als allererste die in der Stuttgarter Villa Reitzenstein am 11. Oktober und die zweite in Frankfurt am Main im Besatzungsamt am 12. November 1946. An der zweiten Sitzung nahm der Autor selbst teil. Die Stuttgarter Sitzung eröffnete der Generalsekretär des Länderrats *Erich Rossmann*, der bedauerte, daß die „Vertreter des Flüchtlingswesens der Russischen Zone, die auf seine Einladung nicht geantwortet haben", nicht erschienen seien und ferner, daß „die Herren der Französischen Zone in letzter Minute ihr beabsichtigtes Erscheinen abgesagt" hätten. Besonders begrüßte er die zwei britischen und die sechs amerikanischen Repräsentanten der Militärregierungen. Deren Anwesenheit „sei ihm ein Beweis für deren Interesse an der Not der Flüchtlinge und unserer Not mit Flüchtlingen ... Die rücksichtslose Vertreibung von Deutschen von ihrer Scholle sei der Bumerang, der nach schlimmerer Behandlung anderer Völker durch die Deutschen auf uns zurückfalle. Unsere Aufgabe sei es, uns zunächst selbst zu helfen und im Geiste der Solidarität mit den Ausgewiesenen Wohnung und Besitztum zu teilen. Selbst unser Ansehen in der Welt hänge davon ab, daß man uns nicht mehr den Vorwurf der Härte und Ungerechtigkeit machen könne. Die Aufgaben dieser (1.) Konferenz seien nicht politischer Art, es handele sich nur darum, die in der praktischen Arbeit aufgetauchten täglichen Sorgen und Schwierigkeiten zu besprechen, die durch interzonale Arbeit leichter einer Lösung zugeführt werden können", schloß *Rossmann*.

Landesrat *Ernst Andrée* vom Zonenbeirat der Britischen Zone forderte ein „Zentralamt für Flüchtlingsangelegenheiten".

> „Es solle hierfür kein großer Behördenapparat geschaffen werden ... Nur in gewissen Fragen würde man diesem neuen Amt eine eigene Legislative zubilligen müssen, z. B. in der Frage des zonalen und des interzonalen Ausgleich der Verteilung der Flüchtlinge und ihrer Rückführung, falls diese einmal möglich werden sollte."

Die Staatskommissare der Amerikanischen Zone verwiesen auf die Zuständigkeit des Länderrats in dieser grundsätzlichen Frage, dem der Flüchtlingsausschuß diese Anregung vorlegen werde. Der Hessische Staatskommissar *Walter Mann* war Berichterstatter zum Tagesordnungspunkt 3 „Rückführung der Evakuierten" und meinte, daß gegen zwangsweise Rückführung schwerwiegende Bedenken aufgetaucht seien. Er erwähnte, daß auf Antrag der Landesregierungen die jeweilige Militärregierung sowohl für Bayern wie für Württemberg-Baden die zwangsweise Rückführung, jedoch für Hessen die freiwillige Basis angeordnet habe. Im Protokoll heißt es dann:

> „In der Diskussion führen die Vertreter der Britischen Zone heftige Klage über die zwangsweise Rückführung. Hamburg müsse in 38 % des

früheren Wohnraums 83 % seiner früheren Bevölkerung unterbringen. In Schleswig-Holstein kommen auf 100 Eingesessene 104 neue Bewohner. Besonders Hamburg hofft, daß Bayern auf die zwangsweise Rückkehr von 17 000 noch in Bayern befindlichen Hamburgern verzichten werde."

In der zweiten Interzonenkonferenz für das Flüchtlingswesen unter Leitung des hessischen Arbeitsministers *Oskar Müller* fehlten wieder die Vertreter der Russischen und Französischen Zone. „Dr. *Eschenburg*, Tübingen, habe telegraphisch mitgeteilt, daß ihm die Teilnahme von der Französischen Militärregierung untersagt worden sei." In dieser Konferenz nahm das Problem der Rückführung der Evakuierten breiten Raum ein. Major *A. K. Jones*, Refugee Policy HQ PW Division, Lemgo, und die Vertreter der Landesregierungen der Britischen Zone machten vor allem Bayern deswegen schwere Vorwürfe. Im Protokoll heißt es:

> „*Jaenicke* nimmt zu den von den Vertretern der Britischen Zone erhobenen Vorwürfen Stellung und betont, daß durch die Ausnahmebestimmungen so weitgehende Möglichkeiten für die Aussetzung der Rückführung geschaffen wurden, daß praktisch von einer zwangsweisen Rückführung nicht mehr gesprochen werden könne. Gegenüber einer Gesamtzahl von 410 000 Personen, die unter die Rückführungsbestimmungen fielen, seien tatsächlich nur 15 000 zurückgeführt worden."

Diese Aussage des Staatssekretärs stimmte natürlich. Anfang 1946 lebten in Bayern 469 000 nicht-bayerische Evakuierte, darunter 59 000 aus der Amerikanischen Zone. Und wenn im Laufe des Jahres 1946 die Evakuiertenzahl insgesamt um 181 500 zurückging, so hatte die bayerische Flüchtlingsverwaltung doch nur für organisierte Rückführung von 15 000 die Verantwortung zu tragen.

Dr. *Heinz Guradze*, Coordinating Office, Stuttgart, betonte, daß die Grundlage für die Anweisung der Amerikanischen Militärregierung die verschiedenartige Entscheidung der Ministerpräsidenten gewesen sei. In Anbetracht des bevorstehenden Winters forderte Major *Jones* die Vertreter Bayerns und Württemberg-Badens auf, „vorerst keine Ausweisungen mehr vorzunehmen". Eine von den Vertretern der Britischen Zone und Hessens angenommene Entschließung endete:

> „Die Konferenz erwartet, daß die derzeitige von den Militärregierungen für Bayern und für Württemberg-Baden angeordnete Unterbrechung der Rückführung endgültig wird."

Daß das Evakuiertenproblem für die Flüchtlingsverwaltung zwar eine „zusätzliche" Aufgabe darstellte, jedoch nicht eine Hauptrolle spielte, ist verständlich. Denn das eigentliche Problem für den Staatssekretär war die „Eingliederung" der Flüchtlinge und Ausgewiesenen und dieses Problem gab es nicht bei den Evakuierten. Obendrein hatten keineswegs alle Evakuierten Haus oder Wohnung verloren, konnten also zu einem geeigneten Zeitpunkt zurückkehren. Zurückblieb ein „harter Kern"; diesen Menschen zu helfen, stellte die Gastländer und vor allem die Heimatstädte vor eine große Aufgabe. Erst 1953 konnte das Bundesevakuiertengesetz (BGBl. I S. 586) verkündet und den „rückkehrwilligen Evakuierten" der Weg geebnet werden (vgl. S. 227).

Am 2. Mai 1949 berichtete der Staatssekretär zum letzten Mal über eine Evakuiertenzählung. Daraus stammt die folgende Tabelle:

Stichtag	West-Evakuierte	Ost-Evakuierte
1. 1. 1946	259 244	209 445
1. 1. 1947	131 154	156 023
1. 1. 1948	133 394	159 148
1. 1. 1949	118 126	149 387

Unter „West-Evakuierte" verstand man damals Evakuierte aus dem heutigen Bundesgebiet (ohne evakuierte Bayern in Bayern), unter „Ost-Evakuierte" Personen aus Groß-Berlin und der Russischen Zone. Ein großer Teil dieser Gruppe wurde später im Sinne des Bundesvertriebenengesetzes als „politische SBZ-Flüchtlinge" anerkannt oder in das sog. „Notaufnahmeverfahren" einbezogen (vgl. S. 230).

Mit der Einführung der Freizügigkeit und wegen des lebhaften Wohnungsbaues lösten sich für die meisten Evakuierten alle Probleme. Bei Härtefällen half dann später das erwähnte Bundesevakuiertengesetz.

Es sollte aber am Ende dieses Kapitels nochmals daran erinnert werden, daß im Einzelfall Schmerz und Kummer mit der Verzögerung der Rückkehr in die Heimatgemeinde verbunden war. Und zwar gerade für die Älteren, denen die Trennung schwerfiel, die aber bei der Trümmerbeseitigung und aus der Sicht des Arbeitsmarktes damals zu Hause einfach nicht „gebraucht" wurden.

Was die *finanzielle* Entschädigung für *Fliegerschäden* (Kriegssachschäden) betrifft, so muß betont werden, daß es sich um ein völlig anders geartetes Problem handelt. Der Leser findet dazu eingehende Ausführungen im Kapitel „Lastenausgleich" (S. 325).

III. Die „großen Helfer" der ersten Jahre

1. Der Hauptausschuß der Flüchtlinge und Ausgewiesenen in Bayern

Sachverständige Sudetendeutsche hatten bereits im Sommer 1945 dem Bayerischen Ministerpräsidenten *Fritz Schäffer* erste Vorschläge über eine Ansiedlung heimatlicher Betriebe im Zufluchtsland Bayern unterbreitet (vgl. S. 302). Mit Lizenz der Amerikanischen Militärregierung für Bayern nahmen im August 1945 eine „Hilfsstelle für Flüchtlinge aus den Sudetengebieten" und kurz danach eine „Hilfsstelle Südost" mit Unterstützung des Bayerischen Roten Kreuzes ihre Tätigkeit als Selbsthilfeorganisationen auf. Eine schlesische Hilfsstelle war in Vorbereitung. Aber am 1. Juli 1946 mußte das BRK diese Hilfsstellen „ausgliedern"; denn die Militärregierung verbot landsmannschaftliche Zusammenschlüsse, und die wirtschaftliche Beratung, Arbeitsbeschaffung usw. „seien nicht rotkreuz-eigene Aufgaben und fielen im wesentlichen dem Staat zu". *Jaenicke* und *Ludwig Erhard* hatten im Januar 1946 eine Denkschrift der Sudetendeutschen Hilfsstelle erhalten und diese Vorschläge für einen „Einbau in den Sozial- und Wirtschaftsorganismus Bayerns" studiert[1]).

> „Ohne den Entscheidungen der Bayerischen Landesregierung in den einzelnen Ministerien vorgreifen zu wollen, gestatten wir uns anzuregen, daß in jedem Ministerium ein Sonderreferat für die federführende Behandlung aller Fragen errichtet wird. Darüber hinaus erachten wir es für zweckmäßig, wenn die vorgeschlagenen Sonderreferate zur Beratung und vor der Entscheidung grundsätzlicher Fragen sachkundige Fachleute der Sudetendeutschen Hilfsstelle zur Mitarbeit heranziehen."

Die „Wirtschaftshilfe GmbH" als Nachfolgeorganisation brachte am 1. Oktober 1946 eine zweite Auflage heraus[2]). Der Staatskommissar und der Wirtschaftsminister wollten auf den sachverständigen Rat nicht verzichten. Alle, die dazu in der Lage waren, versuchten daher, General *Walter J. Muller*, den Chef der Militärregierung für Bayern, von der politischen Harmlosigkeit derartiger Stellen einerseits und ihrer wirtschaftlichen Bedeutung andererseits zu überzeugen. Schließlich erreichte *Muller* bei General *Lucius D. Clay*, daß er seine Entscheidung änderte. Am 11. Juli 1946 erhielt der Ministerpräsident den ersehnten, fast möchte man sagen „bestellten", Befehl, die Vertriebenen müßten in jenen Ausschüssen unmittelbar vertreten sein, die sich mit Flüchtlingsfragen befaßten, aber auch in beratenden Ausschüssen der Ministerien,

---

1) Hilfsstelle für Flüchtlinge aus den Sudetengebieten: Denkschrift — Vorschläge betreffend die Unterbringung der deutschen Flüchtlinge aus der ČSR und deren Einbau in den Sozial- und Wirtschaftsorganismus Bayerns; München, 1946, 24 S.
2) Wirtschaftshilfe GmbH: Probleme der Umsiedlung (erweiterte 2. Aufl. der Denkschrift der Sudetendeutschen; München, 1946, 86 S.

sofern Fragen des Wohnungsbaues, der Fürsorge und des Arbeitsmarktes behandelt würden. Zuständigkeitshalber gab die Staatskanzlei den Befehl an *Jaenicke* weiter, der schon am 17. Juli, also sechs Tage später, die Gründung eines „Hauptausschusses für das Flüchtlingswesen" dem Ministerpräsidenten mitteilen konnte. Aus der sofortigen Erledigung erkennt der Leser, daß dieser „Befehl" den Staatskommissar nicht gerade überrascht hatte.

1. 1 Organisation und Tätigkeit des Hauptausschusses

Gleich bei der ersten Zusammenkunft wurde festgestellt, daß es nicht genüge, vier Sudetendeutsche und vier Schlesier zu berufen; auch die anderen Vertriebenengruppen und vor allem die politischen Parteien sollten beteiligt werden. Die im August 1945 zugelassenen Parteien, die im April und Mai 1946 Kommunalwahlen und dann am 30. Juni 1946 die erste Wahl auf Landesebene (zur Verfassunggebenden Landesversammlung) durchführen konnten, gewannen an politischem Gewicht, wie diese Entscheidung andeutet.

Statt acht wurden fünfzehn Mitglieder berufen und die Bezeichnung geändert: Statt „für das Flüchtlingswesen" hieß es nun *Hauptausschuß der Flüchtlinge und Ausgewiesenen in Bayern*. Berufen wurden die Mitglieder durch den Ministerpräsidenten. Je fünf Vertriebene wurden von der CSU und SPD und je einer von der FDP, der KPD und der WAV (Wirtschaftliche Aufbauvereinigung von *Alfred Loritz)* vorgeschlagen, dazu je ein Repräsentant der Volksdeutschen aus Südost- und aus Nordost-Europa. Zu Vorsitzenden wurden der Sudetendeutsche *Hans Schütz* (CSU) und der Schlesier Dr. *Willibald Mücke* (SPD) gewählt. Dem ersten Vorstand gehörten ferner der Sudetendeutsche *Peter Stark* (SPD), der Schlesier Dr. *Walter Rinke* (CSU) und der Schlesier *Georg Weidner* (FDP) an. Auch waren bereits Dr. *Georg Baron Manteuffel* und *Edmund Leukert* Mitglieder, d. h. zwei Persönlichkeiten, die später — genau wie *Hans Schütz* — im Bundestag bei den Beratungen über den Lastenausgleich eine führende Rolle spielten. Als nach der zweiten Landtagswahl vom 26. November 1950 der Hauptausschuß neu besetzt wurde, erhöhte man, um dem BHE entgegenzukommen, die Zahl der Vorsitzenden auf drei: *Edmund Leukert* (CSU), Zahnarzt *Peter Stark* (SPD) und Dr. *Herbert Schier* (BHE). *Peter Stark* machte sich vor allem um die wirtschaftliche Eingliederung verdient. Die Kosten für die Geschäftsführung wurden im Haushalt des Staatssekretärs für das Flüchtlingswesen ausgewiesen, anfangs 150 000 RM, nach der Währungsreform 175 000 DM jährlich. 1970 stellte das seit 1955 zuständige Arbeitsministerium 180 000 DM zur Verfügung. Die eigentliche Arbeit wurde in der Geschäftsstelle geleistet, die zuerst in jenen Räumen des BRK untergebracht wurde, in denen 1945 die „Hilfsstellen" hatten arbeiten dürfen; nach der Währungsreform konnten Baracken in der Ismaninger Straße und schließlich ein Büro in der Residenzstraße in München bezogen werden. Die Geschäftsstelle wurde zum

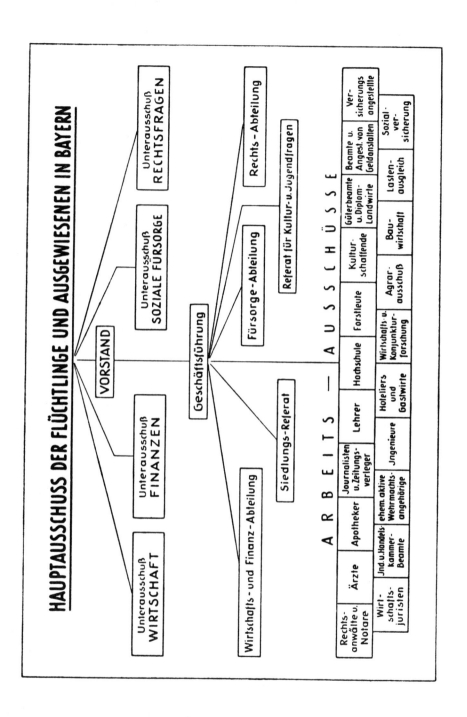

HAUPTAUSSCHUSS DER FLÜCHTLINGE UND AUSGEWIESENEN IN BAYERN

133

1. Oktober 1973 geschlossen. Die Rechts- und die Sozialabteilung übernahm der Landesverband des BdV (Bund der Vertriebenen).

Es ist wohl angebracht, die Namen der vier hauptamtlichen Geschäftsführer in Erinnerung zu rufen: *Roman Herlinger* 1946—1951, Dr. *Gerhard Schenk* 1951—1961, *Oskar Böse* 1963—1967 und *Kurt Kutschker* 1967—1973. Beim Landesverband des BdV waren bis Juli 1978 *Hans-Joachim Proske* und *Franz Rudolf* tätig; seitdem liegt die Beratung in Händen von *August Huber*.

Klarer als lange Texte zeigt das Organisationsschema, wie weit gespannt der Wirkungsbereich dieses Hauptausschusses war. In dem ersten Tätigkeitsbericht 1948—1951, aus dem auch diese Graphik stammt, schrieb *Roman Herlinger*[3]):

> „Daß der Hauptausschuß die für eine unabhängige Flüchtlingsvertretung in Bayern notwendige Bedeutung und Durchschlagskraft erhalten konnte, ist der energischen wie selbstlosen (ehrenamtlichen) Arbeit seiner Mitglieder, wie auch der gut eingeführten Geschäftsstelle zu verdanken.
>
> Er war, seit seiner Gründung, die Plattform, auf der sich Vertreter sämtlicher politischen Parteien in Bayern unvoreingenommen zu sachlichen Beratungen trafen und, wie der Verlauf der Sitzungen beweist, in vollster Einmütigkeit ihre Beschlüsse faßten.
>
> Die Einmütigkeit in der Beschlußfassung über Flüchtlingsfragen im Bayerischen Landtag wie auch in der Bayerischen Staatsregierung sind nicht zuletzt die Auswirkungen jener Einigkeit, die bei der Beratung grundsätzlicher Fragen, insbesondere aber auch einzelner Gesetze und Verordnungen, im Hauptausschuß zu Tage trat."

Dem Autor ist es niemals gelungen zu ergründen, warum die Flüchtlingsverwaltungen der anderen Länder sich damals nicht gleichartige Gremien schufen. Der Autor fand lediglich bei *Annelies Dorendorf* den Hinweis, daß die Ministerpräsidenten der Britischen Zone „aus staatsrechtlichen Gründen" beschlossen, den „Flüchtlingsrat für die Britische Zone" zu ignorieren, noch ehe er zu arbeiten begonnen hatte[4]).

1. 2 *Aus der Sicht des Staatssekretariats*

Natürlich verlor der Hauptausschuß langsam an Gewicht, als die Vertriebenenprobleme zuerst für die Bi-Zone in Frankfurt am Main und dann vom Bundestag und Bundesvertriebenenministerium in Bonn behandelt wurden.

---

3) Tätigkeitsbericht des Hauptausschusses der Flüchtlinge und Ausgewiesenen in Bayern 1948—1951; München 1951, 73 S.; zweiter Tätigkeitsbericht 1951—1952, danach jährlich.
4) Annelies Dorendorf: Der Zonenbeirat der britisch besetzten Zone; Göttingen 1953, S. 121.

Die beratenden und beschließenden Gremien zogen viele Jahre lang Nutzen aus den Erfahrungen und Ansichten des Hauptausschusses.

Was die Geschäftsstelle in den ersten Jahren leistete, ist längst vergessen. Mancher Leser wird sich kaum eine Vorstellung davon machen können, mit welchem persönlichen Einsatz die vielen Mitarbeiter im Hauptausschuß tätig waren. Es sei dem Autor gestattet, eigene Ausführungen vom März 1950 über den Hauptausschuß zu zitieren, die in dem amtlichen Dokument „Vier Jahre Betreuung der Vertriebenen in Bayern" abgedruckt wurden. Er hatte täglichen Kontakt mit der Geschäftsstelle. Wer sonst hätte an den neuesten Statistiken über den jeweiligen Stand der Einschleusung und später der Eingliederung ein so starkes Interesse haben sollen wie der Hauptausschuß? Diese Ausführungen aus dem Jahre 1950 dürften heute auch glaubwürdiger wirken als ein jetzt formuliertes Urteil, das dem kritischen Leser als „wohlwollender Grabgesang" verdächtig erscheinen könnte.

„... In diese Flüchtlingsvertretung wurden Vertriebene aller politischen Parteien berufen. Der Hauptausschuß wird staatlich finanziert. Er ist die einzige Einrichtung dieser Art in Deutschland.

Die intensive Zusammenarbeit mit dem Hauptausschuß hat auch im Jahre 1949 wieder erfreuliche Erfolge gezeigt, und es kann in dem Zusammenspiel zwischen staatlicher Verwaltung und der Vertretung der Heimatvertriebenen ein wesentlicher Faktor für die Überwindung der großen, bei der Lösung des Heimatvertriebenenproblems bestehenden Schwierigkeiten erblickt werden. So wie es etwa für die staatliche Wirtschaftsverwaltung auf die Dauer unmöglich ist, ohne engen Kontakt mit den Betrieben und ihren Organisationen den stetig wechselnden Erfordernissen des Wirtschaftslebens gerecht zu werden, so wäre es auch für die staatliche Flüchtlingsverwaltung schwierig, bei der dem Vertriebenenproblem innewohnenden Dynamik ohne direkte Verbindung zu dem von ihr betreuten Personenkreis der Heimatvertriebenen zu sein.

Entwürfe von Gesetzen, Verordnungen und Entschließungen, denen grundsätzliche Bedeutung zukommt, wurden vor ihrer endgültigen Fassung dem Hauptausschuß zur gutachtlichen Stellungnahme übergeben und seine Wünsche und Anregungen nach Möglichkeit mit verwertet.

Umgekehrt wurden auch Initiativen des Hauptausschusses bei der Regelung von Grundsatzfragen berücksichtigt.

Beinahe noch wertvoller war aber die Mitarbeit des Hauptausschusses bei der Ausführung. Gerade im Flüchtlingswesen bedeuten geschriebene Gesetze wenig, wenn ihre Wirksamkeit nicht einer dauernden Kontrolle durch die von ihnen Betroffenen unterzogen wird."

Es ist billig und recht, am Schluß dieses Abschnittes auch den Namen *Erich Maier* zu nennen. Er gab als verantwortlicher Redakteur ab April 1949 das „Mitteilungsblatt" und von 1951 bis 1956 den „Vertriebenen-Anzeiger" als

Organ des Hauptausschusses heraus, — eine Fundgrube für den Historiker.
Ihm verdankt auch die „Europäische Forschungsgruppe für Flüchtlingsfragen"
(AER), Straßburg, den Start der Zeitschrift „Integration"[5].

2. Flüchtlingshilfe vom Bayerischen Roten Kreuz (BRK)

2. 1 Neugründung des BRK Juni 1945

Bayern besitzt eine alte Rot-Kreuz-Tradition; denn es gehörte zu jenen
16 Staaten, die 1863 dank der von *Henri Dunant* geleisteten Vorarbeit der
Einladung zu einer Internationalen Konferenz in Genf folgten und beschlossen, daß in jedem Lande Organisationen gegründet werden sollten, die
bei dem Sanitätsdienst der Heere mitwirkten.

Im Juni 1945 wurde mit Zustimmung der Amerikanischen Militärbehörde
wieder ein zeitweise selbständiges Bayerisches Rotes Kreuz (BRK) gegründet.
Doch zunächst noch einige Vorbemerkungen über die Stellung des früheren
Deutschen Roten Kreuzes (DRK).

Unter Aufhebung der DRK-Statuten von 1921 wurde durch Reichsgesetz
vom 9. Dezember 1937 das Deutsche Rote Kreuz als Einheitsorganisation
errichtet mit der Geschäftsstelle in Neubabelsberg bei Potsdam. Dieses DRK
wurde nicht in den Apparat der NSDAP eingezogen, sondern bewußt außerhalb des Parteigefüges belassen. Aus den §§ 5 und 6 ist zu ersehen, daß die
Neuregelung zwar eine Anlehnung an den Staat, nicht aber an die NSDAP
brachte. Strukturell berücksichtigte man die internationale Position des DRK
so weitgehend, daß man beim DRK als der einzigen Organisation des Deutschen Reichs auf die formelle Einführung des „Arierparagraphen" im Gesetz
und in den Satzungen verzichtete. Das führte historisch zu dem wohl einzigartigen Kuriosum, daß neben höchsten SS-Führern auch Halbarier leitende
Positionen im DRK innehatten.

Formell gesehen wurde das DRK nur in der Russischen Zone und später
in der Französischen aufgelöst, dagegen nicht in der Amerikanischen und
Britischen Zone. Die leitenden amerikanischen Stellen betrachteten 1945 das
DRK gewissermaßen als ein „rechtliches Gebilde ohne Organ und Kopf",
womit sie gar nicht so Unrecht hatten, und deshalb gaben sie auch in Bayern
die Erlaubnis zur Gründung eines Bayerischen Roten Kreuzes. Nicht übersehen werden darf schließlich die Tatsache, daß bei der Denazifizierung die
Zugehörigkeit zum DRK nicht als Belastung bewertet wurde, obwohl häufig

---

5) Hauptausschuß der Flüchtlinge und Ausgewiesenen in Bayern: „Mitteilungs- und
Informationsdienst" Nr. 1, April 1949; „Mitteilungsblatt" 15. 12. 1949 — 20. 9.
1951; „Vertriebenen-Anzeiger" ab 1. 10. 1951 (bis 1956 Organ des Hauptausschusses), München.
AER: „Integration, Bulletin international"; 1. Jg. 1953 „Klinger-Verlag", München; 1954—1962, Hofmann-Druck, Augsburg.

das Gegenteil behauptet wird. Was speziell Bayern betrifft, so muß man feststellen, daß sich die Besatzungsmacht, und hier besonders General *Patton*, ausgesprochen rotkreuz-freundlich verhalten hat, meinte Dr. *Anton Schlögel*[6]).

Die Rot-Kreuz-Frauenvereine hatten sich zum „Reichsfrauenbund des DRK" zusammenschließen müssen, an dessen Spitze die Reichsfrauenführerin gestellt wurde; diese sollte die bis dahin unabhängigen DRK-Helferinnen an die NS-Frauenschaft heranführen. „Gleichschalten" nannte man derartige Eingriffe der NSDAP. Inwieweit dies wirklich gelang, beleuchtet grell die „Dienstalters-Liste des DRK" vom 20. April 1939: Nur 30,5 % der DRK-Führerinnen waren Parteimitglieder, wie *Käte Koschuda* mitteilte[7]).

Daß das BRK nach dem Zusammenbruch des Reichs als eine der ersten Organisationen in Bayern feste Formen annahm, ging auf die Initiative des Oberbürgermeisters der Landeshauptstadt München, Dr. *Karl Scharnagl*, zurück. Die Amerikanische Militärbehörde bevollmächtigte ihn bereits am 22. Mai 1945, die Bildung eines selbständigen BRK vorzubereiten; das war acht Tage vor der Einsetzung von *Fritz Schäffer* als ersten Bayerischen Ministerpräsidenten.

Glaubhaft wird erzählt, daß General *George Smith Patton*, Befehlshaber der 3. US-Army, persönlich Einfluß nahm. Leider verunglückte dieser „colourful soldier", wie ihn die Encyclopaedia Britannica (1965 Vol. 17, pg. 387) charakterisiert, am 21. Dezember 1945 tödlich. Schon drei Tage später, am 25. Mai 1945, gab es eine Begegnung zwischen den amerikanischen Offizieren Col. *Keegan* und Col. *Colberg* einerseits und *Prinz Adalbert von Bayern*, Polizeipräsident a. D. *Julius Koch* und Bürgermeister Dr. *Franz Stadelmeier* als *Scharnagls* Vertreter andererseits. Die Beratung endete mit dem Befehl, entsprechende Statuten auszuarbeiten. Im Juni 1945 wurde dann das BRK als „die einzige anerkannte Rot-Kreuz-Organisation in Bayern" zugelassen und ihm am 27. Juli der Status einer „Körperschaft des öffentlichen Rechts" verliehen. Das BRK ist also kein Verein. Die entsprechende Urkunde überreichte Ministerpräsident *Schäffer* am 20. September 1945 und umriß dabei — einem Befehl des Hauptquartiers der 3. US-Army vom 19. September folgend — die dem BRK gestellten Aufgaben:

> „Das BRK ist die gemeinnützige, unpolitische Rot-Kreuz-Organisation in Bayern, die für alle Personen, die durch Unglück in Not geraten sind, zu sorgen hat. Insbesondere obliegt ihm, bei der *Flüchtlingsfürsorge* mitzuwirken, einen *Nachforschungsdienst* für vermißte Personen einzurichten."

Am 1. Juni 1945 setzten die Amerikaner *Prinz Adalbert von Bayern* als BRK-Präsidenten ein, der dieses Amt bis 15. November 1945 führte. Ge-

---

6) Anton Schlögel: schriftliche Auskünfte an den Autor 1976.
7) Käte Koschuda: 100 Jahre Rotkreuz-Frauenarbeit in Bayern 1869—1969; München, 1969, 40 S.

schäftsführender Präsident wurde Dr. *Josef Stürmann,* der am 23. April 1946 ausschied. Bis zur Ernennung von Oberbürgermeister Dr. *Scharnagl* am 1. Juni 1946 zum neuen Präsidenten führte Stadtrat *Gottlieb Branz* kommissarisch die Geschäfte. Drei Jahre später, am 2. Juli 1949, berief die BRK-Landesversammlung einen neuen Vorstand:

Reichsminister a. D. Dr. *Otto Geßler* zum Präsidenten, Dr. *Hans Hien* und Frau Dr. *Martha Rehm* zu Vizepräsidenten. Im Mai 1950 übernahm *Geßler* zugleich das Amt eines Präsidenten des neu errichteten Deutschen Roten Kreuzes. BRK-Präsident blieb er bis zu seinem Tode 1955. Seine Nachfolge trat Ministerpräsident Dr. *Hans Ehard* an. Als dieser 1969 aus Altersgründen ausschied, folgte der damalige Ministerpräsident Dr. h. c. *Alfons Goppel,* seit 1976 zugleich Vizepräsident des Deutschen Roten Kreuzes. Vizepräsidenten des BRK sind *Leonore Freifrau von Tucher* und Staatsminister a. D. Dr. *Bruno Merk.*

2. 2 Organisatorischer Aufbau des BRK

Die Personalschwierigkeiten waren — wie 1945 überall in Deutschland — unvorstellbar groß. Von den 89 Mitarbeitern der ehemaligen Landesstelle VII des DRK waren noch ganze zwanzig anwesend; auch sie wurden mit wenigen Ausnahmen auf Befehl der Militärbehörde entlassen. Bei Gründung des BRK hatten die Amerikaner allerdings verlangt, „das Rote Kreuz von nationalsozialistischem Geist und seinen Trägern zu reinigen und den ursprünglichen Aufgaben wieder zuzuführen".

Die Aufgaben des BRK-Präsidiums wurden auf acht Dezernate verteilt: 1. Landesarzt (Dr. *Robert Steidle),* 2. Finanzen (Dr. *Benno Poehlmann),* 3. Beschaffung (Dr. *Georg Straimer),* 4. Presse usw. (Dr. *Hubert Frommel,* später Stadtrat *Gottlieb Branz),* 5. Organisation und Fürsorge *(Anton Donhauser),* 6. Personal (Dr. *Hans Hirsch),* 7. Rechtsfragen (Dr. *Hans Hien).* In das 8. Dezernat „Schwesternschaften" konnte am 1. November 1945 Frau Generaloberin *Helmine Held* eingeführt werden.

Ganz außerordentlich schwierig war es auch, die BRK-Kreisstellen aufzubauen, vielfach mit völlig neuen Kräften. Wegen der katastrophal anschwellenden Hilferufe mußten bald den 154 ehrenamtlichen Kreisstellen-Leitern zum großen Teil hauptamtliche „Kreissekretäre" beigegeben werden, die ein mehr als bescheidenes Gehalt bezogen. Frühzeitig erkannte man, daß in jedem der damals fünf Regierungsbezirke „BRK-Landesstellen" eingerichtet werden müßten. Den direkten Kontakt zwischen BRK-Präsidium und Kreisstellen zu unterhalten, war nämlich in jenen Wochen und Monaten rein technisch fast unmöglich. Wir berichteten über die Post- und allgemeinen Verkehrsschwierigkeiten. Die frühere DRK-Landesstelle XIII in Nürnberg übernahm unter Leitung von Dr. *Anton Schlögel* zunächst die Rolle einer Außenstelle des BRK-Präsidiums und dann die einer Landesstelle für Ober- und

Mittelfranken. Am 1. November konnten in Augsburg die Landesstelle Schwaben, am 1. Dezember in Regensburg die für Niederbayern-Oberpfalz und schließlich am 1. Januar 1946 die beiden Landesstellen München und Würzburg für die Regierungsbezirke Oberbayern und Unterfranken errichtet werden.

2. 3 BRK-Flüchtlingshilfe für den Staatskommissar

Als der Staatskommissar für das Flüchtlingswesen am 15. Dezember 1945 sein Amt antrat, war der Neuaufbau des BRK praktisch abgeschlossen. *Jaenicke* konnte daher bei den ihm durch das Flüchtlingsnotgesetz übertragenen Aufgaben mit sofortiger Unterstützung durch das BRK rechnen. Was dann das BRK — vor allem während der organisierten Massenausweisung im Jahre 1946 — für die bayerische Flüchtlingsverwaltung leistete, kann gar nicht hoch genug anerkannt werden, natürlich auch für die Staatskommissare von Württemberg-Baden und Großhessen im Rahmen der Aufnahme und Durchschleusung der Ausweisungstransporte in den bayerischen Grenzlagern.

In einzelnen Kapiteln findet man immer wieder entsprechende Hinweise. In diesem Kapitel jedoch soll — noch einmal zusammengefaßt — die Flüchtlingshilfe des BRK gewürdigt werden. Alle Daten beruhen auf den jährlichen Leistungsberichten. Der erste für die Phase 1. Juni 1945 bis 31. Mai 1946 trug den Titel „Ein Jahr BRK", verfaßt, wie die späteren, von Dr. *Rudolf Jokiel*[8]).

2. 4 Die Hilfe im Jahre 1945

Kommunale und caritative Stellen hatten in den letzten Monaten des Zweiten Weltkrieges und dann nach der bedingungslosen Kapitulation die provisorische Unterbringung und Versorgung der aus Schlesien, dem Südosten und aus der Tschechoslowakei hereinflutenden Flüchtlings-Trecks zu bewältigen. Bald aber sahen sich die Kommunen am Ende ihrer Leistungsfähigkeit, nicht zuletzt weil die NSV (Nationalsozialistische Volkswohlfahrt) von einem Tag auf den anderen verschwunden war.

Es ist eine Ehrenpflicht, wie *Hanns Lilje* es am 17. Juni 1976 in einem Gespräch mit dem Autor formulierte, daran zu erinnern, was in diesem Tohu-wa-bohu von den deutschen Frauen geleistet wurde, um den Flüchtlingen, Evakuierten und entlassenen Soldaten in verzweifelter Lage beizustehen.

---

8) Rudolf Jokiel: Ein Jahr Bayerisches Rotes Kreuz — Tätigkeitsbericht 1. 6. 1945 bis 31. 5. 1946; München 1946, 16 S. — Desgl.: Das Bayer. Rote Kreuz im Jahr 1947 — ein Leistungsbericht; 24 S.; 1948 26 S.; 1949 26 S.; 1950 55 S. — Josef Rohrer: 100 Jahre Rotes Kreuz in Bayern — 100 Jahre Dienst am Nächsten; Bayer. Rotes Kreuz, Jahresbericht 1965/66; München 1966, 262 S.

Das gilt nicht zuletzt für die Rotkreuz-Schwestern und -Helferinnen. Auf ihren DRK-Broschen überklebten sie mit Leucoplast das Hakenkreuz und waren tätig, als ob es noch ein Deutsches Rotes Kreuz gäbe. Von dessen Auflösung hatte man nichts gehört oder Gerüchte ignoriert. Auch die örtlichen Militärregierungen respektierten die Tätigkeit dieser spontanen Rot-Kreuz-Hilfe — eine erwähnenswerte Tatsache.

Teils aus eigener Initiative, teils auf Befehl der örtlichen Militärverwaltung, teils auf Ansuchen kommunaler und später staatlicher Stellen griff dann das BRK „unter Inanspruchnahme aller ihm zu Gebote stehenden Hilfskräfte und Hilfsmittel ein, um dem Flüchtlingselend (1945) zu steuern und die notwendige Erste Hilfe zu leisten" — so liest man im ersten Leistungsbericht.

Über die Arbeit der Frauen während dieser Zeit urteilte Dr. *Anton Schlögel* im „Mitteilungsblatt der BRK-Landesstelle Ober- und Mittelfranken" im November 1946:

> „Die aktivste, unmittelbarste und umfassendste Arbeit wird gegenwärtig von den Bereitschaften geleistet. Wenn von den öffentlichen Stellen und von der breiten Masse die Tätigkeit des BRK hervorgehoben und anerkannt wird, so ist damit zu einem weiten Umfang die Tätigkeit der Bereitschaften gemeint."

Derselbe Rotkreuz-Mann fügte im Dezember 1948 hinzu:

> „In einer Zeit, da so viele Organisationen, die nur vom Wort zu leben scheinen, die Erneuerung unseres Volkes propagieren, ist es vielleicht gut darauf hinzuweisen, daß das Rote Kreuz gerade im Schnittpunkt einer wirklichen Neugestaltung unseres Volkes steht. Der Gedanke der menschlichen Verbundenheit, der Verständigung der Völker, des Friedens unter den Nationen, sind für uns nicht nur Ziele, sondern Element und Grundlage unserer Arbeit."

Übrigens beteiligte sich *Schlögel* maßgeblich bei der Neugründung des Deutschen Roten Kreuzes (DRK) und wirkte von 1958 bis 1976 als Generalsekretär in Bonn.

Um den Neuaufbau der Frauenarbeit und die zentrale Koordinierung der Rotkreuz-Helferinnen in dieser turbulenten Zeit hat sich Frau *Käte Koschuda*, bis 1976 Referentin für Frauenarbeit im BRK-Präsidium, verdient gemacht. Seit 1943 freiwillig Rotkreuz-Schwester im Lazaretteinsatz, traf sie im August 1945, auf dem Weg von einem aufgelösten Lazarett in ihre westfälische Heimat, bei Bekannten in München zufällig Dr. *Stürmann*, der sie auf der Stelle für diese neue Aufgabe engagierte. Notgedrungen erklärte er sich im gleichen Moment wenigstens bereit, ihr zuvor 14 Tage „Urlaub" zur Ordnung ihres Haushaltes daheim zu gewähren.

2. 5 Die Grenzlager des Staatskommissars

Als der Staatskommissar seine Grenzkommissare nach Piding, Schalding, Furth im Wald, Wiesau, Hof und Neu-Ulm entsandte, standen dort bereits seit Herbst 1945 der „Hilfszug Bayern" und andere BRK-Sondereinsätze; sie leisteten erste Hilfe für Flüchtlinge und Heimkehrer. Die gesamte Organisation der Betreuung auch der nun eintreffenden organisierten Ausweisungstransporte wurde dem BRK anvertraut.

Im Kapitel „Einschleusung" (S. 23) findet der Leser eine genaue Beschreibung des Einsatzes in Furth. Vier solcher BRK-Hilfszüge wurden aufgestellt, dazu ein Krankentransportzug in Neu-Ulm und ein Hilfszug in Wiesbaden zur Betreuung der auszutauschenden Evakuierten. *Jokiel* erwähnt in seinem Bericht vom Juni 1946 darüber hinaus die Bereitstellung von 24 Flüchtlingskrankenhäusern mit 2277 Betten und die Betreuung von über 100 000 Insassen in 316 Flüchtlingslagern, 6 Entbindungsheimen, 5 Flüchtlings-Kinderheimen usw.

Insgesamt stellte das BRK damals 5 Sondereinsatzleiter, 5 Wirtschaftsleiter, 3 Oberschwestern, 5 BRK-Schwestern, 14 Lagerleiter, 5 Zugleiter für die Hilfszüge, 17 Ärzte, 2 Apotheker, 180 Schwesternhelferinnen, 22 Sanitäter, 360 weitere Hilfskräfte wie Kraftfahrer, Köche, Lager-„Polizisten" (Ordner).

Einschließlich der Tätigkeit der BRK-Kreisstellen waren im Höhepunkt der Einschleusung 1700 BRK-Kräfte für die Flüchtlingsbetreuung eingesetzt. *Jokiel* schrieb im Juni 1946:

> „Durch die Besonderheit dieser Aufgabe bedingt, stehen diese Personen ohne geregelte Dienststunden Tag und Nacht zur Verfügung und arbeiten durchschnittlich zehn bis zwölf Stunden am Tag (auch feiertags). Der harte Dienst, der sich sehr oft im Freien bei jeder Witterung abspielt, stellt an das gesamte Personal höchste Anforderungen. Beispielsweise werden z. Z. (Juni 1946) in Furth im Wald und Wiesau je vier Flüchtlingszüge täglich mit zusammen etwa 6000 Flüchtlingen abgefertigt."

Übrigens wurde wegen der Rückführung der Reichsdeutschen aus Österreich eine BRK-Verbindungsstelle in Salzburg aufgebaut.

Im BRK-Leistungsbericht für 1947 teilte *Scharnagl* mit, daß nach dem Abschluß der organisierten Massenausweisung die BRK-Sondereinsätze in Schalding, Furth im Wald und in Wiesau aufgelöst wurden und an der Jahreswende 1947/48 nur noch in den Grenzlagern Hof-Moschendorf, Hammelburg und Piding bestanden. Hier trafen nämlich noch laufend kleinere Transporte und Einzelgänger ein, vor allem aber entlassene Kriegsgefangene. Von 109 000 im Jahre 1947 durchgeschleusten Personen waren 57 000 Heimkehrer.

2. 6 „Illegale Grenzgänger" aus der Russischen Zone

Ab Juli 1947 spürte das BRK bei seiner Flüchtlingshilfe den starken Zustrom „illegaler Grenzgänger" — zuerst in Hof, dann allgemein in Bayern. Da in Hof-Moschendorf damals obendrein 800 Volksdeutsche aus Jugoslawien untergebracht waren, entstand eine schwierige Situation. Verstärkt erwähnt der Leistungsbericht 1948 diesen zusätzlichen Flüchtlingsstrom; denn schon allein wegen der Währungsreform hatte das BRK mit Schwierigkeiten zu kämpfen, die zunächst kaum lösbar erschienen.

> „Die Aufnahme der aus dem Osten entlassenen deutschen Kriegsgefangenen, die ständige Belegung mit volksdeutschen Flüchtlingen aus Jugoslawien, Rumänien, Ungarn und der ČSR, wie der starke Zustrom illegaler Grenzgänger aus der Ostzone und aus der ČSR stellten den *BRK-Sondereinsatz Hof-Moschendorf* vor umfangreiche und schwierige Aufgaben.
> Zehntausende illegaler Grenzgänger, die ohne Habe, meistens auch ohne Geldmittel in verwahrlostem Zustand ankamen, mußten im Lager untergebracht, ärztlich betreut und verpflegt werden.
> Die Lage wurde unhaltbar, als russischerseits die Wiederaufnahme der illegalen Grenzgänger abgelehnt wurde und ab 14. Juni 1948 die Transporte von und nach der Sowjetischen Besatzungszone vollkommen eingestellt wurden.
> Damit trat zeitweise eine solche Stauung der mit vielen asozialen Elementen vermengten Lagerinsassen ein, daß die Überführung eines Teiles in das unter polizeilicher Aufsicht stehende Grenzgängerlager notwendig wurde. Besonderer Fürsorge bedurften die ständig im Lager untergebrachten 3000 Vertriebenen, unter denen sich etwa 1000 Kinder befanden."

Der neue BRK-Präsident *Geßler* klagte in seinem ersten Leistungsbericht 1949, daß die erwartete wirtschaftliche Belebung ausgeblieben war, die Arbeitslosigkeit eine Rekordhöhe erreicht hatte, die Lebenshaltung überteuert und die Geldnot allgemein spürbar war, auch bei den staatlichen Hilfsmaßnahmen zugunsten der „illegalen Grenzgänger".

Geßler stellte aber mit Genugtuung fest, zwar habe man sich deswegen organisatorisch wesentlich einschränken müssen, aber das BRK hätte auch die Gefahr erkannt, bürokratisch zu erstarren. Jetzt müsse das BRK im ursprünglichen Geist von der Schwungkraft der Herzen getragen werden.

Die Lage in Hof-Moschendorf „besserte sich seit September (1949) insofern, als die in Hof stationierte *Asyl-Kommission* nach *Uelzen* und *Giessen*, den Zentrallagern für sämtliche illegalen Grenzgänger, verlegt wurde". Nur solche SBZ-Flüchtlinge, die Bayern selbst endgültig aufnehmen würde, durften in das Grenzlager Hof-Moschendorf eingewiesen werden.

Im Jahresbericht 1950 teilte dann das BRK-Präsidium mit, daß

„mit der am 1. Juli 1950 erfolgten Auflösung des letzten BRK-Sonder-
einsatzes in Hof-Moschendorf das BRK seinen *im Jahre 1945 begonnenen Großeinsatz der Massenbetreuung von Flüchtlingen* an den Grenz-
durchgangsstellen *beendete.* Im Ablauf dieser an der Seite der Flüchtlingsverwaltung ausgeübten Tätigkeit der Ersten Hilfe wurden rund
3000 Flüchtlings- und Heimkehrertransporte mit rund 2 500 000 Personen betreut."

2. 7 *Rotkreuz-Hilfe aus dem Ausland*

In diesem zusammenfassenden Abschnitt über die Flüchtlingshilfe des BRK
muß noch ein weiterer Bereich berührt werden: Die Liebesgaben aus dem
Ausland, die das Internationale Komitee vom Roten Kreuz (CICR, Genf)
und die Liga der Rot-Kreuz-Gesellschaften vermittelten. An Ort und Stelle
prüfend, dann im Ausland werbend und schließlich Hilfe vermittelnd mögen
zwei Persönlichkeiten des CICR hier namentlich genannt werden, die immer
wieder beim Staatssekretär und beim BRK-Präsidium vorsprachen: *François
Ehrenhold* und *Herbert-Georges Beckh.* Aus dem Bereich der Liga sind vielen
damals Betreuten drei Namen in Erinnerung: Miß *Alice Gillen* vom Amerikanischen Roten Kreuz, die jahrelang die Verteilung der Liebesgaben aus
den USA dirigierte; *Henrik Beer* vom Schwedischen Roten Kreuz, seit
1. Oktober 1960 Generalsekretär der Liga; Professor Dr. *Hans Haug* und
seine Mitarbeiter vom Schweizerischen Roten Kreuz. Die durch Präsident
Haug geleitete schweizerische Hilfe wurde bereits in unserem Abschnitt über
die Flüchtlingslager in Bayern gewürdigt. Innerhalb des BRK-Präsidiums
oblag die gerechte Verteilung *Burkart von Bertrab*[9]). Auf Anregungen des
BRK-Bezirksverbandes in Nürnberg entwickelte er aufgrund einer mit dem
Statistischen Berater des Staatssekretärs durchgeführten „Notstandsunter-
suchung" einen Verteilerschlüssel. Die so ermöglichte schnelle und gezielte
Hilfe wurde Mitte 1947 von der „Arbeitsgemeinschaft vom Roten Kreuz
in Deutschland, US-Zone", Stuttgart, anerkannt; *von Bertrab* führte die
Aufsicht. Von den Rot-Kreuz-Spenden, die in die Amerikanische Zone geleitet wurden, erhielt das BRK zur Weiterverteilung 49,2 %. Übrigens war
dem BRK vom „Bayerischen Landesausschuß für die Verteilung ausländischer
Liebesgaben" ein Anteil von 23,6 % der in Bayern eintreffenden Spenden
zuerkannt worden. Ganz grob kann man schätzen, daß in Bayern vom BRK

---

9) Burkart von Bertrab: Bericht über die Lage der Vertriebenen in West-Deutsch-
land und die Tätigkeit des Deutschen Roten Kreuzes auf dem Gebiet der Ver-
triebenenfürsorge. Vorschläge für weitere Hilfsmaßnahmen durch Nationale Rotkreuz-Gesellschaften; Deutsches Rotes Kreuz, München, Mai 1950 (mit einem
Vorwort des DRK-Präsidenten Otto Geßler). — Burkart von Bertrab: Betreuung
heimatloser Ausländer, 3. und abschließender Bericht; Bayer. Rotes Kreuz, Dez.
1952, 11 S.

ausländische Liebesgaben im Wert von weit über 10 Millionen DM verteilt werden konnten (im Kaufwert von 1950). Genaue Wertangaben festzustellen, war unmöglich, jedoch kannte man aus den Frachtbriefen Gewichtsangaben; von 1946 bis 1950 handelte es sich um 1070 t. Dazu kamen 147 945 CARE Pakete[10]) und manche sonstigen Spenden, die durch Vermittlung des CICR und der Liga der Rotkreuz-Gesellschaften, von CRALOG[11]) u. a. eintrafen.

Rückblickend scheint dem Autor aber wichtiger als Wertangaben die Beobachtung, wie unendlich viel Freude das einzelne Paket in eine Familie brachte. Nicht nur nützliche Sachen (Wäsche oder Nahrungs- und Genußmittel wie Kaffee, Tee oder Zigaretten), sondern auch Spiele, Puppen fanden sich unter den Liebesgaben. Für drei Schachteln Zigaretten konnnte man sich einen soliden Handwagen eintauschen, den man dringend für die Abholung von Briketts, Holz usw. benötigte. Und manche Puppe wurde in ein Kinderherz geschlossen und brachte vergrämte, vom Hunger gezeichnete Gesichter zu befreiendem Lachen. Und die Erwachsenen wollten oft nicht begreifen, daß Menschen aus Staaten, die unter dem Zweiten Weltkrieg schwer gelitten hatten oder gar von deutschen Truppen besetzt gewesen waren, im wahren Sinn des Begriffs „Liebesgaben" schickten.

Weit über den materiellen Wert hinaus haben denn auch viele dieser überraschenden Liebesgaben den Empfängern neuen Mut eingeflößt, ja Hoffnung, daß es nicht nur Einzelnen, sondern dem ganzen deutschen Volk einmal wieder besser gehen würde.

Ob wir Deutschen uns nicht manchesmal daran erinnern sollten, sobald uns (gelegentlich lästig empfundene) Spendenaufrufe erreichen, heute wo *wir* in der Lage sind, *anderen* zu helfen? Die bequeme Ausrede, die Gaben erreichten doch nicht den berechtigten Empfänger, zählt nicht. Denn das stimmt in aller Regel nicht, wie Millionen damals beschenkter Deutscher heute noch wissen.

Die ausländischen Liebesgaben waren für *alle* in Not geratenen Menschen gedacht, *nicht nur* für die Flüchtlinge und Ausgewiesenen. 1951 schrieb *Etta Gräfin Waldersee* als Vorsitzende des Arbeitsausschusses für Flüchtlingsfragen im Deutschen Roten Kreuz, daß ungefähr 85 % — das will sagen: der weitaus überwiegende Teil der Liebesgaben — den Vertriebenen zugute kamen[12]).

10) CARE, Abkürzung für Co-operative for American Remittances for Europe, später wegen weltweiter Hilfe (Korea, Tibet usw.) umbenannt: for Everywhere. Im Mai 1946 Beginn der CARE-Paketaktion für Deutschland. CARE förderte ab 1960 auch die Lagerräumungsprogramme, die im „Welt-Flüchtlingsjahr" proklamiert worden waren.
11) CRALOG, Abkürzung für „Council of Relief Agencies Licensed for Operations in Germany", Sitz Washington/DC, im Febr. 1946 gegründet.
12) Etta Gräfin Waldersee: Bericht des Deutschen Roten Kreuzes über seine Tätigkeit in der Flüchtlingsfürsorge, vorgelegt anläßlich der von der Liga der Nationalen Rotkreuzgesellschaften Genf einberufenen Internationalen Rotkreuz-Flüchtlingskonferenz in Hannover vom 9.—14. 4. 1951, 48 S.

Eine andere Hilfeleistung des Roten Kreuzes war der *Suchdienst;* über ihn wird ein besonderer Abschnitt vorgelegt, weil neben dem Roten Kreuz eine ganze Reihe anderer Stellen beteiligt waren.

Und schließlich ist die Rolle des Internationalen Roten Kreuzes zu erwähnen, das sich für die *Familienzusammenführung* zu einer Zeit einsetzte, als Auslandsbeziehungen aufzunehmen von deutscher Seite aus unmöglich war. *François Ehrenhold* und sein Mitarbeiter *Beckh* werden deshalb im Abschnitt über die *Spätaussiedler* als Initiatoren dieser humanitären CICR-Aktivität ehrend erwähnt.

3. Die Vertriebenen und die Evangelische Kirche

Will man das wahre Bild der geistigen Auseinandersetzung eines bestimmten früheren Zeitabschnittes zeichnen, ist es bedenklich, zu viel Gewicht auf später entstandene, also rückblickende Darstellungen zu legen.

Mit voller Absicht greifen wir daher aus der Flut der Publikationen ein 1948 entstandenes bemerkenswertes Dokument heraus, welches das damalige Verhältnis zwischen den Vertriebenen und der Evangelischen Kirche veranschaulicht. Es entstand in der Zeit unmittelbar nach der Währungsreform, als die Phase der Einschleusung und Ersten Hilfe ausgelaufen war und das Problem der echten Eingliederung — hier also in die Kirchengemeinde — in den Vordergrund rückte. Es stammt aus der Feder von Professor D. Dr. *Herbert Girgensohn,* einst Pastor in Riga, später in Bethel; ein 1970 erschienenes Gedenkbuch mit dem Untertitel „Seelsorge als Lebensinhalt" schildert sein Leben und seine Arbeit[13]).

Die erste seiner zahlreichen Veröffentlichungen zu diesem Thema trug den Titel: „Flüchtlinge und Kirche"[14]). Damals, im November 1948, erwarteten selbst die größten Optimisten noch nicht das sog. „Wirtschaftswunder". Vielmehr waren vorerst einmal all die Seifenblasen, die schillernd zwischen Kapitulation und Währungsreform sich aufgebläht hatten, geplatzt. Denken wir nur an solche Arbeitsplätze, auf denen wertlose Reichsmark ehrlich verdient worden war, für die nun aber kostbare D-Mark vom Arbeitgeber nicht mehr gezahlt werden konnte. Strohschuhflechterei und andere Notproduktionen wurden von einem Tag auf den anderen überflüssig. Und die sog. „Scheinarbeitsverhältnisse", um die Zuteilung von Lebensmittelkarten und Bezugscheinen zu erreichen, verloren mit der schrittweisen Aufhebung der Bewirtschaftung ihren Sinn.

13) Sibylle Hauff: Herbert Girgensohn, Seelsorge als Lebensinhalt, ein Gedenkbuch; herausg. i. A. des Deutsch-Baltischen Kirchlichen Dienstes, Hannover-Döhren, 1970, 248 S.
14) Herbert Girgensohn: Flüchtlinge und Kirche; Evang. Schriftendienst, Heft 4, Stuttgart, 1948, 36 S.

In diesen Monaten, da den Einheimischen und den Vertriebenen das Ausmaß der politischen und wirtschaftlichen Katastrophe erst richtig zum Bewußtsein kam, stellte *Herbert Girgensohn* die Frage: Worin besteht die kirchliche Notlage? Eine kurze Zusammenfassung seiner wichtigsten Überlegungen soll unseren Lesern ermöglichen, die damalige Situation der Evangelischen Kirche wirklich zu verstehen.

3. 1 Worin bestand die kirchliche Notlage?

Nicht nur für den Staat, die Verwaltung, die Wirtschaft, nicht nur für die einheimische Bevölkerung und die Vertriebenen brachte die Aufnahme von 12 Millionen Flüchtlingen und Ausgewiesenen in den vier Besatzungszonen gewaltige Probleme, sondern auch für die Evangelische und Katholische Kirche. Die Eigenart dieser kirchlichen Probleme wurde anfangs nicht recht gesehen und begann erst 1948, sich deutlicher abzuzeichnen.

Die evangelischen Landeskirchen gliederten die Vertriebenen, dem Kirchenrecht entsprechend, automatisch ein, so wie es in Friedenszeiten bei dem einzeln Zuziehenden Norm war. Jetzt aber waren Millionen aufgenommen worden. Mit Sorge beobachtete Professor *Girgensohn*, daß ein Prozeß der Entkirchlichung sich vollzog, wie er schon während der Kriegsjahre bei den sog. „Heim-ins-Reich"-Umsiedlungen zu beobachten war, jetzt nur in verschärftem Maße und in weiter ausgedehntem Umfang. Die Schwierigkeit für die evangelischen Flüchtlinge, den Weg zu den etwas anders gearteten Landeskirchen am neuen Wohnort zu finden, könnte — so fürchtete er — mit der Zeit dazu führen, daß der Weg zur Kirche überhaupt nicht mehr gefunden wird. Auf Seiten der Kirchenleitungen und der einzelnen Kirchengemeinden wurde meist der Grundsatz befolgt, die Vertriebenen müßten sich eben eingewöhnen, andernfalls sah man die „Ordnung" der jeweiligen Landeskirche gefährdet.

Eine unter Umständen sentimentale Rückschau und ein inneres Festhalten an unwiderbringlich Verlorenem auf Seite der Vertriebenen und die Ablehnung gegenüber einem fremden Element auf Seite der Einheimischen, das — so meditierte er — müsse Spannungen ergeben. Der *Flüchtling* wollte die andere, ihm nicht vertraute Landeskirche nicht, und die *Kirche* wollte die Flüchtlinge nicht und die *Kirchengemeinden* wollten sie auch nicht.

Girgensohns negative Feststellungen waren damals keineswegs aus der Luft gegriffen. Ein Beispiel aus Bayern soll wörtlich zitiert werden. Zuvor sei aber ausdrücklich erwähnt, daß es sich lediglich um ein paar Zeilen handelt, die aus dem 137 Seiten langen Bericht herausgesucht wurden. Und es muß auch sofort darauf hingewiesen werden, daß der gleiche schlesische Pfarrer fünf Jahre später Dekan in Cham wurde. Das Schreiben von Landesbischof D. *Hans Meiser* vom 25. April 1953 läßt den Wandel erkennen. Es handelt sich um Kirchenrat *Wolfram Hanow*, der, im September 1946 aus Schlesien ausgewiesen, im oberpfälzischen Kastl als „Amtsaushilfe" (Monatsgehalt 250 Reichsmark) vom Dezember ab Dienst tat. Nach Vorlage einer Predigt und Katechese wurde er als Pfarrer übernommen und trat kurz nach der Währungsreform seine erste bayerische Pfarrstelle an. In seinen Erinnerungen schreibt *Hanow*[15]):

> „Meine erste Fahrt mit meiner Frau auf dem Motorrad zur Besichtigung von Kirche und Pfarrhaus war jedoch nicht verheißungsvoll. Kräfte von außerhalb machten uns den Eingang in die Gemeinde fast unmöglich. Gedruckte Zettel wurden in die Häuser getragen mit der Mitteilung, daß ich aus der Union (preußisch-uniierte Kirche) komme und nicht lutherisch sei. Das lutherische Bekenntnis werde durch mich gefährdet. Wir waren in Schlesien genau so lutherisch wie in Bayern. Ich habe bis heute nichts um- oder zuzulernen brauchen, was das Bekenntnis betrifft. Die Leute mieden uns und betraten nicht das Pfarrhaus. Plötzlich erhielt ich einen sehr scharfen Brief von Oberkirchenrat B. . . . Es sei ihm mitgeteilt worden, daß ich das Hl. Abendmahl falsch austeile. Ich solle in der traditionsgebundenen Gemeinde keine Änderungen vornehmen. Das schlug dem Faß den Boden aus. Ich hatte überhaupt noch keine Abendmahlsfeier in . . . gehalten. Nun, auch das legte sich bald, und eine fruchtbare Arbeit mit einer sehr aufgeschlossenen und opferfreudigen Gemeinde begann."

Fünf Jahre später gratulierte der Landesbischof dem neuen Dekan von Cham und schrieb u. a.:

> „Ich habe mich über Ihre Bereitwilligkeit, dem an Sie ergangenen Ruf Folge zu leisten, umso mehr gefreut, als damit zum ersten Mal einem unserer außerbayerischen Geistlichen die Führung eines Dekanats in unserer Landeskirche übertragen wird. Sie mögen in diesem Erweis des Vertrauens zugleich ein Zeichen dafür erblicken, daß wir die aus der Heimat vertriebenen und nach Bayern zugewanderten Amtsbrüder wirklich als die Unsrigen betrachten und davon überzeugt sind, daß sie sich in unserer Landeskirche nun ganz heimisch fühlen."

Hanow wurde auch in das höchste Gremium, die Landessynode, gewählt und erzählt:

> „Es hat mich bewegt, als mich einmal in einer Tagungspause der sonst so zurückhaltende Landesbischof D. *Meiser* unter den Arm nahm und sagte, wie dankbar er nach anfänglichem Zögern für den Dienst der heimatvertriebenen Pfarrer sei."

---

15) Wolfram Hanow: Weiß ich den Weg auch nicht . . ., Erinnerungen eines Pfarrers aus den Jahren 1933—1975 in Schlesien, Bayern und anderswo; Pegnitz, Jan. 1975, 137 S.

Daß *Girgensohn* 1948 die Frage nach der Eingliederungschance stellte, hing damit zusammen, daß durch die Währungsreform die Bevölkerung in Besitzende und Habenichtse sich aufzuspalten drohte. Und unter den Habenichtsen dominierten — an Zahl und Ausmaß der Not — die Vertriebenen im Verhältnis zu den einheimischen „Währungsgeschädigten" und Ausgebombten. Einen Fremdkörper abzustoßen, ist medizinisch das Normale; das war gegenüber den Vertriebenen unmöglich. Der entgegengesetzte Weg, also die „zwangsweise" Assimilierung in die jeweilige Landeskirche zu vollziehen, schien *Girgensohn* die Gefahr der Entkirchlichung mit sich zu bringen. Manche Vertriebenen spielten mit dem Gedanken, ostdeutsche „Exilkirchen" zu gründen. Auch das hätte keine Lösung gebracht.

„Eingliederung" — was versteht man darunter, fragte er und meinte: Doch eben ein Zusammenwachsen von Menschen, die Bildung von etwas Neuem, zu dem beide Teile das Ihrige einbringen sollten. Um diese gefährliche Situation zu meistern, rief er — wie wir gerade lasen: erfolgreich — Kirchengemeinden und Vertriebene auf, sich einer echten Eingliederung zu öffnen. Er sah für diese Lösung eine wirksame Mithilfe der Vertreter der vertriebenen Ostkirchenleitungen als gegeben an.

Girgensohn selbst führte zusammen mit dem Danziger Oberkonsistorialrat Dr. *Gerhard Gülzow*, Lübeck, den Vorsitz im „Ostkirchenausschuß", der am 31. Juli 1946 in Frankfurt/Main gegründet und vom Rat der Evangelischen Kirche in Deutschland anerkannt worden war.

Seine Darstellung der gefährlichen Situation im Herbst 1948, d. h. die Darstellung der Probleme und ihrer Lösungsmöglichkeiten, schloß *Girgensohn* mit der warnenden Bitte:

„Es ist eine historische Schuld der Kirchen, die sie in der Vergangenheit auf sich geladen haben, daß sie mit dem Entstehen und der politischen Entwicklung des Industrieproletariats schon einmal ihr Volk geistlich verloren gehen und politisch in der Fremdlingsschaft sich verfestigen ließen. Von dieser Schuld zu sprechen, hat nur Sinn, wenn in der Gegenwart ein Umdenken stattfindet, wenn die sich entwickelnde soziale Situation der Flüchtlinge gesehen und nicht wieder eine falsche Stellung bezogen wird. Die Kirche muß auch wirklich Flüchtlingskirche werden. Es geht in Wahrheit und aller Wirklichkeit um mehr als um die nur gesellschaftliche Lösung der Flüchtlingsfrage."

Professor Dr. *Herbert Krimm*, damals Hauptgeschäftsführer im Zentralbüro des Hilfswerks der EKD und später Nachfolger von Oberkonsistorialrat Dr. *Eugen Gerstenmaier*, gab 1949 ein Buch heraus „Das Antlitz der Vertriebenen"[16]). Um die damalige politische Lage zu verdeutlichen, sei

16) Herbert Krimm (Herausgeber): Das Antlitz der Vertriebenen, Schicksal und Wesen der Flüchtlingsgruppen, in Selbstdarstellungen (17 Autoren) mit einem Geleitwort von Landesbischof D. Theodor Wurm; Stuttgart, 1949, 270 S.

nebenbei erwähnt, daß in *Girgensohns* Schrift noch die „Zulassung der Nachrichtenkontrolle der US-Militärregierung" im Impressum zu finden ist, bei *Krimm* findet man den Satz: „Das Erscheinen dieses Buches wurde ermöglicht durch eine Rohstoffspende der Schwedischen Kirche an das Hilfswerk der EKD", aber keine US-Lizenz mehr. 17 Autoren stellten darin Geschichte und Struktur ihrer eigenen Heimatkirchen in den Vertreibungsgebieten dar. Das Buch fand in den zuständigen Kirchenkreisen großen Beifall und wurde als echte Hilfe zum Verständnis der so verschiedenen Landeskirchen empfunden.

Der gleiche kompetente Autor, der aus Galizien stammte, in Wien als Pfarrer wirkte, bis er 1936 vom Zentralverband des Gustav-Adolf-Vereins nach Leipzig berufen wurde, gab 1974 „Eine Darstellung und Dokumentation" heraus, die den Titel trug: „Beistand — Die Tätigkeit des Hilfswerks der Evangelischen Kirchen in Deutschland für Vertriebene und Flüchtlinge nach 1945"[17]. Als 1958 die Fusion von Hilfswerk und Innerer Mission zum Diakonischen Werk beschlossen wurde, trat er zurück und ging an die Universität Heidelberg. Zu seiner Aussage: „Keine Landeskirche konnte die Errichtung irgendwelcher Zusammenschlüsse aufgrund einstiger territorialer Gemeinsamkeit auf ihrem Gebiet wünschen", schrieb er in einer leicht zu übersehenden Fußnote:

> „Von solcher Sonderbündelei war im Ernst auch nicht die Rede. Zwar tauchte der Gedanke mehrmals auf und war besonders dort verständlich, wo sich wie etwa in der *Diaspora des Bayerischen Waldes* die Zahl der (evang.) Gemeindemitglieder verzehnfacht hatte. Wurden dort die preußisch-uniierten Flüchtlinge allzu selbstverständlich als Lutheraner ‚vereinnahmt‘, wurde von ihnen einfach die diskussionslose Annahme der dortigen Ordnungen und der wortlose Verzicht auf die gewohnten (kirchlichen) Sitten verlangt, so mußten Ärger und Enttäuschung den Gedanken an eine Separation an die Oberfläche tragen. Aber die unabänderlichen Tatsachen gaben den Ausschlag. Schließlich hatten die territorialen Landeskirchen über kurz oder lang auch die Pfarrer der verdrängten Kirchen in ihre Dienste übernommen. Immerhin bleibt zu verzeichnen, daß die alte Formel von 1555 ‚cuius regio, eius religio‘ praktisch hier nochmals zur Anwendung gekommen war."

Der letzte Satz wurde von ihm, einem „Gustav-Adolf-Mann", sicherlich mit gewissem Schmunzeln geschrieben. *Krimm* kannte ja die so differenzierten evangelischen Kirchenrichtungen einerseits und das starke Drängen gerade der Gemeindeglieder hin zur Ökumene andererseits viel zu gut, um das Problem „Assimilierung oder Eingliederung" als ernstes Dauerproblem anzusehen.

17) Herbert Krimm: Beistand, die Tätigkeit des Hilfswerks der Evangelischen Kirchen in Deutschland für Vertriebene und Flüchtlinge nach 1945; Stuttgart 1974, 126 S.

Die zweite Tagung des neugebildeten „Rats der Evangelischen Kirche in Deutschland" am 18. und 19. Oktober 1945 unter der Leitung von Landesbischof D. *Theodor Wurm* in Stuttgart brachte „völlig außerhalb der Tagesordnung" die erste Öffnung gegenüber dem Ausland, ja einen Durchbruch durch die Mauer des Schweigens, die 1945 um das deutsche Flüchtlingsproblem herum aufgebaut worden war. „German affairs" hieß es. Nach Bekanntwerden der KZ-Greuel hatte die Weltöffentlichkeit — die ehemaligen Feindnationen ebenso wie die Neutralen — „kein Herz" für ein deutsches Flüchtlingsproblem. Als Kriegsgefangener in den USA hat der Autor im Februar 1945 nach der Konferenz von Jalta und im August nach Abschluß des Potsdamer Abkommens selber beobachtet, wie in den amerikanischen Zeitungen, die in den Kriegsgefangenenlagern zu lesen waren, die Verurteilung Deutschlands als „völlig berechtigt" dargestellt wurde. Dies ist *kein* Vorwurf! Denn als z. B. Katharina II., geborene Prinzessin von Anhalt-Zerbst, 1768 mit der Vertreibung der Türken begann und dann fast ohne Unterbrechung Millionen und Abermillionen Türken aus dem Ural, aus Turkestan und der Krim fliehen mußten oder vertrieben wurden, und als 1827 zwischen dem Zaren und England das erste „Staatsabkommen über Zwangsumsiedlungen" beschlossen wurde[18]) — nicht erst 1923 in Lausanne —, da haben unsere Vorfahren sich auch nicht „aufgeregt". Es handelte sich ja „nur" um Muslims, um Ungläubige — jetzt, 1945, „nur" um Nazis. Umso erstaunlicher waren die Stuttgarter Ereignisse im Oktober 1945.

Landesbischof D. *Hanns Lilje* schrieb 1973 seine „Memorabilia"[19]). Das Kriegsende hatte er in Nürnberg erlebt, wo ihn am 16. April 1945 amerikanische Soldaten aus den Ketten der Gestapo-Sonderhaft befreiten. Ehe er nach Hannover heimkehren konnte, war er mehrere Monate hindurch ein wertvoller Mitarbeiter von Frau Dr. *Toni Nopitsch*. In einzigartiger Weise nahm sich diese außergewöhnliche Frau mit den Helferinnen ihres evangelischen Mütterdienstes der Tausende von Flüchtlingen und entlassenen Kriegsgefangenen an, die im Stadtpark und auf dem Marktplatz unter freiem Himmel vegetierten; im schwer zerstörten Nürnberg gab es praktisch keine Unterkünfte[20]). Aus der Begegnung von Frau *Nopitsch* mit der Gattin des späteren Bundespräsidenten, Frau *Elly Heuß-Knapp*, entstand 1950 die Stiftung „Müttergenesungswerk", wie hier am Rande erwähnt werden soll.

---

18) Ahmet Cevat Eren: Die Bedeutung des Flüchtlingsproblems in der Türkei; Integration, Bulletin International, AER/AWR, Vaduz, 6. Jahrg. 1959, S. 167—177. — Ahmet Cevat Eren: Türkiye'de Göc ve Göcmen Meseleleri; Istanbul 1966, 120 S. (besprochen: Martin Kornrumpf: Tätigkeitsbericht der Deutschen Nansen-Gesellschaft 1955—1966; Ansbach, S. 19—20).
19) Hanns Lilje: Memorabilia, Schwerpunkte eines Lebens; Stein bei Nürnberg, 1973, 254 S.
20) Toni Nopitsch: Der Garten auf dem Dach, Erinnerungen, aufgezeichnet von Hilde Schneider; Stein bei Nürnberg, 1970, 256 S.

Im August konnte *Lilje* nach Hannover heimkehren. Der Landesoberkirchenrat *Lilje* wurde Mitglied des Rats der EKD und als solcher nahm er an der Stuttgarter Ratssitzung teil. Lassen wir ihn selbst zu Wort kommen:

„Die klischeehafte Vorstellung, daß die Stimme der (evangelischen) Kirche in der Öffentlichkeit keine Bedeutung gehabt habe, ist falsch und verhältnismäßig leicht zu widerlegen. Freilich sind es meist Kontroversthemen gewesen, zu denen sie sich geäußert hat, und gerade an der Lebhaftigkeit des Widerspruchs kann man auch die Tiefe der Wirkung ablesen. Ein hervorragendes Beispiel ist das sogenannte *Stuttgarter Schuldbekenntnis.* Da es in der Tat viel Aufmerksamkeit erregt und eine lebhafte Diskussion in Deutschland hervorgerufen hat, da andererseits die literarische Sicherung dessen, *was damals wirklich geschah,* ungenügend ist, lohnt es sich, den Hergang noch einmal kurz ins Gedächtnis zu rufen. Der neugebildete ‚Rat der Evangelischen Kirche in Deutschland‘ hatte sich zu seiner zweiten Tagung versammelt (Zusatz: Die erste Tagung hatte vom 27.—31. August 1945 in Treysa stattgefunden), die am 18. und 19. Oktober 1945 in Stuttgart, am Sitz des Ratsvorsitzenden, Landesbischof D. *Wurm,* stattfinden sollte.
Völlig außerhalb der Tagesordnung tauchten Vertreter des in Bildung begriffenen Weltrats der Kirchen (World Council of Churches in process of formation) auf. Es handelte sich offensichtlich um eine jener großartigen spontanen Aktionen, für die der Generalsekretär Dr. *Visser 't Hooft* bekannt war. Es ist ein Beweis für das außerordentlich lebhafte Interesse, mit dem die anderen Kirchen die Vorgänge in Deutschland verfolgten, daß sie überhaupt von dieser Ratstagung Kenntnis bekamen und allen Schwierigkeiten zum Trotz nach Stuttgart eilten. Für sie waren die Schwierigkeiten der Nachrichtenübermittlung nicht wesentlich geringer als für uns, und die Reisegenehmigungen der Alliierten Regierungen, die in Betracht kamen, waren sicherlich nicht leichter zu erlangen, als es bei uns der Fall war. Aber der Ökumenische Rat hatte eine exzellente Delegation zusammengebracht, und es sind die Namen der wahrhaft führenden Persönlichkeiten jener Zeit, die wir in der Anwesenheitsliste finden. Natürlich überwog die Freude der Wiederbegegnung zuerst alles andere. Wir Deutschen haben einen Hang zur Naivität und freuen uns über alle Probleme hinweg über solche menschliche Begegnung; erst der weitere Verlauf des Gesprächs machte deutlich, daß hier noch mehr von uns erwartet wurde als die Freude über das wiederhergestellte Verhältnis zwischen den anderen christlichen Kirchen und uns. Was gab es da zu bereinigen?“

Lilje berichtet, wie unbefangen der Amerikaner Dr. *Michelfelder* eine brüderliche Grußbotschaft seiner Kirche überbrachte. Andere noble Persönlichkeiten hätten „in großartiger Souveränität oberhalb aller polemischen Fragestellungen" sich bewegt. Der Niederländer Prof. D. *Hendrik Kraemer,* der selber unter dem NS-Regime physisch schwer gelitten hatte, sagte u. a.: „Wenn man viel gelitten hat, dann hat man auch gelernt, viel milder zu urteilen."

„Am schwierigsten war es offensichtlich für den Vertreter der Schweiz. Er war durch die Voten der anderen Mitglieder dieser Delegation beeindruckt, ihre Vergebungsbereitschaft ... berührte ihn sehr. Er gab ohne weiteres zu, daß er als Vertreter einer Kirche, die nicht im Krieg gewesen war und nicht eigentlich betroffen war, geneigt sei, härter zu urteilen als diejenigen, die selbst gelitten hatten.
Wer bald nach dem Kriege in die Schweiz gereist ist, weiß, wie sehr sich *(Alphons) Koechlin* mit solchen Äußerungen von der durchgängigen psychologischen Haltung seiner Mitbürger abhob."

Lilje urteilte 1973 darüber:

„Das besonders Gravierende der Situation war, daß der circulus vitiosus von Untat und Vergeltung bereits eingesetzt hatte. *Die Vertreibungen Deutscher aus den östlichen Gebieten* hatte bereits Formen angenommen, die an Unmenschlichkeit vielfach an das heranreichten, was die Nazis getan hatten. Es war ausgeschlossen, an diesen Vorgängen vorbeizusehen und vorbeizuhören, und es wäre ohne die hohe moralische Autorität von D. *Wurm* gar nicht möglich gewesen, diese Dinge offen zur Sprache zu bringen, ohne den gesamten Skopus des Treffens zu zerstören.
Worauf kam es den Brüdern aus der Ökumene an? Abgesehen von der Tatsache, daß ihr Verhalten wirklich brüderlich war, daß sie auch im äußeren Habitus weder als Pharisäer noch als Richter auftraten, war es doch ganz klar, daß sie mit großem Ernst darauf bestehen mußten, ein klärendes Wort von unserer Seite zu hören, das die Vergangenheit bereinigte.
Asmussen hatte die Entschließung (der EKD) überreicht mit den Worten: ,Wir sagen dies Wort Ihnen, weil wir es Gott sagen. Tun Sie das Ihrige, daß diese Erklärung nicht mißbraucht wird, sondern zu dem dient, was wir gemeinsam wollen.' Die Antwort *Maurys* war ganz kurz: ,Wir sind tief dankbar für diese Erklärung. Wir wissen, daß es Ihnen nicht leicht ist, sie uns zu geben; Sie geben sie uns aber in Christus, darum wird es leicht. Sie wollen Ihrem Volk treu sein, das in Verzweiflung lebt. Wir wollen Ihre Erklärung annehmen ohne pharisäischen Stolz, sondern auch vor Gott.'
Maury: Das Befreiende dieser Erklärung beruhe gerade darin, daß nun dieser innere Zwang zum Haß gebrochen sei. Der Teufelskreis sei durchstoßen."

Um unseren Lesern die Mühe zu ersparen, sich den Wortlaut herauszusuchen, werden jene zwei Absätze zitiert, die für unsere Dokumentation von ausschlaggebender Wichtigkeit sind:

„Durch uns ist unendliches Leid über viele Völker und Länder gebracht worden. Was wir *unseren Gemeinden* oft bezeugt haben, das sprechen wir jetzt *im Namen der ganzen Kirche* aus: Wohl haben wir lange Jahre hindurch im Namen Jesu Christi gegen den Geist gekämpft, der im nationalsozialistischen Gewaltregiment seinen furchtbaren Ausdruck gefunden hat; aber wir klagen uns an, daß wir nicht mutiger bekannt, nicht treuer gebetet, nicht fröhlicher geglaubt und nicht brennender geliebt haben. Nun soll *in unseren Kirchen ein neuer Anfang* gemacht werden ... Wir hoffen zu Gott, daß durch den gemeinsamen Dienst der Kirchen dem Geist der Macht und *Vergeltung, der heute von neuem mächtig werden will,* in aller Welt gesteuert werde und der Geist des Friedens und der Liebe zur Herrschaft komme, in dem allein die gequälte Menschheit Genesung finden kann."

Die Erklärung des Rates der EKD gegenüber den Vertretern des Ökumenischen Rates der Kirchen vom 19. Oktober 1945 wurde unterschrieben von Landesbischof *Theodor Wurm,* Landesbischof *Hans Meiser,* Bischof *Otto Dibelius,* Superintendent *Hugo Hahn,* Pastor *Hans Asmussen,* Pastor *Martin Niemöller,* Landesoberkirchenrat *Hanns Lilje,* Superintendent *Heinz-Joachim Held,* Pastor *Wilhelm Niesel* und *Gustav Heinemann* (dem späteren Bundespräsidenten).

Dazu Lilje ebenfalls 1973:

„Das geistliche Resultat dieser Begegnung muß nach zwei Richtungen fixiert werden. *Für die ökumenische Gemeinschaft* hat sie Unschätzbares bedeutet. Die Kirchen waren die einzigen, die über diesen Abgrund von Haß und Vergeltung einander die Hand reichen konnten. Auf anderem Boden wäre damals dergleichen undenkbar und vermutlich auch nicht wahrhaftig gewesen.
Die Wirkung innerhalb Deutschlands war fast das Gegenteil. Eine Welle von Entrüstung ging durch das Land. Der Terminus von der Stuttgarter *Schulderklärung* kam auf, obgleich er ungenau war. Wir haben ja nicht eigentlich uns angemaßt, deutsche Schuld vor anderen Völkern zu bekennen, sondern der wesentliche Satz des Ganzen lautet: Was wir *unseren Gemeinden* oft bezeugt haben, das sprechen wir jetzt *im Namen der ganzen Kirche* aus. Wer jetzt im Abstand von mehr als zwei Jahrzehnten Rückblick hält, der muß zugeben, daß im Namen des deutschen Volkes so Unvorstellbares an Brutalität, Gemeinheit, Blutvergießen und Unrecht geschehen ist, daß eine einzelne Erklärung nicht ausreicht, um solche Un-

taten aus der Welt zu schaffen. Das konnte auch nicht die Absicht der Stuttgarter Erklärung sein.

Rätselhaft bleibt dennoch die relativ geringe Wirkung dieses Wortes. Dieses Wort von Stuttgart hat Aufmerksamkeit erregt, aber man kann nicht sagen, daß es einen Prozeß des Umdenkens eingeleitet habe."

Mit diesen Auszügen aus den beiden Veröffentlichungen mag die Rolle der Evangelischen Kirche nach dem Zusammenbruch hinsichtlich der Vertriebenen ausreichend, wenn auch nur skizzenhaft beschrieben sein. Im Gegensatz zu den Kirchen, der evangelischen wie der katholischen, konnten ja in jener Phase die Landesregierungen, sogar innerhalb der jeweiligen Besatzungszone, nur begrenzt zusammenarbeiten, geschweige denn „auswärtige Politik" betreiben. Darauf beruhte die Ausstrahlungskraft der Kirchen. Sie leiteten die Wiederaufnahme Deutschlands in die Gemeinschaft der Nationen ein und schufen schon 1945 die moralischen Voraussetzungen für den unerwarteten Strom ausländischer Liebesgaben, die vom Frühjahr 1946 an „in the name of Christ" eintrafen — so stand es auf den Transportkisten. Darum ist es verständlich, daß — mit vielen anderen — *Herbert Krimm* überrascht war, als er 1971 „in einem sonst so vorzüglichen und anschaulichen Überblick" eines hohen Beamten der Flüchtlingsverwaltung zu lesen bekam, die „Mauer des Schweigens" sei 1953 durch eine Reise von 36 ausländischen Journalisten und die Reise eines seiner Mitarbeiter nach den USA „durchbrochen" worden. Dazu meinte *Krimm:*

„Dann sind ihm die sehr viel bedeutenderen Vorstufen auf kirchlicher Seite nicht gegenwärtig gewesen. Außerdem hatte, ganz unabhängig von den kirchlichen Bemühungen, der Abgeordnete *Harold F. Youngblood* von Michigan am 20. Januar 1948, also noch ein halbes Jahr vor der Amsterdamer Konferenz (Zusatz: Dort fand im August der Zusammenschluß von 147 Kirchen zum Ökumenischen Rat statt.), vor dem Kongreß in Washington einen ebenso phrasenlosen wir erstaunlich orientierten Bericht gegeben, dem auf der höchsten politischen Ebene sicher das Recht der Priorität zuzusprechen ist."

Damit in Zukunft solche Fakten nicht wieder übersehen werden, veröffentlichte *Krimm* in seinem Buch eine deutsche Übersetzung dieser Rede.

Greifen wir dann zum „Hamburger Bericht"[21]) des Ökumenischen Rates, so finden wir dort die „Resolution über Umsiedlung von Bevölkerungsteilen" abgedruckt, die bereits im Februar 1946 sich an die Alliierten und die UNO wandte.

---

21) Flüchtlingsabteilung des Ökumenischen Rats der Kirchen: Hamburger Bericht, ein Überblick über das deutsche Flüchtlingsproblem im Jahr 1949 (mit Beiträgen von Elfan Rees, Eugen Gerstenmaier, Heinrich Albertz, Werner Middelmann, Hans Iwand); Genf 1949, 32 S.

Man geht wohl nicht fehl, wenn man darin eine direkte Auswirkung der Stuttgarter Erklärung sieht, die so böswillig als „Schulderklärung" apostrophiert wurde.

In dieser Resolution heißt es u. a.: „Die Vorschläge der Potsdamer Konferenz sind nicht ausgeführt worden; vielmehr haben die Umsiedlungsmaßnahmen große Härten, Not und Leid für Millionen Menschen, einschließlich vieler Frauen und Kinder mit sich gebracht. Krankheit und Tod in erschreckendem Ausmaß sind die Folge. Dieser Zustand ist eine Herausforderung des christlichen Gewissens." Oder an anderer Stelle: „Der Ökumenische Rat ist überzeugt, daß diese Politik (der Alliierten, die deutsche Industrie und Ausfuhr radikal zu beschränken), die durch die zwangsmäßige Überführung großer Volksgruppen aus anderen Ländern in das verkleinerte Deutschland erschwert wird, einer nochmaligen Prüfung unterworfen werden sollte. (Zusatz: Gemeint ist der sog. Morgenthau-Plan; vgl. S. 213.) Falls dies nicht geschieht, so wären Millionen von Deutschen dazu verurteilt, entweder auf unbestimmte Zeit als Wohlfahrtsempfänger ihr Leben zu fristen oder aber Hungers zu sterben."

Nicht ohne Wirkung blieb diese — im Februar 1946 (!) beschlossene — Resolution der Kirchen auf die weitere Durchführung der Ausweisung, jedenfalls soweit es die Transporte in die Amerikanische Besatzungszone betraf. Das Ersuchen, „daß geeignete Vorkehrungen im voraus für den Empfang der Deportierten in ihren Bestimmungsorten getroffen werden", war wohl die Ursache, daß die Amerikanische Militärregierung — für uns damals überraschend — ein so offenes Ohr für die Sorgen der Flüchtlingsverwaltung hatte und die Lösung mancher Probleme überhaupt erst ermöglichte.

1948 beklagte — rückblickend — der Ökumenische Rat, daß „unglücklicherweise diese Stimme fast der einzige Einspruch war, der (bis Februar 1946) gegen die Durchführung des Artikels XIII des Potsdamer Abkommens oder die Methode dieser Durchführung laut wurde".

Mehr Gehör fand die Resolution mit der Forderung, die zwangsweise Rückführung von Displaced Persons (DP's) in ihre östlichen Heimatländer einzustellen. Zwar forderten die osteuropäischen Regierungen ihre Staatsbürger zurück, die westlichen Demokratien jedoch anerkannten die völlig freie Entscheidung der ehem. DP's. Dieses Prinzip wurde dann auch durch die UN-Generalversammlung am 12. Februar 1946 offiziell anerkannt. Später hat die International Refugee Organization (IRO), deren Statuten am 5. Dezember 1946 verabschiedet wurden, in ihrer Amtszeit von 1947 bis 1951 rund 800 000 DP's die Auswanderung nach den USA, Kanada, Australien, Israel usw. ermöglicht; die übrigen rund 220 000 blieben als „heimatlose Ausländer" in der Bundesrepublik Deutschland. Die Amsterdamer Vollversammlung des Ökumenischen Rates im August 1948 begrüßte die „enge und herzliche Zusammenarbeit mit der IRO", beanstandete jedoch, daß die Vereinten Nationen bei Annahme der IRO-Statuten ausdrücklich „Verbrecher und Deutsche" von den Fürsorgemaßnahmen der UN ausschlossen[22]). Und man beanstandete auch den Passus „ineligible", durch den selbst ein Teil der heimatlosen Ausländer von der IRO-Betreuung ausgeschlossen wurde. Der Ausdruck „ineligible sei ein unerträgliches Wort für den, der die Sprache des Christen spricht".

Nach Ausweitung des Marshall-Plans auf Deutschland gab es Hoffnung auf eine Änderung und der Ökumenische Rat beschloß, vom 22.—25. Februar 1949 in Hamburg eine Konferenz abzuhalten. Alle die hier erwähnten Daten und Fakten veröffentlichte der Ökumenische Rat in dem erwähnten „Hamburger Bericht".

Diese erste internationale Flüchtlingskonferenz auf deutschem Boden leitete Rev. *Henry Carter.* Organisator der Tagung war der Direktor der Flüchtlingsabteilung des Ökumenischen Rates Mr. *Elfan Rees* (Großbritannien). So wie in jener Zeit für Deutschland setzte er sich drei Jahrzehnte hindurch für die Flüchtlinge in aller Welt ein[23]).

Fünfzehn Jahre später sprach er in Garmisch-Partenkirchen 1964 auf dem zweiten internationalen Asyl-Colloquium, als die schlimmste Not der Nachkriegszeit in den europäischen Ländern beseitigt war[24]):

> „Ich möchte Sie daher bitten, nicht nur dafür zu sorgen, daß die Verhältnisse in Ihren eigenen Staaten geordnet sind, sondern auch nie zu vergessen, daß das Flüchtlingsproblem, als ein Problem, das die ganze Welt betrifft, immer noch vorhanden ist.
>
> Das Fehlen einer Antwort auf den Ruf der Not, die mangelnde Reaktion Europas in dieser Hinsicht, ist in meinen Augen eine Schande! Soll denn in späteren Zeiten gesagt werden, daß wir Europäer nur für Flüchtlinge sorgen, falls sie weißer Hautfarbe, Europäer und Christen sind? Lassen Sie es nicht zu, daß man von uns behaupten kann, wir hätten in einer Zeit, in der die ganze Menschheit um unsere Hilfe rief, den Menschen anderer Hautfarben, anderen Glaubens und anderer Rasse nicht die gebotene Beachtung geschenkt."

Auf diesem Asyl-Colloquiuum in Garmisch-Partenkirchen wurde ihm als internationale Auszeichnung der goldene Nansen-Ring verliehen, übrigens in Anwesenheit des Landesbischofs der Evang.-Luth. Kirche in Bayern, D. *Her-*

---

22) Heinrich Rogge: Vertreibung und Eingliederung im Spiegel des Rechts; in „Die Vertriebenen in Westdeutschland", Kiel 1959, Band I, S. 174—245.

23) Elfan Rees: Jahrhundert der Heimatlosen, die Geschichte der Flüchtlinge in unseren Tagen (autorisierte und ergänzte Übersetzung: „Carnegie Endowment for International Peace", Nov.-Heft der Zeitschrift „International Conciliation" New York 1957), Stuttgart, 1959, 80 S.

24) Deutsche Nansen-Gesellschaft: 2. Internationales Asyl-Colloquium in Garmisch-Partenkirchen; Schriftenreihe der Deutschen Nansen-Gesellschaft Heft 4, Köln 1965, 148 S. — Darin: Hermann Dietzfelbinger: Gnadenloses Recht wird zu Unrecht; S. 7—8. — Elfan Rees: Wo bleibt die Antwort auf den Ruf der Not?; S. 14—17.

mann Dietzfelbinger DD., der seine Ansprache unter das Motto stellte: „Gnadenloses Recht wird zum Unrecht."

3. 3 Eingliederung der evangelischen Vertriebenen in Bayern

Auf der einen Seite stand an der Jahreswende 1945/46 die gerade installierte *Flüchtlingsverwaltung*, die sich mit den Gegebenheiten abzufinden hatte, die sie vorfand, d. h. mit dem Vorhandensein von 734 000 Flüchtlingen, 469 000 Evakuierten und 361 000 Ausländern, überwiegend DP's. Der Staatskommissar mußte sich auf die unmittelbar *bevorstehende* Aufgabe konzentrieren, nämlich die Aufnahme der angekündigten Ausweisungstransporte. Trotz aller fast diktatorischen Vollmachten war er mit seinem Behördenapparat in die Verwaltung eingebettet, vor allem aber war er anfangs *völlig von der Militärregierung für Bayern abhängig.* Dort erhielt er Befehle und Informationen, dorthin mußte er — praktisch täglich — über Ausführung der Weisungen berichten und seine eigenen Vorschläge genehmigen lassen.

Auf der anderen Seite standen die *Katholische und Evangelische Kirche.* Als Institutionen hatten sie den politischen Zusammenbruch des Deutschen Reichs nahezu intakt überstanden. Natürlich sahen auch sie sich wegen des desolaten Zustandes unseres Staates ungeahnten Schwierigkeiten gegenüber. Natürlich fehlten auch viele Geistliche, die als Soldaten oder Militärpfarrer gefallen waren oder sich noch in Kriegsgefangenschaft befanden. Die Zahl der „politisch Belasteten" — etwa der „Deutschen Christen" — war in Bayern durch *Meisers* Einfluß verschwindend klein. Im Gegensatz zu den Landesregierungen hatten die *Kirchenleitungen* nach kurzer Unterbrechung ihre *Zusammenarbeit im Vier-Zonen-Deutschland* wieder aufnehmen können.

Während die Landes- und Kommunalbehörden sich zur Lösung ihrer Aufgaben in einem wahren Trümmerfeld — im wörtlichen und übertragenen Sinn — zurechtfinden mußten, waren die Kirchen — vornehmlich auf der Ebene der Kirchengemeinden — sofort aktionsfähig. Wie während der Kriegsjahre leisteten auch jetzt wieder Millionen von Frauen spontan Hilfsdienste. Wir lasen von der Bereitschaft der Rot-Kreuz-Schwestern und -Helferinnen, wir lasen von dem Einsatz z. B. des Nürnberger Mütterdienstes unter Frau Dr. *Antonie Nopitsch;* auf katholischer Seite war es nicht anders.

Von oben her konnten in den ersten Wochen Hilfsmaßnahmen gar nicht organisiert werden; denn das gesamte Verkehrs- und Nachrichtennetz war zusammengebrochen. Aber tröpfchenweise trafen Informationen über das Elend der Flüchtlinge und entlassenen Kriegsgefangenen ein. Seelsorge und Trost waren nicht mehr die alleinige Aufgabe der Kirchen. Wie in solchen Katastrophenzeiten immer, trat damals neben die Seelsorge die Pflicht zur Leibsorge. Eine der vordringlichen Aufgaben, die Familienzusammenführung, odere anders ausgedrückt, der Aufbau des Suchdienstes, wird gesondert dargestellt; er soll aber hier wenigstens erwähnt werden.

Die örtlichen Militärverwaltungen, die jeder Aktivität von Bürgermeistern, Landräten usw. mißtrauisch begegneten — noch gab es das Gespenst des „Werwolfs", der einen Partisanenkrieg führen sollte —, haben in den meisten Fällen die spontanen Hilfsleistungen der Kirchen stillschweigend geduldet, wenn sie anfangs auch nicht selbst helfen wollten und konnten. Frau *Nopitsch* erzählte so nett, wie der Nürnberger Stadtkommandant ihre Schilderung über die im Freien kampierenden Flüchtlinge anhörte, aber — selber ratlos — freundlich antwortete: „I hope it will not rain!"

3. 4 Gründung des Evangelischen Hilfswerks in Bayern Juli 1945

Die Kirchenleitung war wegen des Luftkrieges nach Ansbach evakuiert worden. Dort konnte Landesbischof D. *Hans Meiser* bereits am 27. Juni 1945 eine Besprechung mit D. *Karl Nicol*, dem Rektor der Diakonenanstalt in Rummelsberg bei Nürnberg, sowie den Pfarrern *Heinz Diez* und Dr. *Julius Weichlein* abhalten. Man war sich einig, daß die Improvisation auf lokaler Ebene selbstverständliche Christenpflicht sei, aber nicht ausreiche. Man beschloß die unverzügliche Errichtung eines „Evangelischen Hilfswerks der Inneren Mission". Die Gründung erfolgte einen Monat später am 17. Juli 1945, in Nürnberg[25]).

„Daß im Gegensatz zu anderen Landeskirchen bei uns in Bayern nach dem Willen des Landesbischofs D. *Meiser* das Hilfswerk ‚unter dem Gesetz der Inneren Mission' angetreten war, ist für das caritative Wirken auf evangelischer Seite ein segensreicher Start gewesen", heißt es im Bericht „10 Jahre Evang. Hilfswerk in Bayern"[26]). Darin klingt an, daß anderswo durch mangelnde Koordinierung zwischen Zentralbüro des Evangelischen Hilfswerks in Stuttgart und dem Zentralausschuß für Innere Mission (Bethel bei Bielefeld, früher Berlin) gelegentlich Schwierigkeiten auftraten. Manche Differenzen rührten von dem unterschiedlichen Status her. Die Innere Mission war ein eingetragener Verein, das Stuttgarter Hilfswerk eine Einrichtung der Evangelischen Kirchen in Deutschland. Die Landeskirchen entsandten also ihre Vertreter in die Stuttgarter Gremien. 1947 berief Landesbischof *Meiser* den Oberkirchenrat *Heinrich Riedel* zum „Bevollmächtigten des Evangelischen Hilfswerkes" in Bayern.

Aufgrund kirchengesetzlicher Regelung wurde 1958 die Fusion zum „Diakonischen Werk der EKD" beschlossen und nach fast zwanzigjähriger Probe-

25) Julius Weichlein: Protokolle des Geschäftsführers des Landesvereins für Innere Mission vom 27. 6. 1945, 9. 7. 1945; Archiv des Diakonischen Werkes, Nürnberg.
26) Blätter der Inneren Mission in Bayern; Nürnberg: 10 Jahre Evang. Hilfswerk in Bayern; Jahrgang 1956, Heft 2—3. — 10-Jahresbericht des Landesverbandes der Inneren Mission in Bayern 1948—1958; Jahrgang 1958, Heft 7—8. — Dem Menschen helfen, das diakonische Werk 1958—1963; Jahrgang 1963, Heft 7—8. — Liebe macht sehend, die Diakone in der Bayer. Landeskirche 1963—1970. — Herbert Krimm, Walter Künneth, Balther Dyroff: Diakonie der Kirche; drei Vorträge beim Landesfest der Inneren Mission 1958 in Augsburg; Nürnberg 1958.

zeit am 24. Oktober 1976 formell vollzogen. An der Feierstunde in Stuttgart nahmen Bundespräsident *Walter Scheel,* der Generalsekretär des Ökumenischen Rates *Philipp Potter,* der Ratsvorsitzende der EKD Bischof *Helmut Class* u. v. a. teil. Das Diakonische Werk zählt heute (1979) 175 000 hauptamtliche Mitarbeiter[27]).

Durch die frühe und kluge Entscheidung *Meisers* gab es in Bayern niemals Spannungen. Das Hilfswerk mit seinen besonderen Aufgaben hatte seinen Sitz im Haus des Landesverbandes der Inneren Mission in Bayern e. V., Nürnberg, Pirckheimerstraße 6. Als der Staatskommissar für das Flüchtlingswesen in Bayern seinen Dienst antrat, fand er hier nicht nur Bereitschaft zur Zusammenarbeit, er durfte sich sogar bereits für das bedanken, was in dem Katastrophenjahr 1945 schon geleistet worden war. Telefonisch und, falls es ausreichte, brieflich floß ein Strom von Informationen aus der Holbeinstraße in München nach Nürnberg in die Pirckheimerstraße, um das Hilfswerk instand zu setzen, seine Hilfsmaßnahmen optimal einzusetzen. Dem entsprach ein gleichartiger Kontakt zur Hauptvertretung des Deutschen Caritasverbandes, München, Lessingstraße 1. Vielfach kamen auch Fragen und Anregungen von dort, die dann den Staatskommissar veranlaßten, umgehend entsprechende Daten zu beschaffen, etwa über Altersaufbau der Lagerinsassen, Zahl der Kleinstkinder und Kleinkinder — zur sinnvollen Verteilung von Wäsche, Spielsachen usw.

Wohl der erste, auf allen evangelischen Kanzeln verkündete Aufruf *Meisers* wurde im August 1945 verlesen:

„Wenn je, dann ist in dieser Stunde der Kirche aufgetragen zu verstehen, daß ihre Botschaft von der christlichen Liebe nicht Schall und Rauch, sondern Tat und Wahrheit ist. Unser Christentum müßte der Welt zum Gespött werden, wenn der kalten, dunklen Flut des Elends nicht ein warmer Strom des Erbarmens begegnete.

So rufe ich alle Gemeinden unserer Landeskirche auf zu einem umfassenden Hilfswerk der Inneren Mission, das den Kampf aufnimmt mit der Riesennot der Zeit. Die Gemeinde von heute wird entweder eine Gemeinde der barmherzigen Liebe sein oder sie wird nicht mehr sein."

Das Echo war erfreulicherweise groß. Bis zur Währungsreform 1948 erreichte der Gesamtwert der Spenden eine Höhe von 20,6 Mill. Reichsmark. Fast 160 t Lebensmittel, 600 000 Eier, über 750 000 Stücke an Wäsche, Kleidern usw. wurden gesammelt. Die Hilfswerkssammlungen von 1948—1955 erbrachten 5,9 Mill. DM. Während in den ersten Wochen nach dem Zusammenbruch die spontane Hilfe natürlich nicht „erfaßt" werden konnte, wurde

---

27) Walter Scheel: Ansprache anläßlich der Stuttgarter Diakonietage am 23. 10. 1976; Bundespräsidialamt, Mitteilungen für die Presse. — Theodor Schober: 1948—1976, Ein weiter Weg zu einer diakonischen Kirche; Presseinformation des Diakonischen Werks, Stuttgart, 23. Oktober 1976, 12 S.

seit der Gründung des Hilfswerks genau Buch geführt. Zu leicht tauchen Verdächtigungen auf, Liebesgaben nähmen einen falschen Weg. Im 10-Jahres-Bericht schrieb Diakon *Arthur Krumm:*

> „Dankbar durften wir erleben, wie unsere Berichte und Bitten von unseren Pfarrern und Gemeinden gut aufgenommen wurden. So können wir rückblickend sagen, daß das Hilfswerk unserer Kirche nicht in Gang kam durch die uns später in reichem Maße zugeflossenen Hilfen unserer ausländischen Glaubensbrüder, sondern vom ersten Tage an getragen war von der Liebe, dem Vertrauen und dem Einsatz *unserer eigenen Gemeinden.*"

3. 5 Organisation und Leistung des Evangelischen Hilfswerks in Bayern

Einige Daten zur Organisation und über die Amtsdauer der verantwortlichen Persönlichkeiten von Innerer Mission und Hilfswerk veranschaulichen die sinnvolle Verflechtung und den frühen Beginn der Flüchtlingshilfe in Bayern.

Der „Landesverein der Inneren Mission" war 1886 gegründet worden; ihm gehörten sowohl die diakonischen Einrichtungen als auch eigene Anstalten an. 1948 wurden die letzteren als „Rummelsberger Anstalten e. V." getrennt und für die rund 1000 Einrichtungen (1979) der „Landesverband der Inneren Mission e. V." gegründet, anerkannter Spitzenverband der freien Wohlfahrtspflege.

Da das „Evangelische Hilfswerk der Inneren Mission" in Bayern bereits im Juni 1945 konzipiert war und seit Mitte Juli sich im aktiven Einsatz befand, brachte die Kirchenführer-Konferenz von Treysa im August 1945 keine Probleme. Dort wurde nämlich — ohne Verbindung mit der Inneren Mission — das „Hilfswerk der Evangelischen Kirche in Deutschland" für Vier-Zonen-Deutschland errichtet.

Da Hilfswerk und Caritas in Bayern schon seit Monaten ihre Flüchtlingshilfe praktizierten, kam Ende 1945 der Plan, ein überkonfessionelles „Christliches Flüchtlingswerk" in Bayern zu errichten, zu spät. *Hans Schütz* (Sudetendeutscher) und Dr. *Wilhelm Bruckner* (Siebenbürger) trugen am 19. Dezember 1945 diese Idee im Landeskirchenrat vor. Sie dachten an ein gemeinsames Protektorat von Landesbischof *Meiser* und Kardinal *von Faulhaber.* In den Diözesen und Gemeinden wurde allerdings die Zusammenarbeit von Caritas und Hilfswerk — z. T. in Form von Arbeitsgemeinschaften — erfolgreich betrieben.

Die folgende Übersicht nennt die Namen jener leitenden Persönlichkeiten, die für Zehntausende in den Jahren ihres Wirkens ein Begriff wurden und an die voller Dank erinnert werden soll. Wenigstens erwähnt werden müssen aber die „stillen Helfer", die in einem solchen Dokumentarbericht anonym bleiben.

Diakonisches Werk der Evang.-Luth. Kirche in Bayern
Landesverband der Inneren Mission e. V.
Bis 1948 „Landesverein", ab 1948 Landesverband, ab 1967 Diakonisches Werk

1. Vorsitzender/Präsident Innere Mission Diakonisches Werk	Geschäftsführer Landespfarrer der Inneren Mission	Evang. Hilfswerk Hauptgeschäftsführer
Karl Nicol 1934—53	Heinz Diez 1946—52	Heinz Diez 1946—52
Hans Luther 1954—57	Hans Luther 1952—54	Balther Dyroff
Hermann Bürckstümmer	Balther Dyroff	1952—58
1957—67	1954—71	*
Johannes Meister	Karl Leipziger	1958 Zusammen-
1967—75	ab 1971	führung mit Innerer
Karl Heinz Neukamm		Mission; jedoch
ab 1975		Namensänderung erst
		20. Nov. 1967

Das „Hilfswerk der Evang.-Luth. Kirche in Bayern" wurde aufgrund des mündlichen Auftrages vom 1. Vorsitzenden des „Landesvereins der Inneren Mission" *Nicol* geleitet; 1947 ernannte Landesbischof *Meiser* Oberkirchenrat *Heinrich Riedel* zum „Bevollmächtigten des Hilfswerks der Evang.-Luth. Kirche in Bayern". Mit der Entschließung Nr. 15 860 vom 8. Dezember 1948 wurde „vom Landeskirchenrat etwas rechtlich Gültiges schriftlich festgestellt". Unter *Riedel* als Referent des Landeskirchenrates waren Innere Mission (e. V.) und Hilfswerk um der Zusammenarbeit willen verbunden (Sitz beider Institutionen blieb Nürnberg).

1958 wurde die Zusammenführung (wie in Stuttgart) beschlossen und am 20. November 1967 mit Annahme der Satzungen für das „Diakonische Werk der Evang.-Luth. Kirche in Bayern e. V." vollzogen (Vereinsregister Nürnberg Blatt 454). Nach § 22 bestellt der Landeskirchenrat einen „Bevollmächtigten für die Diakonische Arbeit", der die Verbindung zum Diakonischen Werk (Stuttgart) aufrecht erhält. Das Amt hatte bis 1962 Oberkirchenrat *Riedel* inne. Seine Nachfolge trat Oberkirchenrat *Kurt Horn* an (1962—1975). Seit 1975 liegt dieser Auftrag in Händen von Oberkirchenrat Dr. *Gerhard Strauß.*

Kirchenrat *Balther Dyroff*, 1968—1977 Mitglied des Bayerischen Senats, war im Hilfswerk bereits ab 26. Januar 1947 als Stellvertreter von Pfarrer *Diez* tätig. In einer Würdigung des Diakons *Arthur Krumm* nannte er diesen Ostpreußen „einen der ersten Pioniere des Hilfswerks". *Krumm* wurde 1948 die Leitung der neugeschaffenen *Außenstelle in München* übertragen. „Er wurde sehr bald bekannt in allen Ministerien, beim Landeskirchenrat, in der Arbeitsgemeinschaft der öffentlichen und freien Wohlfahrtsverbände in Bayern ... Er war der Experte der Inneren Mission in allen Fragen der Sozialgesetzgebung", so urteilte *Dyroff.*

Die Nürnberger Zentrale wirkte über die Bezirksstellen der Inneren Mission und über die Pfarrämter hinein in die Kirchengemeinden und daneben

161

in die Flüchtlingslager. Es wurden kirchliche Notstandsgebiete festgesetzt, deren Abgrenzung jährlich neu überprüft wurde. Weil 1945 die Bahn noch nicht wieder intakt war, wurde zuerst eine eigene Fahrbereitschaft für Verteilung der in Bayern gesammelten Liebesgaben eingerichtet. Ein Beispiel mag die Wirkungsweise veranschaulichen: Das Dekanat Feuchtwangen in Mittelfranken übernahm die Patenschaft über den Bezirk Traunstein, in dem die Zahl der evangelischen Gemeindemitglieder von 1400 auf 14 000 angewachsen war. Zum Bezirk Traunstein gehörte übrigens auch das Grenzlager Piding und das Altersheim Insula in Berchtesgaden, in dem damals Hunderte von Esten und Letten Aufnahme gefunden hatten. Seit 1945 wurden aus Spenden mittelfränkischer Gemeinden 23 000 Zentner Nahrungsmittel in den Bezirk Traunstein geliefert, dazu Holz und andere Sachspenden. Aus Kostengründen ersetzten ab 1948 Geldspenden die früheren Sachspenden.

Die evangelischen Gemeinden sammelten bis zur Währungsreform Spenden im Gesamtwert von 20,6 Mill. Reichsmark, fast 160 t Lebensmittel und über 750 000 Stück Kleider, Wäsche usw. Von 1948 bis 1955 erbrachten die Hilfswerk-Sammlungen in Bayern 5,5 Mill. DM. Jede Gemeinde durfte die Hälfte des jeweiligen Sammelbetrages an eigene Notleidende verteilen.

3. 6 Spenden ausländischer Kirchen

In dem gerade zitierten Aufsatz von Diakon *Krumm* schildert er den ersten Besuch eines amerikanischen Geistlichen, Rev. *Schaffnit,* der sich dann immer wieder bei der Militärregierung für Behebung dringender Notstände „in manchen, oft schwierigen Verhandlungen" einsetzte. Am 25. Oktober 1945 kamen die Nürnberger mit dem Präsidenten der Missouri-Synode Dr. *John Behnken,* dem Repräsentanten der Vereinigten Lutherischen Kirchen Amerikas Dr. *Michelfelder* und dem Leiter des Hilfswerks der Evangelischen Kirchen der Schweiz D. *Hellstern* in Stuttgart zusammen. „Wie überrascht aber waren wir, als ein halbes Jahr später, im Frühling 1946, dann die ersten Gaben zu uns kamen" aus den USA, aus der Schweiz, aus Schweden, Großbritannien, Norwegen, Südafrika, Canada usw. Am ersten Tag kamen 3, am nächsten Tag 15 Waggons mit hochwertigen Lebensmitteln und Kleidern an. Eigene Lastwagen standen damals nicht bereit, Lagerhallen im zerstörten Nürnberg zu bekommen war schwierig; innerhalb von 24 Stunden mußten jedoch die dringend von der Bahn zurückgeforderten Güterwagen geleert sein. „Aber die Lösung solcher Probleme war eine beglückende Aufgabe; alle halfen mit."

Um die Größenordnung der Auslandsspenden anzugeben, folgende Zahlen:

Jahre	Schätzwert	Schätzgewicht
1946/47	6,0 Mill. RM	2 306 t
1948	3,2 Mill. RM/DM	1 313 t
1949/55	14,0 Mill. DM	6 515 t

Dazu ein paar Erläuterungen. Rund 80 % der Spenden kamen aus den USA, 10 % aus der Schweiz, der Rest aus den übrigen Ländern. Addiert man das Gewicht der Spenden, ergibt sich eine Last, für deren Beförderung rund 1125 Güterwagen benötigt wurden. Nach der Währungsreform gingen die Spenden stark zurück, nach 1952 wuchsen sie wieder, nun vor allem zugunsten der Flüchtlinge aus der DDR. Der kritische Leser im Jahr 1979 wird den wahren materiellen Wert gar nicht ermessen können, in einer Zeit, da die westdeutsche Bevölkerung Milliarden DM für Genußmittel ausgibt. Den moralischen Wert kann heute nur derjenige abschätzen, der die Dokumente aus damaliger Zeit studiert. Natürlich kamen die Spenden der ausländischen Kirchen allen Notleidenden zugute. Wie beim BRK dürfte auch für die kirchlichen Spenden die Annahme zutreffen, daß in den ersten Jahren etwa 85 % an Flüchtlinge und Ausgewiesene gegeben wurden.

„*Aus der empfangenden Kirche wurde eine gebende Kirche*" — so formulierte es *Balther Dyroff*. *Herbert Krimm* schreibt dazu in seinem „Beistand": „Der Gedanke, daß man, sobald nur einigermaßen die schlimmste Not überwunden sei, dann auch kräftig anderen Menschen und Ländern in gleicher Not helfen müsse, war aber auch von den Vertretern des Hilfswerks als eine bare Selbstverständlichkeit hochgehalten und immer wieder geäußert worden." Die erste symbolische Gabe ging Weihnachten 1951 heraus „für eine Flüchtlingsnot außerhalb Deutschlands". *Krimm* fährt fort:

„1959, im Jahr der Gründung von *Brot für die Welt*, erklärte dann die Leitung des Hilfswerks offiziell, daß es ab 1960 keine Lebensmittel mehr übernehmen werde. Das wurde dem Hilfswerk zwar von anderer Seite etwas übel genommen, entsprach aber nur den Tatsachen und ihrer sittlichen Würdigung. Allmählich stieg dann Deutschland immer stärker in die Reihe der ‚giving countries' auf."

3. 7 Der Beauftragte für die kirchliche Vertriebenenarbeit

Nachdem Anfang 1948, so wie alle anderen beteiligten Stellen, auch die Kirche sich — nach der Phase von Massenflucht und Ausweisung — ein einigermaßen klares Bild über die noch vor ihr liegenden Daueraufgaben gemacht hatte, setzte Landesbischof D. *Meiser* am 1. März 1948 den schlesischen Superintendenten *Helmut Bunzel* in das neugeschaffene Amt des „Beauftragten für die Kirchliche Vertriebenenarbeit in der Evang.-Luth. Kirche in Bayern" ein. Es war der Wunsch des Landeskirchenrats gewesen, dieses Amt einem Schlesier anzuvertrauen, weil über die Hälfte der evangelischen Vertriebenen aus Schlesien stammten. *Bunzel* schrieb dazu[28]):

28) Helmut Bunzel: Acht Jahre Verbindungen zwischen den Heimatvertriebenen und der Kirchenleitung; im Jahrbuch für schlesische Kirche und Kirchengeschichte, 1956, S. 145—168.

„Schon vor meiner Berufung in den Landeskirchenrat in München hatte ein bayerischer Pfarrer *(Oscar Wittmann)* und dann ein einheimischer Angestellter in engster Zusammenarbeit mit dem Referat G III — Oberkirchenrat *Riedel* — die Angelegenheiten der in Bayern eingeströmten über 700 000 evangelischen Heimatvertriebenen mitzubearbeiten gehabt. Die Bayerische Evang.-Luth. Landeskirche war die erste Kirche im Westen, die zu diesem Zweck einen besonderen hauptamtlichen Beauftragten einsetzte als Verbindungsmann zwischen der Kirchenleitung und den Heimatvertriebenen."

Landesbischof *Meiser* stellte Kirchenrat *Bunzel* der Landessynode 1949 vor und umriß seine Aufgaben. Er sollte „durch Veranstaltungen von Flüchtlingstagungen und Freizeiten, durch persönliche Fühlungnahme mit den Flüchtlingsgeistlichen und durch ständige Reisen in die Diaspora einen für die Eingliederung der Flüchtlinge in die Landeskirche wesentlichen Dienst tun". Aktiv und erfolgreich führte er dieses Amt bis 1960. Als sein Nachfolger wirkte der schlesische Pfarrer *Martin Brügmann* bis zu seiner Pensionierung. Seitdem wird diese Aufgabe von Professor *Werner Frommberger*, der ebenfalls aus Schlesien stammt, nebenamtlich wahrgenommen.

In diesem Zusammenhang ist ein Vortrag von Oberkirchenrat *Heinrich Riedel* zu erwähnen, den er am 3. September 1951 am „Tag der zerstreuten Heimatkirche" in Lübeck vor den Ostpfarrern hielt. Sein Thema lautete: „Die Begegnung der Landeskirchen mit den Heimatvertriebenen". Nachdem er von manchen Enttäuschungen sowohl bei den Vertriebenen als auch bei den Einheimischen gesprochen hatte, sagte er:

„In der Zeitschrift ‚Neubau' (1951, Nr. 6, S. 236—238) schrieb *Hans Koch* einen Artikel über die Flüchtlingsfrage mit der Überschrift: ‚So darf es nicht weitergehen!'
Der Ausweg, den die Landsmannschaften aus dieser Sackgasse suchen, ist in vieler Hinsicht gefährlich. In der neuen Nummer der ‚Stimme der Vertriebenen' vom 2. Februar 1951 findet sich die Überschrift: ‚Ein Schicksal — ein Ziel — ein Bund'. Ob man nicht auf dem Weg der politischen Machtkämpfe in neue Sackgassen hineinkommt? Jedenfalls ist der Weg der Christengemeinde ein anderer. Für den Christen gibt es keine verfahrene Situation. Wir wissen, daß es entscheidend um seelische Nöte geht."

Danach sprach er über den „falschen Ansatz in der Begegnung":

„Nicht Recht und neue Gesetze sind in erster Linie notwendig, sondern echte Mitarbeit und mithelfende Liebe. Unsere Begegnungen haben oft etwa Unfrohes an sich. Es wird soviel geklagt, kritisiert, verleumdet. Die Theologie hat gerade bei uns Deutschen — wie bei der Tagung in

Ratzeburg ein Amerikaner (Professor *Bodensieck*) feststellte — oft etwas ‚Verbissenes und Beißendes'. Muß das sein? ... Dr. *Tuckermann* aus Schlesien hat mit Recht in Ratzeburg gesagt: ‚Wir sollten mehr von den positiven Erfahrungen sprechen und berichten!' "

3. 8 Die Hilfskomitees

Spontan entstanden 1945 überall „Hilfskomitees", auch die 15 der evangelischen Vertriebenen. Das Wort „Hilfskomitee" traf den Kern der Sache und war — aus der Sicht der Amerikaner — unverfänglich. Wir erwähnten das 1949 von *Herbert Krimm* herausgegebene Sammelwerk „Das Antlitz der Vertriebenen". Dort sind die evang. Komitees aufgezählt; ihre Geschäftsstellen waren wie die Vertriebenen über die ganze Bundesrepublik verteilt.

Hilfskomitee der Evangelischen Deutschen aus Ostpreußen
Hilfskomitee Evangelischer Deutscher aus Pommern
Hilfskomitee der Evang.-Luth. Deutschbalten
Hilfskomitee der Evang.-Luth. Deutschen aus Polen
Hilfskomitee der Glieder der Posener Evang. Kirche
Hilfskomitee der Galiziendeutschen A. und H. B.
Hilfskomitee für Evang. Sudetendeutsche
Hilfskomitee für die Evang.-Luth. Slowakeideutschen
Hilfskomitee für die Deutschen Evangelischen aus Ungarn
Hilfskomitee für die Evang. Landeskirche aus Jugoslawien
Hilfskomitee für die Siebenbürger Sachsen und Banater Schwaben
Hilfskomitee für die Umsiedler aus der Bukowina
Hilfskomitee der Evang.-Luth. Kirche aus Bessarabien und Dobrudscha
Hilfskomitee für die Evang.-Luth. Ostumsiedler
Der Flüchtlingsbeauftragte der Evang. Kirche von Schlesien

Die Hilfskomitees wurden als einzige Organisation der Vertriebenen zugelassen, weil sie sich auf kirchliche und caritative Hilfe beschränkten. Andere, landsmannschaftlich oder wirtschaftlich ausgerichtete Hilfskomitees wurden über kurz oder lang von der Militärregierung aufgelöst. Alle 15 Hilfskomitees hatten Vertretungen für Bayern. 1947 bildeten sie eine Arbeitsgemeinschaft, später den „Konvent für Vertriebenenarbeit in der Evang.-Luth. Landeskirche in Bayern". Erster Geschäftsführer war Pfarrer *Spiegel-Schmidt*, später Pfarrer *Schmidt (Schwabach)* und Kirchenrat *Hanow*, der dieses Amt auch wieder seit 1975 führt.

3. 9 Landesgeschäftsstelle für kirchliche Vertriebenenarbeit

Am 1. Juli 1951 wurde die Landesgeschäftsstelle für kirchliche Vertriebenenarbeit gegründet, getragen von den in Bayern bestehenden Geschäfts-

und Zweigstellen der Hilfskomitees, gefördert von der Landeskirche. Die Leitung wurde Kirchenrat *Bunzel,* die Dienstaufsicht Oberkirchenrat *Riedel* übertragen.

Die Förderung reichte gerade aus für die Finanzierung eines kleinen, aber begeisterten Mitarbeiterstabes. Der Sitz in München wurde zum Begriff für die evangelischen Vertriebenen. Der hübsche Name „Himmelreichstraße", am Englischen Garten gelegen, prägte sich leicht ein.

Hier ist eine der Wurzeln des kirchlichen Suchdienstes zu finden, worüber an anderer Stelle zusammenfassend berichtet wird. Als die Menge der Suchanfragen zurückging, blieb für die Heimatortskarteien, die seit 1947 aufgebaut wurden, als wichtige Aufgabe die *individuelle* Betreuung. Zählen wir einige Aufgaben auf: Urkundenbeschaffung und deren Übersetzung, Beratung bei der innerdeutschen Umsiedlung, bei Rentenanträgen von Volksdeutschen, Vermittlung von Lehrstellen. Besonders stolz ist man auf 634 Wohnungen, die durch Selbsthilfegruppen in Gemeinschaftsarbeit erbaut wurden. Nun, man kann verstehen, daß diese Stelle sich den Spitznamen „die Wärmestube der Vertriebenen" erwarb. Wenn auch die Schwerpunkte sich verschoben, manches sich verkleinerte, Neues hinzukam, wird diese segensreiche Tätigkeit seit 1968 im Rahmen des Diakonischen Werkes der Evang.-Luth. Kirche in Bayern als „Referat für Heimatvertriebene, Flüchtlinge, Spätaussiedler und Auswanderer" in der Himmelreichstraße fortgesetzt, weiterhin unter Leitung von *Heinrich Reitinger,* Ungarndeutscher, der in München, nach seiner Verwundung aus dem Lazarett entlassen, noch vor dem Zusammenbruch zur Betreuung der aus Südosteuropa eintreffenden Flüchtlinge eingesetzt worden war.

Manche der ersten Aufgaben, die die Hilfskomitees zu bewältigen hatten, ging später, als die Landsmannschaften zugelassen wurden, natürlich an diese über. In der Übergangszeit läßt sich die enge Bindung leicht an der Personalunion von Ämtern in den Hilfskomitees und in den Landsmannschaften nachweisen.

3. 10 Eingliederung der vertriebenen Pfarrer

Nicht anders als in anderen Berufsgruppen war es eine schwierige Frage, wie man die Pfarrer in die Landeskirche eingliedert, auch rein gehaltmäßig. Die „Übernahme" wurde anfangs nach einem Colloquium vollzogen, das mancher, nicht mehr prüfungsgewohnte Pfarrer als „Demütigung" empfunden hat, heißt es. Für manchen aus der Kriegsgefangenschaft nach Bayern entlassenen heimatvertriebenen Pfarrer mag das in der Tat ärgerlich gewesen sein.

Solche Überprüfungen waren aber zwingend notwendig. Einmal mußte sich der Landeskirchenrat ein Urteil darüber bilden, in welchem Pfarramt — Großstadt, Kleinstadt, Dorf — oder in welchem anderen Tätigkeitsfeld der

Bewerber optimal eingesetzt werden konnte. Vor allem war zu prüfen, ob es sich wirklich um einen „Pfarrer" handelte. Trübe Erfahrungen hatten gelehrt, daß sich damals Leute unter falschen Angaben als „Pfarrer" vorstellten. Nicht nur die Kirche machte solche Feststellungen. Wie viele akademische Titel zierten damals unberechtigterweise Nichtstudierte! Wie viele gaben sich als Beamte aus, die leichtfertig eingestellt, später befördert und erst lange danach entlarvt wurden! In der Kirche war die strenge Prüfung in den ersten wirren Zeiten eine absolut berechtigte Vorsichtsmaßnahme. Niemand, der ein gutes Gewissen hatte, hätte darin ein Zeichen unerlaubten Mißtrauens zu sehen brauchen.

1949 stellte Pfarrer *Friedrich Spiegel-Schmidt* fest, daß in Bayern unter 1259 Pfarrern sich 228 Ostpfarrer im Amt befanden, weitere 25 hatten einen „Beschäftigtenauftrag". 34 Ostpfarrer wirkten in der Inneren Mission und in Verwaltungsstellen[29].

Wichtiger und erwähnenswerter scheint dem Autor, davon zu erzählen, daß unter Kirchenrat *Friedrich Klinglers* Leitung eine „Amtsbrüderliche Hilfskasse" errichtet wurde. Jeder Pfarrer nahm einen Abzug vom Gehalt hin und diese Hilfskasse unterstützte zwischen 1. Dezember 1945 und 31. März 1947 mit durchschnittlich 120 bis 200 RM die Ostgeistlichen, Kirchenbeamten, Witwen und Waisen. Andere Landeskirchen richteten ähnliche Hilfskassen im Rahmen der „Pfarrervereine" ein. 1952 wurden dann diese Probleme durch die „Ostpfarrer-Richtlinien der EKD" erledigt.

3. 11 Das Evangelische Siedlungswerk

Einige Sätze sollen dem Evangelischen Siedlungswerk gelten; denn dieses war ja in erster Linie zugunsten der Vertriebenen errichtet worden. Schon 1947 gab es beim Evangelischen Hilfswerk in Nürnberg eine „Beratungsstelle". Am 18. Juli 1949 wurde dann unter Beteiligung der Evang.-Luth. Landeskirche das „Evangelische Siedlungswerk in Bayern, gemeinnützige Bau- und Siedlungsgesellschaft m. b. H." gegründet. Das Eigenkapital stellte im wesentlichen die Landeskirche. Am 20. November 1978 fand in Nürnberg die 28. o. Gesellschafterversammlung statt, die den Bericht für 1977 genehmigte (Bilanzsumme 193 Mill. DM; Stammkapital 5,5 Mill. DM). Seit Gründung konnten bis Ende 1978 insgesamt 16 114 Wohnungseinheiten errichtet werden. Von Anfang an baute man etwas geräumigere Wohnungen, weil diese in erster Linie Familien mit Kindern überlassen wurden. Im Rahmen des „sozialen Wohnungsbaues" entstanden nämlich in den ersten Jahren zumeist Wohnungen, die sehr bald für größere Familien als kaum noch zumutbar anzusehen waren.

29) Friedrich Spiegel-Schmidt: Religiöse Wandlungen und Probleme im evangelischen Bereich; in „Die Vertriebenen in Westdeutschland", Kiel 1959, Band III, S. 23—91.

3. 12   Die konfessionelle Gliederung der Bevölkerung Bayerns

Am Übergang zur Darstellung der Vertriebenenhilfe durch die Katholische Kirche und die Caritas muß ein konfessions-statistisches Phänomen behandelt werden. Nicht zuletzt, weil es in der Beziehung zwischen der Flüchtlingsverwaltung und beiden Kirchen in den ersten Jahren eine nicht geringe Rolle spielte.

Die Aufnahme der Vertriebenen brachte nämlich für Bayern keine nennenswerte prozentuale Verschiebung, weil — *ein Zufall natürlich* — das Konfessionsverhältnis der Einheimischen nahezu dasselbe war wie bei den Flüchtlingen und Ausgewiesenen.

Übrigens hat sich seit 1871 der Prozentanteil der evangelischen Bevölkerung fast unverändert um 25 % bewegt. Er betrug 1871 in Bayern (heutiger Gebietsstand) 24,7 %, 1925 lag er bei 25,0 %, 1939 bei 24,9 %' bei der ersten Volkszählung nach dem Kriege, als rund 300 000 Evakuierte und fast 1 700 000 Vertriebene in Bayern lebten, war der Anteil geringfügig auf 26,5 % gestiegen (1946). Bei der letzten Volkszählung 1970 stellte das Statistische Landesamt einen Rückgang auf 25,7 % fest. Dabei wuchs die Einwohnerzahl Bayerns von 4,3 auf 10,8 Millionen Einwohner (1871—1978). Man sollte also meinen, es hätte 1945/46 keine großen Probleme gegeben. Dem war aber nicht so, denn die *Verteilung innerhalb Bayerns* brachte für beide Kirchen Komplikationen, also nicht nur die Ausweitung der seelsorgerischen Aufgaben infolge der Zuwanderung. Übrigens gab es dieses Problem in ganz Deutschland. Zu diesem Strukturwandel nahm der Autor 1950 Stellung (mit zwei Karten über die Konfessionsverteilung 1939 und 1946)[30]:

„Trotz der Landflucht (1871—1939), die Millionen und Abermillionen Bauernsöhne und Landarbeiterkinder erfaßte, blieb der konfessionelle Charakter fast aller Landstriche erhalten; denn das flache Land verlor seinen Nachwuchs, ohne daß sich die konfessionelle Verteilung geändert hätte. Die Durchmischung erfolgte vielmehr in den Ansoggebieten, also den Städten und Industriebezirken. Sie war zahlenmäßig durchaus bedeutend, aber eben räumlich eng begrenzt. Der ‚Charakter‘ der einzelnen Landschaften blieb evangelisch oder katholisch.
Während 1939 im Gebiet des jetzigen Vier-Zonen-Deutschlands noch 177 Landkreise als rein evangelisch (d. h. 90 und mehr Prozent der Gesamtbevölkerung) und 130 andere als rein katholisch angesprochen werden mußten, war ihre Zahl Ende 1946 bereits auf 31 evangelische und 51 katholische herabgesunken. Seit 1939 sind also von 307 konfessionell ungemischten Landkreisen inzwischen 225 durchmischt worden. Bei den Stadtkreisen, in denen diese konfessionelle Durchmischung während der

30) Martin Kornrumpf: Die Konfessionen und die Länder, zum Strukturwandel Deutschlands; „Schlesische Rundschau“, Stuttgart, 10. 1. 1950, S. 3.

Industrialisierung (innerhalb von vielen Jahrzehnten!) bereits erfolgt war, hat sich die schon geringe Zahl von 19 konfessionell ungemischten Städten auf 8 vermindert."

Die folgende Tabelle dürfte den Leser über die Größenordnung der regionalen und quantitativen Schwierigkeiten eindrucksvoll informieren, die beide Kirchen zu bewältigen hatten:

Die evangelische Bevölkerung Bayerns 1939/1946/1970

Regierungsbezirk	1939		1946		1970	
Oberbayern	183 860	9,7 %	332 167	14,1 %	574 405	17,7 %
Niederbayern	13 041	1,7 %	132 644	12,2 %	70 619	7,0 %
Oberpfalz	56 496	8,4 %	129 110	14,5 %	117 687	12,3 %
Oberfranken	464 796	58,4 %	587 674	54,6 %	580 051	52,0 %
Mittelfranken	713 960	67,3 %	747 504	61,8 %	858 533	57,8 %
Unterfranken	150 593	18,3 %	204 318	20,8 %	239 739	20,3 %
Schwaben	119 421	13,5 %	192 246	16,1 %	250 745	16,9 %
Bayern insg.*)	1 702 167	24,7 %	2 325 663	26,5 %	2 691 779	25,7 %

*) Gebietsstand 1970.

Mehrfach findet man in dieser Dokumentation Hinweise, warum die überwiegend evangelischen Niederschlesier 1945 in Ostbayern „hängen blieben". Oberkirchenrat *Wilhelm Koller* schilderte die so entstandenen Probleme in seinem Buch „Die evangelische Flüchtlingsdiaspora in Ostbayern nach 1945"[31]):

„Allein in Ostbayern war die Errichtung von 90 evangelischen Schulen erforderlich, weil sich die Diözese Ostbayern der Vereinbarung zwischen der Erzdiözese München-Freising mit der Evang.-Luth. Kirche und dem Bayerischen Staat nicht angeschlossen hatte, nach der in (konfessionellen) Notstandsgebieten anstelle der verfassungsgemäßen Bekenntnisschulen konfessionell gemischte Schulen mit Lehrkräften beider Konfessionen möglich sein sollten. Die evangelischen Kinder waren in Ostbayern nur ‚Gastschüler' in Konfessionsschulen."

Ein großer Teil dieser neu geschaffenen Schulen wurde nach Abwanderung der evangelischen Vertriebenen wieder geschlossen.
Oder — um ein anderes Problem anzuschneiden — der Kirchenbau! Der Landessynode wurde 1969 mitgeteilt, daß in Bayern seit 1945 insgesamt 393 evangelische Gotteshäuser erbaut worden waren, zwar nicht alle, aber doch die meisten wegen der neuen Diaspora.

31) Wilhelm Koller: Die evangelische Flüchtlings-Diaspora in Ostbayern nach 1945; Verein für bayer. Kirchengeschichte, Neustadt/Aisch, 2. Aufl. 1971, 37 S.

Schon in den ersten Tagen seiner Tätigkeit wurde *Jaenicke* von beiden Kirchenleitungen bestürmt. Aber niemand wußte eine Lösung; denn während des Jahres 1946, wenn an manchen Tagen über 6000 Ausgewiesene verteilt werden mußten, war es undenkbar, in den Grenzlagern nach Konfessionen zu „sortieren", und man konnte auch die als „Evakuierte" nach Bayern geströmten Schlesier nicht abtransportieren — wohin? Man mußte den Dingen ihren Lauf lassen. Aus dem eben zitierten Bericht des Autors vom Januar 1950 mag ein weiterer Absatz übernommen werden, obwohl dieser Appell sich auf die innerdeutsche Umsiedlung bezog, um die gerade gerungen wurde:

> „Besonders im Hinblick auf unsere Jugend bedeutet diese Durchmischung im Augenblick eine erhebliche Erschwerung der kirchlichen und caritativen Betreuung, mindestens in allen früher rein evangelischen oder rein katholischen Gemeinden. Wer aber ernstlich glaubt, Millionen Heimatvertriebener innerhalb Deutschlands um ihrer Konfession willen neuordnen und umsiedeln zu sollen oder zu können, hat keine Ahnung von den technischen und psychologischen Schwierigkeiten des gerade mühsam anlaufenden Bevölkerungsaustausches zwischen den deutschen Ländern. Die Heimatfindung könnte dadurch nur verzögert werden. Man darf das Problem nicht von einem falschen Blickwinkel aus betrachten. Sich mit dem heutigen Zustand abzufinden und darauf umzustellen, mag beiden Kirchen nicht leicht fallen. Die Folgerungen dieser Komplikationen aber neben allen anderen Sorgen auch noch auf die Schultern der Vertriebenen zu bürden, wäre unmenschlich. Diaspora-Gemeinden erziehen obendrein im Wetteifer der Konfessionen zu besonderem Tatchristentum. Das könnte der Eingliederung der Vertriebenen nur dienen."

In der Tat waren sich beide Kirchen in diesem Punkte bald einig mit dem Staatskommissar, der ständig engen Kontakt mit ihnen hielt. Dieser Abschnitt endet mit einem Zitat aus einem unveröffentlichten Bericht eines evangelischen Kirchenmannes:

> „Durch das Einströmen der Vertriebenen bahnte sich ein neues Verhältnis zur katholischen Kirche an. Diese war den Evangelischen dadurch sehr entgegengekommen, daß sie etwa 650 Kirchen für den evangelischen Gottesdienst zur Verfügung stellte. Im Verkehr miteinander lernte man sich besser kennen. Viele Katholiken hatten keine Ahnung vom Glauben und Leben der Evangelischen, wie auch den Evangelischen das kirchliche Leben der Katholiken fremd war.
> Katholische und evangelische Geistliche fanden oft leichter zueinander als ihre Gemeindeglieder. Ja, mancher Vertriebene berichtete, daß sie beim katholischen Geistlichen oft mehr Verständnis gefunden hätten als bei dem zuständigen (einheimischen) Pfarrer ihrer Konfession. Beispielhaft war schon in den ersten Jahren das friedliche Zusammenwirken

der Geistlichen beider Konfessionen bei Heimattreffen und anderen Veranstaltungen der Vertriebenen. Es darf geurteilt werden, daß sich die konfessionelle Mischung, die durch die Heimatvertriebenen erfolgte, für beide Konfessionen segensreich ausgewirkt hat."

4. Die Vertriebenen und die Katholische Kirche

4. 1 Caritashilfe und Hirtenbriefe 1945—1947

„Der Vielgestalt der Not der Kinder, alten Leute, Kriegsversehrten, Ausgebombten und Heimatvertriebenen hat der Diözesan-Caritasverband Bamberg (so wie es die übrigen sechs bayerischen Caritasverbände auch taten) seit dem Zusammenbruch des Dritten Reichs tatkräftig entgegenzuwirken versucht. Es war dies umso notwendiger, als die staatliche sowie die gemeindliche Wohlfahrtspflege (und zunächst auch das Rote Kreuz) in keiner Weise aktionsfähig waren. Aus der Katastrophenhilfe der ersten Wochen entwickelte sich in der Folgezeit ein ansehnliches kirchlich-caritatives Hilfswerk." So schrieb im Mai 1947 Caritasdirektor Professor Dr. *Philipp Kröner* in der „Denkschrift über die sozial-caritative Lage" seiner Diözese[32]. Aus seiner Feder stammt auch das zwei Jahre später erschienene Buch „Caritas in drei Jahrzehnten"[33]. Neben den Hirtenbriefen der Bischöfe aus diesen Jahren sind dies die frühesten Publikationen über die damalige Leistung der Caritas in Bayern. Die aktuelle Not war so groß, daß kaum jemand von den Helfern Zeit fand und überhaupt auf die Idee kam, über die Hilfe für Flüchtlinge und Ausgewiesene zu schreiben — außer in reinen Rechenschaftsberichten. So lesen wir 1953 bei Caritasdirektor *Michael Prem*, Regensburg[34]:

„Der Caritasverband der Diözese hat sich als Organ des Diözesanbischofs, Exz. Erzbischof Dr. *Michael Buchberger*, bemüht, in den verschiedenen aufgetretenen Nöten nach Kräften zu helfen. Wir haben auch seit 1946 über die Caritasarbeit regelmäßig einen Jahresbericht in Zahlen erstellt, denselben aber nicht der Öffentlichkeit übergeben. Für das Jahr 1952 soll hiermit erstmals auch in einigen textlichen Ausführungen etwas näher Einblick gegeben werden."

Will man zeitgenössische Darstellungen der ‚Ersten Hilfe' 1945 und der dann einsetzenden Unterstützung der staatlichen Flüchtlingsverwaltung auswerten, muß man vor allem in den Archiven der sieben Diözesen danach

32) Heinrich Rauh und Philipp Kröner: Denkschrift über die sozial-caritative Lage im Bereich der Erzdiözese Bamberg; Bamberg 1947, 27 S.
33) Philipp Kröner: Caritas in drei Jahrzehnten, dargestellt am Diözesan-Caritasverband Bamberg; Bamberg 1949, 166 S.
34) Michael Höfner und Michael Prem: Jahresbericht 1952 Diözesan-Caritasverband Regensburg; Regensburg 1953, 24 S.

suchen. In den vielen späteren Veröffentlichungen hat der Caritasverband, da er ja ein breites soziales Wirkungsfeld zu bestellen hat, im allgemeinen größeres Gewicht auf die jeweils dringendsten Tagesfragen gelegt und die bewundernswürdige Leistung der allerersten Nachkriegszeit nur noch in einigen Sätzen gestreift.

Umso verdienstvoller ist es, daß der aus Schlesien vertriebene Stadtpfarrer *Norbert Hettwer* — am 27. Februar 1946 zum hauptamtlichen Diözesan-Flüchtlings-Seelsorger berufen — 1975 eine ins Einzelne gehende Darstellung dem Verein für Augsburger Bistumsgeschichte zur Verfügung stellte[35]). „Der Dienst der Diözese Augsburg an der Eingliederung der Heimatvertriebenen vor dreißig Jahren" lautet der Titel. Es ist der erste derartige Bericht eines bayerischen Diözesan-Caritasverbandes.

Das will jedoch nicht heißen, daß es über die Flüchtlingshilfe des Deutschen Caritasverbandes, Freiburg im Breisgau, nicht genügend globale Informationen für ganz Deutschland gäbe. In seinem Ruhestand hat der von Anfang an direkt beteiligte Direktor Dr. *Erich Püschel* einen sowohl sozialpolitisch wie historisch gleichermaßen wertvollen Bericht 1972 veröffentlicht: „Die Hilfe der deutschen Caritas für Vertriebene und Flüchtlinge nach dem Zweiten Weltkrieg (1945—1966)"[36]. Bereits im Mai 1968 hatte er über „Aufgabe und Tätigkeit der Arbeitsgemeinschaft ‚Katholischer Lagerdienst' 1952—1966" geschrieben[37]. *Püschel* war in diesen Jahren auch Geschäftsführer des „KLD". Als weitere Quelle für unsere Darstellung dient ein Buch, daß der Diözesan-Caritasverband Regensburg 1960 aus Anlaß des Eucharistischen Weltkongresses in München und zum diamantenen Priesterjubiläum von Erzbischof Dr. *Michael Buchberger* herausgab. Caritasdirektor Msgr. *Michael Prem* stellte dafür Hirtenworte, Ansprachen und Erlasse aus der Zeit 1928—1960 zusammen, so daß der an vertieftem Studium interessierte Leser unserer Dokumentation sich dort leicht weitere Einzelheiten heraussuchen kann und nicht umständlich in den alten Jahrgängen der katholischen Kirchenzeitungen usw. danach zu suchen braucht[38].

Wie oben bereits erwähnt wurde, hat der Staatskommissar seit Januar 1946 fortlaufend seine Verordnungen, internen Anweisungen für die Lager usw., vor allem sämtliche statistischen Ergebnisse (Wochenberichte, Sechswochenzählungen, Lagerlisten) an den Bayerischen Landes-Caritasdirektor Geistl. Rat *Georg Rudolf Fritz* für die sieben Diözesanverbände gesandt. Um-

---

35) Norbert Hettwer: Der Dienst der Diözese Augsburg an der Eingliederung der Heimatvertriebenen in dreißig Jahren; Jahrbuch des Vereins für Augsburger Bistumsgeschichte, 9. Jahrgang; Augsburg 1975, S. 314—331.
36) Erich Püschel: Die Hilfe der deutschen Caritas für Vertriebene und Flüchtlinge nach dem Zweiten Weltkrieg (1945—1966); Freiburg im Breisgau 1972, 127 S. —
37) Erich Püschel und Adalbert Sendker: Aufgabe und Tätigkeit der Arbeitsgemeinschaft „Katholischer Lagerdienst" 1952—1966; Freiburg im Breisgau 1968, 34 S.
38) Hermann Grötsch und Michael Prem: Trachtet nach der Liebe, Diözesan-Caritasverband Regensburg 1959, Festschrift aus Anlaß des Eucharistischen Weltkongresses in München; Regensburg 1960, 210 S.

gekehrt versuchte die Flüchtlingsverwaltung alle Fragen des Caritasverbandes zu beantworten und dessen Anregungen zu verwirklichen.

Schon im Sommer 1945 hatten die deutschen Bischöfe erkannt, daß bei dieser Katastrophenlage caritative Hilfe allein nicht genügen würde. Im Hirtenwort der deutschen Bischöfe vom 28. August, also kurz nach der Potsdamer Konferenz, lesen wir nach dem Appell, den heimatlos Gewordenen in herzlicher Liebe ein gastliches Dach zu bieten und mit ihnen den Tisch zu teilen[39]):

> „Gewiß werden die berufenen Männer in öffentlichen Stellen Mittel und Wege finden, um die Behebung der gewaltigen Schäden der Kriegszeit in sozialem Ausgleich gerecht auf alle Schultern zu verteilen."

Gehen wir noch einmal zwei Monate weiter zurück, lesen wir das erste Nachkriegs-Hirtenwort vom 25. Juni 1945 zur Caritassammlung, in dem der Begriff „Flüchtling" noch nicht auftaucht:

> „Vor einer ganz großen Aufgabe steht die christliche Caritas. Die Not ist so vielseitig und ergreift so weite Kreise, daß wir alle in erbarmender Liebe zusammenhalten müssen, um eine Katastrophe fernzuhalten. Ich weise hin auf das mannigfache Kinderelend, besonders auch das erschütternde Los der (wegen des Luftkrieges) landverschickten Kinder, die jetzt überall umherirren und umhergeschoben werden.
> Für die Kinder sollen alle von unseren Ordensschwestern geleiteten Kindergärten und Kinderheime wieder eröffnet und Einrichtungen der NSV (Nationalsozialistische Volkswohlfahrt), soweit es notwendig und möglich ist, übernommen werden.
> Ich erinnere an das Unglück der Ausgebombten und Ausgeraubten, an die vielen Tausende, die mittellos, obdachlos und arbeitslos dastehen."

Und in dem Aufruf an die „Diözesankinder" heißt es dazu:

> „Eure Seelsorger werden Euch nähere Anweisungen geben für die Sammlung von *Sachwerten,* die am notwendigsten sind, weil sie zur Zeit selbst um Geld nicht mehr beschafft werden können."

Im Hirtenwort zur zweiten Caritassammlung am 27. September 1945 heißt es:

> „Zum bisherigen *Elend,* das in Städten und Notgebieten wahrlich drückend genug ist, kommt ein *neues,* so grauenhaft, wie es die Welt noch kaum gesehen hat.

---

39) Hirtenbrief der Fuldaer Bischofskonferenz vom 28. August 1945; Amtsblatt der Erzdiözese München und Freising, 1. Beilage zu Nr. 5; München 1945, 7 S.

Es ist das schreckliche Elend der aus ihrer *Heimat vertriebenen Deutschen* im Osten unseres Vaterlandes. Tausende und Abertausende fluten über unsere bayerische Ostgrenze, völlig mittellos und brotlos, nur dürftig bekleidet, ziellos und planlos wandernd.

Die Vertreibung dieser armen Menschen aus ihrer Heimat und namentlich die rücksichtslose und herzlose Form, in der sie vertrieben werden, ist — nicht weniger als so manche Unmenschlichkeiten des Weltkrieges — eine Menschheitsschande."

Und in einem Hirtenwort direkt an die Flüchtlinge sagte Erzbischof *Buchberger* u. a.:

„Meine lieben heimatlos gewordenen Mitchristen! Seid unserer herzlichen Anteilnahme versichert! Es gibt noch eine andere Heimat, die uns niemand rauben kann, eine Heimat, welche die seligste Hoffnung aller Heimatlosen ist, den Himmel.

Solange Ihr in meiner Diözese seid, will ich euch, wie meinen eigenen Diözesankindern, ein treubesorgter Vater und guter Hirte sein."

Die Situation Ende 1945 war in der Tat — physisch und psychisch — wahrhaft trostlos, dabei hatte die organisierte Massenausweisung noch gar nicht begonnen. Am 28. November 1945, um ein Beispiel zu geben, sah sich Erzbischof *Buchberger* veranlaßt, um die ordnungs- und sachgemäße Verpackung von Kartoffeln zu bitten. Der Erzbischof von Köln und der Bischof von Aachen hatten ihm nämlich mitgeteilt, daß „die Not in der Nord-Rhein-Provinz überaus bedrohlich sei; nun habe das Landesernährungsamt Bonn erreicht, daß aus Bayern und Nordbaden (Amerikanische Zone) 180 000 Zentner Kartoffeln beschleunigt dorthin befördert werden dürfen". Längst waren die Kartoffeln in Mieten und Kellern jedoch eingewintert. Der Klerus wurde aufgefordert, „die Landwirte aufzumuntern, daß sie das Opfer gerne bringen möchten ... Es gilt, Hunderttausende von Bewohnern der Nord-Rhein-Provinz vor dem Hungertod zu bewahren".

Als der harte Winter 1945/46 überwunden war, hatte inzwischen die staatliche Flüchtlingsverwaltung ihre Tätigkeit voll aufgenommen und die Verteilung der ersten Ausweisungstransporte bewältigt. Die Erzbischöfe und Bischöfe Bayerns, voller Entsetzen über das Ausmaß der Not, stellten im Hirtenwort vom 9. April 1946 die „Schuldfrage" und hofften sogar, der Ausweisung noch Einhalt zu gebieten.

„Das Furchtbarste, was die Nachkriegszeit mit sich gebracht hat, ist das wahrhaft grauenvolle und im vollen Sinne des Wortes unmenschliche Elend der Flüchtlinge ...

Man sagt: Das ist die Strafe für die Greuel, die die Deutschen in anderen Ländern verübt haben. Niemand kann diese Greuel schärfer verurteilen und tiefer bedauern, als wir es tun.

Aber was haben die Säuglinge und kleinen Kinder, Greise und Mütter und ein Riesenheer unschuldiger Menschen mit den Untaten der Mordgesellen Hitlers und Himmlers zu tun?

Und wenn sie keine Schuld haben, so ist doch eine so entsetzliche harte und grausame Bestrafung rechtlich und sittlich nicht erlaubt ...

Die Wahrheit und Mahnung sprach auch der Heilige Vater (am 24. Dezember 1945) aus mit den Worten: ‚Wer Sühne für Schuld verlangt durch gerechte Bestrafung der Verbrecher nach dem Maße der Verbrechen, muß peinlich darauf achten, daß er nicht das gleiche tut, was er den anderen als Schuld und Verbrechen vorhält. Wer Wiedergutmachung will, muß sie fordern aufgrund der Sittenordnung, der Achtung vor den unerläßlichen Naturrechten, die auch jenen noch verbleiben, die sich dem Sieger bedingungslos ergeben haben.‘

Daher richten wir an die Staatsmänner, die über die Geschicke der Menschheit entscheiden, die dringlichste Bitte, den Millionen vertriebener Deutscher ihr Land und ihre Heimat wieder zurückzugeben und sie vor der Verzweiflung zu retten."

Die Staatsmänner, die angesprochen worden waren, überhörten — wie sollte es anders zu erwarten sein — diesen Notschrei. Nicht jedoch wurde er von der Bevölkerung vieler neutraler und ehemals feindlicher Staaten überhört, wie die dann ständig sich ausweitenden Liebesgaben des Auslandes beweisen. Politisch blieb wenigstens noch die Hoffnung auf einen erträglichen Friedensschluß. Am 22. April 1946 erließen die bayerischen Bischöfe einen Aufruf:

„Man kann keinen Unschuldigen strafen und den Schuldigen nur nach dem Maße seiner Schuld. Sonst hört sich jedes Recht unter Menschen auf, Gewalt und Willkür treten an die Stelle. Mit großer Sorge verfolgen wir die Friedensverhandlungen in Moskau. Was soll aus der Welt werden, wenn jeder Friedensversuch mißlingt?"

Am Papstsonntag 1947 hatte bereits Kardinal *Michael von Faulhaber* in einer historisch bedeutsamen Predigt dazu Stellung genommen:

„Morgen, am 10. März (1947), beginnen in Moskau die Friedensverhandlungen der vier Großmächte, die über die Zukunft des deutschen Volkes entscheiden werden. In den folgenden Monaten werden also die Würfel fallen in der Frage, ob für unser Volk auf die Jahre der Hungersnot ein wirtschaftlicher Anstieg, auf die Jahre der Diktatur die Freiheit folgen wird oder ob uns ein neuer Rückfall in Not bevorsteht.

Ob man am Moskauer Gerichtshof nur das heidnische Wort jenes römischen Feldherrn kennt, der sein Schwert in die Waagschale warf mit den Worten ‚Wehe den Besiegten‘, oder ob man auch aus dem Evangelium das Wort christlicher Gerechtigkeit kennt: ‚Das Urteil, das ihr fällt, wird über euch gefällt‘ (Mathäus 7, 2). In jedem Fall hat eine entscheidende Stunde der Weltgeschichte geschlagen.“

Der Autor fand den Text im Archiv der Bibliothek des Erzbischöflichen Ordinariats München. Grell beleuchtet er die Erwartungen der weiten Öffentlichkeit und macht auch heute noch verständlich, welche Enttäuschung der negative Verlauf hervorrief. Wir lesen auf S. 234, wie Ministerpräsident Dr. *Hans Ehard* daraufhin zur ‚Deutschen Ministerpräsidentenkonferenz‘ für Juni 1947 einlud. Immerhin — auch das sollte nicht vergessen werden — wurde Frankreichs immer wieder vorgetragene Forderung, Ruhrgebiet und Rheinland abzutrennen, in Moskau von den drei Großmächten endgültig abgelehnt. Mindestens seit 4. Dezember 1945 war Frankreichs anfängliche Zielvorstellung bekannt. Damals sagte Außenminister *Georges Bidault* im französischen Ministerrat, wie *Püschel* zitiert:

„Es ist nur logisch, daß die deutschen Grenzen nach Westen ebenso fixiert werden wie im Osten. Die Sicherheit Frankreichs steht auf dem Spiel.“

4. 2 *Die Zentrale des Deutschen Caritasverbandes in Freiburg/Breisgau*

Man darf die Leistungen der bayerischen Diözesan-Caritasverbände nicht isoliert sehen, sondern muß den Deutschen Caritasverband als Ganzes betrachten. In der Festschrift „75 Jahre Deutscher Caritasverband 1897—1972“ schrieben *Erich Püschel* und *Martin Vorgrimler* über die „Katastrophenhilfe mit Hindernissen“. Kurz zusammengefaßt erzählen die beiden Autoren folgendes[40]):

Der Caritasverband war der einzige Wohlfahrtsverband, der einigermaßen intakt, sofort verhandlungsfähig und aktionsfähig aus den Wirren hervorgegangen, ein Verdienst von Präsident Prälat Dr. *Benedict Kreutz* und seiner Mitarbeiter, deren Zahl seit 1939 durch Kriegsdienst und Inhaftierungen geschrumpft war. Bereits in den zwanziger Jahren hatte *Kreutz* aus seiner Einsicht in das Gefüge von Kirche, Staat und Gesellschaft einerseits und in Wesen und Aufgaben der Wohlfahrtspflege andererseits die Initiative zur Gründung der Liga der freien Wohlfahrtspflege ergriffen. *Kreutz* hatte es verstanden, vielleicht durch glückliche Zufälle begünstigt, der totalen „Gleichschaltung“ durch die NSV zu entgehen. Ihm ging also der Ruf eines Fachmanns für Zusammenarbeit voraus. Obwohl über 2000 geschlossene Ein-

40) Festschrift: 75 Jahre Deutscher Caritasverband 1897—1972, Freiburg im Breisgau. — Erich Püschel: Caritas in den Jahren nach dem Zweiten Weltkrieg, Initiativen des DCV zur Hilfe in den Nöten der Nachkriegszeit; S. 101—104. — Martin Vorgrimler: Katastrophenhilfe mit Hindernissen, Streiflichter von der ausländischen Nachkriegshilfe für Deutschland; S. 104—106.

richtungen des Caritasverbandes aufgrund des Reichsleistungsgesetzes für Kriegs- und Parteizwecke sowie durch Luftkriegszerstörungen verloren gegangen waren, sah er beim Zusammenbruch sofort Chancen, ja die Pflicht zum Wiederaufbau; denn Tausende von Flüchtlingen brauchten pflegerischen Schutz. Mit der Deklaration der Siegermächte vom 5. Juni 1945 hatten die Militärregierungen die höchste politische Autorität über Deutschland übernommen; als oberstes Organ wurde in Berlin der Alliierte Kontrollrat eingesetzt, der allerdings ab Mitte März 1948 funktionsunfähig war. *Püschel* schreibt dazu:

> „Die Kirchen, der Deutsche Caritasverband und die infolge der ‚Gleichschaltung' noch behinderte Innere Mission, später das Evangelische Hilfswerk waren zwar die einzigen verbindenden und helfenden Kräfte zwischen den Zonen. Sie hatten aber im Alliierten Kontrollrat ebenso wenig einen Verhandlungspartner wie in den selbstherrlichen Militärbehörden in den vier Zonen.
>
> Die Lage der Zentrale des Deutschen Caritasverbandes in der Französischen Zone mit deren besonders strenger Abgrenzung von den übrigen Besatzungsgebieten sowie den politischen Tendenzen und Zielen der Französischen Besatzungsbehörde war besonders hinderlich in der Entfaltung der Kräfte. Man war bereit, den Caritasverband für die Länder und Diözesen des französischen Besatzungsgebietes als zentrale Institution anzuerkennen, aber *nicht als überzonal tätigen Verband,* nicht als Zusammenfassung aller Kräfte der deutschen Caritas."

Die altbewährten Mitarbeiter, gewohnt unter dem Mandat ihres Bischofs selbständig zu entscheiden, brauchten nicht erst einen besonderen Wink „von oben". Vielmehr fingen sie von sich aus, wo es notwendig war, mit der Flüchtlingshilfe an. Und ebenso spontan entstand der Kirchliche Suchdienst in den Pfarrämtern und Caritasstellen, zuerst verständlicherweise in den Grenzgebieten zur Tschechoslowakei und zur Russischen Zone (vgl. S. 199).

Prälat *Kreutz* erreichte sein erstes Ziel, d. h. den Beginn eines neuen gemeinsamen Handelns inmitten zunehmenden Zerfalls in Staat und Gesellschaft, auf der ersten Nachkriegstagung des „Zentralrats des Deutschen Caritasverbandes" vom 6.—8. November 1945. Es ist bewundernswert, daß es ihm trotz der strengen Reisebeschränkungen durch die Militärregierungen gelang, zu dieser Konferenz im hessischen Salmünster (Kreis Schlüchtern) Vertreter aus allen vier Besatzungszonen zu holen. Im Mittelpunkt der Beratungen stand das Flüchtlingsproblem und die Aufteilung der Ausweisungstransporte. Erinnern wir uns, daß wenige Tage vorher in Berlin der Kontrollrat über die Zonenaufteilung der auszuweisenden Deutschen entschieden hatte.

Aber *Kreutz* sah schon in die weitere Zukunft und drängte, bereits über die Möglichkeiten der Seßhaftmachung der Vertriebenen zu diskutieren. Damals erging der Auftrag an das Kieler Institut für Weltwirtschaft, ein wissenschaftliches Gutachten zu liefern, das im März 1946 vorlag[41]). Mit einer weiteren Untersuchung wurden Professor Dr. *Bernhard Pfister*, Hamburg, und die Dozentin Dr. *Elisabeth Liefmann-Keil,* Freiburg i. Breisgau, beauftragt zur Beantwortung der Frage: Verarmungsprozeß oder Aufbau? Ihr Ergebnis erschien 1947[42]).

Es ist nicht uninteressant, worauf *Püschel* ausdrücklich hinweist, daß *Kreutz* schon in dieser Phase meinte, erst in sieben bis zehn Jahren könnte das Flüchtlingsproblem gelöst sein; denn im November 1945 sahen die meisten Politiker nicht so weit in die Zukunft.

Die Schwierigkeiten mit der Französischen Militärregierung waren übrigens der Grund, den sich lawinenartig ausweitenden kirchlichen Suchdienst in die „Hauptvertretung des Deutschen Caritasverbandes" nach München — also in die Amerikanische Zone zu verlegen. Im Kapitel „Suchdienst" werden wir dann erfahren, daß hier heute die Zentrale der Heimatortskarteien sich befindet.

Die weitere Hauptvertretung des Caritasverbandes in Berlin, die früher als Verbindungsstelle zu Reichsregierungen und Reichsbehörden fungierte, erhielt nun neue Bedeutung in doppelter Hinsicht: Sie wurde ein Vorposten für die Kontakte zur Caritasarbeit in der Russischen Zone und ferner zu der „gewichtigen Delegation" der „USA-Caritas" NCWC (National Catholic Welfare Conference).

4. 3 Nachkriegshilfe des Vatikans und des Auslands

Martin Vorgrimler begann seine Ausführungen in der „Festschrift" mit einem Urteil über die Rolle der Besatzungsarmee als Ordnungselement — eine historisch bedeutsame Feststellung:

> „In einer Untergangshysterie sondergleichen sollte (nach Hitlers Wunsch) das ganze Volk mit in den Abgrund gerissen werden ... Soweit kam es zum Glück nicht, weil klarsehende, beherzte Männer den Mut hatten, Wahnsinnsbefehle zu ignorieren und politisch zu retten, was zu retten war. Die bedingungslose Kapitulation — diesmal ohne eine Dolchstoßlegende — hatte wenigstens das eine Gute, daß das Territorium des untergegangenen Reiches Besatzungsgebiet wurde, sodaß der militärische

---

41) Rudolf Walder, Anton Zottmann, Helmut Keunecke: Das deutsche Flüchtlingsproblem in seinen wirtschaftlichen und sozialen Zusammenhängen, Gutachten im Auftrag des Deutschen Caritasverbandes; Institut für Weltwirtschaft, Kiel, März 1946, 42 S.
42) Bernhard Pfister und Elisabeth Liefmann-Keil: Die wirtschaftliche Verarmung Deutschlands; Gutachten im Auftrag des Deutschen Caritasverbandes; Hamburg-Freibung i. Br. 1947.

Apparat das ungeheuerliche Chaos von Millionen befreiter ausländischer Zwangsarbeiter (DP's), Kriegsgefangener (vor allem Russen und Polen), KZ-Häftlinge, (deutscher) Flüchtlinge aus dem Osten, Evakuierter und Resten der deutschen Armee entwirrte, und ein *Blutbad der Rache* verhindert werden konnte. Aus diesem Meer von moralischem und materiellem Elend und der Verzweiflung, aber auch der Feigheit und Niedertracht tauchten zwei einigermaßen heil und gesund gebliebene Elemente gesellschaftlicher Ordnung auf: Die *Familie* und die *Gemeinde,* die politische sowie die kirchliche. Es war klar, daß man Auslandshilfe erbat. Wer außer den Kirchen wäre dazu in der Lage gewesen?"

Die tatkräftigste Transporthilfe leistete längere Zeit hindurch die Amerikanische Armee, die in schweren Sattelschleppern nicht nur die allerersten Vatikanspenden im August 1945 (!) über den Brenner nach Deutschland brachte — Medikamente, Lebensmittel und Bekleidung —, sondern die vor allem auch die umfangreichen Spenden aus den USA von Bremen, dem Transportstützpunkt der Amerikanischen Armee, zu den Zielpunkten, auch nach Berlin, beförderte. Übrigens stellte anfangs die Amerikanische Regierung Schiffsraum und Dollars für Frachtgelder zur Verfügung. Erst später beteiligte sich die Bundesrepublik an der Finanzierung der Transporte. Das sollte man nicht vergessen! Es darf ebenfalls nicht vergessen werden, daß die USA die Hauptlast für die Repatriierung der DP's und lange Zeit auch die Sorge für die IRO-DP's (die nicht repatriiert werden, sondern auswandern wollten) trugen. Das hat nichts damit zu tun, daß die Bundesrepublik später Milliarden DM an Besatzungskosten aufzubringen hatte.

Allerdings profitierten anfangs in erster Linie die Amerikanische und die Britische Zone sowie die Berliner von den Auslandsspenden. Die Französische Militärregierung, die sich ganz abgekapselt hatte, sperrte sich gegen Auslandsspenden für Deutsche. Aber auch die anderen Besatzungsmächte mißtrauten allen zentralen Bestrebungen. „Das färbte auch auf deutsche Stellen ab", schreibt *Vorgrimler* lapidar. Man muß heute also geradezu glücklich sein, daß wenigstens die drei westlichen Besatzungszonen noch zusammenfanden.

Das Vertrauensverhältnis der ausländischen zu den deutschen Wohlfahrtsorganisationen wuchs Schritt für Schritt, nachdem die Prüfdelegationen durch genaue Kontrollen überzeugt worden waren, daß die Spenden ihrer Verbände wirklich gewissenhaft und auch sachgemäß verteilt wurden. Und es ist wohl gerecht zu erwähnen, daß es den ausländischen Sammlern in jener Zeit nicht leicht fiel, in ihren Heimatländern Verständnis und Gebefreudigkeit für Deutschland zu wecken.

Wir lasen von der ersten Vatikanspende im August 1945. Das warmherzige Interesse von *Papst Pius XII.* an Deutschland, den deutschen Katholiken und den deutschen Flüchtlingen erlahmte nicht („Il Tedesco" apostrophierte man in Rom ihn gerne deswegen). Es gibt eine Fülle Belege dafür. Erwähnt sei z. B. seine Mahnung an die deutschen Flüchtlinge, die er in einer eigenhändig geschriebenen Botschaft in deutscher Sprache an die deutschen Bischöfe sandte, erwähnt auch deswegen, weil diese Mahnung — noch in der Phase der organisierten Ausweisung — in der deutschen Öffentlichkeit größte Aufmerksamkeit erregte; denn auch die noch begrenzten Massenmedien verbreiteten die Botschaft, wie die „Süddeutsche Zeitung" am 10. September 1946.

Vier Monate später schrieb *Pius XII.* einen Brief an die Kardinäle *von Faulhaber, Josef Frings* (Köln), *Konrad Graf Preysing* (Berlin) und die deutschen Erzbischöfe und Bischöfe[43]):

> „Die Art, in der ihr Uns den Ernst, die Dringlichkeit und die weitreichenden Ausstrahlungen der Flüchtlingsnot in euren verschiedenen Schreiben berichtet habt, gibt Uns die beruhigende Gewißheit, daß ihr alles daran setzt, um in Übereinstimmung mit Unseren Weisungen und Absichten diesen vom Kriegsgeschick erbarmungslos getroffenen Brüdern und Schwestern die Hilfe barmherziger Liebe im Rahmen des Menschenmöglichen zukommen zu lassen . . .
>
> Die besondere Lage Deutschlands infolge der bisherigen Zoneneinteilung, die hierdurch bedingte Pluralität der Zuständigkeiten, die Schwierigkeiten der Transportverhältnisse auch in anderen, an Deutschland angrenzenden Ländern, haben in der Vergangenheit für die Durchführung der von Uns beabsichtigten Hilfeleistungen Hemmnisse geschaffen, von deren Ausmaß ein mit solchen Fragen nicht ganz Vertrauter sich kaum die richtige Vorstellung machen kann."

Diese Betrachtung aus der Sicht der Zentrale des Deutschen Caritasverbandes und diese Hinweise auf die Auslandshilfe sollen mit *Vorgrimlers* Worten abgeschlossen werden:

> „Wenn es trotz der angedeuteten vielfältigen Hemmnisse in den vier Jahren der Nachkriegshilfe von 1946—1949 möglich war, daß allein dem Caritasverband vom Ausland her ein Spendenaufkommen in Sach- und Geldwerten zu treuen Händen und zur Verteilung anvertraut werden konnte, das — vorsichtig errechnet — den Wert von zwölf bis fünfzehn Jahresaufkommen von Misereor erreichte, so soll nie vergessen werden, welche Dankesschuld wir abzutragen haben . . . Unser Dank kann am besten damit bezeugt werden, daß wir anderen Völkern, die unsere Hilfe brauchen und wünschen, nach Kräften helfen — nicht mit Lieferung von Kriegsmaterial, sondern mit Werken des Friedens."

43) Papst Pius XII.: Brief an das deutsche Episkopat, Jan. 1947; Archiv der Bibliothek des Erzbisch. Ordinariats München.

4. 4 Caritas in Bayern

Caritasdirektor *Philipp Kröner* schrieb 1950 zum Thema „Auslandshilfe"[44]:

„Zur Durchführung ihrer Hilfswerke bedient sich die Caritas ebenso wie die übrigen Wohlfahrtsverbände normalerweise der Mittel, die ihr aus dem eigenen Volk zufließen. In außergewöhnlichen Notzeiten wie nach den beiden Weltkriegen hat sich indes zur Bewältigung ihrer ungeheuer großen fürsorgerischen Aufgaben schon zweimal die Bruderhilfe des Auslandes in Anspruch nehmen müssen. Dabei ist jedesmal die völkerverbindende Kraft der (katholischen) Weltkirche offenbar geworden. Noch bevor sich in den ehemaligen Feindstaaten die Ablehnung gegen Deutschland gelegt hatte, bereitete der Heilige Vater über seine diplomatischen Vertretungen und durch aufrüttelnde Schreiben an die Bischöfe und Katholiken des Auslandes jene Liebesgaben vor, die dann über das Päpstliche Hilfswerk oder die einzelnen Spendenländer direkt zu uns kamen.

Über 662 t hochwertigster Lebensmittel, Medikamente, Bekleidung und Schuhwerk verdankt seit 1946 bis Ende September 1959 *allein das Erzbistum Bamberg* der Auslandshilfe. An der Spitze stehen die Spenden der National Catholic Welfare Conference (NCWC). Mit ihr wetteifern der Vatikan, die Schweiz, Schweden, die Niederlande, Luxemburg, Spanien und Südamerika."

In der ersten Denkschrift von 1947 wurden zwei Ergebnisse veröffentlicht, das Ergebnis der Sammlungen innerhalb der Diözese und das der Auslandshilfe. Aus dem eigenen Sammelbereich kamen seit der Kapitulation bis Ende 1946 über 3000 Pakete und 63 t Nahrungsmittel, ferner aus den USA 193 t, vom Vatikan 91 t, aus der Schweiz 7065 Pakete plus 1,4 t, aus Schweden über 1 t Nahrungsmittel. Ferner konnten 95 000 Wäsche- und Bekleidungsstücke, sowie 5450 Paar Schuhe aus eigenen Sammlungen und Auslandsspenden verteilt werden. Solche Zahlen sollen nur grob die erhebliche Menge der Liebesgaben verdeutlichen, die Einzelheiten sind heute ohne Belang. Bemerkenswert ist *Kröners* Feststellung, daß die Lösung der Wohnungsnot die Kräfte eines Wohlfahrtsverbandes überforderte; nur durch ein großzügiges Siedlungsprogramm könne hier Abhilfe geschaffen werden. Erst Jahre später begann das Wohnungsbauprogramm anzulaufen. In allen bayerischen Diözesen wurden Siedlungswerke gegründet, wie das Katholische Wohnbauwerk Passau. Die Diözesan-Siedlungswerke bestehen heute noch. Trotzdem sei, meint *Kröner*, eine andere Not noch größer:

---

44) Philipp Kröner: Die Caritas der Erzdiözese Bamberg im Heiligen Jahr 1950; Bamberg 1950, 8 S.

„Die gefährlichsten Grenzen kirchlich-caritativen Helfens liegen außerhalb des materiellen Bereichs. Das Millionenheer der Notleidenden erwartet von Priester und Volk Caritasgesinnung. Diese Erkenntnis zu wecken, ist Hauptaufgabe der Kirche."

Ein anderes Beispiel: Prälat *Michael Prem* berichtete in der erwähnten Festschrift von 1960 über die Caritas-Leistungen der Diözese Regensburg. Aus eigenen Sammlungen konnten in der Diözese 31 700 t Lebensmittel, 1,3 Millionen Stück Textilien, 115 000 Paar Schuhe usw. im Gesamtwert von 9,7 Millionen DM verteilt werden. Bis zur Währungsreform gingen ferner 10,5 Millionen Reichsmark, danach bis 1959 weitere 11 Millionen DM ein.

An Auslandsspenden kamen zur Verteilung 4000 t, davon 3600 t von NCWC; die übrigen Liebesgaben kamen vom Vatikan, Irland, den Niederlanden, Schweden und der Schweiz, vereinzelt sogar aus Brasilien, Belgien, Spanien, Italien, Chile usw. Wer denkt heute noch an die Millionen Spender? Wer fühlt sich heutzutage von den Hilferufen für Notleidende in anderen Staaten so angesprochen, daß er wirklich etwas „opfert"?

Einige Daten über die Caritas-Tätigkeit in der Erzdiözese München-Freising sollen diesen Abschnitt abschließen. Hier hat sich Prälat *Oskar Jandel* große Verdienste erworben. Die fieberhafte Tätigkeit nach Ankunft der Flüchtlinge begann sowohl in der Landeshauptstadt wie auch draußen, vor allem im Alpenvorland; denn hier fanden die Flüchtlinge erste Unterkunft in den Hotels. Die fürsorgerische Betreuung erfolgte nicht nur in den zu Notunterkünften gewordenen Hotels, sondern auch zum Besten der verstreut untergekommenen Einzelpersonen. Im Benehmen mit der Ackermanngemeinde wurde sowohl in den Lagern wie in anderen Brennpunkten eine spezielle Seelsorge organisiert, für die vertriebene Geistliche eingesetzt werden konnten. Es soll hier an die großen Münchener Lager Allach 1, 2 und 3, an den „Waldfriedhof", an „Alabama" und wie sie alle geheißen haben erinnert werden, in denen feste Caritas-Stationen bestanden. Ferner wurden Kindergärten aufgemacht, allein 22 für die Flüchtlingskinder in München. Große Altersheime wurden z. T. neu errichtet, z. T. von den Flüchtlingskommissaren übernommen wie in Laufen, Obersalzberg, Samerberg, Schwaigwall, Garmisch-Partenkirchen, Mittenwald usw.

Der große Stab der Fürsorgerinnen und Kindergärtnerinnen wäre nicht einsetzbar gewesen, hätten nicht große Spenden von Kleidern, Wäsche, Schuhen und Lebensmittel zur Verfügung gestanden. Kardinal *von Faulhaber* hatte, bevor ausländische Liebesgaben eingingen, seine Bauern zu einer fortlaufenden Lebensmittelsammlung aufgerufen, die 1945 vor allem den Flüchtlingslagern zugute kam, bevor die Flüchtlingsverwaltung deren Versorgung übernehmen konnte. Reichliche Gaben flossen durch das Päpstliche Hilfswerk, später durch das amerikanische Hilfswerk NCWC. Allein aus den USA trafen in einem Jahr mehr als 1000 t hochwertige Lebensmittel ein.

„Erwähnt werden soll auch, daß der Staatskommissar und draußen die Regierungs- und Flüchtlingskommissare, als sie ihre schwere Aufgabe übernahmen, — insbesondere im Einschleusungsjahr 1946 — die Caritas zu vielen Beratungen heranzogen und sich ihrer Erfahrung und Mithilfe bedienten", berichtete *Jandel.*

1951 begann sich das Blatt langsam zu wenden. Erstmalig lesen wir im Hirtenwort vom 29. November 1951 einen Hilferuf für die Hochwassergeschädigten in Oberitalien:

> „Heute ist es ein anderes Land, aus dem sich ungezählte Hände hilfesuchend dem Heiligen Vater entgegenstrecken. Nun ist es nicht nur eine Pflicht christlicher Nächstenliebe, sondern auch der Dankbarkeit gegenüber dem Heiligen Vater, daß wir deutschen Katholiken dem Heiligen Vater unser Scherflein senden."

Notleidende sind in jeder Gemeinde zu finden, auch heute noch. Das Tätigkeitsfeld der Caritas verlangt noch viel Einsatz in geschlossener und offener Fürsorge. Aber die anomale Situation nach der Kapitulation und der Aufnahme von Millionen Vertriebener hat sich gewandelt. Die Auslandshilfe für Deutschland endete, die Entwicklungshilfe für andere Länder trat an die Stelle. Da in München der weltweite Hilferuf sich 1960 artikulierte, sei an dieses katholische Ereignis erinnert[45]):

> „Daß die Kirche eine Gemeinschaft in der Bruderliebe sein soll, hat noch kein Eucharistischer Weltkongreß so deutlich gezeigt wie der in München 1960. Das Konzil in diesem Jahr, durch Papst *Johannes XXIII.* einberufen, will die Reform der Kirche. Es hat neben ökumenischen Aspekten vor allem die Erneuerung der Kirche in der Bruderliebe zum Ziel. Der weltweiten Caritas dienen auch die großen caritativen Werke der Katholischen Kirche Deutschlands Misereor und Adveniat."

4. 5 Der „Katholische Lagerdienst"

„Es waren nur wenige, die das Flüchtlingslager als Milieu zweifelhafter Umtriebe für Schwarzhandel oder andere Unsitten bevorzugten; in der überwiegenden Mehrzahl blieben zum Lageraufenthalt verurteilt: Kinderreiche Familien und schutzlose alleinstehende Frauen sowie die ständig neu einströmenden Heimkehrer", liest man in der Bamberger Denkschrift. So sah die Caritas die Situation der Vertriebenen in den Flüchtlingslagern Anfang 1947, kurze Monate nach dem Abschluß der organisierten Massenausweisung.

---

45) Hermann Grötsch und Michael Prem: 40 Jahre Caritasverband für die Diözese Regensburg „Trachtet nach der Liebe" 1922—1962; Regensburg 1962, 404 S. — Hermann Grötsch und Walter Siegert: 50 Jahre Caritasverband im Bistum Regensburg 1922—1972; Regensburg 1972, 296 S.

Es gab drei Abschnitte in der caritativen Lagerbetreuung. Die erste Phase 1945/46 verlangte eine fürsorgerische Hilfe in den provisorischen, spontan errichteten Lagern nach Kriegsende und dann während der Durchschleusung der Ausweisungstransporte in den staatlichen Flüchtlingslagern. Anfang 1947 änderte sich die Hilfsbedürftigkeit; denn man hatte mit Dauerinsassen in den zu sog. „Wohnlagern" ausgebauten Massenunterkünften zu tun, bis zur Auflösung dieser staatlichen Flüchtlingslager.

Der Übergang zur dritten Phase fing fast unmerklich an, als die meisten der „alten" Lager schon aufgelöst waren, aber durch den Zustrom aus der DDR und von Spätaussiedlern die Schaffung neuer „Notunterkünfte-Ost" und von „Übergangs-Wohnheimen" für Spätaussiedler notwendig wurde.

Nachdem die Caritas — nicht nur in Bayern — in den ersten beiden Abschnitten so segensreich den Flüchtlingen und Ausgewiesenen beigestanden hatte, sah sich der Deutsche Caritasverband veranlaßt, für die sich neu abzeichnende Aufgabe eine „Arbeitsgemeinschaft Katholischer Lagerdienst" (KLD) ins Leben zu rufen. Die Gründung erfolgte am 24. Oktober 1952 in Bonn, wo inzwischen das Bundesvertriebenenministerium seine Tätigkeit aufgenommen hatte. Ausschlag für diesen Entschluß war die Sorge um die ständig steigende Zahl alleinstehender Jugendlicher aus der DDR. Träger des KLD wurden neben dem Deutschen Caritasverband die großen Männer-, Frauen- und Jugendverbände der Katholischen Kirche, aber u. a. auch der Leiter der Dienststelle der Fuldaer Bischofskonferenz für die Vertriebenenseelsorge. Zum Geschäftsführer wurde der als „Leiter der Caritasflüchtlingshilfe" seit 1945 bewährte Dr. *Erich Püschel* berufen, der bis zu seiner Pensionierung Leiter des KLD blieb. Den Vorsitz führte Prälat *Adalbert Sendker*, Hildesheim. In dem oben erwähnten Bericht über die Tätigkeit 1952—1966 urteilte *Püschel* rückblickend:

> „Bund und Länder haben die Gründung des KLD als eine Zusammenfassung aller gleichgerichteten Bestrebungen auf katholischer Seite gewünscht und begrüßt, ohne aber die Konsequenzen für Einrichtungen und Maßnahmen anderer Richtungen und Verbände zu ziehen und für weitere Zusammenschlüsse auf nicht-katholischer Seite Anstoß zu geben. Das wurde nicht selten zum Nachteil des KLD, der in den Bonner Kommissionen jeweils nur eine Stimme hatte."

4. 6 Caritas in bayerischen Flüchtlingslagern

Über sieben Jahre Erfahrungen in der Betreuung von Lagerinsassen hatten also die sieben bayerischen Diözesan-Caritasverbände, als der KLD 1952 seine Tätigkeit aufnahm. In der Festschrift „40 Jahre Diözesan-Caritasverband in Bamberg" mahnte 1961 — im Blick auf die selbstzufriedene „Wohlstandsgesellschaft" — der 1. Vorsitzende DDr. *Sigmund Freiherr von Pölnitz*[46]):

> „Es könnte für uns heilsam sein, in diesem Jubiläumsjahr die Erinnerung in die Jahre 1945—1948 zurückgehen zu lassen. Zum Bilde der Zerstörung und des chaotischen Zusammenbruchs kamen die abgerissenen Soldaten und Kriegsgefangenen, die hungernden Massen und der endlose Flüchtlingsstrom. An die 250 000 katholische Heimatvertriebene kamen in jenen notvollen Nachkriegsjahren in unsere Erzdiözese (Bamberg). Im heutigen Kaufhaus Hertie (Bamberg, Grüner Markt) lebten beispielsweise zeitweilig 3000 Flüchtlinge."

Danach zählt er die vielen anderen Lager allein in Bamberg auf: Bärenbräu, Murmannbräu, die Martin- und die Rupprechtschule usw. In alle diese Stätten des Elends entsandte die Caritas ihre Fürsorgerinnen mit einem Strom von Liebesgaben.

> „Wegen Typhusgefahr wurde einige Male über verschiedene Lager Quarantäne verhängt. Ohne Rücksicht auf die eigene Gesundheit teilten manche unserer Betreuungskräfte mit den Lagerinsassen für Wochen das Schicksal des Eingeschlossenseins. Dies geschah zu einem Zeitpunkt, da es noch keine Landesregierung gab und in den Stadt- und Landkreisverwaltungen infolge des Entnazifizierungsverfahrens die behördlichen Fürsorgestellen noch gar nicht oder nur behelfsmäßig aktionsfähig waren."

4. 7 Caritas-Schulungsstätte Greding (Landkreis Roth)

Mit einem gewissen Stolz berichtet *Püschel* in der Festschrift „75 Jahre Deutscher Caritasverband" von der Errichtung der Schulungsstätte Greding im Juli 1946, zu einem Zeitpunkt also, in dem die weitere Öffentlichkeit den Umfang, die Bedeutung und die Gefahren des Flüchtlingsproblems noch nicht begriffen hatte. Der „Deutsche Nationalverband der katholischen Mädchenschutzvereine" (heute: Deutscher Verband der katholischen Mädchensozialarbeit) errichtete im ehemaligen Reichsarbeitsdienstlager diese erste Caritas-Schulungsstätte, in der 1946—1949 über 600 Mädchen und Frauen für die Flüchtlingsfürsorge innerhalb und außerhalb der Lager ausgebildet wurden.

4. 8 Die Zusammenarbeit mit der Flüchtlingsverwaltung

Anschaulicher als ganz allgemeine, anerkennende Schilderungen für die Zusammenarbeit mit der bayerischen Flüchtlingsverwaltung — Schilderun-

---

46) Sigmund Freiherr von Pölnitz: 40 Jahre Diözesan-Caritasverband Bamberg; Bamberg 1950, 8 S.

gen, die die Vorstellungskraft des heutigen Lesers arg strapazieren würden
— scheint es dem Autor zu sein, an dieser Stelle den erwähnten Augsburger
Bericht von Stadtpfarrer *Norbert Hettwer* heranzuziehen.

Am 27. November 1945 erhielt der Augsburger Caritasverband einen
Brief des Regierungspräsidenten Dr. *Konrad Kreisselmayer,* das Innenmini-
sterium habe angeordnet, daß eine Kommission zur Verteilung und Be-
treuung der Flüchtlinge im Regierungsbezirk Schwaben zu bilden sei. Das
war — wohlgemerkt — achtzehn Tage vor der Berufung von *Jaenicke* zum
Staatskommissar! *Kreisselmayer* bat um Benennung eines Beauftragten der
Caritas. Am 5. Januar 1946 übersandte der Regierungskommissar für das
Flüchtlingswesen *Wolfgang Vohland* die Liste der inzwischen berufenen
Flüchtlingskommissare in den schwäbischen Stadt- und Landkreisen. Im
Februar erschien dann im Amtsblatt des Bischöflichen Ordinariats der dringende Appell an Klerus und Gläubige, im Geist der Nächstenliebe der schwe-
ren Not der Vertriebenen hilfreich zu begegnen. Der Caritasverband, dessen
1. Vorsitzender Prälat Dr. *Albert Vierbach* und dessen Direktor Msgr.
Johann Nepomuk Nar waren, übernahm die Hauptaufgabe[47]). *Hettwer*
schreibt:

> „Die ersten Transporte fanden in den von Caritas und Innerer Mission
> schnell errichteten Durchgangslagern der Georgs-, Elias-Holl- und St.
> Stephansschule Aufnahme. Bischof Dr. *Josef Kumpfmüller* stimmte zu,
> daß die ‚Christliche Wohnungshilfe‘ unter Zurückstellung ihres bisherigen
> Programms die Regierungslager A und B aufbaute.“

Das Regierungslager A wurde im Fabrikgebäude der Mechanischen Baum-
wollspinnerei errichtet. Die 2000 m² Fläche wurde mittels Leichtbauplatten
für die Unterbringung von 1200 bis 1800 Vertriebenen unterteilt. Der Umbau wurde am 7. Februar 1945 begonnen und am 3. Mai beendet.

> „Leitung und Betreuung übernahm der Diözesan-Caritasverband, nach-
> dem dieser sich vom Regierungskommissar für das Flüchtlingswesen die
> wichtigsten Rechte in Fragen der Führung und Gestaltung des Lagerlebens
> durch Vereinbarung gesichert hatte, wie z. B. alleinige Verantwortung
> und Sicherung der Betreuung, Nutznießung aller von der ‚Christlichen
> Wohnungshilfe‘ angeschafften Gegenstände auch nach Auflösung des La-
> gers, schließlich keine vorzeitige Kündigung bei Beendigung des Flücht-
> lingsprogramms.“

Dies bestätigte der Regierungskommissar in seinem Schreiben vom 27. Februar 1946 (Az. XI 3, 63 Vo/Kr). „Regierungslager“ wurden jene Durch-

---

47) Johann Nepomuk Nar: Kleine Geschichte der Caritas im Bistum Augsburg; Do-
    nauwörth 1960, 68 S.

gangslager genannt, die dem Regierungskommissar für die Verteilung auf die Stadt- und Landkreise seines Regierungsbezirks zur Verfügung standen. Für alle Lager hatte der Staatskommissar die Kosten für Verpflegung und Personal zu tragen.

Am 22. Februar 1946 begann der Barackenbau für das Regierungslager B auf dem städtischen Gelände an der Friedberger-/Sandstraße. 35 Baracken wurden auf 3500 m² Grund für eine halbe Million Reichsmark errichtet. Am 29. August konnte in Gegenwart von Staatskommissar *Jaenicke* nach Ansprachen des Regierungskommissars *Vohland* und des Augsburger Flüchtlingskommissars *Gottfried Deininger* das Lager B dem Caritasdirektor *Nar* übergeben werden. Zur Sicherung einheitlicher Führung wurde auch das Lager B dem bewährten Lagerleiter *Herbert Peiker* vom Lager A anvertraut. *Hettwer* schildert den Personalaufwand: 3 Lagerverwalter, 1 Krankenschwester, 1 Fürsorgerin, 1 Bereitungsschwester. Die „Lagerpolizei" wurde aus dem Kreis der Lagerinsassen bestimmt. Im Jahr 1946 passierten 98 527 Ausgewiesene dieses Regierungsdurchschleusungslager. Erst als sich die weitere Entwicklung und der Übergang zum Dauerlager abzeichnete, d. h. Ende Oktober 1946, reichte der Lagerleiter eine „Lagerordnung" zur Genehmigung ein.

4. 9 Die Flüchtlings-Seelsorge

Caritas und Flüchtlingsverwaltung stimmten darin überein, daß die Gefahr der Verbitterung und Verzweiflung, einer radikalrevolutionären oder nihilistischen Ausrichtung und einer geistigen Verarmung drohte. Deshalb berief der Caritasdirektor am 1. Mai 1946 den schlesischen Pfarrer *Norbert Hettwer* zum hauptamtlichen „Diözesan-Flüchlings-Seelsorger" und bald danach zu dessen Unterstützung am 1. Mai Pfarrer *Julius Ellguth*. „Auf Drängen der Sudetendeutschen" wurde dieser am 1. November 1947 durch Msgr. *Rudolf Hacker* (früher Pfarrer in Zettlitz) ersetzt. *Hettwer* schied im August 1952 nach Auflösung der Augsburger Regierungslager B und C aus und kehrte in seine frühere pädagogische Tätigkeit zurück. Zwei Feststellungen *Hettwers* mögen diese Skizze abschließen:

> „Nicht ein nutzloser Rückblick sei jetzt (1975) sinnvoll, sondern ein vertrauensvoller Ausblick in die Zukunft …
> Wenn auch die Einbürgerung der Heimatvertriebenen in ihre neue Heimat in den Jahren 1945 bis etwa 1950 eine gemeinsame Aufgabe der staatlichen und kirchlichen Instanzen war, so kann doch heute — jeder Aufgabenkreis für sich gesehen — gesagt werden, daß der Dienst der Diözese Augsburg an der Eingliederung der Heimatvertriebenen eine bewundernswerte Großaktion gewesen ist, die es verdient, der Nachwelt als Ruhmesblatt in der Bistumsgeschichte erhalten zu bleiben."

Dem ist nichts hinzuzufügen.

In der Festschrift „50 Jahre Caritas" des Regensburger Diözesanverbandes heißt es 1972:

> „Katholischer Lagerdienst? Ein Name, der wie ein Anachronismus wirkt. Aber es gibt ihn heute noch: Auffanglager für Spätaussiedler, für DDR- und Ostblockflüchtlinge. Es geht (jetzt) fast immer nur noch darum, über die ersten Tage, Wochen, selten Monate hinwegzuhelfen. Bei den Behördengängen behilflich zu sein, Auskünfte zu geben, vielleicht gebrauchte Möbel vorübergehend zu beschaffen, bis das Geld zur neuen Einrichtung reicht. Den Kindern die Aufnahme in die Förderschulen zu vermitteln, damit sie den Anschluß an unser Schul- und Bildungssystem nicht verpassen.
>
> In der Hauptsache geht es um Vermittlungsfunktionen: *Brücke zu sein* zwischen Bedürfnis und gesetzlicher Leistung, Brücke zwischen Menschen und einer noch unbekannten Gesellschaftsform, einem unvertrauten Staatswesen. *Weiter kann kein Lagerdienst helfen, kein Verband.* Mitmenschlichkeit, Freundschaft müssen wir selbst bieten."

Es wäre völlig falsch, wenn die Leser dieser Dokumentation aus solchen Informationen entnehmen wollten, im großen ganzen sei alles reibungslos verlaufen. Alle Verantwortlichen seien allzu stolz auf ihre Leistungen. Alle Helfer hätten immer Erfolg gehabt und Dank geerntet. Alle Lagerinsassen würden gar mit gewisser Freude an die gut organisierte „Gastlichkeit" zurückdenken. Die schweizerische Schilderung vom „Menschenpferch" (S. 46) warf ein grelles Schlaglicht auf die Lagersituation. Nein, es gab auch manchen Ärger und manche Kränkung.

4. 10   Katholische Kirche und Lastenausgleich

Die Katholische Kirche beschränkte sich nicht auf Mithilfe bei Aufnahme, Verteilung und Lagerbetreuung der Vertriebenen. Immer wieder ergriff sie auch im sozialpolitischen Bereich laut und deutlich das Wort. Als ein überzeugendes Beispiel ist der Hirtenbrief der deutschen Bischöfe vom 26. August 1948, also unmittelbar nach der Währungsreform abgefaßt, anzusehen.

> „Man muß sich darüber klar sein, daß alle Güter, die wir (1948) noch besitzen, nicht reichen werden, um die Schuld nach außen abzutragen und die Not im Innern auszugleichen. Es ist gerecht, wenn ungerechte Gewinne ermittelt werden und zur Verteilung kommen. Es wird nicht zu umgehen sein, daß auch rechtmäßig erworbener Besitz belastet wird. Das Recht auf Privateigentum wird dadurch nicht angetastet."

Die Katholische Kirche und die Caritas beschränkten sich aber auch in den späteren Jahren nicht auf solche verbale Förderung der Eingliederung. Wir lesen bei *Philipp Kröner* 1949: „Mit der Einweisung der Flüchtlinge in Einzelquartiere hatte sich wohl die Unterstützungsform geändert, nicht aber das Ausmaß caritativer Familienhilfe. Wie notwendig diese auch weiterhin blieb, beweisen Berichte von Pfarrämtern, Fürsorgestellen und Heimatvertriebenen selbst." Die Hilfe für Zuwanderer aus der DDR und bis auf den heutigen Tag für die Spätaussiedler wurde erbeten und gewährt. Wie jeder Wohlfahrtsverband nach dem Zusammenbruch haben Kirche und Caritas allen Notleidenden nach Möglichkeit beigestanden; im Schnitt wird auch hier der Anteil der Vertriebenen an den Hilfsleistungen bei 85 % gelegen haben.

4. 11 Ökumenische Zusammenarbeit und Diaspora-Probleme

Auch für die Katholische Kirche und die Caritas entstanden — besonders in den ersten Jahren — schwierige Diaspora-Probleme. Greifen wir noch einmal zur Bamberger Denkschrift vom Mai 1947. Da der überwiegende Teil der 1946 nach Ober- und Mittelfranken gelenkten Ausweisungstransporte aus dem Sudetenland mit seiner überwiegend katholischen Bevölkerung kam, erwuchs im Umland von Coburg, Kulmbach, Bayreuth, Hersbruck, Ansbach usw. ein Diasporaproblem. *Kröner* berichtete:

„Auch bei brüderlicher Zusammenarbeit der beiden christlichen Konfessionen kann es nicht ausbleiben, daß die unter die evangelische Landbevölkerung kommenden Flüchtlingskatholiken wirtschaftlich und seelsorglich fast unüberwindbaren Schwierigkeiten begegnen. Bezeichnend ist der Ausspruch eines Flüchtlingskommissars im Januar 1947: ‚Die Flüchtlinge haben es besonders schwer: Erstens, weil sie Flüchtlinge sind, und zweitens, weil sie katholisch sind.'
Und aus einem Brief des Münchberger Pfarramtes: Die ausgedehnte Pfarrei in schwieriger armer Diaspora beherbergt viele und große Not. Etwa 90 % aller Katholiken sind Flüchtlinge. Die wenigen eingesessenen Katholiken sind wirtschaftlich und sozial nicht so gestellt, daß sie helfen können."

In einer schreibmaschinen-geschriebenen „Chronik der Caritasstelle Waldsassen in Briefen — Ein Fragment — 1947" wird u. a. auch dies Thema von einer Mitarbeiterin des Stadtpfarrers *Joseph Wiesnet* angeschnitten. Die Schwester des Stadtpfarrers hatte die Verteilung der Amerikaspenden und der Regensburger (Caritas-)Zuteilungen übernommen; dann heißt es[48]:

„Unterschiede nach Parteizugehörigkeit (NSDAP) werden bei den Zuteilungen nicht gemacht, ja nicht einmal nach dem Gebetbuch fragen wir;

48) „Chronik der Caritasstelle Waldsassen in Briefen — Ein Fragment — 1947"; schreibm. Originaltext, Archiv des Diözesan-Caritasverbandes Regensburg; 83 S. u. Anlagen.

denn das evangelische Pfarramt hier kann wenig für seine kleine Gemeinde tun, und ausschlaggebend fürs Helfen ist allein die Not. Trotzdem erntet der Herr Stadtpfarrer mitunter seltsamsten Dank: „Ich zeig mich auch erkenntlich bei der nächsten Wahl, Hochwürden!" Oder: „Ich gehe dafür am Sonnabend beichten!"
Etwas schwierig ist die Frage der partei- und konfessionslosen (neutralen) Betreuung; denn muß einmal ein Evangelischer bei einer Zuteilung ausgelassen werden, so glaubt er, daß es seiner Kirche wegen sei; bekommen aber manche Protestanten etwas und einige Katholiken nichts, gibt es Eifersucht auf katholischer Seite. Grundsatz soll sein, daß jeder Hirt (Pfarrer) für seine Herde sorgt, aber wie sollten wir das z. B. schon in den Lagern handhaben, wo so viele Protestanten waren? Das Verhältnis war 1945: 40 % Katholiken und 60 % Protestanten und ist 1947: 75 % Katholiken und 25 % Protestanten. Die Veränderung kommt von den sudetendeutschen Transporten. 1945 hatten wir in der Hauptsache evangelische Niederschlesier hier, die inzwischen weiterwanderten und den katholischen Sudetendeutschen dadurch Platz machten. Bei den Verteilungen werden Einheimische und Flüchtlinge in gleicher Weise bedacht; denn die Not an Lebensmitteln ist ja in weiten Kreisen der Einheimischen die gleiche."

Brotneid war in jenen Notzeiten eine unerfreuliche, aber leider menschliche Schwäche. Es gab auch ähnliche Eifersüchteleien auf landsmannschaftlicher Ebene. Man sollte dahinter also besser nicht konfessionellen Haß vermuten. Wir haben oben gelesen, wie katholische und evangelische Gemeinden ihre Gotteshäuser der neuen Diaspora vorübergehend überließen oder gar zur wechselseitigen Benutzung.

In diesem Zusammenhang darf auch das Problem der Eingliederung der Flüchtlingspriester erwähnt werden. Auf katholischer Seite gab es — anders als bei den evangelischen Pfarrer — keine theologischen Schwierigkeiten.

Bei Verteilung der Liebesgaben verlief die Zusammenarbeit zwischen den bayerischen Ordinariaten und dem Evang.-Luth. Landeskirchenrat, d. h. zwischen Caritas und Evangelischem Hilfswerk an vielen Orten wahrhaft ökumenisch. Im Hirtenbrief zur Fastenzeit 1946 stehen die Sätze[49]:

„Die christlichen Bekenntnisse, die im Glauben getrennt, durch das Band der Liebe geeint sind, haben sich zu Fürsorge an den Flüchtlingen die Hände gereicht."

Es soll aber nicht übersehen werden, daß die konfessionelle Durchmischung, die auf dem flachen Land innerhalb von zwei Jahren erfolgte (vgl. S. 170), für beide Kirchenleitungen erhebliche zusätzliche Probleme mit sich brachte.

49) Hirtenbrief zur Fastenzeit 1946; Amtsblatt der Erzdiözese München und Freising, Beilage zu Nr. 2 (1946), 8 S.

Ein Brief des Kardinals *von Faulhaber* am 4. Januar 1947 an einen pensionierten katholischen Pfarrer *J. Klaschka* in Setzin bei Hagenow in Mecklenburg (DDR), wohin 1945 Ostdeutsche vor der herannahenden Roten Armee evakuiert und geflohen waren und große Teile der zusammengebrochenen Wehrmacht „hängen geblieben" waren, mag als Zeugnis dafür dienen, wie die Katholische Kirche nach Abschluß der organisierten Ausweisung die konfessionspolitische Situation beurteilte[50]):

„Die Gedanken, die Sie in Ihrem Schreiben vom 18. Dezember 1946 entwickeln, sind für das Ordinariat München bereits Anlaß geworden für eine Verfügung, daß sich die arbeitsfähigen Flüchtlingspriester aus den deutschen Ostgebieten für die Seelsorge ihrer Landsleute in der norddeutschen Diaspora melden sollen.
Die Diözese München hat zwar auch Priestermangel, da über 25 Diözesanpriester den Heldentod gestorben und über 50 Diözesanpriester noch nicht aus dem Felde zurückgekehrt sind, ferner gegen 80 Kandidaten der Theologie gefallen und etwa 60 noch vermißt oder gefangen sind.
Dennoch vertraten wir von allem Anfang an die Auffassung, daß die Flüchtlingspriester in erster Linie, soweit sie noch arbeitsfähig sind, zu ihren Pfarrkindern in die Diaspora gehen sollen.
Die wiederholte Bitte der deutschen Bischöfe beim Kommissariat für Flüchtlingsfürsorge (?), man möge katholische Flüchtlinge möglichst in katholische Gegenden und evangelische Flüchtlinge möglichst in evangelische Gegenden einweisen, wurde bisher als technisch undurchführbar bezeichnet.
Inzwischen ist durch die großzügige Hilfe des Heiligen Vaters in Königstein im Taunus unter Bischof *Kaller* eine ‚Zentrale für die Betreung der Flüchtlinge' eingerichtet worden. Es müßten wohl auch von dort in die von Ihnen genannten Gegenden Seelsorgekräfte geschickt werden können, um die mir vorgetragene Angelegenheit zu ordnen."

In der Tat hatten die bayerischen Bischöfe durch das Erzbischöfliche Ordinariat in München beim Staatskommissar für das Flüchtlingswesen — übrigens ebenso wie Landesbischof *Meiser* auf evangelischer Seite — schon zur Jahreswende 1945/46 die konfessionsmäßige Verteilung angeregt. Die negative Stellungnahme der Flüchtlingsverwaltung wurde von beiden Kirchen hingenommen, weil man die Zwangslage der Flüchtlingsverwaltung verstand. Und auch darin sollte man nicht in erster Linie konfessionelle Ursachen vermuten, daß viele evangelische Niederschlesier aus dem Bayerischen Wald abwanderten. Diese Grenzbezirke waren seit Jahrzehnten „Notstandsgebiet" und blie-

---

50) Michael von Faulhaber: Brief an Pfarrer Klasch, Setzin, vom 4. Januar 1947; Archiv der Bibliothek des Erzbischöfl. Ordinariats, München.

ben es; für die Vertriebenen gab es damals dort keine Dauerarbeitsplätze. Nichtsdestoweniger kam die Forderung, die Vertriebenen doch noch nach konfessionellen Gesichtspunkten zu verteilen, wieder auf, als die innerdeutsche Umsiedlung anlief (vgl. S. 223). Aber die Undurchführbarkeit wurde sehr bald eingesehen.

5. Suchdienst für Flüchtlinge und Ausgewiesene

Immer wieder war in verschiedenen Abschnitten die Rede vom „Suchdienst", z. B. bei der Entscheidung des Staatskommissars, die 1946 bei Ausstellung der Flüchtlingsausweise bekanntgewordenen neuen Adressen der Vertriebenen dem Zentralen Suchdienst zu überlassen. Vor allem aber wurde über Anfänge im Jahr 1945 berichtet, als das Rote Kreuz, die Kirchen, Caritas und Evangelisches Hilfswerk Erste Hilfe leisteten und die Familienzusammenführung zu einer schwierigen Aufgabe geworden war; denn es gab kaum noch eine deutsche Familie, die über Aufenthalt und Verbleib aller ihrer Mitglieder informiert war. Jeder vierte Deutsche war 1945 ein Suchender geworden.

Für diesen Abschnitt wurden einige Mitteilungen über den Beginn des Suchdienstes im allgemeinen zusammengestellt, nicht nur in Bayern. Es sollen auch einige grundsätzliche Bemerkungen zum Suchdienst-Problem zur Diskussion gestellt und die gegenwärtigen Aufgaben (1979) erwähnt werden.

In unserem dokumentarischen Bericht muß vermieden werden, Zusammenhänge ausführlich zu behandeln, die in entsprechenden Untersuchungen bereits sorgfältig beschrieben wurden und jedermann zugänglich sind.

Derjenige, der die dramatische Geschichte des Suchdienstes „Gesucht wird . . ." von *Kurt W. Böhme*[51]) und die Festschrift der Heimatortskarteien (HOK) „25 Jahre Kirchlicher Suchdienst, ein Vierteljahrhundert gemeinsame Aufgabe der Caritas und Diakonie"[52]) kennt, soll nicht befürchten, daß es sich in diesem Kapitel lediglich um ein Résumé aus diesen beiden Publikationen handelt. Und wer andererseits das Buch von *Böhme* und die Festschrift der HOK noch nicht kennt, sich jedoch für deren Tätigkeit und Erfolge mehr als nur interessiert, der kommt um ein Studium dieser beiden Schriften nicht herum.

---

51) Kurt W. Böhme: Gesucht wird ..., die dramatische Geschichte des Suchdienstes; München, 2. Aufl., 1970, 319 S.
52) Heimatortskarteien, 25 Jahre Kirchlicher Suchdienst, ein Vierteljahrhundert gemeinsame Aufgabe der Caritas und Diakonie; München, 1970, 67 S. — Kirchlicher Suchdienst, Zentralstelle München: Heimatortskarteien, Aufgaben in Vergangenheit und Zukunft; München Sept. 1958, 88 S. — Kirchlicher Suchdienst, Zentralstelle München: Die Auskunftserteilung für Behörden und Heimatvertriebene in amtlichen Angelegenheiten, Aufgaben und Möglichkeiten der Heimatortskarteien; München 1961, 98 S.

Das Genfer Kriegsgefangenenabkommen von 1929 kam aufgrund der Erfahrungen des Ersten Weltkrieges zustande und bildete im Zweiten Weltkrieg die Voraussetzung für eine gegenseitige Information der Feindstaaten über Kriegsgefangene usw. auf dem Weg über das Internationale Komitee vom Roten Kreuz (CICR) — soweit die Staaten die Konvention ratifiziert hatten. Das traf für die UdSSR nicht zu.

Am Anfang des Krieges hatte das Deutsche Rote Kreuz (DRK) über polnische Kriegsgefangene entsprechend der internationalen Verpflichtung zu berichten. In das Amt S (Sonderbeauftragter) beim DRK wurde 1940 *Etta Gräfin Waldersee* als ehrenamtliche Mitarbeiterin berufen. Über diese Zeit im DRK-Präsidium berichtete sie:

> „Die Tatsache der völligen Auslöschung des polnischen Staates hatte das DRK vor eine schwere Aufgabe gestellt: alle in deutschem Gewahrsam befindlichen polnischen Kriegsgefangenen mußten registriert und, soweit möglich. die Angehörigen benachrichtigt werden ... Wie schwer es war, hier humanitären und völkerrechtlichen Gesetzen entsprechend zu verfahren, ohne mit den Prinzipien des Dritten Reiches in Konflikt zu geraten, bedarf keiner Erklärung." (Zitiert nach *Böhme*)

In den ersten Jahren „ging alles glatt", schreibt *Böhme* und meint die gegenseitige Information über Kriegsgefangene usw. Aber im Laufe des Krieges ergaben sich zweifache Schwierigkeiten. Verschiedene Versuche, zu einem Austausch von Informationen über Kriegsgefangene, Gefallene usw. zu kommen, mißlangen im Fall der UdSSR. Ebenso hemmend wirkte das Durcheinander der Organisationen. *Böhme* schreibt:

> „Gerade der (totale Krieg) hätte ein einziges zentrales Amt erfordert, das sich mit allen Verlusten zu befassen gehabt hätte. Statt dessen betrieben neben der „Wehrmachtauskunftstelle" (WASt), die Waffen-SS, die Polizei, der Sicherheitsdienst (SD), der Reichsarbeitsdienst (RAD), die Organisation Todt (OT), die Reichsbahn und Reichspost in den besetzten Gebieten und manche Andere ihre eigenen Auskunfts- und Nachforschungsdienste. Überall mischte sich außerdem die Partei (NSDAP) ein. Ihr fehlte es jedoch an Erfahrung, Auslandsbeziehungen und zweckmäßigen Einrichtungen ... Verlustlisten wie im Ersten Weltkrieg zu veröffentlichen, war aus Gründen der Geheimhaltung verboten."

Nach der Kapitulation blieb vorerst das Schicksal von rund zwei Millionen Kriegsgefangenen und Heimkehrern ungeklärt. Und dazu kam als neues Problem die Millionenzahl der Zivilvermißten — *Luftkriegsevakuierte*, die in den Wochen des Zusammenbruchs teilweise irgendwohin weitergewandert waren, *Zwangsevakuierte*, die zuerst in einigermaßen geordneten Zügen vor der herannahenden Ostfront nach Westen gebracht worden waren wie die Breslauer und andere Schlesier in den Bayerischen Wald, denen dann aber „wilde" Flüchtlings-Trecks folgten. Von der Ausweisung weiterer Millionen Deutscher wußte man damals noch nichts. Und durch die *entlassenen Kriegsgefangenen*, die in ihre ostdeutsche Heimat oder als Volksdeutsche nicht zurückkehren konnten, entstand das gegenseitige Suchen zwischen den evakuierten oder geflüchteten Familienangehörigen einerseits und diesen Unglücklichen andererseits.

5. 2 Suchdienst auch für Zivilvermißte — Familienzusammenführung

Für diese ins Uferlose gewachsene Aufgabe stand kein vorbildlich durchorganisiertes DRK mehr zur Verfügung. Der Versuch, den international bekannten Botschafter *Rudolf Nadolny* als Nachfolger von *Carl-Eduard Herzog von Sachsen Coburg-Gotha* zum DRK-Präsidenten zu machen, mißlang. Schließlich wurde das DRK in der Russischen, später in der Französischen Zone aufgelöst. In der Britischen und Amerikanischen Zone kam es zu keinem Verbot; infolge des fehlenden DRK-Präsidiums jedoch war die Konstruktion in beiden Zonen ziemlich verworren. In dem neugeschaffenen Großhessen gab es gleich drei Rotkreuz-Verbände — den Nassauischen Landesverband vom Roten Kreuz in Wiesbaden, das Großhessische Rote Kreuz in Darmstadt und eines in Kassel. Es war also ein glückliches Zusammentreffen verschiedener Initiativen und Gegebenheiten, daß das Bayerische Rote Kreuz so schnell neu konstituiert werden konnte.

Wie damals in vielen Bereichen, versuchten aktive Kräfte durch Suchlisten, Wandzeitungen u. ä. der Familienzusammenführung zu dienen. Manche gut gemeinten Anfänge führten zu geringem Erfolg, wenn suchtechnisch mangelhafte Methoden angewandt wurden; die Hauptschwierigkeit lag in der örtlichen Begrenzung. Die Besatzungsmächte beobachteten seinerzeit die Sammlung von Namen und Adressen voller Mißtrauen, weil sie militaristische Hintergründe vermuteten und überhaupt jede zonenüberschreitende Aktivität unterbanden.

Es sei erlaubt, an erster Stelle die Gründung eines Suchdienstes im Mai 1945 in Flensburg zu erwähnen: „Deutsches Rotes Kreuz, Flüchtlingshilfswerk, Ermittlungsdienst, Zentral-Suchkartei". Gründer dieser „Dienststelle" waren der (Oberleutnant) Professor Dr. *Helmut Schelsky* und der (Leutnant) Dr. *Kurt Wagner*, die mit den Resten des deutschen Ostheeres und Hunderttausenden von ostdeutschen Flüchtlingen im Raum Schleswig-Holstein und Mecklenburg das Kriegsende erlebt hatten. Dr. *Kurt Wagner* wuchs in diesem Sachgebiet zu einem solchen Experten heran, daß ihm 1953 das Suchdienstreferat im DRK-Präsidium und die Vorbereitung der Umsiedlung der „Spätaussiedler" anvertraut wurden. Er gewann — neben dem Dank der Vertriebenen und Spätaussiedler — das Vertrauen des CICR, der Liga und der vielen nationalen Rotkreuz-Gesellschaften bei seinen Verhandlungen in Moskau, Warschau, Prag, Belgrad, Budapest, Bukarest usw.

Wagner, Schelsky und drei weitere Offiziere errichteten die „Dienststelle" in Flensburg. Die Ausweitung zwang im September 1945 zum Umzug nach Hamburg; bereits am Januar 1946 konnten sie über das Dänische Rote Kreuz viele der 200 000 ostdeutschen Flüchtlinge in den (über 1000) dänischen Lagern über den Verbleib ihrer geflüchteten und ausgewiesenen Verwandten informieren, noch ehe sie Dänemark (ab November 1946) verließen.

Das System war zunächst die *Begegnung* von Karteikarten mit übereinstimmenden Daten, nämlich der sog. *Suchkarte* mit den Daten des Gesuchten (und denen des Suchenden) und der sog. *Stammkarte* mit der Adresse des Gesuchten, der selbst auch Suchender war, und umgekehrt. Diese Methode hatte sich in Genf beim Internationalen Komitee vom Roten Kreuz schon früher bewährt. Die alphabetische Einordnung sollten den Erfolg sichern. Andere anderswo versuchte Methoden führten nicht zu der schnellen und massenhaften Zusammenführung (*„Findefälle"*). Zur Klarstellung sei erwähnt, daß in die *alphabetisch* geordnete Kartei *alle* Namen aufgenommen wurden, von Soldaten, Evakuierten, Flüchtlingen und Ausgewiesenen. Wir werden *später* lesen, daß die kirchlichen Suchstellen im Sommer 1947 damit begannen, für die östlichen *Vertreibungsgebiete* ihre Namenskarteien gemeinsam neu zu ordnen, auf das *Ortsprinzip* umzustellen und die „Heimatortskarteien" (HOK) zu errichten.

5. 3 Der Suchdienst des Bayerischen Roten Kreuzes

Mit Gründung des BRK begann auch in München die Tätigkeit des Suchdienstes, geleitet von Dr. *Walter Ullrich.* Zwar hatte die Militärverwaltung zuerst zugestimmt, bald aber wieder Bedenken bekommen. *Ullrich* wußte, daß überall im Land auch die Pfarrer versuchten, die zerrissenen Familien zusammenzuführen. Nach Rücksprache mit *Kardinal von Faulhaber* und Landesbischof *Meiser* erreichte er den Durchbruch. *Böhme* schreibt:

„Am nächsten Sonntag verkündeten daher die Geistlichen von den Kanzeln, daß die beiden kirchlichen Wohfahrtsverbände zusammen mit dem von der Besatzungsmacht anerkannten Bayerischen Roten Kreuz eine „Suchdienstzentrale" in München eingerichtet hätten, die am Montag früh um acht Uhr ihre Tätigkeit aufnähme. Das genügte. Es war der 18. Juli 1945. Vor dem Haus in der Wagmüllerstraße standen die Flüchtlinge, die entlassenen Soldaten, die Suchenden, als gäbe es Bezugsscheine für Menschenschicksale. Die Amerikaner waren beeindruckt, sie tolerierten jetzt stillschweigend, was sich da tat."

Am 15. Juli 1976 bestätigte *Walter Ullrich* diese hier zitierte Stelle dem Autor und erzählte (auf Tonband aufgenommen) Einzelheiten. Zusammengefaßt berichtete er etwa folgendes[53]):

„Der Anfang des Suchdienstes im Juli 1945 war etwas Besonderes, weil die Menschen kamen und nicht wußten, wo ihre Familien sind. Wenn man dann sah, wie damals die Männer ihre Frauen und ihre Kinder gesucht haben, konnte man wieder an die Liebe und die Güte der Ehen glauben. Der Andrang war so groß, daß ich beim Maxmonument einen Warteraum einrichten mußte, wo sich jetzt ein Theater befindet. Es wurden an manchen Tagen 300 Familien durch unsere „Begegnungskartei" zusammengeführt. Ferner hatte ich eine Rundfunkstation in Prien eingesetzt; aus meiner Tätigkeit beim OKW (Oberkommando der Wehrmacht) wußte ich, daß dort eine intakte Funkstelle der Heeresgruppe Südost abgestellt war. Dr. *Loßte* und *Frau Riemer* haben offiziell für die große amerikanische Garnison Tag und Nacht Musik ausgestrahlt; zugleich aber nahmen sie mit ihren 18 Tonbandgeräten Grußsendungen von Kriegsgefangenen vom Vatikansender, von Moskau usw. auf. Diese Angaben übertrugen wir auf unsere Karteikarten. Schließlich wußte ich, daß in Ingolstadt ein ganzer intakter Wehrmachts-Druckerei-Zug stand, der zum Münchner Ostbahnhof geholt wurde. Darin gab es Unmengen von Papier und Karteikarten. So konnten Flugblätter, Suchkarten usw. gedruckt werden.
An jenem Montag, den 18. Juli 1945, standen die Leute Schlange von der Wagmüllerstraße bis fast zum Maxmonument. Waren unter den Fragenden Rot-Kreuz-Schwestern und andere geeignet erscheinende Menschen, holten wir sie sofort als Mitarbeiter. Am Abend lagen 30 000 Reichsmark in einer Sammelschachtel und wir konnten damit unsere Mitarbeiter bezahlen."

Böhme schildert die Tätigkeit nach dem Umzug in das Café Viktoria am Maxmonument wie folgt:

„Dr. *Ullrich* (BRK), Dr. *Ebersbach* (Caritas) und Dr. *Reiner* (Evang. Hilfswerk), denen der Aufbau der Suchkartei anvertraut war, führten einen steten Kampf gegen den Mangel an Mitarbeitern und Material, an Kohlen, Strom, Benzin und gegen Regenwasser, das von der Zimmerdecke tropfte ... Jetzt fehlten nur noch Fahrzeuge. Der geschäftsführende BRK-Präsident, Dr. *Stürmann*, ein tatkräftiger, energischer Mann, schaffte sie aus ehemaligen deutschen Wehrmachtbeständen herbei. Der Post- und Eisenbahnverkehr war ja lange Zeit unterbrochen; die Außenstellen jedoch, die Gemeinden, Kirchenbehörden, Rotkreuzvereine und

---

53) Walter Ullrich: Tonbandaufnahme eines Interviews mit dem Autor; 15. 7. 1976.

andere mußten mit der Nachforschungsmethode vertraut gemacht, ihre Stamm- und Suchkarten nach München in die Zentrale gebracht werden, um die Karteibegegnung sicherzustellen."

Bereits im Juli 1945 hatten Dr. *Wagner* und Prof. *Schelsky* dem BRK einen Besuch in München abgestattet. Die Münchner waren wie die Hamburger der Meinung, je zentraler die Kartei aufgebaut würde, um so erfolgreicher müsse die Sucharbeit werden. Aus diesen Anfängen entwickelten sich dann die beiden „Zentralen Suchdienste" in München und Hamburg für die Amerikanische und Britische Zone. Ja, man umging die an sich strenge Grenzsperre zu Österreich, wo bayerische und österreichische Rotkreuz-Helfer Suchanträge austauschten. „Es gab Verwarnungen der Militärregierung, die Unterlagen wurden beschlagnahmt und die Kuriere verhaftet. Endlich aber sahen die Sieger ein, daß auch hier nur eine humanitäre Aufgabe erfüllt wurde", schreibt Böhme.

Der Elan von Dr. *Walter Ullrich* führte aber zu einem ernsteren Zwischenfall. Über Rimini hatte er Suchanträge deutscher Kriegsgefangener aus Italien und Ägypten „hereingeschmuggelt". Eine Sendung, die bereits im Münchner Hauptbahnhof eingetroffen war, „fiel durch die Unvorsichtigkeit meines Stellvertreters in die Hände der Militärpolizei, die mich damals zum 16. Mal verhaftete", erzählte *Ullrich*. Um den Suchdienst nicht zu gefährden, schied er selbst aus dem Suchdienst aus.

Dem Autor liegen die Originale der Dankschreiben vor, die ihm der Deutsche Caritasverband Freiburg, der Landescaritas-Direktor *Fritz*, Bischof D. *Heckel* vom Evang. Hilfswerk für Kriegsgefangene und Internierte, die Rotkreuz-Verbände der Amerikanischen Zone zwischen 21. Februar und 8. März 1946 sandten. Zitiert werden soll nur ein Satz aus dem Dienstleistungszeugnis des BRK-Präsidiums.

„Es kann ohne Übertreibung gesagt werden, daß seine Leistungen in der Geschichte des ganzen Flüchtlingswesens im allgemeinen, sowie des BRK im besonderen, einen hervorragenden Platz einnehmen werden."

Die Bemerkung „Er scheidet auf eigenen Wunsch aus" war richtig, aber die Gründe konnten nicht genannt werden.

Anfang 1946 erklärte der Alliierte Kontrollrat, „daß die Pläne zur Errichtung eines deutschen Zentralbüros zur Nachforschung nach vermißten Deutschen erheblich fortgeschritten" seien. In dieses Zentralbüro sollten alle existierenden Suchkarteien aus den vier Besatzungszonen zusammengeführt werden. Über den Sitz stritten sich die vier Besatzungsmächte und der an sich gute Plan wurde bald fallen gelassen.

5. 4 Arbeitsgemeinschaft Rotes Kreuz und Kirchen 1946—1948

Genau so wie im Juli 1945 die Rotkreuzmänner Kontakt aufgenommen hatten, geschah es im September 1945 zwischen dem Evangelischen Hilfswerk und dem Deutschen Caritasverband. Dr. *Eugen Gerstenmaier* und Prälat Dr. *Benedikt Kreutz* vereinbarten, in Suchdienstfragen gemeinsam zu handeln. Am 9. und 10. Januar 1946 beschlossen die Leiter des Deutschen Caritasverbandes, des Evangelischen Hilfswerks und die Bevollmächtigten der Rotkreuzverbände in der Britischen und Amerikanischen Zone die Zusammenarbeit und einheitliche Regelung des Suchdienstes, allerdings ohne Russische und Französische Zone. Die Zonenzentralen München und Hamburg mußten weiterhin getrennt bleiben. Die neu gegründete Arbeiterwohlfahrt trat der Suchdienst-Arbeitsgemeinschaft bei. Die Aufwendungen der kirchlichen Verbände für den Suchdienst waren außerordentlich groß. *Gerstenmaier,* der bereits die spätere Entwicklung nach der Währungsreform voraussah und die Finanzierung der Personalkosten in der neuen D-Mark nicht mehr verantworten wollte, kündigte zum 31. Mai 1948 die Arbeitsgemeinschaft. Caritas und Arbeiterwohlfahrt schlossen sich an. Sobald man die Finanzprobleme der Verbände und die vielen zusätzlichen Aufgaben in Betracht zieht, die sie hatten übernehmen müssen, kann man den Entschluß verstehen. Aus den Archiven der Beteiligten geht jedoch hervor, daß noch entscheidender die Erkenntnis war, daß es zu keiner gemeinsamen Suchkartei für alle vier Besatzungszonen kommen würde. Nicht nur die Sowjetische Militärregierung hatte seit 1946 die Zonengrenze gesperrt, auch die Französische verbot am 31. Dezember 1946 (durch Anordnung Nr. 192) eine Suchdiensttätigkeit über die Französische Zone hinaus. Von der Sache her sahen die kirchlichen Verbände eine Suche nach verschollenen *Militärpersonen* nicht als eine von ihnen zu lösende caritative Aufgabe an; Caritas und Evangelisches Hilfswerk stellten aber keineswegs die Sucharbeit ein, sondern setzten den 1947 begonnenen Aufbau von *Heimatortskarteien* fort.

5. 5 DRK-Präsidium, Suchdienst München und Hamburg, 1948—1979

Trotz der Auflösung der Suchdienst-Arbeitsgemeinschaft beschloß das Deutsche Rote Kreuz in der Amerikanischen und Britischen Zone im Juni 1948, die beiden Suchdienst-Zentralen weiterzuführen. Jedem dritten Mitarbeiter mußte gekündigt werden und auf Gehaltszahlungen gab es zeitweise nur Abschlagszahlungen, berichtete *Böhme.*

Im Frühjahr 1950 entschied das Deutsche Rote Kreuz, die beiden Suchkarteien in München zusammenzuführen, aber vorerst standen die 9067 Karteikästen aus Hamburg mit 11 Millionen Namen einfach neben den Münchner Karteikästen mit 9 Millionen. Hier ist *Franz Xaver Geisenhofer* (MdB) zu nennen, seit Oktober 1945 im BRK tätig und seit 1954 Leiter der Zentralen

Namenskartei in München. Er wies die Mitarbeiter an, die beiden Karteien nicht alphabetisch, sondern phonetisch zusammen zu bringen. Man denkt unwillkürlich an den Fall Guilleaume im Jahre 1974. Es gab — so berichtete *Böhme* — allein 65 000 Schulz, 50 000 Neumann usw. Von einzelnen Namen gab es über hundert Schreibweisen. Diese Neuordnung bei der Zusammenführung der Hamburger und Münchner Karteien führte zu 56 000 Findefällen; allerdings hatten sich im Laufe der Jahre viele Suchende bereits gefunden.

Danach entstanden neuartige Aufgaben für die Namenskartei. Zum Beispiel wurden für das Bundesarbeitsministerium 256 000 Rentenanträge geprüft. 1400 Totgeglaubte lebten noch, davon 800 sogar in der Bundesrepublik.

Heute, 1979, bestehen die früheren Zonenzentralen in München und Hamburg als „Geschäftsstelle des DRK-Präsidiums". Die Geschäftsstelle in München ist seit 1. Juli 1975 für alle Verschollenen — Soldaten und Zivilpersonen — zuständig. Ende 1976 waren noch 500 000 Schicksale von Wehrmachtangehörigen und 150 000 von Zivilverschollenen ungeklärt. Vielleicht ist nach so langer Zeit in den meisten Fällen der Schmerz über den Verlust kleiner geworden; nicht selten hängen aber zivilrechtliche Folgen damit zusammen, sodaß — wo nur die geringste Aussicht auf eine Klärung des Falles besteht — die weitere Sucharbeit erwünscht ist.

Die Geschäftsstelle in Hamburg widmet sich jetzt jenen Fragen, die mit der Familienzusammenführung („Spätaussiedler") und sozialen Hilfen zusammenhängen.

Die Koordinierung über beide Stellen lag 1968—1977 in den Händen von *Kurt W. Böhme* als „Suchdienstreferent" im Präsidium des Deutschen Roten Kreuzes, seitdem bei *Bernd Hoffmann*.

5. 6 Suchdienst der Kirchen

Mehrfach wurde in früheren Kapiteln und auch in diesem Abschnitt berichtet, wie zuerst spontan einzelne Pfarrer und dann bald großzügig organisiert, katholische und evangelische Stellen sich der Sucharbeit widmeten. Ihnen war daran gelegen, vornehmlich die lebenden Mitglieder der zerrissenen Familien zusammenzuführen. Am Beispiel „Waldsassen" soll der Anfang geschildert und danach über die Gründe berichtet werden, die zum Umbau der alphabetischen Namensordnung auf Heimatortskarteien führten, und abschließend über die Erfolge bis zum heutigen Stand (1979).

5. 7 Caritas-Suchdienst in Bayern ab 1945

Waldsassen, 10 km von Eger und 4 km von der bayerisch-böhmischen Grenze entfernt, liegt zwischen Fichtelgebirge und Oberpfälzer Wald. Am 20. April 1945 rückten die amerikanischen Truppen ein. Panzersperren waren nicht mehr errichtet worden, der Artilleriebeschuß gering, die Plünderungen der befreiten polnischen Zwangsarbeiter nach wenigen Tagen beendet — ein Schicksal, wie es tausend anderen Kleinstädte 1945 erlebten. Aber die geographische Lage verwandelte Waldsassen sofort zu einer Hauptschleuse für Flüchtlinge. Die 6000 Einwohner nahmen zeitweise 4000 Flüchtlinge auf.

Die in den „Sudetengau" und z. T. in das „Protektorat Böhmen und Mähren" evakuierten Schlesier — bereits heimatlos geworden — strömten an dieser Stelle nach Bayern, ahnend daß es kein Zurück mehr geben würde. Als die Wohnungen überfüllt waren, wurde in der Turnhalle ein Flüchtlingslager eingerichtet. Bald folgten den Schlesiern auch Sudetendeutsche, die das Kriegsende daheim erlebt hatten. Denn im Juli begannen bereits die unmenschlichen Mißhandlungen durch die Tschechen. Die sudetendeutschen Flüchtlinge kamen „schwarz" über die Grenze, mit Fahrrädern und Handkarren, auf denen sie ein wenig Hab und Gut oder ihre Kinder oder gehunfähige Alte „verladen" hatten. „Schwarz" sagte man, weil die Flucht nur nachts möglich war; von einer „Grünen Grenze" redete man, wenn Schleichwege durch die Wälder benutzt wurden. Diese Massenbewegung gehörte so zum Alltag, daß Kinderspiele hergestellt wurden, die das Geschehen an der Grünen Grenze nachvollzogen; die Würfel entschieden über „vor oder zurück", je nachdem ob ein „Kohlenzug benutzt" werden konnte, ein „Schleichweg gefunden" war oder ob der Spieler aufgegriffen, verhört, vielleicht sogar eingesperrt wurde. In jenen Tagen war die Ausgangszeit auf die Vormittagsstunden von 10 bis 12 Uhr und die Nachmittagszeit von 16 bis 18 Uhr beschränkt, später war die Ausgangssperre auf die Nachtstunden von 22,30 bis 5 Uhr begrenzt.

Die Amerikanische Militärpolizei verlangte die alten Kennkarten als Personalausweis; die Registrierscheine der Amerikanischen Militärregierung waren noch nicht eingeführt. Alle, die keine Ausweise hatten retten können, wurden von der Polizei „eingesammelt" und in die ČSR zurückgebracht. Erst als die Besatzungstruppe von den Mißhandlungen erfahren hatte, drückten die Polizisten ein Auge zu. Aber viele Sudetendeutsche, die aus der Kriegsgefangenschaft entlassen waren, versuchten umgekehrt über Waldsassen-Eger nach Haus zu kommen. Niemand konnte sie hindern, nur warnen. Und gerade, weil die entlassenen Kriegsgefangenen von der Verfolgung in Waldsassen erfuhren, drängte es sie aus Angst um die Familie, koste es was es wolle, sich nach Hause durchzuschlagen.

Der Stadtpfarrer *Joseph Wiesnet* hatte all das Elend angesehen und meinte, wirkungsvoller helfen zu müssen. Am 9. Juli 1945 gründete er die Caritas Waldsassen. Zwei Jahre später haben ihm seine Mitarbeiter ein Dokument überreicht — 83 Schreibmaschinenseiten und dazu Abdrucke aller Formblätter, Rundschreiben usw. Die Verfasserin kleidete ihre Erzählung in Form von Briefen und nannte den Bericht bescheiden „Ein Fragment". Es liegt heute — leider immer noch ungedruckt — im Archiv des Caritasverbandes für die Diözese Regensburg. Diese Chronik (vgl. S. 189) mag als Beispiel für die Anfänge des Suchdienstes der Kirchen dienen:

„Du kannst Dir denken, daß hier die Menschen von Natur aus nicht besser sind als anderwo, zudem ist das ‚Stiftland‘ ein armes Land, und jahrhundertelange Armut macht die Menschen nicht freigebiger und aufgeschlossener. Ich meine nicht, daß wir selber (im umgekehrten Fall) in Schlesien die Prüfung besser bestanden hätten; denn eine Prüfung der Herzen ist unsere Zeit keineswegs nur für die Flüchtlinge; vielleicht mehr noch für die, die von ihrem großen Reichtum oder sehr kleinen Besitz freiwillig geben sollen. Wer wagt da zu sagen, wie wir uns bewährt hätten?“

Pfarrer *Wiesnet* begann seine Caritasarbeit mit der Errichtung einer Suchstelle, vorerst in der Sakristei der Stadtkirche. Gleich am ersten Tag trugen sich 60 Menschen in die Listen ein. Mitte 1947, als jener Bericht verfaßt wurde, gab es über 26 000 Karteikarten, die zu 16 283 Findefällen führten. Ein wahrhaft stolzes Ergebnis!

Pfarrer *Wiesnet* sah das Leid jener entlassenen Soldaten, die sich bis Waldsassen durchgeschlagen hatten und nun nicht in die sudetendeutsche Heimat zurückkehren konnten, und hatte einen guten Einfall. Seinem Cooperator, früher Kaplan in Schweidnitz/Schlesien, *Marx*, beschaffte er bei der Militärverwaltung einen Grenzpassierschein. Alle 14 Tage fuhr *Georg Marx* nach Eger; in seiner Aktentasche nahm er Briefe mit, die er übrigens bei der Grenzkontrolle durch die Amerikanische Militärpolizei vorzeigte und in Eger frankierte. Die Empfänger konnten an das Erzdiakonatsamt nach Eger Antwortbriefe senden, die *Marx* dort wieder abholte. Pfarrer *Wiesnet* ließ einen Zettel beilegen:

„Wenn Du mir antworten willst, so adressiere Deinen Brief an mich nach Waldsassen. Dieses Couvert stecke in einen zweiten Umschlag, auf den Du schreibst: Kreisdekansky Trad, Cheb (frankieren und Absender tschechisch!). Du mußt Deine Antwort kurz und sachlich halten und den inneren Brief nicht zukleben.“

Ein Vierteljahr lang ging das gut. Dann wurde die tschechische Grenze hermetisch geschlossen. In Eger beschlagnahmte die ČSR-Polizei eines Tages über 2000 Briefe. Und auch die Amerikanische Militärpolizei war nicht mehr einverstanden. Solche Verschlechterungen waren überall zu beobachten, ob in Deutschland oder in den Kriegsgefangenenlagern in Frankreich, den USA usw., weil inzwischen die KZ-Greuel, die beim Zusammenbruch entdeckt worden waren, nun nicht nur der Weltöffentlichkeit durch Film, Fotos und Berichte bekannt waren, sondern sich auch im Verhalten der Besatzungstruppen gegenüber den Deutschen auswirkten.

Wegen der Ausweitung der Arbeit wurde die Caritas-Suchstelle am 4. September in den Sitzungssaal des Waldsassener Amtsgerichts verlegt. Zwei ständige und zwei bis vier halbtägige „Listensucher“ waren im Suchdienst tätig.

Am 21. Februar 1946 begann die organisierte Ausweisung von Sudetendeutschen über das Waldsassen benachbarte Wiesau. Im Grenzdurchgangslager hatte der BRK die Betreuung übernommen. Die Ausgewiesenen stiegen aus den Waggons der ČSD in den deutschen Güterzug um. Während des Durchschleusungsprozesses wurden in einem Raum Listen zur Einsicht ausgelegt.

> „Man konnte sich ausrechnen, wann diese Listen zerlesen sein würden, und wir kämpften um das Abschreiben der Listen. Auch schien es uns im Interesse der armen Heimkehrer und überhaupt des ganzen Suchdienstes sehr wichtig, daß diese Namenslisten an möglichst vielen Orten zur Einsicht ausliegen. Niemand aber nahm sich der Sache an. Niemand fand sich, der diese Arbeit finanziert oder organisiert hätte. So übernahm Stadtpfarrer *Wiesnet* kurz entschlossen als Zweig unserer Suchstelle auch die Wiesauer Transportlisten. Jede Liste wurde achtfach abgeschrieben, versandt und konnte eingesehen werden"

und zwar beim Diözesan-Caritasverband in Regensburg und München, bei den Caritas-Suchstellen in Waldsassen und Weiden, bei den BRK-Hilfszügen in den Grenzlagern Wiesau und Furth im Wald und bei der Sudetendeutschen Hilfsstelle in Bayreuth.

Die Verfasserin des Waldsassener „Fragments" von 1947 mag den Lesern als Beispiel dafür dienen, wie verständnis-, ja liebevoll sämtliche Mitarbeiter der Suchstellen in jenen turbulenten Zeiten tätig waren. Am Rande erzählt sie von Verzweifelten, die zu beruhigen manchesmal recht schwierig war. Oder sie erwähnte Anfragen, in denen nach „verheirateten Töchtern" gesucht wird, aber ohne Angabe der Familiennamen!

Dieser Start in Waldsassen wird in der Fachliteratur immer wieder erwähnt, auch in der Festschrift „25 Jahre Kirchlicher Suchdienst". In Weiden *(Anton Reiter)* und in Cham wurden Suchstellen eingerichtet. Im Juli 1945 begannen der Diözesan-Caritasverband in Regensburg und auch das Bischöfliche Ordinariat zu helfen, beide Suchstellen wurden im September 1945 zusammengelegt. So entstand der „Meldekopf" Regensburg, dessen Leitung in die Hände von Prälat *Michael Prem* gelegt wurde.

Südlich an das Bistum Regensburg schließt sich das Bistum Passau an, mit einer Grenze zur Tschechoslowakei und zu Oberösterreich, damals Russische Besatzungszone. Noch vor dem Zusammenbruch waren Evakuierte aus Hamburg, aus Karlsruhe und zuletzt auch aus Schlesien in diesem „Luftschutzkeller" untergebracht worden. In den Wochen des Zusammenbruchs trafen weitere Schlesier ein; Sudetendeutsche folgten vor allem aus den Bezirken am Ostrand des Böhmerwaldes, die aufgrund des Münchener Abkommens vom 29. September 1938 Bayern angegliedert worden waren.

Auch der Diözesan-Caritasverband Passau ergriff im Juli 1945 die Initiative. Bis November 1945 waren 300 Pfarrämter des Bistums Passau in den Suchdienst eingespannt. Die Angaben wurden in Passau gesammelt und eine alphabetische Namenskartei aufgebaut. Abschriften dieser Angaben sandte der Diözesan-Caritasverband an die Zonenzentrale München[54]). Mit der Passauer Sucharbeit ist der Name von Prälat *Ludwig Penzkofer* verbunden. Ähnlich lief die Suchdienstarbeit in der Erzdiözese Bamberg, deren Zonengrenze von Coburg bis Hof reicht.

5. 8 Vermißtennachforschung des Deutschen Caritas-Verbandes

In Freiburg im Breisgau konnte der Deutsche Caritasverband am 30. August 1945 seine „Vermißtennachforschung" offiziell wieder aufnehmen, die schon während des Ersten und Zweiten Weltkrieges mit Unterstützung des Vatikans durchgeführt worden war. Auf der ersten Nachkriegskonferenz des Deutschen Caritasverband in Salmünster (Hessen) konnte bekanntlich die Verbindung aller Diözesan-Caritasverbände in den vier Zonen wiederhergestellt werden. Dem dort beschlossenen Arbeitsausschuß „Flüchtlingshilfe" wurde der „Caritas-Suchdienst" angegliedert. Die Erwähnung von Dr. *Erich Reisch* darf nicht fehlen. Es klang in unseren Ausführungen mehrfach an, daß die — in Zentralstellen zusammengeführten — Namenskarteien in alphabetischer Ordnung nur fürs erste als optimale Lösung zur schnellen Familienzusammenführung anzusehen waren. Man merkte aber bald, wie nützlich ein weiterer Schritt werden könne, der Aufbau von Ortskarteien. Denn falls ein Teil der Familie ausgelöscht war, verhallte der Suchruf ungehört. Doch es gab vielleicht Nachbarn und Freunde, die helfen konnten, die Bescheid wußten, was „daheim" passiert war.

5. 9 Suchdienst der evangelischen Hilfskomitees

Übrigens gab es auf der evangelischen Seite gleichartige Anfänge durch die Hilfskomitees. *Herbert Krimm* schrieb 1974 (vgl. S. 149):

„Von der Gründung einer Suchdienst-Arbeitsgemeinschaft wurden die Alliierten dann offiziell unterrichtet und hatten keinen Einspruch mehr (Januar 1946).
Bald danach kam von der Seite der Flüchtlinge selbst eine unerwartete Ergänzung jener millionenfachen Menschensuche. Sie stellte sich immer deutlicher als eine geradezu unersetzliche Vervollständigung dieser humanen Bestandsaufnahme heraus. In den deutschen Siedlungen außerhalb der Reichsgrenzen war die Denk- und Lebensweise ja überall stärker durch Nachbarschaft, Kollektivität und Dorfgemeinschaft bestimmt gewesen als durch individuelles Bewußtsein des einzelnen.

---

54) W. Lucyga: Die Heimatortskartei für Oberschlesien — 25 Jahre Kirchlicher Suchdienst beim Diözesan-Caritasverband Passau; 1970, Archiv Passau.

Eine Suchweise, bei der der einzelne, unabhängig von Abstammung, Wohnort und Nachbarschaft je nach dem Anfangsbuchstaben seines Namens in die alphabetisch geordneten Karten versank, mußte dieser Denkform fremd sein, so notwendig und richtig sie auch für eine Zentralkartei war. Die sogenannten „Volksdeutschen" dachten und suchten anders. Nicht bloß die Eltern, Kinder oder Vettern, sie suchten die Nachbarn, den Pfarrer, den Lehrer, um von dort die Fäden weiterspinnen und womöglich wieder zu einer größeren Nähe zusammenrücken zu können. Demgemäß waren auch die Suchblätter, die im Bereich der Hilfskomitees entstanden, anders angelegt: nicht bloß nach Landschaften, sondern sogar nach Ortschaften: es entstanden die Heimatortskarteien. Da wurde ganz langsam Mensch auf Mensch verzeichnet, wie er einmal im übersehbaren Dorfbereich sein Dasein gehabt hatte."

In der Festschrift der Heimatortskarteien wird berichtet, daß der Caritas-Meldekopf Hannover den Stein ins Rollen brachte. Die Realisierung scheiterte anfangs an der Finanzfrage. Der Deutsche Caritasverband und das Hilfswerk der Evangelischen Kirche versprachen sich aber bereits 1947 davon so viel Erfolg, daß man die von kirchlichen Einrichtungen getragenen umfangreichen Namenskarteien, soweit es sich um deutsche Ostvertriebene handelte, auf das Heimatortsprinzip umzustellen begann.

„Erstes Ziel war, die Nachforschung nach Vermißten aktiv zu gestalten; das heißt, es sollte nicht mehr abgewartet werden, bis aufgrund einer Begegnung einer Stammkarte (mit Lebend- oder Totmeldung) mit einer Vermißten-Suchkarte ein Treffer zustande kam; sondern durch Befragung früherer Nachbarn aus dem Heimatort sollte das Schicksal des Vermißten geklärt werden.
Endziel der Umstellung sollte sein, jeden Ort des Vertreibungsgebietes karteimäßig wieder so erstehen zu lassen, wie er vor Kriegsbeginn (1. 9. 1939) bestanden hatte."

5. 10 „Kirchlicher Suchdienst" — Heimatortskarteien

Der erste Plan für solche Heimatortskarteien wurde im März 1946 vom Zentralrat des Deutschen Caritasverbandes in Bamberg gefaßt. Bei Arbeitstagungen in Passau (4. Juni 1947) und in München (2. August 1947) wurde technische Einzelheiten beschlossen. Am 27. April 1976 schrieb Prälat *Penzkofer*, Direktor der Hauptvertretung München des Deutschen Caritasverbandes und seit 1973 Leiter des Kirchlichen Suchdienstes, einen Arbeitsbericht „30 Jahre Kirchlicher Suchdienst"[55].

55) Ludwig Penzkofer: 30 Jahre Kirchlicher Suchdienst; Arbeitsbericht der Heimatortskarteien der kirchlichen Wohlfahrtsverbände für das Jahr 1975, München 1976, 6 S.

„Die Leitung der (dezentralisiert bestehenden) Ortskarteien aller Caritas-Suchdienste wurde am 31. Dezember 1947 der Hauptvertretung in München (Rektor *Franz Sales Müller*) übertragen. Die Karteien des Evangelischen Hilfswerkes wurden in erster Linie aus Unterlagen des bereits am 31. Juli 1946 gegründeten Ostkirchenausschusses gespeist, dem insgesamt 18 Hilfskomitees der evangelischen Deutschen aus den Vertreibungsgebieten angehören.

Dank dem gerade im Suchdienst und in der Betreuung der heimatvertriebenen Bevölkerung vorhandenen guten Einvernehmen zwischen dem Deutschen Caritasverband und dem Evangelischen Hilfswerk war es möglich, die bestehenden Karteien nach und nach zu einem gemeinsamen, unter einer Gesamtleitung stehenden „Heimatortskarteien-Werk" zu vereinigen, das heute (1979) noch besteht."

Die Finanzlage der Wohlfahrtsverbände war durch die Währungsreform kritischer als je zuvor. Manche Leistungen — nicht nur im Suchdienst — konnten in Bayern dennoch dank einer wohlüberlegten Spende des Bayerischen Staatsministers der Finanzen, Dr. *Hans Kraus,* erbracht werden. Unmittelbar vor der Währungsreform stellte die Bayerische Staatsregierung den freien Wohlfahrtsverbänden 120 Mill. Reichsmark zur Verfügung, die kurz danach in 12 Mill. D-Mark umgetauscht werden konnten. Als Staatsbesitz wären sie jedoch verfallen und nicht 1 : 10 abgewertet worden. Die Amerikaner „tobten", so bestätigte kürzlich der Schwiegersohn des damaligen Ministers, Dr. *Franz Ammann,* dem Autor. *Kraus* wies darauf hin, daß 40 Mill. Reichsmark dem jüdischen Hilfswerk Bayern zugeflossen seien, ein „Schritt zur Wiedergutmachung"; man könne die Spende nicht wieder zurückfordern. Vieles, was die Wohlfahrtsverbände bis dahin in Bayern aufgebaut hatten, wäre ohne diese 12 Mill. „kostbarer" D-Mark zusammengebrochen. Bis 1950 flossen dann Förderungsmittel sehr spärlich! Die Trägerverbände hatten vor der Währungsreform Millionbeträge in die Suchdienstarbeit gesteckt und trugen vorerst auch die Kosten nach 1948.

Nach schwierigen Verhandlungen wurde 1950 eine Vereinbarung mit der Bundesregierung getroffen, die von nun an die Finanzierung der Suchdienst-Einrichtungen in der Bundesrepublik übernahm[56]). Zuerst war das Bundesinnenministerium, dann das Vertriebenenministerium und nach dessen Überführung ins Innenministerium wiederum dieses zuständig. Dem Kirchlichen Suchdienst wurde die Nachforschung nach verschollenen Zivilpersonen aus den Vertreibungsgebieten als offizielle Aufgabe gestellt und ab 1953 die „Auskunfterteilung in behördlichen Angelegenheiten".

Bereits 1955 bestätigte ein Gutachten des Bundesrechnungshofes die Bedeutung der Heimatortskarteien als Amtshilfe.

56) Theodor Kosak: Zwei Jahrzehnte suchdienstliche Hilfe des Deutschen Caritasverbandes für die deutsche Bevölkerung aus den Vertreibungsgebieten; Vortrag in Freiburg i. Br. 29. 8. 75, 14 S. (Archiv der Zentralstelle der HOK, München).

Zwei Männer schufen die organisatorische Grundlage: Prälat (Rektor) *Franz Sales Müller* und Dr. *Hermann Maurer.* Nachdem Kaplan *Müller* aus dem Krieg, in dem er Sanitätsdienst geleistet hatte, nach Oberbayern zurückgekehrt war, berief ihn das Ordinariat in die Caritasarbeit. „Es mag sein, daß Rektor *Müllers* Oberhirten dazu die Erinnerung an die frühere erfolgreiche Caritastätigkeit seines Onkels, des jetzt (1958) resignierten katholischen Erzbischofs von Stockholm, *Johann Erik Müller,* bewogen hat", heißt es in einer Würdigung des Leiters des Kirchlichen Suchdienstes[57]). Der Beauftragte der Hauptstelle des Hilfswerkes der Evangelischen Kirche, Dr. *Hermann Maurer,* Stuttgart, wirkte als stellvertretender Leiter. Seine hervorragenden Kenntnisse über die Volksdeutschen in Südosteuropa kamen der Suchdiensttätigkeit zugute.

Nach Abschluß der Zusammenlegung aller aus dem kirchlichen Bereich stammenden Karteien zu regional gegliederten Heimatortskarteien (HOK) gab es in dem nunmehr *Kirchlicher Suchdienst* genannten Gemeinschaftswerk 12 HOK, davon 8 unter katholischer Trägerschaft und 4 unter evangelischer. Die folgende Übersicht nennt Sitz und Betreuungsregion nach dem Stand von 1979, dazu die Zahl der Karteikarten in diesem gewaltigen „Adreßbuch der Heimatvertriebenen".

Die Zentralstelle der HOK befindet sich in München, Lessingstraße 1, im Haus der „Hauptvertretung München" des Deutschen Caritasverbandes.

Kirchlicher Suchdienst
Heimatortskarteien 18 477 907 erfaßte Personen am 1. Januar 1979

Ort	Heimatortskartei für:	Mill. Personen
München*)	Deutsch-Balten	0,2
Regensburg	Sudetendeutsche	3,4
Passau	Oberschlesien und Breslau	} 5,3
Bamberg	Niederschlesien	
Augsburg	Mark Brandenburg (östl. Oder-Neiße-Linie)	0,6
Stuttgart	Südosteuropa (Deutsche aus Ungarn, Rumänien, Jugoslawien, Slowakei, Ruthenien/Karpato-Ukraine)	1,9
Stuttgart	Ostumsiedler aus Rußland, Bessarabien, Bulgarien, Dobrudscha	0,5
Hannover	Deutsche aus Wartheland-Polen	1,1
Lübeck*)	Ostpreußen und Memelland	2,4
Lübeck*)	Danzig-Westpreußen	1,1
Lübeck*)	Pommern (östl. Oder-Neiße-Linie)	2,0

*) Trägerschaft: Diakonisches Werk, Stuttgart, bei den anderen HOK jener Diözesan-Caritasverband, der für den jeweiligen Sitz zuständig ist.

*

57) Politisch-Soziale Korrespondenz, Bonn: Rektor Franz Müller, Leiter des Kirchlichen Suchdienstes (München); PSK-Bonn 15. 12. 1958 Nr. 24, S. 22.

Leiter des Kirchlichen Suchdienstes waren:
Prälat (Rektor) Franz Sales Müller bis 1960
Pater Dr. Augustinus Rösch SJ 1960—1961
Prof. Dr. Philipp Kröner 1962—1964
Msgr. Adolf Mathes 1964—1972
Prälat Ludwig Penzkofer seit 1973

Stellvertretende Leiter waren:
Dr. Hermann Maurer bis 1969
Pastor Wolfgang Becker 1969—1973
Diakon Reinhard Brakhage seit 1974

Geschäftsführer war bis 1965 Dr. Josef Kohlenz, seitdem Theodor Kosak.

1978 betrafen 52 %/o der Bitten um Nachforschung durch den Kirchlichen Suchdienst Fragen wegen des „Personenstandes"; 1957 entfielen 26 %/o auf diesen Bereich. 1978 dienten 28 %/o der Anfragen einer Klärung von Rentenansprüchen; 1957 betrug der Anteil 25 %/o. An dritter Stelle sei das Sachgebiet „Lastenausgleich" erwähnt. 1957 betrafen noch 26 %/o den Nachweis, ob eine Antragsberechtigung auf LAG-Leistungen bestünde; 1978 war der Anteil auf 6 %/o geschrumpft, ein deutlicher Beweis für den weit fortgeschrittenen Erledigungsstand, über den auch die Ausgleichsverwaltung berichtet. Der Rest entfällt auf den weiten Bereich sonstiger Nachfragen; 1957 waren es noch 23 %/o, 1978 nur 14 %/o.

Das in den Heimatortskarteien gesammelte Material, das bereits heute eine wichtige Archivfunktion erfüllt, muß auch in Zukunft zugänglich bleiben, damit den ursprünglich in den Vertreibungsgebieten beheimateten Bevölkerungsteilen Nachfragemöglichkeiten erhalten bleiben, vor allem im Bereich des „Personenstandes".

In einer Darstellung über die Tätigkeit der Flüchtlingsverwaltung kann eingehender über den Suchdienst nicht berichtet werden. Andererseits bestand seit April 1946 mit der Einführung des Flüchtlingsausweises eine enge direkte Zusammenarbeit. Die Vertriebenen selber und alle Behörden, die Angelegenheiten der Vertriebenen zu klären haben, sind bis auf den heutigen Tag Nutznießer des DRK-Suchdienstes und der Heimatortskarteien.

Wenigstens erwähnt werden muß aber eine der großen Leistungen des Suchdienstes, nämlich die am 23. März 1953 vom Bundestag beschlossene „Gesamterhebung zur Klärung des Schicksals der Deutschen Bevölkerung in den Vertreibungsgebieten". Unter Federführung des damaligen Vertriebenenministeriums und Mitwirkung des Statistischen Bundesamtes führten die Heimatortskarteien, der DRK-Suchdienst, die Landsmannschaften und der Bund der Vertriebenen die Untersuchung durch, die Ende 1965 abgeschlossen werden konnte.

Schon seit 1951 hatten die Heimatortskarteien begonnen, innerhalb der größeren Gemeinden „Straßenkarteien" anzulegen, weil die Behördenanfragen über Vertriebene sonst überhaupt nicht zu bearbeiten gewesen wären.

Am vorläufigen Abschluß dieser großen Untersuchung wurden der Ist-Bestand und der Soll-Bestand gegenübergestellt. Einerseits versuchte man mit Hilfe alter Adreßbücher u. ä. Namenslisten der Einwohner (möglichst Stand 1939) zusammenzutragen. Andererseits wurden Nachbarn, Kriegskameraden und sonstige Gewährspersonen wegen eines „Vermißten" befragt, wann und wo dieser tot oder lebend gesehen worden sei oder ob er noch lebte (möglichst neue Adresse). Übrig blieben dann die ungeklärten Fälle der „Verschollenen".

Welche Bedeutung der Suchdienst in den ersten Jahren für die Familienzusammenführung der Vertriebenen und damit für deren Eingliederung hatte, sollte in diesen Ausführungen voller Dank anerkannt werden. Man kann sich gar nicht vorstellen, wie die bayerische Flüchtlingsverwaltung ihre Aufgaben hätte erfolgreich durchführen können, wenn diese große humanitäre Hilfe vom Roten Kreuz und vom Kirchlichen Suchdienst nicht gewährt worden wäre. Die „Findefälle" lenkten bereits 1946 die Suche von Hunderttausenden in geordneten Bahnen und schufen Kraft und Mut, an den Wiederaufbau zu gehen. Auch das sollte nicht verschwiegen werden!

5. 11 Blick in die Zukunft

Direktor *Max Heinrich*, Leiter der DRK-Geschäftsstelle München, stellte dem Autor für eine Feierstunde zu Ehren des Generalsekretärs der Liga der Rotkreuz-Gesellschaften, *Henrik Beer*, Notizen über den DRK-Suchdienst zur Verfügung[58]):

> „Jeder vernünftige Mensch will Frieden, keine Katastrophen, keinen Konflikt. Trotzdem wissen wir, daß dieser Wunsch allein nicht ausreicht für die Garantie, auch in Zukunft in Sicherheit und Frieden zu leben.
> Das Ausmaß der Katastrophe des letzten Krieges und die Erfahrungen, die der Suchdienst in den vergangenen Jahrzehnten gesammelt hat, sind für ihn ein Auftrag, Vorsorge zu treffen für den Notfall.
> Er hat dafür vorbereitend zu sorgen, daß im Falle einer Katastrophe oder auch eines Konfliktes getrennte Familien möglichst bald wieder zusammenfinden.
> Selbstverständlich ist niemand in der Lage, ein Verschollenenproblem völlig auszuschalten, aber es kann dafür gesorgt werden, daß es möglichst eingeschränkt wird.
> Die besondere Sorge des DRK in einem Konfliktfall muß der eigenen Zivilbevölkerung gelten — abgesehen von der ihm von der Bundesregierung aufgetragenen Einrichtung eines „Amtlichen Auskunftsbüros" gemäß der Genfer Rotkreuz-Konventionen.

58) Max Heinrich: Notizen über den DRK-Suchdienst; München 27. 10. 1970, 4 S. (Archiv DRK-Suchdienst München).

208

Voraussetzung für ein schnelleres Auffinden gesuchter Personen und eine schnelle Wiederzusammenführung von Familien ist eine Erfassung und Registrierung der von einer Katastrophe oder einem Konflikt betroffenen Bevölkerung.

In dieser Erkenntnis führt der DRK-Suchdienst bereits seit Jahren in den Kreisverbänden des DRK Lehrgänge durch, in denen freiwillige Helfer für diese Aufgabe geschult werden. Ziel ist es, in den 415 Kreisbereichen des DRK im Bundesgebiet einen festen Stamm geschulter Helfer zu bilden, die in einem eventuellen Ernstfall eingesetzt werden können."

6. Neugründung des Arbeiterwohlfahrt- (AW) und des Deutschen Paritätischen Wohlfahrtsverbandes (DPWV)

In der auf S. 17 abgedruckten „Verordnung Nr. 3 über das Flüchtlingswesen" vom 2. November 1945 erwähnt der Bayerische Staatsminister des Innern neben dem Roten Kreuz und den kirchlichen Verbänden bereits die Arbeiterwohlfahrt und den Paritätischen Wohlfahrtsverband, obwohl beide infolge der Zwangsauflösung im Dritten Reich erst neu gegründet werden mußten. AW und DPWV, die sich später große Verdienste erwarben, konnten daher in diesem Kapitel über die Helfer in den *ersten* Jahren bisher nicht erwähnt werden.

6. 1 Die Arbeiterwohlfahrt (AW)

Maria Juchacz, seit 1917 Frauensekretärin der SPD und Mitglied des Parteivorstandes, gründete am 13. Dezember 1919 in Berlin die AW. 1933 emigrierte sie nach Frankreich und 1941 nach New York; 1949 kam sie wieder nach Deutschland. Im Januar 1946 lud *Robert Görlinger,* aus der Emigration heimgekehrt und neuer Oberbürgermeister von Köln, die im Entstehen begriffenen Landesverbände der drei Westzonen und die „Volkssolidarität" der Russischen Zone zur Neugründung ein. *Lotte Lemke,* die am 12. Mai 1933 aus der Geschäftsstelle des Hauptausschusses der AW entfernt worden war, konnte am 10. Mai 1946 ihre Tätigkeit als Geschäftsführerin der AW wiederaufnehmen.

In Bayern betrieben vor allem der spätere Vorsitzende Dr. *Horst Schieckel* und *Max Peschel* den Wiederaufbau. Das erste Werbeschreiben des „Vereins AW München als einstweiliger Landesverband" datiert vom 3. April 1946[59]). Die offizielle Neugründung erfolgte am 20. April 1947 in Nürnberg. Um die Berufsausbildung der Vertriebenenjugend machte sich Senator *Hans Wein-*

---

59) Jahrbuch der Arbeiterwohlfahrt, Landesverband Bayern: 60 Jahre AW in Bayern 1919—1979; München 1979, 118 S. und Anhang.

berger, Landesvorsitzender 1948—1969, verdient. So konnte die AW zum Beispiel mit Förderung des McCloy-Fonds (475 000 DM) zunächst 14 Jugendwohnheime errichten. Die Nachfolge trat *Karl Herold* an, MdB und Parlamentarischer Staatssekretär. Seit 1976 führt *Bertold Kamm*, Vizepräsident des Bayerischen Landtags, den Landesverband der AW.

6. 2 Der Deutsche Paritätische Wohlfahrtsverband (DPWV)

Den Anfang eines Paritätischen Wohlfahrtsverbandes bildete der Zusammenschluß von 23 „freien und privaten" Trägern von Krankenhäusern in Frankfurt am Main 1919. Diese Anstalten waren früher aus allgemeinem „Bürgersinn" entstanden. Manche verfügten über eine lange Tradition; so reichte die Geschichte des Heilig-Geist-Spitals in Frankfurt bis 1150 zurück. Nach der Revolution wollte man gegenüber Staat und Kommunen die gemeinsamen Interessen vertreten, also eine Art „Selbstschutzorganisation". Diese Initiative schloß eine Lücke und der Zulauf war groß. 1920 kamen bereits die Erziehungs- und Fürsorgeanstalten hinzu. 1924 wurde die „Vereinigung der privaten gemeinnützigen Kranken- und Wohlfahrtseinrichtungen Deutschlands" gegründet — ein allzu langer Name, der 1925 auf die Bezeichnung „V. Wohlfahrtsverband" gekürzt wurde; daher stammt das heutige Verbandszeichen „vWv". 1930 übernahm man von Bayern die Bezeichnung „Paritätischer Wohlfahrtsverband". 1934 wurde der DPWV der NSV (Nationalsozialistische Volkswohlfahrt) eingegliedert und hörte praktisch auf zu bestehen. Nach dem Zusammenbruch fanden die früheren DPWV-Mitglieder wieder zusammen, bildeten zuerst eine „Arbeitsgemeinschaft in den Ländern der Westzonen" und gründeten am 8. Oktober 1949 den DPWV mit Sitz in Frankfurt am Main. Der Hauptgeschäftsführer Direktor *Erwin Stauss* meinte in einer Rede zum Thema „Der DPWV gestern und heute"[60]):

> „So ist die weltanschauliche und konfessionelle Motivierung zum Organisationsprinzip der Freien Wohlfahrtspflege geworden. Nun läßt sich aber nicht für jede solche Gruppe ein eigener Spitzenverband errichten. Bei den großen christlichen Konfessionen, bei der jüdischen Religion, bei der Arbeiterbewegung und bei der humanitären Idee Henri Dunants war das möglich. Hier waren genügend große Teile unseres Volkes durch gemeinsame Antriebskräfte und Ziele verbunden. Daneben blieb der große Teil kleinerer Gruppierungen, auf andere Überlegungen ausgerichtet, durch ihre Vielfalt mehr oder weniger vereinzelt. Ihren Schutz und ihre Förderung hat der DPWV übernommen" (1979 etwa 2600 Organisationen).

---

60) Erwin Stauss: Der DPWV gestern und heute; Referat in Bremen, Mitgliederversammlung 7. 4. 1965, 11 S.

Der Name *Luise Kiesselbach* ist mit der Gründung des Landesverbandes Bayern untrennbar verbunden. Sie kam aus der Arbeit des „Vereins für Fraueninteressen", der 1976 sein 80jähriges Bestehen feierte[61]. Dieser Verein war Mitglied im „Bund Deutscher Frauenvereine" *(Helene Lange, Gertrud Bäumer)*. Anfänglich forderte man bessere Schulausbildung für Mädchen, Zulassung zum Studium usw.; nach der Revolution kamen mit dem Ausbau des „Armenrechts" zur „Fürsorgepflicht" neue Aufgaben hinzu. Durch die Wahl zur Stadträtin in München (1919) erweiterte sich das Tätigkeitsfeld von *Luise Kiesselbach*, aber auch ihr Einfluß. Sie gründete 1924 den „Paritätischen Wohlfahrtsverband", der sich 1925 dem „V. Wohlfahrtsverband" anschloß. Bis zu ihrem Tod 1929 leitete sie den PWV in Bayern. „1934 kam der PWV dem Totalanspruch der NSV gegenüber zum Erliegen; ein Versuch, die Heime als geschlossenen Verband innerhalb der NSV weiterzuführen, scheiterte", heißt es in einem internen Dokument. Aber viele seiner leitenden Mitglieder gehörten gleichzeitig dem „Verein für Fraueninteressen" an und dessen Vorsitzende, *Gisela Mauermeyer-Schmidt,* konnte die drohende Auflösung verhindern. Aus diesem Kreis stammt Dr. *Anna Heim-Pohlmann*, die bereits bei der Gründung des PWV 1924 beteiligt war; sie betrieb ab Mitte 1945 den Wiederaufbau. Auch wenn die offizielle Neugründung erst am 30. Juli 1948 erfolgte, beteiligte man sich nach Kräften an der Flüchtlingshilfe, z. B. in einem Münchner Lager, in drei Heimen für Flüchtlingskinder (Bad Tölz, Dachau und Schliersee), in Nürnberg und später in Bayreuth, Coburg, Schweinfurt und Würzburg (vgl. S. 239). Den Vorsitz des Landesverbandes führten Professor Dr. *Rudolf Düll* (1948—1963), Ministerialdirigent i. R. *Hans Ritter* (1963—1976) und seitdem der Würzburger Oberbürgermeister, Dr. *Klaus Zeitler.*

---

61) Gretl Ruëff (Hrsg.): 80 Jahre Verein für Fraueninteressen und Frauenarbeit (in München) 1896—1976; München 1976, 35 S. — DPWV: 50 Jahre DPWV 1924—1974; Frankfurt/Main 1976, 40 S.

IV. Nach Errichtung des Bundesvertriebenen-
ministeriums in Bonn

1. Die innerdeutsche Umsiedlung von Vertriebenen und Evakuierten

In den vorhergehenden Kapiteln kam immer wieder die Forderung nach einer gerechten Verteilung der Vertriebenen zur Sprache. Erst 1949 begann die Verwirklichung. Um von vornherein Mißverständnisse auszuschalten, sei jedoch der grundsätzliche Unterschied in der neuen Motivation für eine „innerdeutsche Umsiedlung" klar herausgearbeitet.

Am 11. November 1945 hatten sich die Länder der Amerikanischen Zone lediglich auf einen Verteilungsschlüssel für die angekündigten Ausweisungstransporte geeinigt. Damals und das ganze Jahr 1946 hindurch standen arbeitsmarktpolitische Ziele nicht im Mittelpunkt. Vielfach befanden sich die einzelnen Familienmitglieder nicht am selben Ort, nicht einmal in derselben Besatzungszone. Von einer produktiven Wirtschaft zu sprechen, wäre absurd gewesen. Strohschuhe wurden geflochten (und verkauft), Küchengeräte bastelten die Flüchtlinge aus verramschtem Kriegsmaterial (Gasmasken, Kochgeschirre usw.). Solche Produkte fänden heute nicht einmal auf einem „Flohmarkt" Absatz. Aber man machte sich natürlich Gedanken.

Geheimrat Professor Dr. *Adolf Weber* lud als Vorsitzender der „Volkswirtschaftlichen Arbeitsgemeinschaft für Bayern" am 22. Januar 1946 „einen großen Kreis von Wissenschaftlern und Praktikern, von Vertretern der verschiedenen Ministerien, des Staatskommissars für das Flüchtlingswesen, der Industrie- und Handelskammern, der Staatsbank, der Landeskulturrentenanstalt, der Genossenschaften, der Wohlfahrtseinrichtungen, der Bayerischen Bauernsiedlung, nicht zuletzt auch Vertreter der ‚Hilfsstelle für Flüchtlinge' ein, um in gemeinsamer Beratung die Probleme zu erörtern, die durch die erforderlich gewordene Seßhaftmachung von Millionen heimatlos gewordener Deutscher in Bayern entstanden" waren. Die sechs Thesen schildern, wie *Adolf Weber* die Lösung sah:

1. Die Zuwanderer sollen als Subjekte, nicht als Objekte eingegliedert werden.
2. Selbsthilfe ist besser als Staatshilfe.
3. Aus dem, was uns geblieben ist, aus Arbeit und Boden, müssen wir Höchstmögliches schaffen.
4. Das Kernstück der Seßhaftmachung der Neubürger muß die landwirtschaftliche Siedlung sein. (Gemeint ist der „Morgenthau-Plan", der auf *Henry Morgenthau*, einen Mitarbeiter *Roosevelts*, zurückgeht und am 12. 9. 1944 auf der Quebec-Konferenz von *Roosevelt* und *Churchill* unterzeichnet wurde. Er sah vor, Deutschland zu ent-industrialisieren und in ein Agrarland umzuwandeln.)

5. Dem Export ist besondere Aufmerksamkeit zu schenken.

6. Bei der Ausgestaltung der Betriebe darf es an Betriebskapital nicht fehlen.

Am 10. Juli 1946 nahm dann die Vollversammlung der „Volkswirtschaftlichen Arbeitsgemeinschaft für Bayern" die Berichte der Ausschüsse entgegen. 1947 erschienen die Ergebnisse als Buch: „Seßhaftmachung Heimatloser in Bayern"[1]. Landbeschaffung, Siedlung und Siedlergenossenschaften, Siedlergärten — dies waren die Themen, mit denen sich die Arbeitsgemeinschaft auseinandersetzte, denn „der von den Alliierten entworfene Wirtschaftsplan des Berliner Kontrollrats legt uns Bedingungen auf, die die grundlegenden Produktionsverhältnisse und unsere Ausfuhrquote in bestimmter Richtung und Höhe festlegen". Wer also heute (1979) vom Richterstuhl aus die Verteilung der Ausweisungstransporte 1946 als Fehlleistung verurteilt, hat die Ausgangssituation 1945/46 nicht begriffen.

Aber nun zum Jahr 1950: Die organisierte Massenausweisung war längst vorüber. Inzwischen löste der „Kalte Krieg" einen ständig anschwellenden Strom von Flüchtlingen aus der Sowjetischen Besatzungszone (SBZ) aus; die amtliche Benutzung der Bezeichnung „Deutsche Demokratische Republik" war verpönt. Am 6. Juli 1950 wurde in Görlitz zwischen der DDR und Polen die Oder-Neiße-Linie als Staatsgrenze anerkannt. Am 25. März 1954 erklärte die UdSSR die Souveränität der DDR. Der „Eiserne Vorhang" schob sich dichter und dichter zwischen die beiden deutschen Staaten. Dies nur zur Skizzierung der allgemeinen Lage. Der jüngere Leser sei daran erinnert, daß der Begriff „iron curtain" am 5. März 1946 von *Winston Churchill* in Fulton/Missouri geprägt wurde.

Die drei Hauptflüchtlingsländer Schleswig-Holstein, Niedersachsen und Bayern fürchteten, am langsam sich ankündigenden Wiederaufbau zu wenig und zu spät beteiligt zu werden. Sie drängten auf einen Bevölkerungsausgleich. Aber die Umzusiedelnden sollten nicht mehr wie 1946 nur irgendwohin gebracht werden, um ein (vielleicht besseres) Dach über dem Kopf zu haben. Sondern — entsprechend den Denkbildern einer Landesplanung — war es jetzt das Ziel, die Menschen zum Arbeitsplatz zu vermitteln, und noch besser, neue Arbeitsplätze am jetzigen Wohnort zu schaffen.

Bundesminister Dr. *Hans Lukaschek* sah eine Chance für das neu errichtete Bundesministerium für Vertriebene, die Nützlichkeit seiner Behörde schnell und sichtbar zu beweisen, wenn er auf diesem Gebiet aktiv werden würde. Daher beauftragte er das Institut für Raumforschung, Bad Godesberg, das die Nachfolge der „Reichsarbeitsgemeinschaft für Raumforschung" (neben der „Akademie" in Hannover) angetreten hatte, eine Denkschrift zu diesem Problem zu erstellen, die dann am 1. Juni 1950 vorlag. Sie trug den Titel: *„Grundgedanken zu einem Bevölkerungsaustausch in der Bundesrepublik Deutschland"*. Mit geringfügigen Ergänzungen erschien eine zweite Auflage

---

1) Adolf Weber: Volkswirtschaftliche Arbeitsgemeinschaft für Bayern: Seßhaftmachung Heimatloser in Bayern; München 1947, 250 S.

bereits am 15. Oktober 1950[2]). Ehe nun darüber berichtet wird, sei erwähnt, daß die bayerische Flüchtlingsverwaltung nicht durch Zufall anfangs stark beteiligt war. Vorsitzender des Bundesinstituts wurde Vizekanzler und ERP-Minister *Franz Blücher,* der am 6. März 1950 den Autor „in den Arbeitskreis des Instituts" berief; er schrieb: „Ich kann mir vorstellen, daß gerade Sie von Ihrem speziellen Arbeitsgebiet her die Arbeit des Instituts durch Anregungen und Unterstützung besonders fruchtbar gestalten können."

In diesem Arbeitskreis trafen sich, von der Sache her verständlich, Experten, die bereits seit 1947 in der „Statistisch-Soziologischen Arbeitsgruppe für Flüchtlingsfragen in Deutschland" vorbereitende Gespräche geführt und z. T. sogar vor dem Kriege wissenschaftlich zusammengearbeitet hatten: Dr. *Kurt Horstmann* (Statistisches Bundesamt), Professor Dr. *Gerhart Isenberg* (Bundesfinanzministerium), Dr. *Georg Müller,* vordem im Zentralinstitut für Arbeit in der Britischen Zone *(Lemgo),* nunmehr hauptamtlich im Institut. Die Geschäfte führte Ministerialrat Dr. *Erwin Muermann,* später Dr. habil *Erich Dittrich.* Zu diesem Kollegenkreis gehörte auch die Persönliche Referentin des Vizekanzlers, Dr. *Erika Fischer,* früher Reichsarbeitsgemeinschaft für Raumforschung. Der erste zusammenfassende wissenschaftliche Bericht des Instituts erschien 1950 als Sondernummer der „Zeitschrift für Raumforschung"[3]) mit 13 Autoren unter dem Titel „Das deutsche Flüchtlingsproblem". Hier, in diesem Kapitel soll aber nur von der Denkschrift über den Bevölkerungsausgleich berichtet werden. Sie blieb nicht das einzige Gutachten. Im Vorwort zum späteren Gutachten über „Die Verteilung der Zuwanderer (aus der SBZ) und (Spät-)Aussiedler auf die Länder der Bundesrepublik Deutschland — Ein Schlüsselvorschlag" (1959) heißt es[4]):

> „Es war der erste große Ansatz der deutschen Raumforschung nach dem Zweiten Weltkrieg, in dem sie sich der Herausforderung ihrer Zeit stellte, ihren Beitrag zur Lösung des Flüchtlingsproblems zu liefern. Neue Methoden und Ansätze mußten sich aber aus der Tatsache ergeben, daß es 1950 darum ging, einen einmaligen, übergroßen und in der Not fehlverteilten Bevölkerungsschub ökonomisch und sozial sinnvoll umzusiedeln, während die späteren Jahre die Aufgabe stellten, einen zwar ständigen, in der Höhe aber unterschiedlichen Bevölkerungszustrom — in erster Linie aus der sowjetischen Besatzungszone — von Anfang an regional zweckmäßig zu lenken."

---

2) Institut für Raumforschung: Grundgedanken zu einem Bevölkerungsausgleich in der Bundesrepublik Deutschland, Denkschrift; abgeschlossen 1. 6. 1950, Bonn, 46 S.; 2. Ausgabe 15. 10. 1950, 46 S.
3) Institut für Raumforschung: Das deutsche Flüchtlingsproblem; Sondernummer der „Zeitschrift für Raumforschung", Bielefeld 1950, 140 S.
4) Institut für Raumforschung: Die Verteilung der Zuwanderer (aus der SBZ) und Aussiedler auf die Länder der Bundesrepublik Deutschland — ein Schlüsselvorschlag; Gutachten, Bad Godesberg Oktober 1959, 57 + 10 S.

1950, also neun Jahre vorher, untersuchten die Sachverständigen kritisch die bisherigen Ausgleichsversuche und entwarfen eine Zielprojektion. Mehr als 25 Jahre danach hat der Leser die Möglichkeit, den Plan mit der tatsächlichen Entwicklung zu vergleichen. Zwangsläufig ein gutes Lehrstück zum Thema: Was nützen Sachverständigengutachten dem Politiker?

1. 1 Denkschrift des Instituts für Raumforschung vom 1. Juni 1950

„Das Institut ist sich darüber im Klaren, daß die Probleme an sich im gesamtdeutschen Rahmen behandelt werden müßten. Die Schwierigkeit bzw. Unmöglichkeit der Beschaffung einwandfreien Materials aus den gegenwärtig nicht der Bundesrepublik angeschlossenen Gebieten Deutschlands zwingt jedoch zur Beschränkung auf die Länder der Bundesrepublik.

Der Hauptstrom der Zuwanderer hat sich in die überwiegend agrarischen Länder Schleswig-Holstein, Niedersachsen und Bayern ergossen und dort zu einer Bevölkerungszunahme geführt, die von diesen Ländern wirtschaftlich nicht mehr getragen werden kann. Das Verhältnis von vorhandenen Arbeitsplätzen und zu erwartenden Arbeitsmöglichkeiten auf der einen und dem gegebenen Arbeitspotential auf der anderen Seite hat sich in drei Ländern so ungünstig gestaltet, daß sie zu Notgebieten geworden sind.

Die Notwendigkeit eines allgemeinen Bevölkerungsausgleichs ist daher eine der vordringlichen Aufgaben. Sie ist bisher noch nicht wirksam in Angriff genommen worden, nur Teillösungen wurden versucht. Die Aufgabe ist aber umfassend und kann nur im Ganzen, d. h. im Zusammenhang mit einer allgemeinen Neuordnung im westdeutschen Raum, nie in Teillösungen, bewältigt werden. Das Flüchtlingsproblem kann nicht für sich allein gesehen werden.

Bemerkenswert ist die unterschiedliche Bevölkerungszunahme seit dem 29. Oktober 1946, dem Termin der ersten Volkszählung nach dem Kriege. Die Bevölkerung von Bayern und Schleswig-Holstein hat nur geringfügig zugenommen, die Bevölkerung Niedersachsens dagegen und die von Nordrhein-Westfalen weisen eine beträchtliche Zunahme auf. Während die aus der SBZ illegal hereinströmenden Grenzgänger in den Ländern der Amerikanischen Besatzungszone nur dann aufgenommen worden sind, wenn sie genau belegen konnten, daß sie aus zwingenden Gründen ihren Wohnsitz in der SBZ verlassen mußten, bestand auf Anordnung der Britischen Militärregierung ein allgemeines ‚Asylrecht', von dem später lediglich Schleswig-Holstein ausgenommen wurde. Die Lage an der Zonengrenze hat sich für Niedersachsen in dieser Hinsicht als schwere Belastung ausgewirkt. Die Zunahme in Nordhrein-Westfalen beruht darüber hinaus auch auf der Rückkehr der Evakuierten.

216

Die Notwendigkeit eines solchen allgemeinen Ausgleichs sämtlicher vier (?) Besatzungszonen wurde auf der Deutschen Ministerpräsidenten-Konferenz von 6.—8. Juni 1947 in München festgestellt. (Diese Aussage ist insofern falsch, als die Ministerpräsidenten der SBZ vor Annahme dieser Resolution bereits abgereist waren!) Die Frage eines Bevölkerungsausgleichs hat sich auf das Gebiet der Bundesrepublik konzentriert. Heute (1950) ist es notwendig, einen arbeits(markt)orientierten Bevölkerungsausgleich, nicht mehr einen Flüchtlingsausgleich im engeren Sinne, herbeizuführen. Nicht der Wohnraum, sondern der Arbeitsplatz ist entscheidendes Kriterium."

Zur Verdeutlichung dieser Ausführungen werden an dieser Stelle zwei Kartenskizzen veröffentlicht, die der Autor in der „Lebendigen Erziehung" im Mai 1950 veröffentlichte und kommentierte[5]), ergänzt für die Zeit 1950—1955.

„Der Ausgleichsversuch 1949

1949 kam in Verhandlungen zwischen den Ländern des „Vereinigten Wirtschaftsgebietes" (Bi-Zone) und denen der Französischen Zone eine Verständigung zustande, nach der die Länder der Französischen Zone sich bereit erklärten, rund 120 000 Flüchtlinge (Vertriebene!) aufzunehmen (Rheinland-Pfalz 60 000; Baden 30 000; Württemberg-Hohenzollern 30 000) und zwar aus Schleswig-Holstein 60 000, aus Niedersachsen und Bayern je 30 000. Aufgenommen haben nur Baden und Württemberg-Hohenzollern, ganze 32 061. Insgesamt kann diese Aktion als mißlungen angesehen werden.

Das Angebot an umzusiedelnden Flüchtlingen war quantitativ und qualitativ groß und ermöglichte so die Berücksichtigung spezieller Wünsche und Gesichtspunkte der Aufnahmeländer. In Rheinland-Pfalz waren von der Wirtschaftsstruktur her keine so günstigen Aufnahmebedingungen, obwohl die wohnungsmäßige Unterbringung möglich gewesen wäre.

Die Auseinandersetzungen über den Verteilungsschlüssel

Schon 1947 hatten die Länder der Amerikanischen und Britischen Besatzungszone beschlossen, einen neuen Flüchtlingsverteilungsschlüssel auszuarbeiten. Dieser Schlüssel ist nie zustande gekommen. Der Versuch, ihn zu ermitteln, führte zu sehr erregten Debatten zwischen den Statisti-

---

5) Martin Kornrumpf: Was bedeutet das für uns?; Deutsche Gesellschaft für Erziehung, „Lebendige Erziehung"; München 1959, Nr. 7, S. 33.

kern der Länder über die Vergleichbarkeit der von ihnen vorgebrachten Zahlen. Vor allem konzentrierte sich die Auseinandersetzung auf die Wohnraumzahlen. Die Frage der Flüchtlingsverteilung hätte nur von einer übergeordneten Instanz — der Bund war damals noch nicht gebildet worden — vorgenommen werden können, nicht aber von einzelnen Ländern, deren Vertreter ihre besonderen Landesinteressen wahrzunehmen sich verpflichtet fühlten. Ganz unmöglich war es aber, daß man eine politische Verantwortung auf die Schultern der Länderstatistiker legte.

Zu- und Abnahme der Bevölkerung in den Stadt- und Landkreisen in Vierzonendeutschland 1945—1946, sowie 1946—1950 und 1950—1955 in der Bundesrepublik Deutschland

Schwarze Scheiben bedeuten absolute Zunahme, weiße dagegen Abnahme

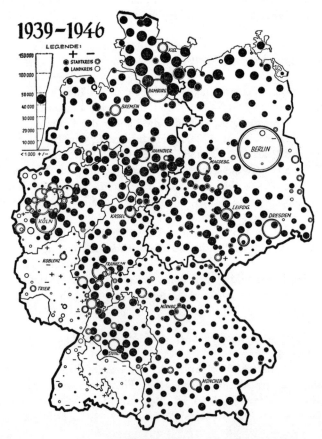

1939—1946 „Zerstörte Städte, überfüllte Dörfer"; keine Aufnahme von Ausweisungstransporten in der Französischen Zone

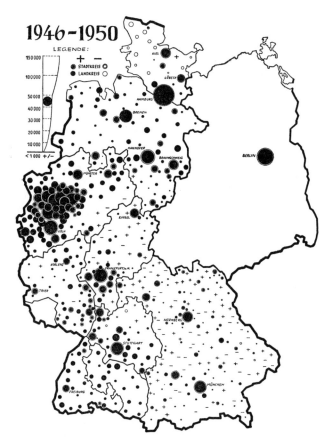

1946—1950 Beginn der innerdeutschen Wanderung; geringfügige
Zu- bzw. Abnahme durch + und — angegeben

Der Wittdüner Vorschlag

Im August 1949 führte eine Besprechung der Länder in Wittdün (Amrum)
unter Berücksichtigung volkswirtschaftlicher Momente zu dem Vorschlag
eines vorläufigen Bevölkerungsausgleichs von rund 600 000 Menschen.
Auch dieser Vorschlag ist praktisch nicht zur Durchführung gekommen.

Die Verordnung der Bundesregierung vom 29. November 1949

Bei Erlaß dieser Verordnung konnte sich die Bundesregierung auf den
Artikel 119 des Grundgesetzes stützen. Die Verordnung sah vor: *Aus*
Schleswig-Holstein 150 000, aus Niedersachsen und Bayern je 75 000 Ver-
triebene und *nach* Nordrhein-Westfalen und Rheinland-Pfalz je 90 000,

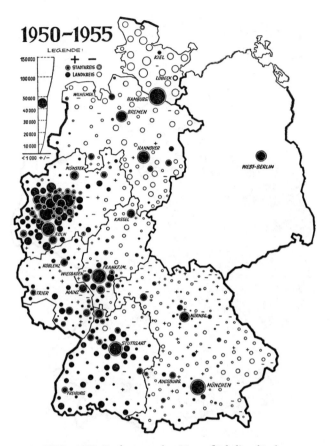

1950—1955 Entlastung der Hauptflüchtlingsländer

Baden, Württemberg-Hohenzollern und Württemberg-Baden — Der Süd-
west-Staat war noch nicht gegründet — zusammen 105 000, Hessen 8000,
Hamburg 5000 und Bremen 2000 umzusiedeln, insgesamt also 300 000
bis zum 31. 12. 1950. Die grundsätzlichen Gedanken dieser Aufteilung
begegnen erheblichen Bedenken. Einmal begrenzt die Verordnung die
Umsiedlung auf die Heimatvertriebenen. (Die Verordnung bzw. der Bundesvertriebenenminister) verengt das Problem und geht an der Tatsache
vorüber, daß es sich heute (1950) nur noch um einen Bevölkerungsausgleich unter allgemeiner, volkswirtschaftlicher Zielsetzung und nicht um
einen isolierten Flüchtlingsausgleich handeln darf. Man wird ferner das
Prinzip der Freiwilligkeit weiter fassen müssen. Der Wegfall des Zwan-
ges genügt nicht, wenn ihm nicht die freie Wahl des Arbeitsortes gegen-
übersteht. Die Verordnung ist in ihrem ganzen Charakter auf organisierte
Massentransporte abgestellt."

Soweit Zitate aus dem Gutachten von 1950. Das Institut erkannte, daß die Flüchtlingsverwaltungen routinemäßig auf organisierte Massentransporte eingestellt waren, die man 1946 und 1947 praktiziert hatte. Viel deutlicher aber wurde das Institut für Raumforschung ein Jahr später in seiner zweiten Denkschrift[6]):

„Es scheint notwendig, erneut auf diesen Punkt hinzuweisen, um auch den Gesetzgeber zu veranlassen, in seinen legislativen Maßnahmen das *Problem in seiner Gesamtheit* zu sehen und nicht nur auf die Teillösung zu beschränken. Dazu gehört, daß die *drei* mit dieser Materie befaßten *Bundesressorts* (Bundesministerium für Vertriebene: für die Heimatvertriebenen; Bundesministerium des Innern: für die Evakuierten; Bundesministerium für gesamtdeutsche Fragen: für die Flüchtlinge aus der SBZ) *ihre Maßnahmen aufeinander abstimmen.*"

Inzwischen hatte sich der Bundestag mit einer erneuten Verteilung von 600 000 Heimatvertriebenen beschäftigt und in einer Sitzung am 4. Mai 1950 auch dahingehend entschieden. Damit sollten 1950 nunmehr 900 000 Flüchtlinge umgesiedelt werden.

Der Schlußgedanke des Gutachtens von 1950 spiegelt die Einstellung des vom Institut für Raumforschung eingesetzten Expertengremiums besonders deutlich:

„*Es ist nicht ein Problem der überbelasteten Länder, was hier gelöst werden muß, sondern es geht um die Zukunft der einzelnen Menschen. Das Problem kann nicht vom fiskalischen Interesse einzelner Länder bestimmt werden. Die Flüchtlinge dürfen nicht zu zahlenmäßigen Objekten werden, mit denen man rechnet, ohne sich zu vergegenwärtigen, daß es sich hier um Menschen handelt.*"

Den zweiten theoretischen Teil des Gutachtens von 1950 verfaßte *Isenberg*. Er beschäftigte sich mit der „Tragfähigkeit" der Bundesländer und verglich die optimale und die tatsächliche Bevölkerungsverteilung, um zu folgern, in welchem Umfang von wo und wohin eine Umsiedlung volkswirtschaftlich nach dem damaligen Stand der Kenntnisse erwünscht wäre. *Isenbergs* Ideen sind in Fachkreisen seit vierzig Jahren bekannt; hier an dieser Stelle können die komplizierten Rechnungen nicht methodisch gewürdigt werden. Aber die folgende Tabelle, die *Isenberg* als Endergebnis aufstellte, dürfte für jeden Leser von Belang sein. In dieser Tabelle ist die Bevölkerung in den Jahren 1939 und 1949 angegeben und seine Vorstellungen, wie viele Einwohner in dem einen Land im Sinne seiner Tragfähigkeit „zu viel" und in dem anderen Land „zu wenig" wohnen. Recht reizvoll ist dann unsere zusätzliche

6) Institut für Raumforschung: Die Umsiedlung der Heimatvertriebenen in der Bundesrepublik Deutschland; Bonn, Juni 1951, 60 S.

Angabe der tatsächlichen Einwohnerzahlen von 1975 und die Angabe der Differenz 1949/1975. *Isenberg* meinte 1950, Bayern zum Beispiel müsse 764 000 Einwohner „abgeben" dürfen; tatsächlich wuchs Bayerns Einwohnerzahl bis 1975 um 1 605 000. So weit ist die Spanne zwischen Modellvorstellung und wirklicher Entwicklung!

„Theoretische" Umsetzung nach der „berichtigten" Tragfähigkeit in 1000 Menschen (Isenberg 1950), ergänzt mit den Einwohnerzahlen der Bundesländer 1975 und der Angabe von Zu- und Abnahme der Bevölkerung 1949/75

	1939	1949	Trag-fähigkeit	1975	1949/75
Bayern	7 038	9 225	— 764	10 830	+ 1 605
Baden-Württemberg	5 523	6 365	+ 473	9 197	+ 2 832
Rheinland-Pfalz	2 962	2 900	— 84	3 678	+ 778
Hessen	3 479	4 307	— 177	5 563	+ 1 256
Nordrhein-Westfalen	11 945	12 965	+1 665	17 177	+ 4 212
Niedersachsen	4 539	6 888	— 426	7 252	+ 364
Schleswig-Holstein	1 589	2 707	— 841	2 584	— 123
Hamburg	1 712	1 551	+ 97	1 726	+ 175
Bremen	563	544	+ 57	721	+ 177
insgesamt	39 350	47 452	± 2 292	58 728	+11 276
dazu: Saarland				1 100	
West-Berlin				2 004	
Einwohner Bundesrepublik/West-Berlin				61 832*)	

*) Daten für 1975, Statistisches Bundesamt, Fachserie A/1 30. 6. 1975.

Im Juni 1977 sprachen *Isenberg* und der Autor über diese Diskrepanz. Kurzgefaßt nahm *Isenberg* wie folgt Stellung:

„Bis etwa 1961 stimmte die Entwicklung mit unserer Prognose überein. Danach änderten sich die Rahmenbedingungen. Der Bergbau und die Montanindustrie verloren an Bedeutung und damit ging die Tragfähigkeit von Nordrhein-Westfalen zurück. Umgekehrt entwickelte sich gerade Bayern, landschaftlich und kulturell attraktiv, als revierfernes Verarbeitungsland. Das haben wir 1950 nicht vorausgesehen. Richtig war bei der damaligen Abschätzung der Tragfähigkeit der einzelnen Regionen, daß wir uns nicht durch die reinen Arbeitslosenzahlen täuschen ließen und auch die agrarische „Überbevölkerung" einbezogen, die in Rheinland-Pfalz besonders ins Gewicht fiel, aber ganz allgemein im Süden größer war als im Norden. Allerdings brachte der Abzug von Fachkräften durch die innerdeutsche Umsiedlung eine gewisse Verschlechterung der Industrialisierungschancen in den Abgabeländern."

Isenberg und der Autor waren sich einig, daß diese Bemerkungen keine Abwertung von theoretischen Überlegungen eines Landesplaners bedeuten. Man erkennt aber wieder einmal die Gefahr, wenn Politiker Gutachter-Ergebnisse statistik-gläubig übernehmen würden; das Wagnis einer staatsmännischen Entscheidung kann niemand dem Politiker abnehmen.

Am 13. Januar 1951 fand eine wissenschaftliche Aussprache im Institut für geschichtliche Landeskunde der Rheinlande in Bonn statt. In diesem Kolloquium spielte die Umsiedlung eine große Rolle. Im Protokoll heißt es dazu[7]):

> *„Bundesvertriebenenminister Dr. Lukaschek:*
>
> Leider ist bei den bisherigen Umsiedlungen immer ein Stück ‚Sklavenmarkt' im Spiel. Unter den Flüchtlingen werden die Fachkräfte herausgesucht, das ‚soziale Gepäck' — die Alten und Kranken — wird zurückgelassen.
>
> In Nordrhein-Westfalen sind Wohnung und Arbeit entscheidend voneinander abhängig. Die Flüchtlinge ohne soziales Gepäck aus der Sowjetzone, die zunächst illegal hereinströmen, sind deshalb viel begehrter als die Heimatvertriebenen. Die SBZ-Flüchtlinge nehmen anfangs mit Wenigem vorlieb, lassen dann aber langsam die Familie (aus der SBZ) einsickern."

In diesem Colloquium kamen auch die Probleme zur Sprache, die für die Kirchen durch die konfessionelle Durchmischung 1945/46 entstanden waren (vgl. S. 168). *Eugen Lemberg* warnte den Bundesvertriebenenminister davor, dieses Problem im Rahmen der innerdeutschen Umsiedlung lösen zu wollen. Im Juni 1951 erschien dann das zweite Gutachten des Instituts für Raumforschung.

Den Statistischen Landesämtern war inzwischen gelungen, die *Wanderungs-Statistik* wieder aufzubauen. Und diese Daten ermöglichten dem Institut einen Vergleich zu ziehen zwischen *freier Wanderung* und staatlich gelenkter *Umsiedlung.* Im Gutachten heißt es dazu:

> „Wenn man aus der Zuwanderung in die einzelnen Länder einen Maßstab für deren ‚Anziehungskraft' innerhalb der Wanderungsbewegung gewinnen will, müssen die Zahlen der gelenkten Flüchtlingsumsiedlung eliminiert werden, da nur die freie Wanderung den Sog der Länder erkennen läßt."

Zwei Beispiele verdeutlichten das Problem: *Nordrhein-Westfalen* wies einen *Wanderungsgewinn von 249 119* auf, darunter aus den drei Abgabeländern

---

7) Institut für Raumforschung und Hochschularbeitsgemeinschaft für Raumforschung, Bonn: Niederschrift über die am 13. 1. 1951 veranstaltete wissenschaftliche Aussprache; 45 S.

113 288 und darunter nur 47 353 Heimatvertriebene. Und — was nun überraschen dürfte — *darunter befanden sich nur 18 000 bis 20 000 „Umsiedler"*.

Rheinland-Pfalz registrierte den zweitgrößten Wanderungsgewinn mit 114 925, darunter 78 582 Vertriebene in organisierten Transporten der innerdeutschen Umsiedlung, so daß nur ein Rest von 36 343 sonstigen Zuwanderern übrig bleibt. Darum urteilten die Sachverständigen in aller Deutlichkeit:

> *„Das Beispiel Nordrhein-Westfalen kann ... sehr gut die kritischen Punkte aufzeigen, die sich ergeben, wenn die Maßnahmen der Politik den Tendenzen der wirtschaftlichen Entwicklung nicht voll gerecht werden. Es besteht dann die Gefahr, daß die wirtschaftliche Entwicklung den Maßnahmen der Politik davonläuft und Fehldispositionen getroffen werden."*

Das Umsiedlungsgesetz vom 22. Mai 1951 berücksichtigte bereits die *Isenbergsche* „Tragfähigkeit"; denn nun hatten — wie es im Jargon der Landesplaner hieß — zwei „Aktivräume", nämlich Nordrhein-Westfalen und Württemberg-Baden, die Hauptlast zu tragen (Aufnahme von 140 000 bei insgesamt 200 000 Umsiedlern).

Um die wohnungsmäßigen Voraussetzungen zu schaffen, mußten Wohnungsbaumittel für Umsiedlungszwecke bereitgestellt werden. Für die Umsiedler nach Rheinland-Pfalz und Baden wären aber vor allem oder besser statt dessen Mittel zur Schaffung von Arbeitsplätzen notwendig gewesen; davon war in dem Umsiedlungsgesetz jedoch keine Rede.

Der Expertenkreis des Instituts für Raumforschung kam auch zu dem Ergebnis, daß durch die Umsiedlung der Arbeitsmarkt in den Abgabeländern, auch in Bayern, nicht nennenswert entlastet wurde. „Die freie Wanderung und die gelenkte Umsiedlung nahmen den Abgabegebieten hauptsächlich wertvolle Fachkräfte weg." Von den Kommissionen der Aufnahmeländer wurden nämlich gerade solche Fachkräfte ausgesucht, die auch in den Abgabenländern dringend gebraucht worden wären.

Das Gutachten stellte ferner fest, daß hochqualifizierte Arbeitskräfte — häufig genug um den Preis der vorübergehenden Familientrennung — auf eigene Faust ihren beruflichen Chancen in den Aktivräumen nachgegangen sind, sodaß sich „die organisierte Umsiedlung in stärkerem Maße der nicht oder nicht mehr voll erwerbsfähigen Umsiedlungsbewerber annehmen mußte".

Das Gutachten beklagt, daß „in einzelnen Fällen" die Übernahmekommissionen der Aufnahmeländer übertriebene Hoffnungen weckten, um begehrte Fachkräfte zu gewinnen. In „Arbeit und Wirtschaft in Bayern" berichtete das Bayerische Staatsministerium für Arbeit und soziale Fürsorge im September 1950:

> „Vereinzelt kehren Umsiedler früherer Transporte inzwischen zurück, da die Arbeitsbedingungen nicht den Abmachungen entsprachen."

Aber das waren eben doch nur Randerscheinungen.

Die freie Wanderung als Folge der allmählich unbegrenzt geltenden Freizügigkeit überrollte die gelenkte innerdeutsche Umsiedlung. Es wäre aber ungerecht, wenn man die guten Absichten der Landesflüchtlingsverwaltungen nicht würdigen wollte. Mit ihrer Hilfe wurden insgesamt über eine Million Vertriebene „umgesiedelt", allein aus Bayern 265 077.

Die folgende Zusammenstellung beruht auf dem Abschlußbericht des Bundesvertriebenenministers vom 21. Oktober 1969 (I B 2e — 7086/1 — 916/69). Es handelt sich um die Umsiedlung von 300 000 im I. Programm vom 29. November 1949, 300 000 im II. Programm vom 22. Mai 1951, um 150 000 im 1. Abschnitt (13. Februar 1953) und 165 000 im 2. Abschnitt (19. Januar 1955) des III. Programms und schließlich um 117 386 Umgesiedelte im IV. Programm vom 5. Juni 1956, nach der Novelle vom 23. November 1964 (BGBl. I S. 928).

Im Rahmen der innerdeutschen Umsiedlung von Vertriebenen von 1949—1969

zogen aus den Abgabeländern		in die Aufnahmeländer	
Schleswig-Holstein	426 992	Nordrhein-Westfalen	512 250
Niedersachsen	340 317	Baden-Württemberg	276 368
Bayern	265 077	Rheinland-Pfalz	123 826
		Hamburg	65 120
		Hessen	37 707
		Bremen	17 115
insgesamt	1 032 386	insgesamt	1 032 386

Dem Problem der innerdeutschen Umsiedlung räumte Arbeitsminister *Stain* in seinem Beitrag für den „Bericht über drei Jahre Koalitionsregierung 1955—1957"[8] nur noch sieben Zeilen ein. Der Bremer Ausschuß für Wirtschaftsforschung *(Alfred Jacobs)* veröffentlichte 1951 eine Untersuchung von *Hans Schuster,* seit 1948 politischer Redakteur bei der Süddeutschen Zeitung; darin heißt es[9]):

„Die Aufhebung der Zuzugsbeschränkungen innerhalb Westdeutschlands hat mehr zur Integration der westdeutschen Wirtschaft beigetragen als die Ansätze zu einem Flüchtlingsausgleich."

1. 2 Die innerbayerische Umsiedlung

Ein paar Worte sind in diesem Zusammenhang über die innerbayerische Umsiedlung am Platze. Die Landesplanung des Bayerischen Staatsministeriums

---

8) Walter Stain: Bericht über drei Jahre Koalitionsregierung, Beitrag des Bayer. Staatsministers für Arbeit und soziale Fürsorge; München, 16. 9. 1957, 21 S.
9) Hans Schuster: Übervölkerung und Auswanderung; Bremer Ausschuß für Wirtschaftsforschung, Bremen 1951, 95 S.

für Wirtschaft und Verkehr entwickelte 1952 einen Gesamtplan. In der „Zusammenfassung der Grundgedanken"[10]) forderte die Landesplanung:

> „Die innerbayerische Umsiedlung kann nicht auf Heimatvertriebene beschränkt werden; sie muß Arbeitsumsiedler, Familienzusammenführung (Wochen-, Monats- und Vierteljahres-Pendler) und Fernpendler einbeziehen. Eine nach allen Richtungen erfolgreiche Arbeits(kräfte-)umsiedlung wäre nur möglich bei Koppelung der Aktion zur Neuschaffung gewerblicher Arbeitsplätze mit den Wohnungsbauprogrammen. Die Finanzierung kann nur durch Sondermittel erfolgen, nicht durch Zweckbindung von wesentlichen Teilen des sozialen Wohnungsbauprogramms."

Staatsminister *Walter Stain* schrieb 1957 zu diesem Thema[8]):

> „Die innerbayerische Umsiedlung (wohnungsmäßige Unterbringung am gesicherten Arbeitsplatz) wurde und wird weiterhin gefördert. Hierzu wurden im Berichtszeitraum (Dez. 1954 — Dez. 1956) 5900 Wohnungen finanziert. Dieser Wohnungsbau ist ein erheblicher Beitrag für die endgültige arbeitsmäßige Eingliederung der Vertriebenen."

1. 3 Die „rückkehrwilligen Evakuierten"

Die von allen politischen Parteien, vom Bundestag und den Länderparlamenten geforderte bzw. beschlossene bevorzugte Förderung einer Eingliederung der Vertriebenen und die darauf fußende Aktivität der Flüchtlingsverwaltungen hatten zwangsläufig bei anderen Gruppen, die sich dadurch benachteiligt fühlten, herbe Kritik hervorgerufen, vor allem bei den Fliegergeschädigten. Im Kapitel „Lastenausgleich" wird über die Anfänge des ZVF (Zentralverband der Fliegergeschädigten) berichtet. Später konnte eine gleichartige Kritik bei Vertriebenen beobachtet werden, als die in Scharen hereinströmenden „SBZ-Flüchtlinge" schneller zum Zuge kamen als manche Vertriebene, die irgendwo fernab von Arbeitsmöglichkeiten oder in „alten" Flüchtlingslagern „hängen geblieben" waren und deren Umsiedlung sich immer und immer wieder verzögerte.

In Bayern fand damals die im November 1952 erschienene Arbeit von *Karlheinz Kugler* über „das Umsiedlungsproblem der Würzburger Außenbürger" große Beachtung; sie stammte von dem jetzigen geschäftsführenden Vorsitzenden des ZVF[11]).

10) Bayer. Staatsministerium für Wirtschaft und Verkehr: Gesamtplan für die innerbayerische Umsiedlung; 28. 11. 1952, Nr. 5906/Flü-Lpl. 2a — 110803.
11) Karlheinz Kugler: Das Umsiedlungsproblem der Würzburger Außenbürger; Zentralverband der Fliegergeschädigten, Evakuierten und Währungsgeschädigten (ZVF), Stuttgart 1952, 105 S.

1. 4 Das Bundesevakuiertengesetz

Der Deutsche Bundestag hatte am 8. März 1951 und am 16. Mai 1952 durch Entschließungen die Berechtigung für eine gesetzliche Regelung des Evakuiertenproblems bestätigt. Das Bundesevakuiertengesetz vom 14. Juli 1953 (BGBl. I S. 586) trat am 18. Juli 1953 in Kraft. Der ZVF gab eine 16seitige Information heraus: „Was man vom Bundesevakutiertengesetz wissen muß"[12]. Von den Kommentaren sei der von Walter Straßmann und Walter Nitsche erwähnt[13]. Dieses Gesetz ermöglichte eine Förderung der Rückkehr der noch immer in den Ausweichorten lebenden Evakuierten. Zuständig war das Bundesministerium des Innern. Da es aber letztlich um Bau von Wohnungen ging, fanden Vorbesprechungen im Bundesministerium für Wohnungsbau statt.

In den Godesberger Beratungen mit Statistikern einiger Landesflüchtlingsverwaltungen im März 1951 wurde erstmalig die Frage besprochen, wie viele Wohnungen wohl benötigt würden. Anders formuliert: Wie viele Evakuierte gab es noch? Die Flüchtlings-Statistiker hatten über deren Zahl damals noch einigermaßen zuverlässige Kenntnisse. Denn in der Amerikanischen Zone wurden die Evakuierten bis Januar 1949 (20. Zählung) erfaßt. Die aktuelle Problematik war aber mit solchen Angaben aus dem Jahre 1949 nicht zu lösen.

In den fruchtbaren Diskussionen unter Leitung von Ministerialrat Dr. *Walter Fey* wurde man sich klar, daß eine ganze Reihe von Evakuierten sechs Jahre nach Kriegsende, manchmal zehn Jahre nach der Evakuierung, überhaupt nicht mehr in die frühere Heimatgemeinde zurückzukehren wünschte. Ferner — wir berichteten mit einem Beispiel aus Dinkelsbühl — hatten manche Gemeinden die einst als Evakuierte Zugezogenen inzwischen offiziell eingebürgert. Bayern schlug deshalb vor festzustellen, ob der Wille zur Rückkehr überhaupt noch besteht; damals wurde der Begriff „rückkehrwilliger Evakuierter" geboren, den dann der Bundestag akzeptierte. Damit wurde also den Evakuierten überlassen, ob sie die Hilfe des Gesetzes in Anspruch nehmen wollten oder nicht. 1951 registrierten dann die Bundesländer insgesamt 103 893 Haushalte mit 305 478 „rückkehrwilligen Evakuierten". Je nach Einstellung wurde das Ergebnis als überraschend gering oder groß angesehen. Der ZVF hatte eine viel größere Zahl erwartet, manche Landespolitiker eine viel kleinere mit der Vermutung, die Evakuierten seien längst heimisch geworden.

Erste Bundeszahlen gab das Bundeswohnungsbauministerium am 16. August 1951 (Nr. 1803/12/51) bekannt. In Bayern ging es um 42 831 Evakuierte, wie das endgültige Ergebnis vom 25. Juli 1952 zeigte[14]. Man hatte 1951 geschätzt, daß noch rund 60 000 „echte" Evakuierte aus anderen Bundesländern in Bayern lebten; nur knapp 20 % hatten sich registrieren lassen. Bayern war

---

12) ZVF: Was man vom Bundesevakuiertengesetz wissen muß; Stuttgart 1953, 15 S.
13) Walter Straßmann und Walter Nitsche: Bundesevakuiertengesetz, Kommentar; München-Berlin 1953, 41 S.
14) Fischer-Dieskau: Erhebungen über rückkehrwillige Evakuierte; Bundesministerium für Wohnungsbau, 25. Juli 1952, Az. 1420/80/52; 8 S. und Tabellen.

wohl eben doch schon zur neuen Heimat geworden. Einige Jahre später, am 1. August 1955, sagte *Stain* vor dem Landtag[15]):

„Die besonderen Schwierigkeiten beim Vollzug dieses Gesetzes sind daraus zu erkennen, daß es sich überwiegend um ältere, wirtschaftlich schwächere und schwer einzugliedernde Personen handelt. Und: In den vier (bayerischen) Großstädten ist der Wohnungsmangel (1955) besonders groß, sodaß die tatsächliche Rückführung eine besondere Förderung des Wohnungsbaues für Evakuierte erforderlich macht, worüber mit den beteiligten Ministerien bereits eingehende Verhandlungen gepflogen werden."

Bayern bemühte sich, Bundeswohnungsbaumittel für diese „Binnenevakuierten" zu bekommen. „Der Bund", berichtete *Stain* am 16. September 1957 „erkennt lediglich die Verpflichtung zur Rückführung der Evakuierten von Land zu Land an"[8]). In diesem Bericht wurden neuere Zahlen genannt: Bereits zurückgeführt seien 7566 in andere Bundesländer und 17 993 in ihre bayerische Heimatgemeinde. Zugleich aber teilte Stain mit, daß noch 15 560 Binnenevakuierte und 15 560 Evakuierte aus anderen Bundesländern als „rückkehrwillig" anerkannt worden waren. Addiert man diese Zahlen, erhält man die Summe von 83 140 *„rückkehrwilligen Evakuierten" im Jahre 1957.* 1951/52, bei der ersten Registrierung, hatten sich nur 42 831 gemeldet.

Am 11. Februar 1963, also rund zehn Jahre nach Verkündung des Evakuiertengesetzes, informierte Arbeitsminister *Paul Strenkert* den „Beirat für Vertriebenen- und Flüchtlingsfragen", daß der größte Teil der Evakuierten zurückgeführt sei und der Abschluß im wesentlichen von der Bereitstellung von Wohnungsbaumitteln abhänge[16]). Diese Rede von *Strenkert*, zwei Jahre nach dem Bau der Berliner Mauer, läßt ferner erkennen, daß das Problem der „Notaufnahme" von Zuwanderern aus der SBZ/DDR, das bis zur Abkapselung im Sommer 1961 eine sehr große Rolle für die ganze Bundesrepublik Deutschland gespielt hatte, für die Flüchtlingsverwaltung an Bedeutung erheblich verloren hatte.

2. Die Deutschen aus der DDR

Entsprechend der Thematik dieser Dokumentation wird wohl kein Leser erwarten, die Gesamtzusammenhänge der Teilung Vier-Zonen-Deutschlands und die Zeit des „Kalten Krieges" dargestellt zu finden, weil es an sich um

---

15) Walter Stain: Haushaltsreden vor dem Bayer. Landtag; 1. 8. 1955, 37 S.; 26. 3. 1957, 47 S.; 11. 6. 1958, 45 S.; 5. 4. 1960, 47 S.; 28. 11. 1961, 48 S.
16) Paul Strenkert: Eingliederung der Vertriebenen und Flüchtlinge in Bayern, Erfolge und Aufgaben; Sitzung des Beirats für Vertriebenen- und Flüchtlingsfragen 11. 2. 1963, 14 S.

die Aufnahme von Flüchtlingen in Bayern geht. Dennoch, ganz übersehen darf der Autor diese Vorgänge nicht, weil die Motive für die Zuwanderung in den einzelnen Zeitabschnitten sehr unterschiedlich waren.

Da sind zuerst einmal die Luftkriegsevakuierten — vor allem aus Berlin — zu nennen. In den letzten Wochen, als Berlin schon umkämpft wurde, setzten sich viele ab, die dazu in der Lage waren — zum Teil nach Vorauszahlung ihres Mai-Gehaltes. Im Februar hatten im „Luftschutzkeller Bayern" aus Berlin und Mitteldeutschland erst rund 80 000 Aufnahme gefunden, bis Juni 1945 war deren Zahl auf 225 000 gestiegen. Während im zweiten Halbjahr 1945, trotz aller Behinderungen und Verkehrsschwierigkeiten, rund 193 000 „West-Evakuierte" zurückströmten, kehrten nach Berlin nur 9000 und in die Russische Zone nur 7000 Evakuierte zurück (vgl. Tabelle S. 85).

Von dort her setzte langsam — noch fast unbemerkt — eine Gegenbewegung ein. Es ist sicherlich richtig, schon damals von Flucht zu sprechen, auch wenn wegen des allgemeinen Tohu-wa-bohu die Bewegungsfreiheit noch nicht völlig eingeschränkt war und nur vereinzelt Gefahr für Leib und Leben — wie in späteren Phasen — bestand. Von einer Registrierung dieser Zuwanderer war keine Rede; denn niemand war „zuständig" für sie, als „echte" Evakuierte konnte man sie auch nicht mehr bezeichnen.

Im Jahr 1946 ließ der Staatskommissar achtmal die Vertriebenen und Evakuierten zählen und berichtete dann, daß im ersten Jahr seiner Tätigkeit weitere 128 090 „West-Evakuierte" Bayern verlassen hatten, ferner 37 029 in die Russische Zone und 16 393 nach Berlin zurückgekehrt waren. Diese Registrierung „echter" Evakuierter war absolut korrekt; zum Beispiel wurden mit Hilfe amerikanischer Militärzüge durch das Bayerische Rote Kreuz Jugendliche zu den Eltern zurückgebracht, die im Rahmen der Kinderlandverschickung evakuiert worden waren. Die neue „Zuwanderung" aus der Russischen Zone nahm jedoch formell niemand zur Kenntnis. Dies war nicht weiter verwunderlich; denn damals entstanden die demokratischen Parteien auch in der Russischen Zone; *Hans Lukaschek* z. B. war damals Minister in Thüringen. Im allgemeinen wurde unterstellt, daß es sich im Sinne der Denazifizierung um „politisch Belastete" handelte. Aus dieser Einstellung heraus ist wohl auch die etwas diskriminierende Bezeichnung „illegale Grenzgänger" entstanden.

Im Jahre 1947 wandelte sich die Szenerie. Einmal kamen in großer Zahl Vertriebene, die 1946 in die Russische Zone ausgewiesen worden waren, nunmehr in den Westen zu ihren dorthin ausgewiesenen Familienangehörigen. Sie wurden automatisch als „Vertriebene" mit einem „Zwischenaufenthalt in der Russischen Zone" angesehen. Viele von ihnen reisten — etwa nach Einbringung der Ernte 1946 — durchaus legal mit einer amtlichen Genehmigung nach Bayern; die Russische Militärregierung war mit dem Fortzug damals einverstanden. Im Laufe des Jahres 1947 tauchte ein seltsames statistisches Problem auf: Die Zahl der Evakuierten wuchs — geringfügig, aber immerhin verwunderlich. Daraufhin erschien in der Spalte „Evakuierte" die Bemerkung: „Wegen Unzuverlässigkeit werden Ergebnisse nicht mehr veröffentlicht". Vereinzelt mögen damals „echte" Evakuierte von ihrem Zufluchtsort in Österreich nach Bayern gekommen sein. Aber von den Flüchtlingsamtsleitern wurden wohl auch „illegale Grenzgänger", die zu ihren „echt" evakuierten Angehörigen zogen, einfach als Evakuierte mitgezählt; was sollten sie auch anderes tun?

„Im Januar 1948 wurde das Zuzugswesen aufgrund der bisherigen Erfahrungen neu geregelt", heißt es im „Dritten Jahres-Bericht" der Flüchtlingsverwaltung[17]). Im Jahr 1948 erhielten 28 556 Deutsche aus der Russischen Zone eine „Zuzugsgenehmigung" des Staatssekretariats. Darunter — so liest man in diesem Dokument — „wurde 7608 illegalen Grenzgängern *Asylrecht* durch Erteilung einer Aufenthaltsgenehmigung auf unbestimmte Dauer gewährt" — Asyl für Deutsche aus Deutschland in Deutschland! Man nannte das später „Notaufnahme". In dem Bericht „Vier Jahre Betreuung der Vertriebenen in Bayern"[18]) finden wir für das Jahr 1949 folgende Feststellung:

> „Außer diesem geregelten Zuzug hatte Bayern größte Schwierigkeiten durch den dauernden Zustrom illegaler Grenzgänger, wenn ihre Zahl auch im Laufe des Jahres 1949 gegenüber dem Jahre 1948 fühlbar kleiner geworden ist."

Die bisher von den anderen Ländern nur verbal anerkannte „Vorbelastung Bayerns" mit Flüchtlingen aus dem Jahr 1945 führte jetzt dazu, daß ein Teil der „illegalen Grenzgänger" in die anderen Länder weitergeschleust werden konnte. Die Länder der Bi-Zone hatten nämlich am 11. Juli 1949 in Uelzen beschlossen, die „Erteilung des Asylrechts" zu zentralisieren. Das Gesetz über die Notaufnahme von Deutschen im Bundesgebiet wurde am 22. August 1950 verkündet (BGBl. S. 367). In dem Bericht heißt es daher weiter:

> „Von den beiden Asylkommissionen in Gießen und Uelzen, in denen Vertreter aller Länder unter Vorsitz eines Vertreters des Bundesministeriums für Angelegenheiten der Vertriebenen gemeinsam beraten, wird jeder Fall sorgfältig überprüft und gegebenenfalls das Asylrecht zugestanden. Die Verteilung der illegalen Grenzgänger auf die Länder erfolgt nach einem festgesetzten Schlüssel. Bayern hat sich verpflichtet, monatlich 335 Asylberechtigte aufzunehmen."

2. 1 Einige Daten über die Entwicklung in der SBZ 1945—1948

Bei der Vorbereitung unserer Dokumentation wurde mehrfach die Anregung gegeben, einige wichtige Daten zur politischen Entwicklung in der SBZ hier

---

17) Wolfgang Jaenicke: Dritter Jahres-Bericht über die Tätigkeit der Bayerischen Flüchtlings-Verwaltung; München, Januar 1949, 14 S.
18) Wolfgang Jaenicke: Vier Jahre Betreuung der Vertriebenen in Bayern 1945— 1949; München, März 1950, 38 S.

einzuschieben. Man sprach inzwischen nicht mehr von Russischen Zone („Russian Zone" bei der Amerikanischen Militärregierung), sondern von der Sowjetischen Besatzungszone (SBZ). Ein Begriff, der in den noch heute (1979) gültigen Bundesgesetzen auftaucht (C-Ausweise; Härtefonds des Lastenausgleichs usw.) und man sprach daher von SBZ-Flüchtlingen oder schlicht von „Flüchtlingen", meinte nun aber nicht mehr dasselbe wie 1945—49, als man „Flüchtlinge und Ausgewiesene" noch nicht mit dem gemeinsamen Oberbegriff „Vertriebene" bezeichnete. Im amtlichen Sprachgebrauch vermeidet man jetzt die anachronistische Bezeichnung „SBZ", will andererseits ungern „DDR" sagen und spricht dann etwa in der Ausgleichsverwaltung nicht mehr von „Zonenschäden", sondern von „Schäden im Sinn des BFG" (vgl. S. 358).

Die Amerikaner, die bis Dresden und Torgau vorgestoßen waren, zogen sich vom 8. Mai 1945 an auf die früher vereinbarte Demarkationslinie zurück, die von Zwickau ausgehend über Dessau und Wittenberge die Ostsee östlich von Wismar erreichte. Am 5. Juni 1945 unterzeichneten *Schukow, Eisenhower, Montgomery* und *de Lattre de Tassigny* ein Dokument zur Errichtung des Alliierten Kontrollrats, veröffentlichten eine Feststellung über die Aufteilung in vier Zonen und den Viermächte-Status von Berlin. Am 16. Juni vereinbarten *Truman* und *Stalin,* daß sich die amerikanischen und britischen Truppen aus Thüringen, Sachsen, Provinz Sachsen und dem westlichen Mecklenburg zurückziehen und die Rote Armee nachrücken sollten. Damit wurde die heutige Grenze zwischen der Bundesrepublik und der DDR gezogen. Am 3. Juli rückten amerikanische und britische Soldaten in die ihnen zugewiesenen Sektoren der Reichshauptstadt ein. Die Franzosen folgten am 12. August, nachdem sie nachträglich dem Potsdamer Abkommen beigetreten waren. Mit der Proklamation Nr. 1 übernahm der Alliierte Kontrollrat am 30. August 1945 die Regierungsgewalt.

Die Sowjetische Militäradministration Deutschlands (SMAD) ließ am 10. Juni 1945 die Bildung antifaschistischer Parteien zu, deren Wegbereiter zwei Tage später in Berlin über ihre Zusammenarbeit sich berieten: KPD, SPD, CDU und LDP. Bereits am 19. Juni 1945 bekundeten *Walter Ulbricht* (KPD) und *Otto Grotewohl* (SPD) „den festen Willen zur aufrichtigen Zusammenarbeit". Am 26. Juni 1945 konstituierte sich die CDU; im Gründungsaufruf heißt es, die CDU bejahe das Privateigentum, das die Entfaltung der Persönlichkeit sichert, aber an die Verantwortung für die Allgemeinheit gebunden bleibt. Monopolartige Schlüsselunternehmen sollten klar der Staatsgewalt unterworfen werden. Für die Errichtung ländlicher und gärtnerischer Siedlungen müsse der Großgrundbesitz herangezogen werden. Die Einheitsgewerkschaft wurde begrüßt und die Kraft anerkannt, die von der Arbeiterschaft in das Volksganze einströme.

Am 5. Juli 1945 folgte als vierte Partei die „Liberal-Demokratische Partei" (LDP), die jedoch die freie Wirtschaft als Voraussetzung für erfolgreiche Betätigung anerkannnte.

Am 18. September 1945 erklärte *Grotewohl,* eine völlige Verschmelzung von SPD und KPD sei zwar noch verfrüht, aber beide Seiten unternähmen alles, um sie zu verwirklichen.

Ein außenpolitisches Ereignis beunruhigte die KPD, das schlechte Abschneiden der KPÖ in Österreich am 26. November 1945. Die SPD erklärte — wohl daraufhin —, eine Reichstagung der SPD müsse über die angestrebte Vereinigung entscheiden; aber die SMAD verbot, den Aufruf zu verbreiten. Wie schon vorher bei der CDU setzten nun auch Abberufungen und Verhaftungen von SPD-Funktionären ein. Am 20. Februar 1946 forderte der linke SPD-Flügel eine Parteikonferenz zur Vorbereitung der Vereinigung. Die Berliner SPD führte eine Urabstimmung durch und in zwölf Berliner Bezirken erklärten 82 % sich gegen eine Vereinigung; daraufhin machte sich die Berliner SPD von der SPD in der SBZ unabhängig. Die Moskauer Nachrichtenagentur TASS teilte am 15. April 1946 die Vereinigung von SPD und KPD zur SED (Sozialistische Einheitspartei Deutschlands) mit, die sich dann am 19. April 1946 in Berlin konstituierte.

Der CDU-Parteitag nahm am 17. Juni 1946 die ein Jahr vorher formulierten Thesen an und bestätigte *Jakob Kaiser* und *Ernst Lemmer* als Vorsitzende der Zonen-CDU.

Am 8. Juli hielt die LDP ihren ersten Parteitag ab; Dr. *Wilhelm Külz* wurde bestätigt. Der Tenor war: Man dürfe nicht kritiklos eine der überkommenen Demokratien nachahmen.

Schon acht Tage vorher sperrte der Alliierte Kontrollrat auf Antrag der SMAD am 30. Juni 1946 die Zonengrenze und am 29. Oktober 1946 wurde ein „Interzonenpaß" eingeführt; er wurde nur ausgestellt, falls familiäre oder geschäftliche Gründe die vorübergehende Einreise dringlich erscheinen ließen.

Diese Kurzfassung historischer Daten läßt den Leser wohl verstehen, wie sich dieser anfangs „illegale Zuzug" zur Flucht entwickelte und wie dann im Notaufnahmegesetz die Bedingungen oder Voraussetzungen für eine Anerkennung als „politischer Flüchtling" — von Juristen im Detail definiert — formuliert wurden.

2. 2 Der „Kalte Krieg" zwischen den USA und der UdSSR

Polen, dem die Gebiete östlich der Oder und Neiße im Potsdamer Abkommen verwaltungsmäßig anvertraut worden waren, besetzte aufgrund einer Sondervereinbarung mit der UdSSR am 19. November 1945 ein Gebiet westlich der Oder mit den Städten Stettin und Swinemünde und erreichte damit die heutige Oder-Neiße-Linie. Das ganze Jahr 1946 erfolgte dann die organisierte Ausweisung aus diesen Gebieten östlich der Oder-Neiße-Linie.

Zwischen der zweiten und dritten Außenministerkonferenz der Vier Großen (Paris und New York) hielt am 6. September 1946 *James F. Byrnes* eine Rede in Stuttgart, in der er u. a. erwähnte, daß Polens Westgrenze noch nicht festgelegt und von den Westmächten nicht anerkannt sei. Er dachte an die für Frühjahr 1947 geplante Konferenz in Moskau, die über einen Friedensvertrag beraten sollte. In Deutschland gewannen viele den Eindruck, *Byrnes* wolle Hoffnungen auf eine Änderung der Grenzziehung zwischen Vierzonen-Deutschland und Polen erwecken.

Diese Hoffnung wurde durch das Schweigen der SED und der UdSSR verstärkt, jedoch stand die SED gerade in einem Kommunal-Wahlkampf und in der Tat erreichte die SED insgesamt nur 57,1 % der Stimmen, die LDP 21,1, die CDU 18,8 %; die restlichen 3 % entfielen auf Splittergruppen. Das Regime der SED hatte sich also mit Recht noch nicht sicher gefühlt. In den USA mußte der sowjetfreundliche *Henry A. Wallace* gehen und *W. Averell Harriman* wurde sein Nachfolger. In dieser Phase begann der Kalte Krieg. In der Encyclopaedia Britannica Vol. 22, S. 511 D (1965) liest man dazu:

„*The ,Cold War‘*

As the USSR became increasingly recalcitrant and then openly hostile, *Truman* was forced to ask for the resignation of *Henry A. Wallace* as secretary of commerce. On Sept. 12, 1946, *Wallace* had delivered a speech in New York city undermining Secretary of State *James F. Byrnes*'s position vis-à-vis Russia at the Paris peace conference. *Truman* nominated *W. Averell Harriman,* former ambassador to Moscow, to replace *Wallace.*"

Im Februar 1947 kam es dann zur Truman-Doktrin, in deren Auswirkung die USA die weltweite Rolle Großbritanniens übernahmen.

Noch am 9. März 1947 erklärte *Otto Grotewohl* auf einer KPD-Kundgebung in Frankfurt am Main, daß die SED die Ostgrenze ebenso wenig billige wie die geplante Neuregelung im Westen. In der Tat fürchteten damals viele Deutsche, daß die Gerüchte zuträfen, Frankreich wolle seine Zone abtrennen. Übrigens äußerte sich *Wilhelm Pieck* am 13. März 1947 in München ähnlich und fügte nur hinzu, falls die Oder-Neiße-Linie Deutschland als Grenze auferlegt würde, so läge das nicht an der SED, sondern an den Machtansprüchen der Alliierten.

Die Moskauer Außenministerkonferenz vom 10.—24. März 1947 zerstörte alle Hoffnungen auf einen baldigen Friedensvertrag. Zwar mußte Frankreich seine Forderungen auf Teile Westdeutschlands aufgeben; aber auch die UdSSR fand keine Zustimmung zu ihren Forderungen, daß allen vier Zonenbefehlshabern das Recht zugestanden würde, in die Tätigkeit künftiger gesamtdeutscher Behörden einzugreifen, ferner nach einer Mitkontrolle über das Ruhrgebiet, für höhere Reparationen und schließlich die Forderung, die Oder-Neiße-Linie de jure als polnische Westgrenze anzuerkennen.

Bis zur Währungsreform wuchsen die Spannungen der nunmehr geteilten Welt. In der ČSR hatte es am 27. Februar 1947 den kommunistischen Staatsstreich gegeben und die Annäherung zwischen DDR und ČSSR begann, die am 23. Juni 1950 durch die gemeinsame Feststellung besiegelt wurde, daß die Ausweisung der Sudetendeutschen „unabänderlich, gerecht und endgültig gelöst" sei.

Bayerns Ministerpräsident Dr. *Hans Ehard* war 1947 über diese Entwicklung bestürzt. Nachdem der Bayerische Bevollmächtigte beim Stuttgarter Länderrat Dr. *Gebhard Seelos* mit Professor Dr. *Eschenburg* besorgt darüber gesprochen hatte, daß diese Entwicklung zur Teilung Deutschlands führen müsse[19]), griff *Ehard* seine Anregung auf und lud zur „Deutschen Ministerpräsidentenkonferenz" für 6.—8. Juni 1947 nach München ein. Zwar kamen alle deutschen Ministerpräsidenten, aber die Länderchefs der SBZ reisten vorzeitig ab. Der Thüringische Ministerpräsident *Rudolf Paul* (SED) sah sich allerdings am 1. September 1947 gezwungen, nach Westdeutschland zu fliehen. Die politische Verfolgung wurde immer stärker. Am 29. Oktober 1947 meldeten sich die katholischen Bischöfe Deutschlands zu Wort, die Regeln der Menschlichkeit und Gerechtigkeit sollten auch auf eine besiegte Nation Anwendung finden; sie richteten ihr Ersuchen an den Allierten Kontrollrat wegen des Verschwindens und der Internierung Tausender Deutscher. In Erwartung der Währungsreform wurde Anfang Juni 1948 zuerst der Autobusverkehr, schließlich der gesamte Interzonenverkehr gesperrt. Die neue DM wurde am 20. Juni 1948 *nicht* in West-Berlin eingeführt, erst drei Tage später, weil sich die Verhandlungen zwischen den USA und der UdSSR verzögerten. *Werner Meyer* schrieb darüber am 20. Juni 1978, dreißig Jahre nach der Währungsreform[20]):

> „*Edward A. Tenenbaum* — ohne diesen Namen ist die Geschichte der Währungsreform nicht vollständig, denn dieser Tenenbaum aus dem Stab von General *Lucius Clay* war es, der den Namen Deutsche Mark prägte. Er managte auch den Druck des neuen Geldes in den Vereinigten Staaten, er leitete auf amerikanischer Seite die Verhandlungen mit den deutschen Finanzexperten — er tat so viel, daß *Hans Habe* ihn sogar „Vater der DM" nannnte. Auf jeden Fall war *Tenenbaum* ihr wichtigster Geburtshelfer — und das im Alter von gerade 26 Jahren. Ein erstaunlicher Mann."

Er verunglückte 1975 bei einem Verkehrsunfall tödlich, aus seinen Aufzeichnungen zitiert *Werner Meyer* weiter:

> „*Tenenbaum:* Überraschenderweise hatten wir anfangs nicht mit den Sowjets die größten Schwierigkeiten, sondern eher mit den Briten. Zu

19) Theodor Eschenburg: Erinnerungen an die Münchener Ministerpräsidenten-Konferenz 1947; Vierteljahreshefte für Zeitgeschichte, Stuttgart 1972, 20. Jg. Heft 4, S. 411—417. — Rolf Steininger: Zur Geschichte der Münchener Ministerpräsidenten-Konferenz 1947; ebenda 1975, 23. Jg., Heft 4, S. 375—453.
20) Werner Meyer: Bei der Geburt der D-Mark, made in USA, saß das Glück mit am Bett; DIE WELT 20. 6. 1978, abgedruckt in: Deutsche Bundesbank, Auszüge aus Presseartikeln, Nr. 49 vom 28. 6. 1978, S. 10—11.

dieser Zeit war in England gerade die Labour-Regierung zur Macht gekommen. Unsere britischen Kollegen in Deutschland — von Hause aus
meist konservative frühere Kolonialoffiziere — versuchten mannhaft, sozialistische Lehren durchzusetzen. Die US-Militärregierung wollte mit
Hilfe der Währungsreform die Kontrolle der Wirtschaft loswerden. Unsere britischen Kollegen sahen darin eine Chance, die Kontrollen zu ver-
schärfen. Die Franzosen widersetzten sich ebenfalls einer durchgreifenden
Reform. Sie fürchteten, daß Deutschland die Last der Kriegsschulden
unnötigerweise abgenommen werde.
Und der Osten? Während wir bei den Gesprächen mit den technischen
Sprechern der Sowjets oft eine gemeinsame Basis fanden, ließen ihre politischen Kommissare nie Anzeichen von wirklichem Verständnis erkennen.
Es schien ihre Aufgabe zu sein, ein ernsthaftes Abkommen zu verhindern.
Und damit hatten sie Erfolg. Die Zeit arbeitete für die Russen. Das Elend
und die Warenknappheit machten es ihnen leichter, im Osten die sozialistische Zwangswirtschaft einzuführen und Privatunternehmen auszuschalten. Im Westen mußte andererseits der Verfall der Wirtschaft zu
Unzufriedenheit, zu Unruhe führen — was den Sowjets auch nur recht
sein konnte."

Am 23. Juni 1948 begann die Berliner Blockade, einen Monat später wurde
die DM-Ost eingeführt und am 30. November 1948 die ehemalige Reichshauptstadt geteilt. West-Berlin wählte Professor Dr. *Ernst Reuter* zum Oberbürgermeister.
Deutschlands Elend war also nicht am Tag der bedingungslosen Kapitulation zu Ende, auch nicht nach der Zoneneinteilung und der Vertreibung,
sondern Schritt für Schritt ging die Teilung Deutschlands mit der Aufspaltung
in Ost- und Westblock einher. Seit September 1949 nahm die Flucht und Abwanderung aus der SBZ solche Ausmaße an, daß das Bundesministerium für
Vertriebene, (SBZ-)Flüchtlinge und Kriegsgeschädigte mehrfach eine nach Monaten gegliederte Graphik über die Zahl der Zuwanderer herausgab:
„Die Fluchtbewegung aus der Sowjetzone und dem Sowjetsektor von Berlin". Die 9. Auflage erschien im Juli 1961 und umfaßt also den Zeitraum von
1949 bis zur Errichtung der Berliner Mauer. Jeden Monat hat *J. Kurt Klein*
kommentiert, z. B. die größte Monatszahl von 58 605 Notaufnahmefällen im
März 1953 mit der Bemerkung „5. März 1953 Maßnahmen gegen Handwerk
und Industrie"[21]).
Nach der „Notaufnahme-Statistik" stellten von 1949 bis 1962 insgesamt
2 759 922 Deutsche einen Antrag auf „Notaufnahme" in der Bundesrepublik,
aufgenommen wurden davon 2 197 824, 352 593 Fälle wurden negativ be-

---

21) Bundesministerium für Vertriebene, Flüchtlinge und Kriegsgeschädigte: Die Fluchtbewegung aus der Sowjetzone und dem Sowjetsektor von Berlin als Folge der
dortigen politischen und sozialen Vorgänge; Nr. I5c-6943-953/61, 9. Auflage,
Bonn, Juli 1961.

schieden, allein 247 536 in den ersten drei Jahren, und 209 505 Anträge bezeichnete das Vertriebenenministerium als „zurückgenommen u. ä."; auch die abgelehnten Antragsteller blieben vermutlich in Westdeutschland. Nach Jahren der Antragstellung aufgegliedert, zeigt sich folgendes Bild[22]):

Jahr	Anträge	Jahr	Anträge	Jahr	Anträge
1949	129 245	1954	184 198	1959	143 917
1950	197 788	1955	252 870	1960	199 188
1951	165 648	1956	279 189	1961	207 026
1952	182 393	1957	261 622	1962	21 356
1953	331 390	1958	204 092	insges.	2 759 922

Das Bundesministerium des Innern, Abt. VtK, registrierte *bis Ende 1977 insgesamt 3 074 760* Antragsteller im Bundesnotaufnahmeverfahren, davon 2 759 922 bis 1962. *Ab 1963* verließen 105 164 als Flüchtlinge und 209 674 als „Übersiedler" (mit Genehmigung der DDR-Behörden) die DDR.

Dr. *Rainer Barzel,* 1963 Bundesminister für gesamtdeutsche Fragen (bis 15. Oktober) und sein Nachfolger Dr. *Erich Mende* beobachteten aufmerksam die Bevölkerungsentwicklung nach Errichtung der Berliner Mauer. Im Tätigkeitsbericht der Bundesregierung 1963 heißt es[23]): „Es werden viele Jahre vergehen, bis der in dem Zeitraum 1950 bis 1961 eingetretene Substanzverlust aufgeholt sein wird."

Die Einwohnerzahl wurde 1950 mit 18,4 und 1961 mit 17,1 Millionen angegeben. Diese Zahlen wurden im „Statistischen Jahrbuch der DDR" für 1976 wiederholt und also „amtlich anerkannt" und für Ende 1975 ergänzt; das Ergebnis wird manchen Leser überraschen, es lautet: 16,8 Millionen Einwohner (einschl. Ost-Berlin).

2. 3 Aufnahme von SBZ-Flüchtlingen in Bayern

Die Berichterstattung über die Zuwanderer aus der DDR ist deswegen schwierig, weil im Laufe der Zeit die Freizügigkeit zu einer beachtlichen Mobilität führte, die gerade die SBZ-Flüchtlinge verlockte, gleich dahin zu ziehen, wo auf dem Arbeitsmarkt die größte Nachfrage bestand. Ferner hinkte Bayern in den ersten Jahren der Bundesrepublik nach; das Wirtschaftswunder kam etwas später. Darum wurde *Jaenicke* — nicht nur vom Bayerischen Landtag — bedrängt, in allen Schlüsselberatungen auf die Vorbelastung Bayerns mit Vertriebenen und ebenso auf die immer noch hohe Arbeitslosigkeit hinzuweisen. Beide Tatsachen waren aber den Deutschen, die im Notaufnahmeverfah-

---

22) Bundesministerium für Vertriebene, Flüchtlinge und Kriegsgeschädigte: Statistik über Notaufnahmeverfahren, laufende Veröffentlichung unter Nr. I5c-6943.
23) Das Bundesministerium für gesamtdeutsche Fragen, Sonderdruck aus dem Tätigkeitsbericht der Bundesregierung „Deutsche Politik 1963", Bonn 1964, 47 S.

ren aufgenommen worden waren, durchaus bekannt; dies erklärt, daß die SBZ-Flüchtlinge nicht gerade nach Bayern drängten und andere Länder warben sie gern an, oft schon während des Aufnahmeverfahrens in den Lagern.

Gehen wir aber in die Zeit von 1951 zurück. Staatssekretär *Oberländer* gab in seinem dritten Vierteljahresbericht vom 29. September 1951 eine erste ausführliche Information zu diesem Thema bekannt. Am 11. Juni 1951 war nämlich die Verordnung zur Durchführung des Notaufnahmegesetzes (BGBl. I S. 301) erlassen worden. Bayern hatte 11,8 % aller „Notaufgenommenen" zu übernehmen. Aber in den ersten sieben Monaten 1951 waren nur 1429 SBZ-Flüchtlinge aufgenommen worden, 281 weniger als nach dem Uelzener Schlüssel zu erwarten waren. Ein Fünftel mußte für längere Zeit im Landesdurchgangslager Hammelburg bleiben. Jugendliche kamen in die Jugendheimstätte Kronach und deren Notaufnahmeverfahren wurde in Gießen schriftlich bearbeitet.

Am 7. Dezember 1951 beschloß der Bundesrat, die drei Hauptflüchtlingsländer für das erste Quartal 1952 von der Aufnahme ganz freizustellen, ab 1. April sollte Bayern dann 3 % aufnehmen. *Oberländer* berichtete in seinem 4. Vierteljahresbericht 1952 von einem Beschluß des Bundesrats vom 19. Dezember 1952, nach dem Bayern nach dem neuen Schlüssel 3,7 % aufzunehmen habe, aber es ging nunmehr nicht nur um SBZ-Flüchtlinge, sondern bereits um „Spätaussiedler". In diesem Bericht wird erstmalig von *Gastlagern* gesprochen (vgl. S. 267):

> „In Ausführung der Verordnung der Bundesregierung vom 12. August 1952 (BGBl. I S. 413) hat sich Bayern bereit erklärt, bis zu 5000 SBZ-Flüchtlinge *vorläufig* unterzubringen."

Am 29. Juni 1953 schrieb *Oberländer* über das neue Bundesvertriebenengesetz[24]:

> „Das BVFG (vom 19. Mai 1953) unterscheidet zwischen Vertriebenen, Heimatvertriebenen, SBZ-Flüchtlingen und SBZ-Flüchtlingen gleichgestellten Personen. Der neue Vertriebenenbegriff unterscheidet sich von dem bisherigen bayerischen dadurch, daß er keinen Stichtag kennt. Der *Begriff der SBZ-Flüchtlinge* und der diesen gleichgestellten Personen war *bisher dem bayerischen Recht unbekannt*."

Als *Oberländer* am 24. November 1953 nach Bonn ging und *Walter Stain* zum Staatssekretär für die Angelegenheiten der Vertriebenen und Flüchtlinge berufen wurde, hatte sich die Szenerie also grundlegend gewandelt. Das Problem der Auflösung der Flüchtlingslager war nicht bewältigt, aber das Ende

---

24) Theodor Oberländer: Bayern und sein Flüchtlingsproblem; München 29. 6. 1953, 12 S. + 17 Seiten „Statistischer Informationsdienst".

bereits abzusehen; die Freizügigkeit und die spürbare Besserung auf dem Arbeitsmarkt auch in Bayern schienen der staatlich gelenkten innerdeutschen Umsiedlung immer mehr an Bedeutung zu nehmen. Wie erwartet, trat die Durchführung des Lastenausgleichs in den Mittelpunkt der Arbeit; was in *Stain*'s Zeit auf diesem Gebiet erledigt wurde, findet der Leser im Kapitel „Lastenausgleich" beschrieben (S. 340). Aber für die „Flüchtlingsverwaltung" bekamen zwei neue Aufgaben große Bedeutung: Bis 1961 die „Notunterkünfte-Ost" für SBZ-Flüchtlinge und vornehmlich in den Jahren 1957 und 1958 die Aufnahme von Spätaussiedlern.

Die einzelnen Phasen zu beschreiben, dürfte zu weit führen. In einer Zehn-Zeilen-Information faßte *Stain* am 16. September 1957 die Entwicklung zusammen[8]):

> „*Vom Dezember 1954 bis Herbst 1957* wurden insgesamt 30 000 Zuwanderer aufgenommen, hiervon rund 19 000 Flüchtlinge aus der sowjetisch besetzten Zone und rund 11 000 Spätaussiedler. Für (diese) sind 5988 Wohnungen gebaut bzw. in Angriff genommen worden, oder in der Finanzierung gesichert, wobei die Bundesanteile in der nachrangigen Finanzierung durch erhebliche Landesmittel ergänzt worden sind. Der Zugang an SBZ-Flüchtlingen hält unvermindert an."

In seiner Haushaltsrede vor dem Landtag am 11. Juni 1958 teilte *Stain* mit, daß durch Bundesratsbeschluß Bayerns Schlüsselanteil, der bereits 1957 von 3,7 auf 6,5 % heraufgesetzt worden war, auf 12,9 % festgelegt wurde:

> „Nicht die Aufnahme der SBZ-Flüchtlinge an sich war damals ein Problem. Schwierigkeiten bereitet lediglich das Übergangsstadium, d. h. die Zeit, in der eine Zwischenunterbringung notwendig wird. Nach unseren Erfahrungen mit Flüchtlingslagern sind wir nach wie vor der Meinung, daß es nicht zweckmäßig ist, neue Barackenlager zu bauen.
> Ich habe daher die ersten nach der Quotenerhöhung zur Verfügung stehenden Wohnungsbaumittel für den Bau von *Übergangswohnheimen* vorgesehen. Es handelt sich dabei um normale Wohnungen, die mit zwei Familien belegt werden und somit einen Ersatz für Zwischenunterbringungslager darstellen. Die Oberste Baubehörde hat für solche Übergangswohnheime, die sich übrigens in anderen Ländern schon bewährt haben, einen Musterplan ausgearbeitet. Danach ist jeder Raum vom Flur aus unmittelbar zugänglich und heizbar, außerdem verfügt jede Familie über eine getrennte Küche und Waschgelegenheit. Als zweite Küche dient der (spätere) Baderaum. Vorerst werden 762 Wohneinheiten gebaut, das ergibt 5000 bis 6000 Plätze für diesen Zweck."

Soweit *Stains* Äußerungen von 1958. Das war eine gute Lösung, die aber auch auf Kritik stieß. Am 5. April 1960 mußte der Minister in seiner Haushaltsrede dazu Stellung nehmen. Nachdem er mitgeteilt hatte, daß 7000 SBZ-Flüchtlinge in Lagern und Übergangswohnheimen untergebracht seien, sagte er:

„Auch hier sind wir bemüht, die Kritik der Bevölkerung zu beachten, d. h. nicht unbedingt die vor kurzem angekommenen Menschen in die neuerrichteten Wohnungen einzuweisen, sondern möglichst auf dem Weg des Wohnungstausches für einen Ausgleich zwischen den Neuangekommenen (SBZ-Flüchtlingen) und der schon länger ansässigen Bevölkerung (d. h. Vertriebene) zu sorgen."

Es ging nicht mehr um Insassen der „alten Lager", sondern um Vertriebene in „sonstigen Notunterkünften", die verständlicherweise murrten; Bedenken kamen aber mindestens eben so deutlich von Seiten der kommunalen Behörden und der Wohlfahrtsverbände.

Stain äußerte sich in der Haushaltsrede am 28. November 1961 zum Mauerbau:

„Mit der Vermauerung des Brandenburger Tors in den letzten Tagen wurden uns noch einmal die Ereignisse vom 13. August dieses Jahres (1961) in Erinnerung gebracht. Weniger gut erinnern wir uns schon wieder der Vorgänge, die diese Maßnahmen der Sowjetzonenmachthaber ausgelöst haben.
Durch die Ankündigung, mit der sog. DDR einen Separatfriedensvertrag abzuschließen, lösten Moskau und Pankow eine Fluchtwelle aus, die insbesondere in den Monaten Juli und August bedrohlich anwuchs."

Auch in diesem Bereich fand die Flüchtlingsverwaltung großartige Hilfe durch die kirchlichen Verbände und u. a. durch den am 30. Juli 1948 neugegründeten „Deutschen Paritätischen Wohnfahrtsverband" (DPWV). *Betty Geiling*, Würzburg, ist eine von den erwähnenswerten Mitarbeitern. Sie erzählt, daß der DPWV-Bayern auf Vorschlag der Regierung von Unterfranken 1957 sich bereit erklärte, Frau *Geiling* im Lager Gelchsheim (Landkreis Würzburg) als Pädagogin einzusetzen. „Die pädagogische Aufgabe war von der Fürsorge getrennt; die beiden Kirchen betreuten das fürsorgerische Feld", schrieb sie dem Autor im Herbst 1976 und fuhr fort[25]):

„Es war ein Massenlager wie die anderen; es war weit weg von Arbeitsmöglichkeiten, der fließende Verkehr, die Anbindung an ein rollendes Verkehrsnetz fehlten. Durch die pädagogische Arbeit geriet Jung und Alt in Bewegung und begann sich nun doch vorzubereiten auf das Leben, das auf sie wartete. Die Lagerinsassen fielen nicht in die gefährliche Passivität, sie lernten mit den Problemen umgehen und sie zu bewältigen.

25) Betty Geiling: schriftliche Information an den Autor 6. 10. 1976.

So konnten die vielen negativen Erscheinungsbilder und Verhaltensweisen von ‚Lagerinsassen' in Massenlagern abgebaut und auf ein Minimum beschränkt werden.

Betreut wurde auch das Haus der britischen Kinderhilfe in Bad Brückenau. Studenten der Würzburger Universität halfen dem DPWV. Es kam zum Studentenaustausch zwischen Norwegen und Frankreich im Lager Gelchsheim. Die studentische Hilfe wurde als soziales Praktikum anerkannt. In Frankreich galt es sogar als Plus bei der Zulassung zur Universität."

Als Beispiel kirchlicher Förderung von grundsätzlicher Bedeutung soll der „Leitfaden für Sowjetzonenflüchtlinge" erwähnt werden, der 1954 in 1. Auflage erschien[26]). Plastischer als mit dieser 164-Seiten-Broschüre ist die Änderung der Situation kaum zu beschreiben. Während das Flüchtlingsnotgesetz mit seinen vier Paragraphen die Basis schuf, auf der der Bayerische Staat 1946 die Massenausweisung bewältigte, mußte acht Jahre später das Zentralbüro des Hilfswerks der EKD diesen Katalog sozusagen als „Gebrauchsanweisung" herausgeben — eine segensreiche und nicht nur von den SBZ-Flüchtlingen begrüßte Tat.

Bemerkenswert sind die am Schluß angefügten Bemerkungen des Staatssekretärs im Bundesvertriebenenministerium Dr. *Peter Paul Nahm*. „Verlangen wir von ihnen nicht mehr als von uns" und „Jede soziale Tat ist ein Wagnis" ruft *Nahm*. Er endet seinen Appell:

„Der Vorhang, der uns scheiden möchte, hat zwei Seiten. Die eine ist bekannt. Sie wurde von der Gewalt geschaffen und kann weder Ursprung noch Ziel verbergen.

Die uns zugekehrte Seite aber ist aus Lässigkeit und fehlender Bereitschaft zu Verständnis und Opfer geworden. Die Jugendlichen, welche den Gewaltvorhang durchstoßen haben, erleiden mit Staunen und Schrecken die Seite, die wir zu verantworten haben."

3. Familienzusammenführung — Spätaussiedler

Wer denkt heute noch daran und wer weiß überhaupt, daß die Anfänge der Familienzusammenführung unmittelbar nach Kriegsende durch den Schweizerbürger *François Ehrenhold* vom Internationalen Komitee vom Roten Kreuz (CICR) veranlaßt wurden? Er hatte als Mitarbeiter *Fridtjof Nansens* bei der Rückführung der deutschen Kriegsgefangenen nach dem Ersten Weltkrieg Erfahrungen sammeln können. *Kurt Wagner*, der aus dem Suchdienst

---

26) Zentralbüro des Hilfswerks der Evangelischen Kirche in Deutschland: Leitfaden für Sowjetzonenflüchtlinge, 1. Auflage 1954, Stuttgart, 164 S.

heraus für mehr als zwei Jahrzehnte in die DRK-Arbeit für die Spätaussiedler hineinwuchs, ehrte im November 1975 *Ehrenhold* in einer kleinen Broschüre: „Die Wiedervereinigung getrennter Familien zwanzig Jahre nach dem Tode des Begründers der Familienzusammenführung"[27].

In den folgenden Ausführungen dienen dem Autor sowohl die jährlichen Tätigkeitsberichte des CICR als auch die Dokumente der „Internationalen Rotkreuz-Konferenz zu Fragen der Vertriebenen und Flüchtlinge in Westdeutschland und Österreich", die von der Liga der Rotkreuz-Gesellschaften für 9.—14. April 1951 nach Hannover einberufen worden war, an der der Autor selbst teilnehmen durfte[28]. Am 4. Februar 1950 war das Zentralkomitee des Deutschen Roten Kreuzes (DRK) errichtet und die Arbeitsgemeinschaft für die drei Westzonen abgeschafft worden.

3. 1 Erste Hilfsgesuche an das CICR

Unzählige Hilferufe erreichten das CICR unmittelbar nach der Potsdamer Konferenz vom August 1945.

Da es sich um unmittelbare Kriegsopfer handelte, denen im Prinzip keinerlei Schutz zuteil wurde, versuchte das CICR sogleich, im Rahmen seiner Möglichkeiten die Lage der betroffenen Bevölkerungen zu erleichtern.

Obwohl die traditionelle Hilfe zugunsten Kriegsgefangener noch in vollem Gange war, erkannte das CICR — gerade aufgrund seiner Erfahrungen nach dem Ersten Weltkrieg und bei dem griechisch-türkischen Bevölkerungsaustausch 1923/24 — sofort, was eine derart überstürzte Massenumsiedlung in einem halbzerstörten Europa an Problemen humanitärer Art mit sich bringen mußte.

Für das CICR sprach *Rudolfo Olgiatti* 1951 in Hannover zum Problem der „Volksdeutschen", Umsiedler, Flüchtlinge und Staatenlosen. Eine seiner Vorbemerkungen muß vorweg deutlich herausgestellt werden, weil sie die neutrale Haltung des CICR signalisiert, aber zugleich dem Leser verständlich macht, warum die weitere Öffentlichkeit so wenig über die segensreiche Arbeit des CICR und auch der nationalen Rotkreuz-Gesellschaften, die in der Liga eine Zentrale besitzen, überhaupt erfährt.

„Hierzu sei noch erwähnt, daß die Stellungnahme des CICR zu der grundsätzlichen Frage dieser Umsiedlungen durch den Wunsch diktiert

---

27) Kurt Wagner: François Ehrenhold 1894—1955, Genfer Delegierter in schweren Zeiten, und Familienzusammenführung 1955 und heute; München, DRK-Suchdienst, 1975, 23 S.

28) Internationales Komitee vom Roten Kreuz: Bericht über die Tätigkeit des Internationalen Komitees vom Roten Kreuz; jährlicher Bericht, benutzte Jahrgänge 1951—1963. — Liga der Rotkreuzgesellschaft: Internationale Konferenz zu Fragen der Vertriebenen und Flüchtlinge in Westdeutschland und Österreich; Hannover 9.—14. 4. 1951; Kongreßakten.

war, nicht durch eine Kritik der Maßnahmen der verschiedenen Regierungen, auf deren Beistand das CICR angewiesen war, die bestehenden Möglichkeiten für eine Hilfsaktion zu unterbinden.

Das CICR brachte deshalb deutlich zum Ausdruck, daß es zu dieser prinzipiellen Frage keinerlei Stellung zu nehmen gedenke, und daß sein Eingreifen keinen anderen Zweck verfolge als einen Hilfsbeitrag in dem Sinne zu leisten, daß die von den Regierungen beschlossene Maßnahme der Umsiedlung unter menschenwürdigen Bedingungen vor sich gehe."

Das CICR gab also keine stolzen Leistungsberichte und schon gar nicht Informationen über gelungene bzw. erfolglose Vorbesprechungen. Im CICR kennt man nicht nur Vertraulichkeit oder strenge Vertraulichkeit, sondern auch das heute so seltene absolute Schweigen.

Am 8. September 1945, einen Monat nach der Potsdamer Konferenz, ging ein CICR-Telegramm an die Vier Großen: „... In Unkenntnis der in Ausreise- oder Bestimmungsländern ergriffenen oder beabsichtigten Maßnahmen bietet das CICR falls genehm seine Mitwirkung an." Keiner der Außenminister in Washington, London, Paris und Moskau gab eine Antwort.

Das CICR konnte später die organisierte Ausweisung beobachten und zu seiner Genugtuung in vielen Fällen feststellen, daß die Lagerverhältnisse wie auch die Transportbedingungen sich besserten. Welche Schwierigkeiten das CICR anfangs hatte, schildert ein Vorgang vom Januar 1948. Rund 100 Sudetendeutsche waren aus russischer Kriegsgefangenschaft entlassen. Da der Kontrollrat diese Menschen nicht einreisen lassen wollte, wurden sie als Zivilpersonen in das Gefängnis von Rusin (Gemeinde Smichow) gesteckt. Das CICR erreichte, daß 60 von ihnen in die Amerikanische, die anderen in die Sowjetische Besatzungszone zu ihren Angehörigen ausreisen durften. Schon 1946 konnte das CICR in Polen tätig werden, zuerst nur für die deutschen und österreichischen Kriegsgefangenen, aber vereinzelt auch Kontakt aufnehmen zu Lagern mit Zivilinternierten und Sammellagern mit „Volksdeutschen" und Ostdeutschen. Auf Bitten des CICR wurden von den polnischen Behörden im harten Winter 1946/47 die Transporte verschoben. In Rumänien und in Ungarn hatte das CICR bereits 1945 verhandelt; soweit es nicht selbst helfen durfte, bat das CICR die nationalen Rotkreuz-Gesellschaften, sich um die Lagerinsassen zu kümmern.

3. 2 Der Anfang der Aussiedlungen 1948

Olgiatti teilte den Zuhörern der Hannover-Konferenz mit:

„Im Laufe des Jahres 1948 ergab sich für das CICR eine neue Aufgabe. Als die Aussiedlungen ganzer Bevölkerungsgruppen ihren Anfang nahmen, beschränkte sich das CICR darauf, das Schicksal der betroffenen

Personen, im Rahmen seiner Möglichkeiten, zu erleichtern, ohne jedoch in die von den Regierungsstellen angeordneten und organisierten Umsiedlungen selbst einzugreifen.

Diese Handlungsweise änderte sich nun, als es Hilfsgesuche von ‚Volksdeutschen' oder Ostdeutschen, die noch in Polen oder der ČSR verblieben waren, sowie von deren (nach Restdeutschland ausgewiesenen) Familien in Deutschland erhielt, die den dringenden Wunsch nach Überführung der Betreffenden nach Deutschland und nach einer Intervention des CICR zum Ausdruck brachten.

Meist hatten diese Leute, wegen der im Hinblick auf ihre bevorstehende Umsiedlung angewandten Sondermaßnahmen, ihre soziale Stellung und ihre Existenzmittel eingebüßt. Besonders tragisch war das Los jener, die seit langem, oft schon durch die Kriegsereignisse, von ihren Angehörigen getrennt worden waren.

Das CICR bemühte sich unter diesen Umständen, mit Hilfe seiner Delegationen in Polen und in der ČSR, diesen Personen die Bewilligung der zuständigen Behörden für eine Übersiedlung nach Deutschland zu verschaffen. Seine Bemühungen hatten Erfolg.

Auch jenen „Volksdeutschen" in der ČSR, die nach dem Kriege aus politischen Gründen verurteilt waren, wurde grundsätzlich die gleiche Erlaubnis erteilt."

Nicht ganz so erfreulich klingt der nächste Abschnitt:

„Nach Erwirkung der grundsätzlichen Genehmigung zur Ausreise aller dieser Leute nahm das CICR mit Hilfe seiner Delegation in Deutschland (Berlin) und dorthin entsandten Sondermissionen seine vermittelnde Tätigkeit bei den alliierten und deutschen Behörden auf. Während die Aufnahme in Ostdeutschland verhältnismäßig leicht war, zeigten die Stellen in Westdeutschland zunächst eine gewisse Zurückhaltung, die Genehmigung zur erneuten Aufnahme von Sammeltransporten zu erteilen.

So wurden im Sommer 1949 einfache Zuzugsgenehmigungen für ungenügend erklärt; die Alliierten Behörden verlangten individuelle Erlaubnisscheine zur Einreise nach Westdeutschland. Das CICR ließ aber nicht von seinen Bemühungen ab, auf die zuständigen Verwaltungsstellen einzuwirken; es wurde in seinen Bemühungen durch die Arbeitsgemeinschaften des Roten Kreuzes in Deutschland wirksam unterstützt, welche zu diesem Zweck Listen der Personen aufstellen, die in Westdeutschland aufgenommen werden sollen."

In früheren Kapiteln wurde — dokumentarisch belegt — der Leser über solche Schwierigkeiten in Westdeutschland informiert. Dem Autor ist deutlich in Erinnerung, wie Hunderte von Rotkreuzdelegierten des Auslandes den Kopf schüttelten und viele ihre Blicke auf den neuen Bundesvertriebenenminister richteten, als *Ogliatti* fortfuhr:

„Eine am 14. Dezember 1949 in Bonn, unter dem Vorsitz des Bundesministers für Vertriebene, Dr. *Lukaschek,* abgehaltene Konferenz, an der
Vertreter der alliierten und deutschen Behörden, der Arbeitsgemeinschaft
des Roten Kreuzes in Deutschland und des CICR teilnahmen, nahm zu
diesen Fragen Stellung. Die Verhandlungen führten in der Folge zu dem
Beschluß, zwecks Wiedervereinigung getrennter Familien zunächst 25 000
‚Volksdeutschen‘ aus Polen und 20 000 ‚Volksdeutschen‘ aus der ČSR
die Einreise nach (West-)Deutschland zu gestatten. Da seitens der tschechoslowakischen und polnischen Behörden die Vorbereitung für die Auswahl und die Zusammenstellung der Transporte bereits begonnen hatte,
konnte diese Aktion im März 1950 ihren Anfang nehmen."

Übrigens hatte eine Sondermission des CICR schon im September 1949 bei
den westdeutschen Landesregierungen mahnend vorgesprochen.

Vielleicht ist der eine oder andere überrascht, daß in diesen Berichten das
CICR den Terminus „Volksdeutsche" immer in Anführungsstriche setzt. Die
Beteiligten kennen natürlich den Grund, der Außenstehende mag sich damals
gewundert haben, der Leser unserer Dokumentation wird es heute gewiß tun.
Ehrenhold argumentierte bei seinen ersten Geheimverhandlungen u. a. da-
mit, daß diese „Volksdeutschen" ja keineswegs alle aus dem verhaßten Hitler-
Deutschland stammten. Er ließ sich durch Vermittlung des Autors von einem
der bedeutendsten Kenner der Geschichte der volksdeutschen Gruppen diese
Fakten in einem Gutachten bestätigen. Es wurde wohl das erste Mal im Tätigkeitsbericht des CICR für 1955 kommentiert:

„Dieser Bericht betonte bereits das Interesse des CICR an den Deutschen
aus dem Osten oder den Personen deutscher Zunge, die bisweilen als
‚Volksdeutsche‘ bezeichnet werden, und deren Niederlassung in den Ländern von Mittel- und Osteuropa oft auf mehrere Generationen zurückgeht.
Alle diese Personen sind nicht notwendigerweise deutscher Abstammung,
da sie ihrem Ursprung nach auch anderen Ländern, z. B. Frankreich, den
Niederlanden, der Schweiz angehören können; lediglich deshalb, weil
ihre Sprache die deutsche war, sind sie oft zu Unrecht als deutsche Staatsangehörige betrachtet worden (Fußnote: hauptsächlich in Deutschland,
Österreich und Italien).
Insgesamt wurden seit 1949 zugunsten ethnischer Minderheiten deutscher
Sprache bis zum 31. Dezember 1955 (vom CICR) mit Erfolg Schritte
für rund 109 000 Personen unternommen."

Zur Abrundung mag ganz kurz auf den Bericht der Liga der Rotkreuz-
Gesellschaften hingewiesen werden, in dem „über die Flüchtlingshilfswerke
der nationalen Rotkreuzgesellschaften und Nicht-Rotkreuzorganisationen"
Auskunft gegeben wird. Dieses Dokument lag den Teilnehmern an der Han-
noverkonferenz vor.

Das Amerikanische Rote Kreuz sandte Spenden für DPs vor ihrer Auswanderung nach den USA, das Britische Rote Kreuz für DPs in der Britischen Zone; deutschen Flüchtlingen hatten geholfen: das Dänische, das Französische, das Irische, das Liechtensteinische, das Niederländische, das Neuseeländische, das Norwegische, das Saarländische, das Südafrikanische, das Schwedische, das Schweizerische Rote Kreuz —

ferner die Schweizerische Europahilfe, die Quäker (American Friends Service Committee), YMCA/YWCA (Weltbund christlicher Vereine junger Männer und Frauen), der Ökumenische Rat der Kirchen (WCC), die Caritas Internationalis (Vatikan) u. a.

Aber nicht nur diesen vorbereiteten Leistungsbericht händigte die Liga aus, sondern auch das Ergebnis über eine sinnvolle Koordinierung der weiteren Hilfeleistungen in den Besatzungszonen Deutschlands.

Olgiatti wurde in Hannover nicht nur von *Ehrenhold*, sondern auch von *Herbert-Georges Beckh* begleitet, der nach *Ehrenholds* Tod dessen Arbeit fortsetzte.

In späteren Berichten teilte das CICR mit, daß es nach Möglichkeit die Weiterführung der Verhandlungen den nationalen Rotkreuz-Gesellschaften anvertraut. „Jedoch" — heißt es im CICR-Bericht für 1963 — „interveniert das CICR in gewissen Ländern auch noch weiterhin, sei es, um sich mit Einzelfällen zu befassen, sei es, um den staatlichen Stellen und den nationalen Rotkreuzgesellschaften Empfehlungen zu unterbreiten. So konnten sich im Jahre 1963 mehrere Tausend Personen dank dem Verständnis der staatlichen Stellen und dank der aktiven Zusammenarbeit mit den nationalen Rotkreuz-Gesellschaften in dem Lande ihrer Wahl mit ihren Familien wiedervereinen."

Die erste Aktion hieß: „Operation Link"; sie begann im März 1950 aufgrund der Anregung des CICR vom Oktober 1948. Das Referat „Familienzusammenführung Hamburg" des DRK hatte mit der Alliierten Hohen Kommission, der polnischen Regierung, den deutschen Landesregierungen und den Dienststellen in der DDR in den anderthalb Jahren verhandelt[29]).

3. 3 Das Ergebnis der Familienzusammenführung — Spätaussiedler

Die Familienzusammenführung im engeren Sinn wurde bald erweitert. Gehen wir gleich — wie auf allen Gebieten in diesem Bericht — auf das Ergebnis Ende 1978 ein[30]):

29) Deutsches Rotes Kreuz, Generalsekretariat: Operation Link; Graphik mit Text, 1951.
30) Statistik über Spätaussiedler; laufende Berichterstattung vom Bundesvertriebenenministerium, später vom Bundesinnenministerium und dann vom Bundesausgleichsamt (AZ: BAA I/3 — Vt 6838—/6/79).

Aufnahme von 961 724 Spätaussiedlern in den Jahren 1950—1978

1950	47 497	1960	19 169	1970	18 949
1951	24 765	1961	17 161	1971	33 637
1952	13 369	1962	16 415	1972	23 895
1953	15 410	1963	15 483	1973	23 063
1954	16 911	1964	20 842	1974	24 507
1955	15 788	1965	24 342	1975	19 655
1956	31 345	1966	28 193	1976	44 402
1957	113 946	1967	26 475	1977	54 256
1958	132 233	1968	23 397	1978	58 130
1959	28 450	1969	30 039		

In die Bundesrepublik konnten ausreisen:

74 426 aus Polen (Grenzen von 1939)
17 245 aus Danzig
92 931 aus Ostpreußen (südlicher Teil)
43 869 aus Pommern
340 765 aus Schlesien

569 236 aus Polen (Grenzen von 1979)
87 314 aus der Tschechoslowakei
86 129 aus Jugoslawien
81 500 aus Rumänien
71 517 aus der UdSSR (Grenzen von 1979)
11 602 aus Ungarn
1 149 übrige Aussiedlungsländer (China u. a.)
36 089 aus Österreich*)
9 933 aus dem übrigen westlichen Europa
5 695 aus Übersee
1 560 ungeklärt

961 724 Spätaussiedler insgesamt 1950—1978

*) „Spätaussiedler" aus dem westlichen Europa und Übersee wurden als „rückgeführte Vertriebene" bezeichnet.

Aufgenommen wurden in:

Bayern	127 754
Baden-Württemberg	164 397
Rheinland-Pfalz	46 871
Saarland	18 710
Hessen	81 231
Nordrhein-Westfalen	362 479
Niedersachsen	92 102
Schleswig-Holstein	21 732
Hamburg	21 703
Bremen	10 864
West-Berlin	13 881
insgesamt	961 724

Bereits im März 1965 hatte das Polnische Rote Kreuz das DRK gebeten, man möge den Begriff „Aussiedler" nicht mehr benutzen, er würde im Sinn von „Vertreibung" verstanden. Auch im Sejm wurde später darüber debattiert und man wies auf „die entgegenkommende Praxis der Genehmigung von Ausreiseanträgen" hin. Es ging vielleicht weniger um den Begriff; niemand in der Bundesrepublik verbindet mit dem Wort „Spätaussiedler" die Vorstellung von „Vertreibung". Eine gewichtige Rolle spielte wohl die Tatsache, daß die „Spätaussiedler" einen Bundesvertriebenenausweis erhalten. Am 7. Dezember 1977 sagte Ministerialdirigent *Günter Fuchs* vom Bundesministerium des Innern[31]):

> „Die Bundesregierung plant den Erlaß einer Allgemeinen Verwaltungsvorschrift, nach der die nunmehr eintreffenden Aussiedler künftig einen *Ausweis für Aussiedler* erhalten. Dieser Ausweis enthält gleichzeitig einen deutlichen Hinweis auf das Bundesvertriebenengesetz. Mit der beabsichtigten Änderung der Ausweise wird die Rechtsstellung der Aussiedler *nicht* verändert (gemeint sind Leistungen nach dem Lastenausgleichsgesetz usw.). Die Änderung der Ausweise trägt lediglich der Tatsache Rechnung, daß die Aussiedler ihre Heimatgebiete östlich der Oder und Neiße heute unter anderen Umständen verlassen als ihre Landsleute bei Kriegsende oder in der ersten Zeit danach."

Es war kein Zufall, daß Arbeitsminister Dr. *Fritz Pirkl* am 2. November 1970, als *Henrik Beer,* seit 1. Oktober 1960 Generalsekretär der Liga der Rotkreuz-Gesellschaften, international durch Verleihung des goldenen Nansen-Ringes in München geehrt wurde, in seinem Festvortrag eingehend über das Problem der Spätaussiedler sprach[32]). Einige Partien daraus sind von grundsätzlicher Bedeutung und sollen hier erwähnt werden. Andere Teile beurteilten die Eingliederungsprobleme aus der Sicht der damaligen Zeit, als Vollbeschäftigung und günstige Konjunkturentwicklung die Aufgabe erleichterten:

> „Das Internationale Rote Kreuz leitete das große humanitäre Werk der Familienzusammenführung ein. Pflegebedürftige Eltern kamen zu ihren erwachsenen Kindern, und Kleinkinder, die z. T. inzwischen herangewachsen waren, fanden ihre Eltern.
> Um ihnen die wirtschaftliche Eingliederung zu erleichtern, stellten wir sie den Vertriebenen gleich und beteiligten sie an den Leistungen des Lastenausgleichsfonds.

---

31) Bundesmin. f. Vertr., Flüchtl. und Kriegsgesch.: Rundschreiben II 2d 1 — 8505/0 — 1066/67 vom 6. 7. 1967 (Dr. Nahm) betr. „Vermeidung der Worte ‚Aussiedlung' und ‚Aussiedler' (Poln. Rotes Kreuz, Warschau, 21./22. 3. 1965)". Günter Fuchs: Eingliederung von Aussiedlern; Referat vor dem Beirat für Vertriebenen- und Flüchtlingsfragen, Friedland, 7. 12. 1977, 13 S.
32) Fritz Pirkl: Aktuelle Probleme der Eingliederung von Aussiedlern, Siebenbürgische Zeitung, München 15. 11. 1970, S. 1—2.

Neuerdings aber müssen wir damit rechnen, daß weiterhin dieser Zustrom anhält. Heute sind es nicht mehr Alte und unversorgte Kleinkinder, vielmehr entspricht der Altersaufbau etwa dem der deutschen Bevölkerung.

Die Barackenlager sind längst beseitigt. Überwiegend benutzen wir Wohnungen als vorübergehende Unterkunft, „Wohnheime" also, die später einmal als normale Wohnungen benutzt werden können. Bei dem enormen Anstieg der Baupreise und der Grundstückspreise stehen wir vor einer schwierigen finanziellen Aufgabe. Die Errichtung solcher Wohnheime sollte nicht ghettoähnlich sein. Das Füllen von Baulücken sozusagen wäre die ideale Lösung. Als Musterbeispiel einer solchen Mischsiedlung schwebt mir Traunreut vor.

In der zweiten Phase, bei der wirtschaftlichen Eingliederung, gibt es ebenfalls Schwierigkeiten. Ich greife eine heraus, nämlich die Anerkennung von Schul- und Berufsausbildungs-Zeugnissen ... Manche Probleme betreffen auch die Berufsausbildung. Im Vordergrund stehen hier oft die sprachlichen Schwierigkeiten junger Spätaussiedler. Ein Integrationsproblem ist auch bei vielen die Herkunft vom flachen Land."

Viel Beachtung fanden die Schlußworte von Minister *Pirkl:*

„Vielleicht fragt der eine oder andere, warum die Spätaussiedler überhaupt noch ihre angestammte Heimat verlassen und in die Bundesrepublik streben. Diese Menschen, die sich als Deutsche fühlen, sehen ihre Heimat nicht so sehr in einem Stück Boden oder einem Haus, falls sie es noch besitzen, sondern mehr im geistigen und kulturellen Bereich. Die Heimat ist ihnen auch durch vielfache Entwicklungen fremd geworden; sie können nicht mehr als Deutsche unter Deutschen leben.

Die Entscheidung, ob man Deutscher bleiben will oder ob man im Zuge der Entwicklung aufgesogen wird, sollte unter die Freiheit der Menschenrechte gehören. Es wäre unangebracht, von einem Verrat zu sprechen, wenn sich jemand entschließt, durch Heirat usw. die Bande zum Gastvolk zu vertiefen. Ebenso unangebracht wäre es, wenn diejenigen, die die veränderte Heimat verlassen wollen, hier von uns nicht freudig als Brüder aufgenommen werden. Vielleicht ist es für uns nicht bequem, für diejenigen jedoch, die einen solchen freien Entschluß fassen, ein noch größeres Opfer, das sie im Blick auf ihre und ihrer Kinder Zukunft bringen. Es wäre wahrlich eine große Aufgabe auch der deutschen Außenpolitik den dritten Weg einer Lösung der Probleme anzustreben, nämlich für diese Menschen zu erreichen, daß sie als Deutsche, als anerkannte Nationalität mit einem fest umschriebenen Status, in ihrer Heimat weiter bleiben und ihre Kinder auch als Deutsche erziehen können. Als erstrebenswertes Ziel muß uns immer konkret ein europäisches Volksgruppenrecht vor Augen bleiben!"

Damit sind wir in die aktuellen Aufgabenbereiche eingetreten. In der „Bayerischen Sozialpolitik 1977" z. B. wird unter den „besonderen Problemen der Eingliederung" berichtet, daß die deutschen Sprachkenntnisse von Jahr zu Jahr sich verschlechtern — außer bei Spätaussiedlern aus Rumänien. Förderschulen, Sprachkurse usw. müssen eingerichtet werden[33]). Alle Bundesländer sind der gleichen Meinung, daß die Eingliederung der Spätaussiedler „die vordringlichste Aufgabe der derzeitigen Flüchtlings- und Vertriebenenverwaltung ist", wie die Staatssekretärin *Renate Hellwig*, Mainz, meinte[34]):

> „Menschliche und beratende Hilfe muß diesen Deutschen, die jahrelang darum gekämpft haben, wieder unter Deutschen leben zu können, in jeder Form zuteil werden."

Für die Einstellung der breiten Öffentlichkeit ist es dann allerdings nicht gerade förderlich, wenn Einzelfälle unerfreuliche Schlagzeilen machen[35]).

4. DPs — Heimatlose Ausländer — Ausländische Flüchtlinge

Der Leser einer Geschichte der bayerischen Flüchtlingsverwaltung wird nicht erwarten, das tragische Problem der Displaced Persons (DPs), die Repatriierung durch UNRRA (United Nations Relief and Rehabilitation Administration), die Hilfe zur Auswanderung durch die IRO (International Refugee Organization) dargestellt zu finden. Nach Auflösung der IRO folgten zwei Institutionen: Das Amt der Hochkommissars für Flüchtlinge (United Nations High Commissioner for Refugees — UNHCR) zum Rechtsschutz der Staatenlosen sowie Quasi-Staatenlosen und das ICEM, franz. CIME (Intergovernmental Committee for European Migration) als Auswanderungshilfe.

Die Menge der deutsch- und fremdsprachigen Literatur zu diesem Thema ist fast unübersehbar. Die laufende Information von UNHCR und ICEM kann hier nicht einmal bibliographisch aufgeführt werden und ist allgemein zugänglich. Als nützliche Hilfe für den Leser möchte der Autor sieben Werke aus den ersten Jahren besonders erwähnen und zwar von *Eberhard Jahn, Paul Frings, Jacques Vernant, Hermann Maurer, Paul A. Ladame*, dazu die Berichte der IRO und ILO[36]).

33) Bayer. Staatsministerium für Arbeit und Sozialordnung: Bayerische Sozialpolitik 1977; München 1977, S. 213—240.
34) Renate Hellwig: Den Spätaussiedlern wird geholfen; Pressedienst des Ministeriums für Soziales, Gesundheit und Sport; Mainz, 22. 9. 1976.
35) Pressemeldungen: „Die Welt" vom 14. 12. 1976 („Läßt Polen bevorzugt Spitzel ausreisen?"), „Frankfurter Rundschau" vom 14. 3. 1978 („Millionenbetrug mit Flüchtlingsausweisen"); Antwort des Hessischen Ministers der Justiz (III/4 — 505/74) vom 25. 4. 1978 auf die Landtagsanfrage der CDU (Drucksache Nr. 8/5705); Berichtsanträge der SPD/FDP und der CDU im Hessischen Landtag (Nr. 8/6366 und 8/6367).
36) Eberhard Jahn: Das DP-Problem, eine Studie über die ausländischen Flüchtlinge in Deutschland; Institut für Besatzungsfragen, Tübingen, 1950, 201 S. — Paul

Asylgewährung ist ein Recht (Geschenk) des jeweiligen Aufnahmestaates; einen einklagbaren Anspruch hat der Asylbewerber nicht. Die Aufnahme von sogenannten „internationalen Flüchtlingen", d. h. Staatenlosen oder Quasi-Staatenlosen (Flüchtlingen, die nicht ausgebürgert wurden bzw. nicht auf die frühere Staatsangehörigkeit de jure verzichten wollen) ist nicht problemfrei. Die Diskussion über die Weiterentwicklung des Asylrechts wird im zwischenstaatlichen Bereich geführt; denn Asylgewährung betrifft nicht nur den Asylbewerber und den asylgewährenden Staat, sondern zugleich das Fluchtland, also die offizielle Beziehung zwischen zwei Staaten. Solange Krieg oder „Kalter Krieg" die Staaten trennen, ist die Aufnahme von Emigranten, die Bildung von Exilregierungen usw. ein Stück „Kriegsführung", wenn man es so überspitzt formulieren darf. Wenn aber zwischen den beiden betroffenen Staaten, dem Flucht- und dem Asylland, normale diplomatische Beziehungen bestehen, müssen Fragen des internationalen Rechts geklärt werden. Auch hier wäre die Aufstellung einer wahrscheinlich mehrbändigen Bibliographie erforderlich. Zum Glück gib es einige spezielle, international anerkannte juristische Bücher. Als Standardwerk sei zitiert[37]): „The status of refugees in international law" von *Atle Grahl-Madsen,* Norweger, seit 1976 Professor in Uppsala. Über die Weiterentwicklung des Asylrechts laufen derzeit bei den Vereinten Nationen Beratungen, die allerdings bisher noch nicht zu einem Ergebnis führten.

Unter der Schirmherrschaft des früheren UNHCR Dr. *Felix Schnyder* fand im Juni 1976 ein „Nansen-Symposium" statt, dessen Leiter *Grahl-Madsen* war. 36 Experten aus den USA, Großbritannien, Frankreich, Norwegen, Schweden, der Bundesrepublik, der Schweiz, aus Österreich, Italien, Jugoslawien, Rumänien, Bulgarien, Polen und Japan und vom Europarat, dem Amt des UNHCR und dem Internationalen Gerichtshof in Den Haag berieten vier Tage lang, um eine sachkundige Stellungnahme zu den UN-Vorschlägen abzugeben[38]). Der Tagungsort, das Henri-Dunant-Institut in Genf, war sei-

Frings: Das internationale Flüchtlingsproblem 1919—1950; Frankfurt/Main, 1951, 295 S. — International Refugee Organization: IRO, Migration from Europe, a report of experience, Genf 1951, 98 S. — Jaques Vernant: The Refugee in the Post-War World; London 1953, 827 S. — Hermann Maurer: Dienst an displaced persons (DPs); Die Arbeit für heimatlose Ausländer und nichtdeutsche Flüchtlinge 1945—1953, Sonderdruck aus dem Jahresbericht des Hilfswerks der EKD 1953; Stuttgart, 1954, 31 S. — Paul A. Ladame: Le rôle des migrations dans le monde libre; Genf und Paris, 1958, 525 S.
International Labour Office (ILO): International migration 1945—1957; Genf 1959, 414 S.

37) Atle Grahl-Madsen: The Status of Refugees in International Law; Vol. I „Refugee Character", Leiden 1966, 499 S. — Vol. II „Asylum, Entry and Sojourn", Leiden 1972, 482 S.

38) Atle Grahl-Madsen: Documents of the United Nations Group of Experts on the Draft Convention on Territorial Asylum; compiled for the Nansen Symposium Genève 1976, 133 S. — Atle Grahl-Madsen: An International Convention on Territorial Asylum — background, discussion, proposals; Bergen/Norwegen, Juni 1976, 74 S. — Atle Grahl-Madsen: The Legal Position of the Alien in Council of Europa Member States; Council of Europe Doc. AS/Jur (24) 36 1973; Nachdruck Bergen Juni 1975, 33 S.

ner Atmosphäre nach ein bestens geeigneter Sitzungsraum. Was nicht nur vom Autor als Teilnehmer, sondern allgemein fast als tragisch empfunden wurde, war die Tatsache, daß zwar den Worten nach juristische Übereinstimmung erzielt werden konnte; sobald aber die Kommentierung einsetzte, wurden mit den gleichen Begriffen unterschiedliche, manchesmal konträre Positionen bezogen.

4. 1 Die Rechtsstellung ausländischer Flüchtlinge

Gesetz über die Rechtsstellung heimatloser Ausländer April 1951

Im Zuge der Auflösung der IRO wurde in der Bundesrepublik ein Gesetz erlassen, das den Rechtsstatus des *heimatlosen Ausländers* begründete (25. April 1951, BGBl. I S. 269). Den früheren IRO-DPs wurden praktisch die *Rechte des Inländers* zugestanden, außer Wahlrecht und Wehrpflicht; dieser Status wurde auch den ex-enemy-DPs, die nicht von der IRO anerkannt und betreut wurden, zugesprochen, falls der Stichtag 30. Juni 1950 eingehalten worden war (Wohnsitz in der Bundesrepublik).

Internationales Abkommen über die Rechtsstellung der Flüchtlinge.

Das bundesdeutsche Gesetz über die heimatlosen Ausländer war als Vorgriff gedacht. Die internationalen Beratungen über eine Flüchtlingskonvention als Instrument für die Tätigkeit der UNHCR führten aber schließlich im Vergleich zum Entwurf zu einer erheblichen Einschränkung der Rechte; nach dieser Flüchtlingskonvention — die manchmal nicht korrekt als „Genfer Konvention" bezeichnet wird, denn es ist keine „Rot-Kreuz-Konvention" — erhält der Asylbewerber nur die *Rechte eines normalen Ausländers.* Diese Flüchtlingskonvention wurde durch Gesetz vom 28. Juli 1951 in der Bundesrepublik in Kraft gesetzt (BGBl. II S. 559). Die *Asylverordnung* vom 6. Januar 1953 (BGBl. I S. 3) regelte „die Anerkennung und Verteilung ausländischer Flüchtlinge".

Grundgesetz Artikel 16, Absatz 2, Satz 2:
„Politisch Verfolgte genießen Asylrecht."
Die rein gesetzliche Regelung für die „heimatlosen Ausländer" wurde als zufriedenstellend angesehen, von beiden Seiten; die Anwendung der Konvention für „ausländische Flüchtlinge" führte zu lebhaften Diskussionen. Die Formulierung des Art. 16 GG war unpräzise; viele Fragen blieben ungeklärt. Deutsche und ausländische caritative Organisationen wiesen auf Mißstände und Ungerechtigkeiten hin. Auch die Wissenschaft diskutierte die Probleme.

Professor *Rudolf Wierer,* selbst heimatloser Ausländer, schrieb 1960 eine ausführliche Darstellung. Bemerkenswert war die in dieser Deutlichkeit selten herausgearbeitete Zweiteilung — auf der einen Seite die Zwangsverschleppten und Zwangsverpflichteten, auf der anderen Seite die Angehörigen jener Völker, die auf der deutschen Seite mitgekämpft hatten (ex-enemy-DPs). Tragisch war, daß verständlicherweise UNRRA und IRO sie ablehnten, aber auch viele deutsche Stellen, die in ihnen eher Freunde Hitlers, als Deutschlands sehen wollten[39]).

Zu diesem Thema erschienen in den sechziger Jahren eine Reihe Dissertationen. Die Deutsche Nansen-Gesellschaft förderte diese Untersuchungen. 1961 promovierten *Fritz Franz* bei Professor *Hans Carl Nipperdey*[40]), 1962 *Karlfriedrich Zink* in Erlangen[41]) mit Asylthemen. *Zink* gab seiner Arbeit den Titel: „Das Asylrecht in der Bundesrepublik Deutschland nach dem Abkommen vom 28. Juli 1951 über die Rechtsstellung der Flüchtlinge unter besonderer Berücksichtigung der Rechtsprechung der Verwaltungsgerichte". 1962 erschien von *Otto Kimminich* eine grundlegende Untersuchung über den „internationalen Rechtsstatus des Flüchtlings"; aus seiner Feder stammt auch das 1968 erschienene „Asylrecht"[42]). *Franz, Zink* und *Kimminich* gehörten zu den Teilnehmern des (1.) Asyl-Colloquiums 1963[43]), das in Heilsbronn bei Ansbach unter der Schirmherrschaft des Bayerischen Ministerpräsidenten Dr. *Alfons Goppel* stattfand. Der Autor schrieb in der Einleitung, es gäbe zwei Gründe für die Diskussion: „Jeder Staat spricht seine eigene Sprache; es sei daran erinnert, daß es allein vier deutschsprachige Übersetzungen der Konvention gibt". Der andere Grund sei die Frage, warum es überhaupt zu Ablehnung von Asylbitten kommen könne; es ginge nicht um gemeine Verbrecher und nicht um eingeschleuste Agenten, sondern vor allem um die sog. „Wirtschaftsflüchtlinge". Das waren in erster Linie Jugoslawen. Die nicht gerade glückliche Wortprägung beleuchtete den zwielichtigen Raum zwischen Asylgewährung und Abschiebung. Der Begriff wollte „den zu besseren Arbeitsplätzen Strebenden ohne eigentliche politische Verfolgung" definieren. Der amerikanische „Zellerbach-Report" beschäftigte sich eingehend damit[44]).

39) Rudolf Wierer: Probleme der heimatlosen Ausländer in der Bundesrepublik Deutschland mit Berücksichtigung der deutschen Heimatvertriebenen; Schriften des Instituts für Kultur- und Sozialforschung in München; Gräfelfing 1960, 167 S.
40) Fritz Franz: Das Asylrecht der politisch verfolgten Fremden nach internationalem und deutschem Recht; Dissertation, Köln 1961, 153 S.
41) Karl Friedrich Zink: Das Asylrecht in der Bundesrepublik nach dem Abkommen vom 28. Juli 1951 über die Rechtsstellung der Flüchtlinge unter besonderer Berücksichtigung der Rechtsprechung der Verwaltungsgerichte; Dissertation, Erlangen 1962, 259 S.
42) Otto Kimminich: Der internationale Rechtsstatus des Flüchtlings; Schriftenreihe der Hochschule für Politische Wissenschaften München; Köln-Berlin-Bonn-München 1962, 492 S. — Otto Kimminich: Asylrecht; Reihe „Demokratie und Rechtsstaat, kritische Abhandlungen zur Rechtsstaatlichkeit in der Bundesrepublik"; Berlin-Neuwied/Rhein 1968, 180 S.
43) Martin Kornrumpf, Karl Linn, Günter Schoeppe, Ludwik Graf Lubienski, Fritz Franz, Atle Grahl-Madsen, Oscar Schürch, Willibald Liehr: Heilsbronn-Colloquium 1963 — Abgelehnte Asylbitten; Schriftenreihe der Deutschen Nansen-Gesellschaft, München, Heft 3; Augsburg 1963, 112 S.
44) Europäische Flüchtlingsprobleme 1959, Bericht der amerikanischen Zellerbach-Kommission für die europäische Flüchtlingssituation; mit Geleitwort von Hans Harmsen; Schriftenreihe der Deutschen Nansen-Gesellschaft, München, Heft 2; Augsburg, März 1960, 92 S.

Günther Schoeppe referierte in Heilsbronn über die Geschichte der Sammellager in Nürnberg (Valkalager) und Zirndorf und deren Stellung in der Asylordnung:

Am 1. Januar 1952 gab es in Bayern 26 Ausländerlager mit 21 419 Insassen. Damals fragte die Bundesregierung in München an, ob Bayern wohl bereit wäre, einen Teil des Valkalagers als Sammellager dem Bund zu überlassen. Die Verhandlungen zogen sich hin. Bayern war nur bereit, jene ausländischen Asylbewerber aufzunehmen, die über bayerische Grenzen in die Bundesrepublik flüchteten, und verlangte die Bereitstellung eines zweiten Lagers in einem anderen Bundesland. Dies konnte das Bundesinnenministerium nicht finden, Bayern gab nach. „Die Entscheidung war aber folgenschwer. Das Land wurde vom Bund anschließend behutsam in die Verwaltung der Sammellagers hineingeführt. Seither steht es vor einem Dauerproblem", — diese Aussage von 1963 könnte auch 1979 formuliert worden sein. Am 17. Dezember 1952 wählte das Bundesinnenministerium einen Teil des Regierungslagers als künftiges Bundessammellager. Am 6. Januar 1953 wurde die Asylverordnung erlassen, die die rechtliche Grundlage für die Einrichtung des Sammellagers bildete. Offiziell wurde dieser Beschluß von der Bundesregierung am 25. Juli 1953 gefaßt (GMBl. 1953 S. 341). Im Januar 1953 richtete sich auch die „Bundesdienststelle für die Anerkennung ausländischer Flüchtlinge" im Valkalager ein. Die Regierung Mittelfranken war (und ist) für das Lager zuständig. Die US-Armee überließ 1955 eine Kaserne in Zirndorf, die als zweites Sammellager ausgebaut wurde. Der entsprechende Kabinettsbeschluß wurde am 7. Juli 1955 gefaßt (GMBl. 1955 S. 319).

Die folgende Graphik zeigt die Belegung bis zum Jahre 1963, als das internationale Kolloquium in Heilsbronn stattfand.

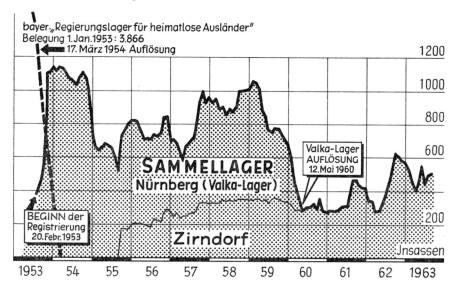

Die Mischverwaltung brachte manche Probleme. Die Asylverordnung regelte die Asylgewährung — Zuständigkeit des Bundesinnenministers — und die Betreuung — Zuständigkeit des Bundesvertriebenenministers für die anerkannten Flüchtlinge —, nicht jedoch (wohl absichtlich) Errichtung, Unterhalt und Verwaltung des Lagers.

4. 2 Verwaltungsgericht Ansbach

Auch andere bayerische Behörden waren an diesen Problemen maßgeblich beteiligt. Denn die Ausländer, deren Anträge abgelehnt worden waren und deren Beschwerde erfolglos blieb, konnten in unserem Rechtsstaat sich als Kläger an das Verwaltungsgericht wenden. Die Arbeit von *Zink* war der Anlaß, den Präsidenten des Bayerischen Verwaltungsgerichtes in Ansbach um ein „Urteil" über die 2400 Urteile seines Gerichts, die des Bayerischen Verwaltungsgerichtshofes und des Bundesverwaltungsgerichts in Berlin zu bitten. Dr. *Karl Linn* begann — sich fast entschuldigend, daß er als Richter bereit gewesen sei, zu diesem Thema zu sprechen — sein Heilsbronn-Referat:

> „Asylsachen sind etwas ganz besonderes, auch für den Richter. Einmal weil wir Ansbacher Verwaltungsrichter hier eine „Monopolstellung" in ganz Deutschland haben — wir sind das einzige bundesdeutsche Verwaltungsgericht, das zuständig zur Entscheidung in Asylsachen ist — und ich glaube darüber hinaus, wir sind überhaupt das einzige Verwaltungsgericht in der ganzen Welt, das mit Asylsachen befaßt wird ...
> Der zweite und für mich wesentlich wichtigere Grund ist der, daß die Behandlung der Asylsachen den Richter in menschliche und rechtliche Bereiche führt wie kein anderes der zahllosen Rechtsgebiete."

Ein Jahr später fand vom 15.—17. April 1964, das zweite „Internationale Asyl-Colloquium" in Garmisch-Partenkirchen unter dem Ehrenpräsidium von Professor Dr. Dr. h. c. *Fahrettin Kerim Gökay*, Istanbul, statt. Ein Teil der Beratungen stellte eine direkte Fortsetzung des Heilsbronner Gespräches dar. Zu jener Zeit liefen im Deutschen Bundestag die Vorbereitungen für das neue Ausländergesetz, das die Bundesregierung am 28. Dezember 1962 als Entwurf im Deutschen Bundestag eingebracht hatte (Drucksache IV/868). *Günther Schoeppe* referierte über die „Wirtschaftsflüchtlinge" im deutschen Asylrecht, Ministerialrat Dr. *Werner Kanein* aus der Sicht des Innenministeriums als der zuständigen Landesbehörde, Dr. *Günter Maier* als Chef des Amtes für öffentliche Ordnung der Landeshauptstadt München. Das deutsche Hauptreferat hatte der Präsident des Bayerischen Verwaltungsgerichtshofes, Professor Dr. *Hermann Feneberg*, übernommen: „Das Recht der politisch Verfolgten in der Bundesrepublik Deutschland"[45]. Er widmete sich in seinen gründlichen und

---

45) Martin Kornrumpf (Hrsg.): 2. internationales Asyl-Colloquium Garmisch-Partenkirchen 1964 mit einem Geleitwort des UNHCR Felix Schnyder; Köln 1965, 148 S. (21 Beiträge).

überzeugenden Darlegungen der Frage, was das Grundgesetz mit seinem Artikel 16 Absatz 2 Satz 2 gemeint haben könne. Er endete:

> „Das deutsche Volk weiß, mit welch verwerflichen Methoden und mit welch hartem, unerbittlichen Druck ein totalitärer Staat seine Gegner bekämpft. Ein großer Teil unseres Volkes hat unter der Verfolgung des nationalsozialistischen Terrors gelitten und muß heute noch die Gewaltherrschaft eines kommunistischen Regimes erleiden.
> Den politisch verfolgten Menschen eine Zufluchtsstätte zu bieten, ihnen wieder eine sichere und tragbare Lebensgrundlage zu gewähren, ist eine Aufgabe, der sich in der Bundesrepublik Deutschland Gesetzgebung, Verwaltung und Rechtsprechung mit ernstem Bemühen widmen."

Der Ausschuß für Inneres prüfte sorgfältig — neben anderen, auch ausländischen, Anregungen — die in Heilsbronn und Garmisch-Partenkirchen erörterten Probleme; Berichterstatter war *Dietrich Rollmann*. Der Ausschußvorsitzende *Schmitt-Vockenhausen* und er legten den Ausschußbericht am 26. Januar 1965 vor (Drucksache IV/3013); verabschiedet wurde das „Ausländergesetz" am 28. April 1965 (BGBl. I S. 353). Es wurde als großer Fortschritt angesehen. Der Zuflucht suchende Personenkreis wandelte sich jedoch im Laufe der Zeit. Die Normalisierung der Beziehungen zwischen Jugoslawien und der Bundesrepublik brachte z. B. praktisch ein Ende der einst so viel diskutierten Probleme mit den „Wirtschaftsflüchtlingen". Heute sind andere, schwierigere Fälle zu klären. Die Anerkennung als Asylberechtigter entscheidet nach § 29 des Gesetzes das „Bundesamt für die Anerkennung ausländischer Flüchtlinge" (Sitz Zirndorf bei Nürnberg). § 39 lautet: „Die Bundesregierung bestimmt im Benehmen mit der zuständigen Landesregierung die Sammellager für Ausländer."

4. 3 Die ausländischen Flüchtlinge in Bayern

Bayern war also mit dem Problem der ausländischen Flüchtlinge vielseitig konfrontiert. Mit der IRO liefen die Verhandlungen zur Übernahme der ehemaligen DPs und dann der IRO-Camps. Zu jener Zeit hatte kein anderes Bundesland damit so viel zu tun wie Bayern; denn nach München wurden in der Schlußphase die IRO-Stellen konzentriert, hier saßen die meisten ausländischen Hilfsorganisationen. In den Zeiten des „Kalten Krieges" sickerten über die langen Grenzen zur ČSSR und Österreich ausländische Asylbewerber. Im Valka-Lager und in Zirndorf befanden sich die Sammellager, in Zirndorf wurde das Bundesamt errichtet. Für die Flüchtlingsverwaltung, und dabei besonders für die Regierung Mittelfranken bzw. die Stadt Zirndorf, erwuchsen enorme Probleme. Der Erste Bürgermeister *Virgilio Röschlein* klagte sein

Leid[46]). Keine einzige Stelle wandte sich etwa gegen die Asylgewährung, sondern gegen Mißbrauch. Große Sorge bereitete die menschliche Seite. Das Emigranten-Dasein im „Gastland" war eh und je deprimierend; das können in diesem Jahrhundert Scharen von Staatenlosen bezeugen. Wann erlaubt schon das Schicksal eine Rückkehr in die unter Zwang und Furcht verlassene Heimat? Ministerpräsident Dr. *Alfons Goppel* sprach 1966 im Reichssaal zu Regensburg auf einem Colloquium der Deutschen Nansen-Gesellschaft zum Thema: „Asylgewährung und staatliche Ordnungsaufgabe", Er nahm Bezug auf die Expertendiskussion zum Asylrecht und zeigte die Grenzen an[47]:

> „Ich möchte mich darauf beschränken, Ihnen meine Meinung zu der Frage vorzutragen, ob ein Staat es hinnehmen kann, daß das Asylrecht zum Nachteil seiner eigenen Sicherheit und zum Schaden seiner Bevölkerung führt. Das Asylrecht ist heute bei uns ein Individualrecht des Flüchtlings gegenüber dem Zufluchtsstaat. Auch als Grundrecht kann es nicht gegen den Staat, vor allem nicht rechtswidrig, durchgesetzt werden. Das Asyl bot bis in die Neuzeit hinein nur die Gewähr, daß der Flüchtling Schutz vor der Auslieferung in den Heimatstaat erhielt. Im übrigen war er aber als Fremder weitgehend rechtlos. Wir finden heute in unserem Land eine Situation vor, die es rechtfertigt zu sagen, daß vom Staat her alles getan wird, was mit seinen eigenen Belangen vereinbar ist, um das Los des schwergeprüften Flüchtlings erträglich zu machen. Das allein genügt aber nicht. Die Personalität des Mitmenschlichen kann nicht durch die Abstraktheit des Apparates ersetzt werden. Der einzelne ist daher aufgerufen, hier nach seinen Kräften dem Verfolgten das Gefühl der inneren Geborgenheit und Anteilnahme zu vermitteln."

In der Realität des Alltags mag dies schwierig erscheinen, vor allem wenn es gilt, auf die Dauer das Verständnis für die Flüchtlinge wachzuhalten, eine Haltung, die in der Anfangsphase der Aufnahme noch am ehesten zu wecken ist. Die deutschen und auch ausländische caritativen Institutionen leisten wirksamen Beistand. Da es sich aber gerade bei den politischen Flüchtlingen um profilierte und aktive Charaktere handelt, ist die Bereitschaft zur Assimilierung keineswegs groß. Die Emigranten betrachten eine derartige Entscheidung als ernste Gewissensfrage. Im Gegensatz dazu ist die Eingliederung nationaler Flüchtlinge für diese und für die Einheimischen ungleich leichter, da sie ja doch im weiteren Sinn in ihrem Heimatland bleiben. Das zeigte sich bei den Kareliern in Finnland, den Afrika-Flüchtlingen in Italien und deutlich auch bei uns.

---

46) Virgilio Röschlein: Exposé zur Situation der Stadt Zirndorf seit Errichtung eines Bundessammellagers für ausländische Flüchtlinge; Stadtverwaltung Zirndorf, Oktober 1963, 12 S.
47) Alfons Goppel: Asylgewährung und staatliche Ordnungsaufgabe, Ansprache beim Colloquium der Deutschen Nansen-Gesellschaft am 10. Juni 1966 im Reichssaal zu Regensburg; „Freie Presse-Korrespondenz", München 1966, Nr. 7/8.

Zahl der ausländischen Flüchtlinge

Nach den im Einvernehmen mit deutschen Sachverständigen vom UNHCR geschätzten Zahlen war, nach Abschluß der Massen-Repatriierung durch die UNRRA, folgende Entwicklung zu beobachten, also während der IRO-Phase[48]):

1948	800 000	1951	333 000
1949	670 000	1952	268 000
1950	445 000	1953	240 000

Von diesen 240 000 lebten in Bayern 73 000, in Nordrhein-Westfalen 53 000, in Niedersachsen 35 000 und Baden-Württemberg 26 000, die restlichen 53 000 in den übrigen Ländern und West-Berlin.

Zehn Jahre später sprach Staatsminister *Strenkert* gegenüber dem Amt des UNHCR von knapp 42 000 Heimatlosen Ausländern, darunter 15 000 Polen, 5000 Ukrainer usw., über 4000 Ungarn, knapp 4000 Jugoslawen (insgesamt befanden sich damals aber über 11 000 Jugoslawen in Bayern) und 4000 aus den ehemaligen Baltenstaaten[49]). Von den insgesamt 42 000 Flüchtlingen lebten 21 500 in der Landeshauptstadt München.

4. 4 Die kulturelle Leistung und Betreuung

1963 wurde von 40 Zeitungen, Zeitschriften usw. berichtet, die in München für die einzelnen Gruppen erschienen. „Manche genießen hohes (wissenschaftliches) Ansehen, andere wieder richten sich nur an kleinere Gruppen." Bundesvertriebenenministerium und Länder haben alle kulturellen Aktivitäten gefördert, z. B. die 1963/64 vom Verband der Freien Presse (Präsident *Wolodymyr Lenik*) organisierte Ausstellung der Emigranten-Presse aus der ganzen westlichen Welt. Die Liebe zur alten Heimat und Kultur sind die Triebfedern für eine oft mühselige freiwillige Mitarbeit.

Beide Konfessionen boten den katholischen und evangelischen ausländischen Flüchtlingen brüderlich die Hand; daneben gab es kleine Gruppen von Griechisch-Orthodoxen unter den Ukrainern (z. T. auch Griechisch-Katholisch). Die Aserbeidschaner, Kaukasier, Krimtataren, Turkestaner sind Muslims, die Kalmücken Buddhisten; ihnen halfen Glaubensbrüder und auch die Flüchtlingsverwaltung zu Stätten eigener religiöser Einkehr.

---

48) Hans Harmsen: Die Integration heimatloser Ausländer und nichtdeutscher Flüchtlinge in Westdeutschland; Heft 1 der Schriftenreihe der Deutschen Nansen-Gesellschaft; Augsburg 1958, 132 S.
49) Paul Strenkert: Ausländische Flüchtlinge und heimatlose Ausländer; Bericht des Bayer. Staatsministers für Arbeit und soziale Fürsorge vom 12. März 1963 für UNHCR, 3 S.

4. 5 Ungarnhilfe 1956/1957

Am Schluß sei eine herausfallende Aktion für ausländische Flüchtlinge erwähnt, auch wenn die Aufgabe unser Nachbarland Österreich zuerst und in besonderem Ausmaß traf. „Die Ungarnhilfe 1956—1957" lautete der Titel einer ausschließlich diesem Thema gewidmeten Ausgabe der INTEGRATION[50]). Sie wurde von der österreichischen Sektion der AER/AWR für einen Kongreß in Arnheim/Niederlande 1957 zusammengestellt. Auf 108 Seiten wird eingehend der ganze Ablauf und das Ausmaß der österreichischen und ausländischen Maßnahmen dargestellt.

Seit dem 24. Oktober 1956 strömten innerhalb weniger Wochen 175 000 ungarische Flüchtlinge nach Österreich, manche auch nach Jugoslawien. Auf S. 175 berichtet die ICEM-Mission in Österreich, daß mit ihrer Hilfe zwischen 7. November 1956 und 30. Juni 1957 141 245 Ungarn aus Österreich abgereist sind und zwar 33 205 in die USA, 22 140 nach Kanada, 20 534 nach Großbritannien, 11 677 in die Bundesrepublik Deutschland, 10 351 in die Schweiz, um nur die wichtigsten Aufnahmeländer zu erwähnen.

Der Amerikanische Sender „Free Europe" veröffentlichte eine Chronologie der Ereignisse" und die Oikoumene (WCC) einen „Special Report"[51]). Soweit ungarische Flüchtlinge in der Bundesrepublik Aufnahme fanden, gingen sie durch die Grenzlager Schalding bei Passau und Piding bei Reichenhall. Schon in den ersten Novembertagen 1956 konnte *Walter Stain,* „államminiszter", im Auftrag der Bayerischen Staatsregierung in ungarischer Sprache einen „Wegweiser für Ungarnflüchtlinge" in den Grenzlagern überreichen lassen, der erste lebenswichtige Informationen vermittelte[52]). In seiner Haushaltsrede berichtete er am 26. März 1957 dem Bayerischen Landtag über die von Bayern und der Bundesregierung eingeleiteten Hilfsmaßnahmen:

> „Von rund 13 000 Ungarn, die in der Bundesrepublik als Flüchtlinge Aufnahme gefunden haben, wurden etwa 7000 in den bayerischen Grenzlagern Piding und Schalding durchgeschleust. Davon sind rund 900 Personen in Bayern verblieben. Ihre Unterbringung erfolgte in drei Etappen. Aus einem der beiden Grenzlager kamen sie in ein Zwischenlager und von dort in ihre endgültigen Unterkünfte. Wir haben uns in Bayern bemüht, die Unterbringung der Ungarnflüchtlinge mit Ruhe durchzuführen. Wir ... überwiesen Arbeitskräfte erst dann, wenn wir die aufnehmenden Betriebe überprüft hatten. Nur dem ausgezeichneten Zusammenspiel

50) Otto Folberth u. a.: Ungarnhilfe 1956—1957; INTEGRATION, Bulletin International, Vaduz; 4. Jahrg. Nr. 2, Augsburg 1957, S. 81—188.
51) Free Europe Committee: Die Volkserhebung in Ungarn 23. Oktober 1956 bis 4. November 1956, Chronologie der Ereignisse im Spiegel ungarischer Rundfunkmeldungen; München, 1957, 84 S.
World Council of Churches, Division of Inter-Chruch Aid and Service to Refugees: Hungary — Special Report; Geneva, May 1957, 36 S.
52) Walter Stain: Wegweiser für Ungarnflüchtlinge (Tájékoztató a Magyar Menekültek Számára), München, November 1956, 15 S.

aller beteiligten Behörden und Verbände ist es zu verdanken, daß es in Bayern nicht zu ähnlichen Unzulänglichkeiten kam wie in anderen Ländern. Die ungarischen Rückwanderer, die uns tagelang in Passau oder in Nürnberg beschäftigten, kamen zum überwiegenden Teil aus anderen Ländern und waren zumeist Menschen, die irgendeine Enttäuschung erlebt hatten."

Walter Stain sagte am 11. Juni 1958 in seiner Haushaltsrede:

„Nicht nur aus menschlichen Gründen, sondern auch aus der Überlegung heraus, daß man aus dem Satellitenbereich sehr aufmerksam die Behandlung der zu uns Geflohenen nichtdeutscher Nationalität genauestens beobachtet, wurde den in größerer Zahl eingeströmten ungarischen Schülern und Studenten die Gelegenheit zur weiteren Ausbildung geboten. Erst vor kurzem konnte auf Burg Kastl bei Neumarkt in der Oberpfalz ein „Ungarisches Realgymnasium" mit Internat eingeweiht werden . . ."

4. 6 „Schluß mit dem Mißbrauch"

So überschrieb der Bayerische Staatsminister des Innern *Gerold Tandler* am 20. Februar 1979 seinen Artikel im „Bayernkurier". „In Traidendorf bricht der Volkszorn aus", berichtete die „Süddeutsche Zeitung" am 21. Februar; man protestierte gegen die Einquartierung von 70 Asylbewerbern. Es ist leicht, den Grund für die Unruhe zu finden. Das „Bundesamt für die Anerkennung ausländischer Flüchtlinge" in Zirndorf registrierte im Jahr 1972 den Eingang von Asylanträgen für 5289 Personen, aber:

1973	5 595	1974	9 424	1975	9 627
1976	11 123	1977	16 410	1978	33 136 Personen.

Was war geschehen?

Das Sammellager in Zirndorf konnte solche Massen nicht aufnehmen oder auch nur „durchschleusen". Allein in Bayern mußten inzwischen sieben weitere Sammelunterkünfte benutzt und zusätzlich Tausende von Asylbewerbern dezentral einquartiert werden. Früher wurden sie nach Zirndorf geschickt, um im dortigen Sammellager für die Verhandlung im Bundesamt zur Verfügung zu stehen. Damit allein war aber das Problem nicht zu lösen.

Denn auch das Bundesamt selbst konnte mit seinen sechs Ausschüssen die Antragsflut nicht mehr bewältigen; ihre Zahl wurde erhöht. Um die bislang in jedem Einzelfall sorgfältig durchgeführten Verfahren abzukürzen, wurde der „Widerspruch" abgeschafft und die Berufung nicht mehr zugelassen, falls das Verwaltungsgericht (ab 1. 1. 1980 nicht mehr ausschließlich Ansbach) einstimmig die Klage für offensichtlich unbegründet hält[53]).

53) Gesetz zur Beschleunigung des Asylverfahrens vom 25. 7. 1978; BGBl. I S. 1108; Zweites Gesetz zur Änderung der Verwaltungsgerichtsordnung vom 25. 7. 1978, BGBl. I S. 1107.

Das Hauptproblem entstand jedoch durch die Veränderung der Herkunftsgebiete. Von den 33 136 im Jahr 1978 neu registrierten Asylbewerbern stammten nur 3127 aus den Ostblockstaaten, dagegen 16 514 aus Libanon, Pakistan, Indien und Bangla Desh, weitere 7419 aus der Türkei, der Rest (6076) aus anderen Staaten (Ghana usw.).

Der in Bayern für Ausländerfragen zuständige Innenminister *Tandler* schrieb deshalb:

> „Der weitaus größere Teil sieht in unserem Land das Eldorado, wo man unter Ausnutzung der rechtsstaatlichen Mittel über Jahre hin ohne Arbeit von der Sozialhilfe, d. h. auf Kosten des Steuerzahlers, leben kann. So werden z. B. von den zu Tausenden in unser Land strömenden Pakistani nur rund 4 % als politische Flüchtlinge anerkannt. Bis es aber soweit ist, bis das Asylgesuch durch fünf Instanzen gelaufen ist, vergehen Jahre, in denen die Asylanten auf Staatskosten untergebracht und verpflegt werden müssen. Die Leidtragenden sind die ‚ehrlichen‘ Asylbewerber."

Nun gibt es Gegenstimmen. Amnesty International z. B. betonte in einem Podiumsgespräch in München am 9. März 1979, in der Bundesrepublik sei die Zahl der beschäftigten Ausländer von 500 000 im Jahr 1961 (Mauerbau in Berlin) auf 2,5 Millionen 1973 durch Anwerbung angestiegen — Anwerbung für Straßenreinigung, Gaststättenbedienung, Krankenhaushilfe, Produktion unserer Exportindustrie u. v. a. Im Vergleich dazu sei die Menge der Asylbewerber unbedeutend, also Ablehnung des Antrages oder gar Abschiebung unangebracht.

Worin liegt der Fehler? Was sahen alle, die beim Formulieren des neuen Ausländergesetzes 1963—1966 mitwirkten, nicht voraus? Es waren — kurz gesagt — die negativen Folgen des langen Instanzenweges. Statt einer endgültigen Entscheidung durch das Bundesamt wurden aus Gründen der Rechtsstaatlichkeit die Verwaltungsgerichte eingeschaltet. „Wir" — denn auch der Autor war im Rahmen der Nansen-Gesellschaft beteiligt — ahnten nicht das Ausmaß des „Mißbrauchs" *(Tandler).*

Bald, aber doch zu spät, wurden Zweifel laut, ob die perfektionierte Regelung eine optimale Lösung darstellt. Bereits am 31. Oktober 1965 hatte der Autor als Sprecher des „Internationalen Nansen-Collegiums" (Zusammenschluß der Träger des goldenen Nansen-Ringes) dem Bundesinnenminister *Paul Lücke* — leider vergeblich[54]) — die Errichtung eines „Asylbeirats" vorgeschlagen. Veranlaßt wurde das internationale Collegium durch Einblicke in die österreichischen Erfahrungen. Das österreichische „Bundesministerium für Inneres" hatte am 22. September 1965 einen Asylbeirat ins Leben gerufen, an dem nicht nur alle beteiligten Behörden, sondern auch die caritativen Verbände und der Wiener Vertreter des UNHCR-Amtes beteiligt wurden, um in schwierigen Fällen eine humane Lösung zu finden.

---

54) Schreiben des Bundesinnenministeriums vom 22. 3. 1966 (I B 2 — 125 420/1).

Am 30. Juni 1966 wurde in Wien das 4. Asyl-Colloquium eröffnet[55]). Unter den 58 Teilnehmern befanden sich auf deutscher Seite u. a. der Direktor des Zirndorfer Bundesamtes, der Bundesbeauftragte für Asylfragen, die Präsidenten des Verwaltungsgerichts Ansbach, des Bayerischen Verwaltungsgerichtshofes und des Bundesverwaltungsgerichts, sowie der Ausländerreferent des Bundesinnenministeriums. Im Rahmen dieses internationalen Colloquiums waren diese deutschen Experten erstmalig und einmalig zu gemeinsamen Beratungen über Asylgewährung versammelt. Mit gewissem „Neid" hörten und beobachteten sie, wie flexibel (und damit human) Österreich manche komplizierten Fälle behandelt.

Eine raschere Entscheidung, wie es andere Staaten praktizieren, wurde auch im März 1979 beim Münchner Podiumsgespräch gefordert; denn innerhalb weniger Wochen habe noch keine Entfremdung vom Heimatland stattgefunden und die Rückkehr sei — im Falle einer Ablehnung — für die Betroffenen („Wirtschaftsflüchtlinge") problemloser als nach vielen Jahren der Ungewißheit, in denen der Asylantrag den langen Instanzenweg durchläuft.

Unsere aktuellen Schwierigkeiten kann die Exekutive aus rechtsstaatlichen Vorbehalten nicht allein beseitigen, vielmehr wird der Deutsche Bundestag das Ausländergesetz hinsichtlich der Asylgewährung — „zum Schutz ,ehrlicher' Asylbewerber und gegen Mißbrauch" *(Tandler)* — wirkungsvoll novellieren müssen.

Präsident Dr. *Karl Linn* fand am Ende seines Heilsbronn-Referates Worte, die das damalige, ebenso wie das heutige Asylproblem in seiner menschlichen Schwierigkeit jedem Leser nahebringen werden:

„Ein Nur-Jurist ist in Asylsachen ebenso fehl am Platz wie ein Nur-Idealist. Ein Asylrichter muß die tiefste Achtung vor der menschlichen Aufgabe haben, die ihm hier gestellt ist.
Er muß wissen, daß der Asylbegriff einer der fundamentalen Inhalte der Menschenrechte ist und daß er in jedem einzelnen Fall der Klärung und Fundamentierung dieses in die Zukunft weisenden Begriffs dient.
Er muß wissen, daß sein Urteil in allen Fällen eine lebenswichtige Entscheidung sein kann und er muß gerade deshalb seine Skepsis stets griffbereit haben, weil er weiß, wie oft dieses Asyl mißbraucht wird und wie gefährlich ein gezielter Massenmißbrauch für ein so ideales Gebilde werden muß.
Und wenn man all diese Voraussetzungen von jenen fordert, die Asylbitten zu entscheiden haben, dann glaube ich, daß der beste, der stabilste und fundierteste Typus des Asylrichters aus dem Richterstand heranzubilden ist, weil nur der Richter weiß, was richten heißt.
Und hier in Asylsachen wird im wahrsten Sinne des Wortes gerichtet."

---

55) Bundesministerium für Inneres, Wien: 4. Asyl-Colloquium 30. 6.—2. 7. 1966 in Wien; mit einem Vorwort von Bundeskanzler Dr. Josef Klaus; Wien 1966, 123 S.

5. „Alte" Lager — Ausländerlager — Notunterkünfte-Ost

Während der Einschleusung der Ausweisungstransporte standen dem Staatskommissar 1381 Durchgangslager zur Verfügung. Am 1. Januar 1949 hatte
der Staatssekretär noch 514 Flüchtlingslager zu betreuen, in denen 95 993
Insassen gezählt wurden. Man darf sich nicht vorstellen, daß es in den Lagern
keine Zu- und Abgänge gab, im Gegenteil. Bei Auflösung der kleinen Lager
wurden oft Restgruppen in benachbarte Lager umquartiert. Obendrein kamen
als Einzelgänger über die „Grüne Grenze" oder als entlassene Kriegsgefangene
immer neue Vertriebene und SBZ-Flüchtlinge.

5. 1 Flüchtlingslager 1949 bis zur Lagerauflösung 1963

In den beiden Jahren 1949 und 1950 — also bis zum Ende der Amtszeit
von *Jaenicke* — traten wesentliche Änderungen ein. Über den *„Hausner-Plan"*
zur Lagerauflösung und den damit verbundenen Wohnungsbau für Lagerinsassen wurde bereits berichtet (S. 48). Nach der Währungsreform gab es
neue Chancen.

Ferner wurden weitere Lager „übergeben" und zwar in erster Linie an die
Finanzverwaltung, das Bayerische Landesamt für Vermögensverwaltung und
Gemeinden. Ende 1952 wurde von 86 „übergebenen" Lagern berichtet. Ein
erheblicher Teil diente weiterhin als „Notunterkunft", jedoch nach üblichem
Mietrecht. Sieben Jahre später bestanden noch 51 dieser Notunterkünfte mit
5232 Bewohnern, darunter 4457 Vertriebene. Die größte Unterkunft bildete
das frühere Lager Dachau-Ost mit 1276 Insassen.

Umgekehrt übernahm aber die Flüchtlingsverwaltung bis 1953, z. B. wegen
Auflösung der 1945 von der Besatzungsmacht errichteten „Interniertenlager",
54 andere Unterkünfte.

Am 1. Januar 1949, so lasen wir gerade, bestanden noch 514 Lager, 54
wurden übernommen; insgesamt also 568 sog. „alte Lager". Bei der Archiv-
arbeit für diesen Bericht stellte der Autor erstmalig eine authentische Liste
über die Auflösung aller dieser Lager zusammen. Der kritische Leser, dem
frühere Lagerlisten zur Verfügung stehen, wird möglicherweise die folgende
Übersicht anzweifeln. Anfang 1951, als *Oberländer* seinen Dienst antrat,
meldete die Flüchtlingsverwaltung 322 Lager, jetzt gibt der Autor 418 an.
Die Differenz ist von grundsätzlicher Bedeutung. Die früheren „amtlichen"
Lagerlisten wurden nach haushaltsrechtlichen Gesichtspunkten erstellt und
96 sog. „Teillager" ohne eigene Lagerleitung wurden nicht mehr als Lager
gezählt. Die Auflösung ging nämlich selten von einem Tag auf den anderen
vor sich, vielmehr wurde zuerst das Lager für eine weitere Aufnahme gesperrt
und schließlich die Aufsicht über das Lager und die Betreuung der restlichen
Insassen einem benachbarten Lager übertragen. In der folgenden Übersicht ist
aber erst die wirkliche Auflösung des „staatlichen Flüchtlingslagers" als Kri-

terium benutzt worden. Gelegentlich mußte die „Übergabe rückgängig gemacht werden, weil die Voraussetzungen fehlten", heißt es da unter anderem. Dieses Hin und Her, das sich oft über Monate hinzog, ist für den heutigen Leser ohne jedes Interesse, andererseits der damalige Wunsch der Verwaltung, die Lagerzahl möglichst klein erscheinen zu lassen, verständlich. Die Statistik der Lager*insassen* dagegen wurde immer eindeutig geführt.

Zahl der Lager am 1. 1. 1949	514
Übernahme neuer Lager 1949/50	+ 50
Auflösung bis Ende 1950	—146
Amtsantritt von Staatssekretär *Oberländer*	
Zahl der Lager am 1. 1. 1951	418
Übernahme neuer Lager 1951	+ 4
Auflösung bis Ende 1953	—247
Amtsantritt von Staatssekretär *Stain*	
Zahl der Lager am 1. 1. 1954	175
Auflösung bis 1. 1. 1963	—173

Als Staatsminister für Arbeit und soziale Fürsorge übergab *Stain* seinem Nachfolger *Strenkert* lediglich das Doppellager Heuberg-Dürrenzimmern im Landkreis Nördlingen, das dann als letztes „altes Lager" am 1. Juli 1963 aufgelöst werden konnte.

Als zuständiger Referent hat sich Ministerialrat *Ludwig Lermer* in den Jahren 1950 bis 1959 große Verdienste um die Lagerauflösung erworben.

5. 2 *Massenlager, Behelfswohnlager, Wohnlager*

Im Zuge des Ausbaues der Flüchtlingslager unterschied man ab 1950 Massenlager, Behelfswohnlager und Wohnlager. Es ist recht wichtig zu erfahren, welche Merkmale die Flüchtlingsverwaltung für ihre staatlichen Flüchtlingslager benutzte. Sie wurden in einer Ministerialentschließung am 7. August 1950 definiert[56]). Dem Autor will scheinen, daß in der nüchternen Verwaltungssprache die Lageratmosphäre fast noch deutlicher beschrieben wird als durch Photographien:

Massenlager:

Grundsätzlich nur vorläufige Notunterkünfte als „Erste Maßnahme", keine Unterteilung der Räume nach Haushaltsgemeinschaften, gemeinsame sanitäre Anlagen, Gemeinschaftsverpflegung — wenigstens für die Mehrzahl der Lagerinsassen —, keine Nebenräume bzw. Abstellplätze, kein Mietzins, z. T. Benützungsgebühr.

---

56) Bayer. Staatsministerium des Innern, Staatssekretär für das Flüchtlingswesen: ME vom 7. 8. 1950; abgedruckt im Statistischen Informationsdienst Nr. 134 vom 14. 10. 1950.

Behelfswohnlager:

Baracken ohne Fundament, ohne Sockel, ohne Ziegeldach usw., keine angemessene Unterkunft auf die Dauer ,Unterteilung nach Haushaltsgemeinschaften, keine oder unzureichende Nebenräume bzw. Abstellplätze, in der Regel gemeinschaftliche sanitäre Anlagen, keine Gemeinschaftsverpflegung oder nur teilweise, Benützungsverträge.

Wohnlager:

Unterkünfte auf längere Dauer, Unterteilung der Räume nach Haushaltsgemeinschaften, eigene Kochgelegenheit bzw. Selbstverpflegung, eigene Nebenräume bzw. Abstellplätze, Miet- oder Benützungsverträge.

Wohnlager a): *Zweckentsprechende Objekte,* z. B. Baracken (Reichsarbeitsdienst-Lager und dergleichen), bei denen Fundamente, Sockel, Ziegeldach vorhanden sein müssen, deren Lebensdauer aber begrenzt ist.

Wohnlager b): *Zweckentfremdete Objekte,* z. B. Schulen, Hotels und Jugendherbergen, die je nach Rechtslage für die Unterbringung von Flüchtlingen wieder ausfallen werden, deren Auflösung also nicht nur im Interesse der Insassen liegt wie bei jedem Wohnlager, sondern auch vom Eigentümer mit Recht gefordert wird.

Flüchtlingswohnsiedlungen:

Unterkünfte in Festbauten, Unterteilung der Räume nach Haushaltsgemeinschaften mit eigener Kochgelegenheit und Selbstverpflegung, Mietverträge.

5. 3 Ausländerlager in Bayern

Rund neun Millionen DPs (Displaced persons) befanden sich bei Kriegsende auf dem Boden des zusammengebrochenen Deutschen Reichs, darunter knapp 500 000 in Bayern.

Die UNRRA (United Nations Relief and Rehabilitation Administration) war von den Alliierten am 9. November 1943 als Hilfe für die befreiten Völker gegründet worden. Nach Kriegsende wurde bald die Betreuung und Repatriierung der DPs Hauptaufgabe der UNRRA, nachdem für die übrigen Aufgaben, sofern sie Dauercharakter aufwiesen, besondere UN-Organisationen errichtet wurden (FAO, WHO, UNICEF usw.). Die großartige Leistung der Repatriierung von rund acht Millionen DPs war vor allem der Amerikanischen Armee bzw. den USA zu verdanken — Dank sowohl aus der Sicht der „Verschleppten" wie aus der Sicht der deutschen Bevölkerung.

Ab Sommer 1947 wurde die Betreuung der restlichen Millionen DPs der IRO übertragen (International Refugee Organisation). 800 000 von diesen DPs, die nicht in ihre Heimatstaaten zurückkehren wollten, konnten mit großer Förderung der IRO nach den USA, Canada, Australien, Israel und in einige europäische Staaten auswandern. Daß diese Menschen in Übersee und Europa eine neue Heimat fanden, ist ein bleibendes Verdienst der IRO.

Die restlichen rund 225 000 ehemaligen DPs blieben aus den verschiedensten Gründen in der Bundesrepublik. Zum Beispiel wurden manche an der Auswanderung gehindert, weil die Einwandererstaaten sie wegen Krankheit nicht aufnahmen oder weil sie zu alt waren. In der Schlußphase der IRO-Tätigkeit verlegte man das Schwergewicht nach Bayern und vor allem nach München. *Jaenicke* schrieb im März 1950[18]):

„Auflösung der IRO im Jahre 1950

Im Zuge dieser Entwicklung werden schon heute alle Ausländer, die nicht mehr den DP-Status erhalten, der Bayerischen Flüchtlingsverwaltung zur Eingliederung in die Wirtschaft überstellt. Hinzu kommt, daß durch die politische Entwicklung in der ČSR die Flucht von Nationaltschechen anhält. Die früheren Bestimmungen, daß die Nationaltschechen den DP-Status erhalten, wurden vor kurzem aufgehoben. Eine grundsätzliche Verfügung der Hohen Kommissare ordnete an, daß die Nationaltschechen vom 15. Oktober 1949 ab durch die deutsche Verwaltung aufgenommen und betreut werden müssen. Die hierdurch entstehende wirtschaftliche und auch unverkennbar politische Belastung angesichts der großen Zahl der in Bayern untergebrachten Sudetendeutschen ist schwer.“

Das sehr vielschichtige Ausländerproblem kann hier nur kurz und nur aus der Sicht der Ausländerlager behandelt werden. Erstmalig wurden am 1. Januar 1949 jene Ausländer gezählt, die sich in bayerischen Flüchtlingslagern befanden. Es waren 4201 unter insgesamt 95 993 Lagerinsassen. Ein Jahr später hieß das Ergebnis: 7093 bzw. 94 225.

Ausländer in bayerischen Flüchtlingslagern

Volkszugehörigkeit	1. 1. 1949	1. 1. 1950
Ungarn	1795	2471
Turkmenen	691	400
Polen	427	809
Jugoslawen	264	467
Ukrainer u. a.	252	607
Rumänen	210	199
Balten	130	214
Tschechen	80 !	1377 !
Bulgaren	56	105
„Araber“	34	69
Österreicher	32	56
übrige, meist Staatsangehörigkeit ungeklärt	230	319
insgesamt in bayerischen Flüchtlingslagern	4201	7093

Im Jahre 1950 hatte Bayern von der IRO 12 DP-Camps zu übernehmen. Der Staatssekretär entschloß sich, die Camps mit den 13 Flüchtlingslagern, in den überwiegend Ausländer — diese jedoch ohne DP-Status der IRO — untergebracht waren, verwaltungsmäßig zusammenzufassen. Am 1. Oktober 1950 erschien die erste Statistik über „Ausländer-Lager" mit 19 473 Insassen, darunter 10 717 „heimatlosen Ausländern". Dieser neue Begriff wurde in dem „Gesetz über die Rechtsstellung heimatloser Ausländer" vom 25. April 1951 (BGBl. I S. 269) definiert für die ehemaligen DPs mit IRO-Status. Außer bei Wahlrecht und Wehrpflicht wurde dieser Personenkreis Inländern gleichgestellt. Das Maximum der Lagerbelegung wurde Anfang 1952 mit 21 419 Ausländern erreicht, darunter befand sich das international bekannt gewordene Valka-Lager in Nürnberg-Langwasser mit 4228 Insassen. Das Valka-Lager bestand seit Januar 1950 und diente ab Juni 1953 teilweise als „Bundes-Sammellager"; die Benutzung als bayerisches Regierungslager endete im März 1954.

Der UN-Hochkommissar für Flüchtlinge *G. J. van Heuven-Goedhart* und sein Nachfolger *Auguste R. Lindt* forderten mit Nachdruck die Lagerräumung. Bis Anfang 1954 ging die Auflösung mit großem Elan voran; in nur noch acht Lagern blieben 4497 Insassen zurück. Im Bundessammellager Valka zählte man 1143 Asyl suchende Ausländer. Im September bekam das Valka-Lager ein Schwesterlager in Zirndorf, Landkreis Fürth, das noch heute (1979) besteht, während das Valka-Lager am 12. Mai 1960 seine Tore schließen konnte. Erst im Mai 1964 konnte das letzte Ausländerlager in Ingolstadt ausgelöst werden.

Für die bayerische Flüchtlingsverwaltung und alle dabei Beteiligten war die Eingliederung der Ausländer eine höchst delikate und schwierige Aufgabe. Einerseits halfen die zahlreichen ausländischen „Volontary Agencies" tatkräftig, zugunsten der heimatlosen Ausländer und auch zur Unterstützung der deutschen Stellen; andererseits beobachtete ein kritisches Ausland die deutsche Hilfe für diese unglücklichen Opfer des Zweiten Weltkrieges und forderte immer wieder schnellere und wirksamere deutsche Maßnahmen. Die letzten Lagerinsassen waren „arme" Menschen, die z. T. länger als zehn Jahre in irgendeinem Lager gelebt hatten. Nicht, daß sie hätten hungern müssen, aber sie neigten — infolge der Untätigkeit — zur Resignation. Im Amt der UN-Hochkommissars sprach man vom „hard core", vom harten Kern. Um die wirtschaftliche Eingliederung voranzutreiben, wurden auf Bitte von Arbeitsminister Dr. *Richard Oechsle* am 1. Juli 1951 die 18 584 Ausländer in Lagern nach ihrem Status ausgezählt. Das Ergebnis:

Arbeitslose	7686 mit	5740 Angehörigen
Beschäftigte	1965 mit	1402 Angehörigen
Selbständige	37 mit	40 Angehörigen
Arbeitsunfähige	985 mit	729 Angehörigen

Infolge des „Wirtschaftswunders" war jedoch die arbeitsmarktmäßige Eingliederung nicht das Hauptproblem. Für die Flüchtlingsverwaltung — genauer gesagt: Für die Staatsregierung — stellte sich die Frage: Sollen sich die heimatlosen Ausländer assimilieren und die deutsche Staatsangehörigkeit anstreben? Oder sollten sie sich in der Emigration bemühen, im Kreis der politisch befreundeten Ausländer ihre alte Kultur und ihre politische Anschauung zu erhalten? Ihnen drohte dann Isolierung mit all den psychischen Gefahren der Abkapselung. Andererseits liefen sie Gefahr, im „Kalten Krieg" Kollaboranten zu werden, nur um zu überleben, mit der schizophrenen Spannung zwischen Liebe zur alten Heimat und Haß auf die derzeitige Regierung.

5. 4 „Notunterkünfte-Ost" — Lager und Wohnheime für Spätaussiedler und SBZ-Flüchtlinge

Und nun als Abschluß dieses Kapitels und zugleich als Hinführung zur Gegenwart (1979) sollen einige Ausführungen über die dritte Art von Lagern folgen, die anfangs einfach „neue Lager" genannt wurden. Erstmalig erschien die Bezeichnung „Notunterkünfte-Ost" in der Lagerliste vom 1. April 1953:

> „Seit November 1952 wurden zur Unterbringung von SBZ-Flüchtlingen sieben „Notunterkünfte-Ost" errichtet. Von den 4745 Insassen sind 3685 für Nordrhein-Westfalen bestimmt und nur vorübergehend in Bayern untergebracht."

Hier ging es also um sog. „Gastlager". In jener Zeit war einerseits die überdurchschnittliche Belastung der drei Hauptflüchtlingsländer Schleswig-Holstein, Niedersachsen und Bayern anerkannt, andererseits wurde im Jahre 1953 der Höhepunkt der Notaufnahme von 331 390 Deutschen aus der DDR erreicht und die Aufnahme von Spätaussiedlern war angelaufen. Nordrhein-Westfalen und Baden-Württemberg waren jetzt zur Aufnahme der neuen Zuwanderer bereit und großzügige Wohnungsbauprogramme für Deutsche aus der DDR und Spätaussiedler liefen an. Bis zur Fertigstellung der Wohnungen erklärte sich Bayern bereit, die Zuwanderer in „Gastlagern" unterzubringen.

Diese Aktion zugunsten von Nordrhein-Westfalen begann im November 1952 und endete im April 1954; im Höhepunkt brachte Bayern 4113 Personen in „Gastlagern" unter. Die Aktion für Baden-Württemberg setzte im April 1953 ein und endete im Dezember 1958; die maximale Belegung — zumeist mit Spätaussiedlern — wurde im April 1956 mit 12 905 Insassen erreicht. Die Kosten erstatteten die beiden Länder an Bayern.

Schon am 1. Januar 1953 hatte Staatssekretär *Oberländer* mitgeteilt, daß 1687 SBZ-Flüchtlinge in den „alten" Lagern aufgenommen werden mußten, obwohl man deren Auflösung betrieb. Er — als Regierungsmitglied und Repräsentant des BHE — wollte jedoch vermeiden, daß die neuen Zuwanderer in Flüchtlingslagern Wochen oder Monate zubringen mußten; das ominöse Wort „Flüchtlingslager" war unerträglich geworden. Die neuen „Notunterkünfte-Ost" waren in der Tat — entsprechend dem allgemeinen wirtschaftlichen Wiederaufbau — menschlicher. Eine Apostrophierung als „Menschenpferch" schien nicht mehr berechtigt, vor allem nicht mehr für die sog. „Übergangswohnheime", d. h. überbelegte Normalwohnungen. Ab Juli 1958 hieß die amtliche Bezeichnung „Lager und Wohnheime für Spätaussiedler und SBZ-Flüchtlinge", jetzt heißt es „. . . und Zuwanderer aus Mitteldeutschland".

Bis zum Bau der Mauer stieg die Zahl der Insassen in diesen neuen Übergangswohnheimen auf rund 10 000, seit Anfang 1963 schwankt die Belegung zwischen 2500 und 4000, und es handelt sich fast ausschließlich um Spätaussiedler. Am 1. Januar 1979 standen 22 Übergangswohnheime und das „Lager" Geretsried (550 Betten) zur Verfügung. Die Zahl der Insassen betrug 4407, davon 4358 Spätaussiedler und 49 Zuwanderer aus der DDR.

5. 5 Gesamtüberblick über die staatlichen Flüchtlingslager 1946—1979

Derjenige Leser, der sich für die Geschichte der Lager aus verwaltungspolitischer Sicht weniger interessiert, wird mit einem Blick auf die folgende Gesamtübersicht bereits zufriedengestellt sein. Diese Tabelle veröffentlichte der Autor seit 1960 jährlich. Sie ist für diese Dokumentation überprüft und bis 1979 ergänzt worden.

Belegung der staatlichen Flüchtlingslager in Bayern 1946—1979
Im Höhepunkt der Aufnahme von Ausweisungstransporten Oktober 1946 und
jeweils Jahresbeginn 1947—1979

jeweils 1. Januar	Insassen insgesamt	Grenz- lagern	„alten" Lagern	Insassen von: Ausländerlagern ab Juli 1950			„neuen" Lagern
1946	151 113	5 286	145 827	—	—	—	—
1947	109 053	1 864	107 189	—	—	—	—
1948	100 009	2 200	97 809	—	—	—	—
1949	95 993	10 513	85 480	—	Sammellager		—
1950	94 225	9 521	84 704	—	für Ausländer		—
					Valka		
1951	94 603	6 128	70 405	13 714	4 356	—	—
1952	84 313	3 666	59 228	17 191	4 228	—	—
1953	61 454	1 591	47 031	8 966	3 866	—	—
1954	43 350	1 561	33 548	4 497	1 143	—	2 601
1955	30 984	1 915	23 418	3 112	730	—	1 809
						Zirndorf	
1956	24 749	747	18 638	2 619	635	194	1 916
1957	15 570	756	10 572	1 742	515	274	1 711
1958	10 201	681	4 187	1 101	632	329	3 271
1959	13 512	323	1 649	721	673	349	9 797
1960	8 814	49	430	576	343	339	7 077
1961	11 338	384	147	462	—	275	10 070
1962	9 841	164	143	222	—	416	8 896
1963	4 885	—	122	97	—	568	4 098
1964	2 877	—	—	65	—	499	2 313
1965	2 894	—	—	—	—	481	2 413
1966	2 920	—	—	—	—	336	2 584
1967	3 795	—	—	—	—	516	3 279
1968	2 916	—	—	—	—	269	2 647
1969	4 113	—	—	—	—	417	3 696
1970	4 194	—	—	—	—	346	3 848
1971	3 156	—	—	—	—	401	2 755
1972	3 051	—	—	—	—	497	2 554
1973	2 928	—	—	—	—	438	2 490
1974	2 692	—	—	—	—	271	2 421
1975	2 857	—	—	—	—	83	2 774
1976	2 537	—	—	—	—	106	2 431
1977	2 858	—	—	—	—	251	2 607
1978	3 706	—	—	—	—	364	3 342
1979	5 879	—	—	—	—	330	4 407

dazu in 7 neuen „Sammelunterkünften" + 1142

V. Die wirtschaftliche Eingliederung

1. Die Vertriebenen und der Arbeitsmarkt in Bayern

1. 1 9/10 der erwerbstätigen Vertriebenen wurden Arbeitnehmer

Am Anfang dieses Kapitels, das über die wirtschaftliche Eingliederung der Vertriebenen in Bayern berichtet, wird die Entwicklung des Arbeitsmarktes seit 1945 behandelt. Dafür sprechen mehrere Gründe. In erster Linie, daß neun Zehntel aller erwerbstätigen Flüchtlinge und Ausgewiesenen ihre Existenzgrundlage in der neuen Heimat als Arbeitnehmer fanden. Nicht allein jene, die früher als Arbeiter, Angestellte oder Beamte ihr Brot verdient hatten, sondern auch der überwiegende Teil der ehemals „mithelfenden Familienangehörigen", die daheim in der Landwirtschaft, in Handwerks- und Handelsbetrieben mitgeholfen hatten, aber auch viele früher Selbständige, denen eine selbständige Existenz neu aufzubauen nicht möglich war.

1. 2 Zur allgemeinen Bedeutung der Arbeitsmarkt-Statistik

Die Bundesanstalt für Arbeit (BA) in Nürnberg gibt jeden Monat einen Bericht über die Entwicklung auf dem Arbeitsmarkt heraus und veröffentlicht die Daten in ihren „Amtlichen Nachrichten" (ANBA) seit Januar 1953[1]. Ihren Namen erhielt die BA erst durch das Arbeitsförderungsgesetz (AFG) vom 25. Juni 1969. Zuvor lautete die Bezeichnung „Bundesanstalt für Arbeitsvermittlung und Arbeitslosenversicherung" entsprechend dem „Gesetz über Arbeitsvermittlung und Arbeitslosenversicherung" (AVAVG) vom 16. Juli 1927, aufgrund des Errichtungsgesetzes vom 10. März 1952 (BGBl. I S. 123).

Als Beginn der deutschen Arbeitsmarkt-Statistik ist die Berufzählung von 1882 anzusehen. Reichskanzler *Otto von Bismarck* hatte das Kaiserliche Statistische Amt angewiesen, Zahlen zur Vorbereitung der Reichsversicherungsgesetze zu liefern. „Der sog. ‚Vierte Stand' wurde zum ersten Mal in seiner Vielschichtigkeit und seinem Gesamtumfang zu erfassen versucht", schrieb *Lisa Kaiser* 1956 in der Festschrift des Statistischen Bundesamtes[2]. 1902 wurde im Statistischen Reichsamt die Abt. III „für Arbeiterstatistik" errichtet, die dann laufend über Beschäftigung, Arbeitslosigkeit, Tarifverträge, Streiks und Aussperrungen (bis 1920) berichtete[3].

---

1) Amtliche Nachrichten der Bundesanstalt für Arbeitsvermittlung und Arbeitslosenversicherung, Nürnberg, 26. 1. 1953, Nr. 1, 1. Jg.
2) Gerhard Fürst — Lisa Kaiser: Kleine Chronik des Statistischen Bundesamtes, Festschrift 1956; Wiesbaden 1956, 70 S.
3) Kaiserliches Gesundheitsamt und Kaiserliches Statistisches Amt: Das Deutsche Reich in gesundheitlicher und demographischer Beziehung; Festschrift für den 14. Internationalen Kongreß für Hygiene und Demographie; Berlin 1907, S. 5—7. — Statistisches Bundesamt: Bevölkerung und Wirtschaft 1872—1972, herausgegeben anläßlich des 100jährigen Bestehens der zentralen amtlichen Statistik; Stuttgart und Mainz 1972, S. 26.

Gegen Ende des Ersten Weltkrieges, am 7. Oktober 1918, wurde ein „Reichsarbeitsamt" und am 1. Mai 1919 das Reichsarbeitsministerium errichtet, das vom Statistischen Reichsamt die Arbeitsmarkt-Statistik übernahm. Dem Ministerium unterstand ein „Reichsamt für Arbeitsvermittlung", dessen Zuständigkeit durch das Arbeitsnachweisgesetz vom 22. Juli 1922 erweitert wurde. Das Prinzip der Selbstverwaltung trat erst durch das oben erwähnte AVAVG von 1927 mit Gründung der Reichsanstalt als Körperschaft des öffentlichen Rechts in Kraft, die die Berichterstattung über die Arbeitsmarkt-Entwicklung erheblich ausbaute.

Irgendeine „Macht", über die Arbeitnehmer zu verfügen, besitzt die Bundesanstalt nicht. Dies war während des Zweiten Weltkrieges mit dem Arbeitseinsatz für die Kriegswirtschaft anders, aber auch noch in der ersten Besatzungszeit. Artikel 12 des Grundgesetzes garantiert heute die Freiheit der Berufswahl. Dennoch wäre es ein Irrtum zu glauben, die Bundesanstalt könne die Arbeitsmarktentwicklung lediglich registrieren, nicht beeinflussen. Die Bundesanstalt, getragen von Arbeitnehmern, Arbeitgebern und der öffentlichen Hand, verfügt — insbesondere seit dem Inkrafttreten des Arbeitsförderungsgesetzes vom 25. Juni 1969 — über ein beachtliches Instrumentarium zur positiven Beeinflussung des Arbeitsmarktes. In Krisenzeiten jedoch sind die Möglichkeiten der Bundesanstalt begrenzt; denn bei Massenentlassungen und Massenarbeitslosigkeit kann keine Bundesanstalt und auch kein Arbeitsministerium neue Arbeitsplätze aus dem Boden stampfen. Die Bundesanstalt ist weder befugt, „Planstellen" im öffentlichen Dienst zu schaffen, noch irgendeinem Unternehmen die Errichtung von Arbeitsplätzen zu „befehlen".

1. 3 Bayerisches Arbeitsministerium und Landesarbeitsämter 1945—1952

Bis Kriegsende unterstanden der Reichsanstalt fünf Landesarbeitsämter in Bayern: Oberbayern, Niederbayern-Oberpfalz, Franken (Ober- und Mittelfranken), Mainfranken (Unterfranken) und Schwaben, d. h. in jedem der damaligen Regierungsbezirke eines. Ab 1. Mai 1945 hatten diese Landesarbeitsämter keine Beiträge für die Arbeitslosenversicherung an die Reichshauptkasse mehr abführen können. Durch das „Gesetz der Militärregierung für Bayern über die Bildung des Bayerischen Arbeitsministeriums" vom 20. Juni 1945 war diesem auch die Zuständigkeit über die Arbeitsämter übertragen worden. Die Kassen der fünf Landesarbeitsämter wurden der Bayerischen Landeshauptkasse angegliedert. Die schrittweise Zusammenlegung zu zwei Landesarbeitsämtern Nord- und Südbayern war mit Wirkung vom 1. November 1946 abgeschlossen (AMBl. 8/1946 vom 2. 12. 1946). Ministerialdirigent Dr. *Sebastian Imhof,* damals Pressereferent, verfaßte im Februar 1950 einen Tätigkeitsbericht des Arbeitsministeriums für die Zeit 1945—1950. Dort sind die Zusammenhänge im einzelnen aufgeführt[4]).

4) Das Bayerische Staatsministerium für Arbeit und soziale Fürsorge, Tätigkeitsbericht 1945—1950; herausgegeben von Staatsminister Heinrich Krehle, verfaßt von Sebastian Imhof; München Februar 1950, 164 S.

Albert Roßhaupter, seit 18. Juni 1945 im Kabinett *Schäffer* Arbeitsminister, ordnete am 17. September 1945 an, daß die Arbeitsämter den jeweiligen Landesarbeitsämtern und diese wiederum dem Arbeitsministerium allmonatlich einen Textbericht in deutscher und englischer Fassung vorzulegen haben. Die Arbeitsämter hatten bis Ende 1945 ihre Tätigkeit soweit konsolidiert, daß das Ministerium am 2. Januar 1946 präzise Richtlinien für die laufende Berichterstattung herausgeben konnte (Az. II/4030). Mit dieser Ministerialentschließung begann das Erscheinen von „Arbeit und Wirtschaft in Bayern"; eine provisorische Ausgabe erschien bereits am 19. Dezember 1945. Für die Herausgabe zeichnete bis Oktober 1956 Ministerialrat Dr. *Josef Nothaas* verantwortlich, danach bis Oktober 1974 der Autor dieser Dokumentation. Im Einvernehmen mit der Bundesanstalt gab das Ministerium den Monatsbericht auch nach Errichtung der Nürnberger Bundesanstalt weiterhin heraus, allerdings nicht mehr als amtliche Zusammenfassung der beiden Landesarbeitsamts-Berichte, sondern als allgemeine sozialpolitische Information.

1. 4 „*Arbeit und Wirtschaft in Bayern*" — *Auszüge aus den Monatsberichten*

Gerade die ersten Jahrgänge kann man als bedeutende Zeitdokumente ansehen, denn Sorgen und Erwartungen des Bayerischen Arbeitsministeriums sind hier unverfälscht festgehalten.

Es ging nicht nur um das Problem der Eingliederung von Flüchtlingen und Ausgewiesenen. Die Umstellung von Kriegsproduktion auf Friedensproduktion war zu allen Zeiten eine schwierige Aufgabe. Und nicht nur für die jeweiligen Besiegten, sondern auch für die Siegermächte. Während des Zweiten Weltkrieges hatten die USA an der Pazifischen Küste eine Kriegsindustrie aufgebaut, die zu einer Wanderung von Millionen Arbeitskräften geführt hatte. „Städte" — provisorisch aus Wohnwagen und Behelfshäusern errichtet — waren aus dem Boden gestampft worden und nach Kriegsende weitgehend ohne Zukunft. Millionen strömten zurück. Aber die USA waren inzwischen zur Weltmacht aufgestiegen — mit unerhörten Chancen in jeder Hinsicht.

In Deutschland dagegen war die Lage nach der bedingungslosen Kapitulation nicht nur schwierig, sondern trostlos, nahezu aussichtslos. Es muß hier immer wieder voller Staunen und voller Bewunderung festgestellt werden, daß die Bevölkerung — glückselig, diesen entsetzlichen Krieg überlebt zu haben — ans Aufbauwerk ging, geleitet durch eine kleine Schar Politiker, die sich zutrauten, Volk und Staat aus der Misere herauszubringen.

Zählen wir einmal einige der großen Probleme auf, die den Arbeitsmarkt in eine Katastrophe zu führen drohten. Hunderttausende von Berufssoldaten, das Personal der Wehrmacht, die Angestellten der Parteiorganisationen, des Reichsarbeitsdienstes usw. — sie alle hatten ihren Arbeitsplatz durch die Auflösung ihrer Dienststellen verloren. Zusätzlich mußten infolge der Denazifizierung Zehntausende von Beamten und Angestellten des öffentlichen Dienstes ausscheiden. Andererseits konnten nicht alle freien Arbeitsplätze endgültig neu besetzt werden; denn die Einheimischen erwarteten Ende 1945 noch 470 000 Kriegsgefangene zurück, die nach ihrer Entlassung mit Recht Anspruch auf ihren früheren Arbeitsplatz erheben würden. Ein ganz anderes Problem war die Befreiung und Repatriierung der „Displaced Persons" (DPs). Soweit sie für die Kriegsindustrie zwangsweise eingesetzt worden waren, fiel zwar ihr Arbeitsplatz einfach weg. Aber Zehntausende DPs hatten Arbeiten ausgeführt, für die nun neue Arbeitskräfte angeworben werden mußten. Eine weitere — menschlich tragische, arbeitsmarktmäßig sehr große — Schwierigkeit rief der sog. „Frauenüberschuß" hervor, d. h. die Auswirkung des enormen Männerverlustes durch Kriegstote oder noch in Kriegsgefangenschaft befindliche Männer. Zahllosen Familien fehlte der Ernährer. Für viele alleinstehende junge Frauen gab es keine Chance zur Familiengründung. Daher strebten Zehntausende von Frauen zusätzlich auf den Arbeitsmarkt. Und schließlich muß die Auswirkung der strengen Sperren an den Zonengrenzen erwähnt werden. Die Unterbrechung der einst engen Verflechtung zwischen Oberfranken, dem sächsischen Vogtland und Thüringen, aber auch die Rohstoffabhängigkeit der Porzellanindustrie von Böhmischer Kohle und Kaolinlieferungen wirkten anfangs wie ein Todesstoß für die Wirtschaft und zugleich für die in diesen Branchen Beschäftigten. Es ist hier nicht der Platz, die katastrophale Wirtschaftslage Bayerns nach Kriegsende erschöpfend darzustellen. Verschiedene Anomalitäten wurden nur beispielhaft aufgeführt, um zu zeigen, vor welche Schwierigkeiten die Arbeitsämter gestellt waren, als nun zusätzlich die Aufnahme von fast zwei Millionen deutschen Flüchtlingen und Ausgewiesenen (Vertriebenen) zu bewältigen war.

Reinhold Nimptsch, der sich damals im Wirtschaftswissenschaftlichen Institut der Gewerkschaften (WWI) dieses Themas immer wieder annahm und auch später am „*Sonne*-Bericht" der „ECA Technical Assistance Commission für die Eingliederung der Flüchtlinge in die deutsche Bundesrepublik" als Sachverständiger mitwirkte[5]), schrieb in einem seiner Aufsätze[6]):

„In einer organisch gewachsenen Volkswirtschaft steht naturgemäß die Zusammensetzung des Arbeitsangebots in einem sinnvollen Verhältnis zur Struktur der Arbeitsgelegenheiten. Die Zusammensetzung des zu-

5) H. Christian Sonne, Chairman of the ECA Technical Assistance Commission on the Integration of the Refugees in the German Republic: The Integration of Refugees into German Life; Deutsche Übersetzung: Die Eingliederung der Flüchtlinge in die deutsche Gemeinschaft; herausg. vom Bundesministerium für Vertriebene, Bonn, 1951, 328 S.
6) Reinhold Nimptsch: Zur Eingliederung der Flüchtlinge in die westdeutsche Wirtschaft; in „Mitteilungen des Wirtschaftswissenschaftlichen Institut der Gewerkschaften; Köln-Braunsfeld, 3. Jg., 1950 Nr. 5 (Mai), S. 1—3. — Reinhold Nimptsch: Die Entwicklung des Arbeitsmarktes und der Strukturarbeitslosigkeit von Mitte 1950 bis Mitte 1951; in „Mitteilungen des WWI"; Bundesverlag, Köln, 4. Jg., 1951 Nr. 11, (Nov.), S. 1—7.

sätzlichen Flüchtlingsangebots steht dagegen in keinem Zusammenhang mit der Wirtschaftsstruktur des Aufnahmelandes."

Die ersten Jahrgänge von „Arbeit und Wirtschaft in Bayern" sind trotz der nüchternen Sprache eines kommentierenden Statistikers voller Dramatik. So mußte *Nothaas* z. B. im Februarbericht 1950 für Bayern eine Arbeitslosenquote von 18,8 % bei 524 806 Arbeitslosen bekanntgeben. Aus Anlaß der deutschen Statistischen Woche im September 1970 in München gab der Autor als damaliger Leiter der Zentralstatistik eine Sondernummer heraus: „25 Jahre ‚Arbeit und Wirtschaft in Bayern' "[7]). Darin ist die Arbeitsmarktentwicklung seit 1945 durch Graphiken und statistische Reihen dargestellt; vor allem aber wurden für den heutigen Leser aufschlußreiche und für den jeweiligen Zeitpunkt bezeichnende Bemerkungen wörtlich zitiert. Einige dieser Auszüge, die sich auf die Eingliederung der Vertriebenen beziehen, sollen hier wiederholt werden. Im allerersten Monatsbericht vom Dezember 1945 schrieb *Nothaas:*

„Während in manchen (Arbeitsamts-)Bezirken (Bayerns) sich Anzeichen einer beginnenden Belebung der Wirtschaft zeigen, hält andernorts die Stagnation an. Die Beschäftigungszahlen sind Ergebnisse der ‚Arbeitsbuch-Statistik'. Immerhin geben sie Anhaltspunkt über den Umfang der Beschäftigung in Bayern (Dezember 1 571 723 Beschäftigte). Besondere Probleme: Flüchtlinge, Entnazifizierung, Schwerbeschädigte, Beschäftigung bei den amerikanischen Dienststellen (78 396)."

Januar 1946:

„Erstmalig nach dem Zusammenbruch wurden Ende Januar für das Land Bayern die Arbeitslosen wieder ermittelt: 290 861."

Hierzu eine nützliche Bemerkung: Ab September 1945 wurden laut allgemeiner Registrierpflicht nach dem Kontrollratsgesetz Nr. 3 sämtliche „Unbeschäftigten" gezählt. Bei den Männern deckten sich nun, als erstmalig die „Arbeitslosen" erfaßt wurden, beide Ergebnisse weitgehend (186 134 „Unbeschäftigte"/155 796 Arbeitslose). Bei den Frauen gab es verständlicherweise eine enorme Diskrepanz: 270 148 „Unbeschäftigte"/135 065 Arbeitslose.

Juni 1946:

„Unverändert geblieben sind die aus Krieg und Zusammenbruch erwachsenen Schwierigkeiten politischer und wirtschaftlicher Natur. Nicht

---

7) Martin Kornrumpf: 25 Jahre „Arbeit und Wirtschaft in Bayern", ein dokumentarischer Rückblick auf die Entwicklung des Arbeitsmarktes in Bayern vom Zusammenbruch 1945 bis zur „Bestkonjunktur" im Sommer 1970; München, Sept. 1970, 91 S.

nur die einzelnen Besatzungszonen sind mehr und mehr abgeschlossen, auch innerhalb der einzelnen Zonen schnüren sich die Länder gegeneinander ab."

Jahresbericht 1946:

„Die Zerreißung der wirtschaftlichen Einheit Deutschlands durch die Besatzungszonen; die politische und wirtschaftliche Unsicherheit, solange der Frieden noch nicht geschlossen ist; das ungelöste Währungsproblem; die Loslösung wichtiger industrieller und landwirtschaftlicher Gebiete von Deutschland; die Demontage vieler Betriebe (in Bayern etwa 100); die Zusammenballung der deutschen Bevölkerung auf engem Raum durch Zuwanderung der Flüchtlinge bei stark vermindertem Wohnraum; der Verbrauch fast sämtlicher aus dem Krieg verbliebener Reserven an Grundstoffen und sonstigen Wirtschaftsgütern; das Darniederliegen des Außenhandels; Transportschwierigkeiten; die Unterernährung der Bevölkerung; die erschwerten Arbeitsbedingungen infolge mangelnder Ausrüstung mit Arbeitskleidung; Zuzugssperren usw. Die wirtschaftliche Verschmelzung der Amerikanischen und Britischen Zone *(Nothaas* meint das Abkommen, das *Ernest Bevin* und *James F. Byrnes* am 2. Dezember 1946 in New York unterzeichneten) bedeutet zweifellos einen Schritt vorwärts. Der Export ist etwas angelaufen, in der Hauptsache Kohle und Holz, jedoch teilweise bereits Spielwaren und Porzellan. Zugleich mit der wirtschaftlichen Vereinigung der Britischen und Amerikanischen Zone ist ein großzügiger Wirtschaftsaufbauplan verbunden, im wesentlichen ein Exportförderungsprogramm, damit die wichtigen Einfuhren an Rohstoffen und Lebensmitteln bezahlt werden können. Allerdings sind auch manche Rückschläge zu verzeichnen, z. B. die kürzlich erfolgte Abschnürung des Saargebietes (Kohlelieferant für Bayern) und dadurch in den letzten Wochen vor allem die Stromeinschränkungen." (Am 1. Januar 1947 wurden französische Zollkontrollstellen an der Grenze zwischen dem Saarland und Rheinland-Pfalz errichtet!)

Februar 1947:

„Nach einem Winter von seltener Strenge und Dauer muß die Bevölkerung eine weitere Verknappung ihrer Ernährung auf sich nehmen. Ungewöhnlich hoch war die Zahl der Arbeitslosen noch immer unter den Flüchtlingen. Der Bayerische Landtag beschloß am 29. Januar 1947 das Gesetz Nr. 63 über die Vergütung der Lohnausfälle bei Betriebseinschränkung und Stillegung wegen Kohlen-, Strom- und Gasmangel (verkündet am 26. März 1947, GVBl. S. 100). Insbesondere der Mangel an Verbrauchsgütern bewirkt, daß die Werktätigen sich um den Ertrag ihrer Arbeit betrogen fühlen, da sie mit ihrem Einkommen, soweit es überhaupt dazu reicht, nur die offiziellen Lebensmittelrationen und ihre Wohnungsmiete bezahlen können."

April 1947:

„Es muß selbstverständlich demoralisierend wirken, wenn Schwarzhändler mühelos das X-fache von dem erzielen, was angestrengt arbeitende Menschen verdienen. Als Folge des verlorenen Krieges vollzieht sich im deutschen Volk *eine soziale Umschichtung größten Ausmaßes* und zwar geht sie in der Richtung, daß die unselbständigen Schichten eine starke Zunahme auf Kosten der selbständigen Schichten erfahren." *(Nothaas* dachte hier insbesondere an die Vertriebenen.)

Im Zeichen der bevorstehenden Währungsreform vom 20. Juni 1948 urteilte *Nothaas* in den beiden Monatsberichten vom Februar 1948:

„Die Währungsreform wird nicht bloß einen Teil der beschäftigten Arbeitnehmer freisetzen — in welchem Umfang und wie lange ist noch völlig ungewiß —, sondern auch dem Arbeitsmarkt Reserven aus dem Kreis derjenigen Personen zuführen, die entweder bisher als Selbständige oder überhaupt noch nicht erwerbstätig waren."

Und vom Mai 1948:

„Das Datum der Währungsreform ist noch nicht bekannt. So ist auch auf dem bayerischen Arbeitsmarkt zur Zeit eine gewisse Nervosität zu beobachten, die sowohl Arbeitnehmer wie auch Arbeitgeber erfaßt hat."

Oktober 1948 — nach der Währungsreform:

„Eine Hauptsorge ist nach wie vor die starke Vorbelastung mit arbeitslosen Flüchtlingen und Evakuierten."

Die Arbeitslosigkeit in Bayern 1947-1967

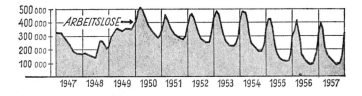

Daß der Statistiker *Nothaas* die Schwierigkeiten richtig beurteilte, bewies der Verlauf des Jahres 1949. Bei den Männern pendelte das ganze Jahr hindurch die Arbeitslosenzahl um 250 000 und stieg bis Dezember 1949 auf

290 000. Bei den Frauen wuchs die Arbeitslosenzahl von 75 000 auf fast 116 000. Das heißt, Ende 1949 mußte das Arbeitsministerium 406 000 Arbeitslose registrieren.

Seitdem wiederholte sich Jahr für Jahr das starke Anschwellen der Arbeitslosigkeit vor Weihnachten und ein Abbau ab Ende Februar. Immerhin war jedes Jahr das Gesamtbild etwas günstiger. Der winterliche Höhepunkt, weitgehend durch die Bauwirtschaft hervorgerufen, lag immer niedriger und die Saisonbelastung dauerte immer kürzere Zeit. Erstmals sank die Arbeitslosenquote im August 1955 unter 4 %. Wie bescheiden jedoch 1950 die Arbeitsmarktpolitiker noch waren, beweist folgende Formulierung:

Februar 1950:

> „Die Woche vom 16.—23. Februar brachte den ersehnten Umschwung; die Arbeitslosigkeit ging von 524 768 auf 522 601, also um mehr als 2000 zurück (!). Heute sind nicht die Großstädte, sondern die mit Vertriebenen stark belegten und industriearmen Landbezirke die Krisenherde."

Oktober 1950:

> „Angesichts der Berufsnot unserer Jugend ist Hauptzweck einer Sondererhebung, exakte Unterlagen für die Berufsnachwuchsplanung und -lenkung zu gewinnen."

In diesen Jahren haben sich das Deutsche Jugendarchiv, München, und der Bayerische Jugendring große Verdienste erworben, indem sie den „Angelegenheiten der heimatvertriebenen Jugend" durch Untersuchungen, Studientagungen, Bildung von Fachausschüssen usw. im Rahmen ihrer Gesamtarbeit besonderes Augenmerk schenkten[8]).

1. 5 Juni 1954: „Besserung auch auf dem Arbeitsmarkt der Flüchtlinge"

Daraufhin stellte die Nürnberger Bundesanstalt im Einvernehmen mit der Flüchtlingsverwaltung im März 1955 die Zählung der *beschäftigten* Vertriebenen ein; die *arbeitslosen* Vertriebenen dagegen wurden noch bis September 1962 gesondert erfaßt.

---

8) Theodor Vogel: Die Situation der Jugend in einem bayerischen Landkreis (Rosenheim), eine Untersuchung über die biologische, wirtschaftliche, soziale, geistige und moralische Situation der Jugend; Arbeitsgemeinschaft für Jugendpflege und Jugendfürsorge, Deutsches Jugendarchiv München e. V.; München 1950, 46 S. — Bayerischer Jugendring: Vertriebenenjugend auf dem Weg; Werkheft des Fachausschusses für Angelegenheiten der heimatvertriebenen Jugend im Bayerischen Jugendring; Berichte und Beiträge von der Studientagung in Niederpöcking, Januar 1952, 85 S.

Bereits im September 1955 sprach man von „Hochkonjunktur", die zu Spannungen auf dem Arbeitsmarkt führe, vor allem in der Bauwirtschaft. Wir Statistiker hatten damals — nicht nur in Deutschland — die Vorstellung, man müsse bei Arbeitslosenquoten unter 4 % von „Vollbeschäftigung" sprechen.

Aus Anlaß seiner Jahresversammlung gab das Ifo-Institut für Wirtschaftsforschung, München, am 26. Juni 1978 eine Sondernummer des Ifo-Schnelldienstes heraus mit dem Titel „Überwindung der Arbeitslosigkeit"[9]. In dem „Bild der Woche" zeigt das Ifo-Institut, daß seit 1975 im Jahresdurchschnitt (!) die 4 %-Schwelle *über*schritten wurde.

ENTWICKLUNG DER ARBEITSLOSIGKEIT SEIT 1950

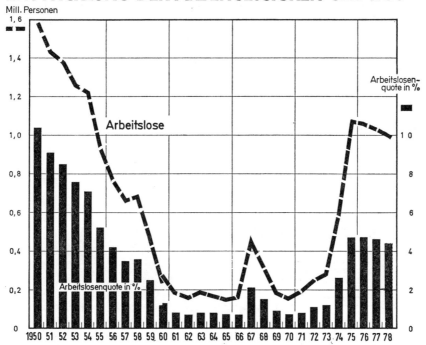

Der Autor ist fast versucht, die ganze Phase 1955—1974 zu übergehen. Denn die Arbeitsmarktprobleme seit 1974 sind *keine* „Vertriebenen-Probleme". Der Vollständigkeit wegen sollen nur zwei einschneidende Themen kurz gestreift werden. Ab November 1959 hatte man mit der Einführung der „Schlechtwettergeld-Regelung" versucht, die Höhepunkte der Winterarbeitslosigkeit abzubauen. Das „Rationalisierungskomitee der deutschen Wirtschaft"

9) Ifo-Institut für Wirtschaftsforschung, München: Überwindung der Arbeitslosigkeit; Ifo-Schnelldienst 31. Jg., Nr. 18/19, 26. Juni 1978, 105 S. (Verf.: Arthur Krumper, Josef Gattinger, Hans Russ).

eröffnete die Aktion „Bauen ohne Winterpause" am 29. Oktober 1959 in München[10]). Das sozialpolitische Ziel — d. h. die Nicht-Entlassung von Bauarbeitern — wurde erreicht, mit dem eigentlichen Winterbau wurde nur zögernd begonnen. Die Hauptursache dafür war beim Verhalten der Bauherren zu suchen und besonders beim Bauherrn „Öffentliche Hand".

In der „überhitzten" Konjunkturphase entstand ein neues Problem. Die Bundesanstalt sah sich nicht in der Lage, die ständig wachsenden Anforderungen von Arbeitskräften zu erfüllen; denn die Vertriebenen und auch die späteren Zuwanderer aus der SBZ/DDR waren längst untergebracht. Im September 1961 — kurz nach dem Bau der Berliner Mauer — registrierte die Bundesanstalt in der gesamten Bundesrepublik und West-Berlin bloß noch 107 500 Arbeitslose, darunter in Bayern lediglich 19 704. In dieser Phase begann die sich ständig ausweitende Anwerbung von Ausländern. Die Graphik ersetzt lange Kommentare. Erst der Ausländerstopp vom 23. November 1973 leitete eine rückläufige Bewegung ein (30. 6. 1978: 301 818). In der letzten, vom Autor dieser Dokumentation verfaßten Ausgabe von „Arbeit und Wirtschaft in Bayern" Oktober 1974 — mit der Überschrift „Besinnung vor dem Abgrund?" — wurde eine Äußerung der Adolf-Weber-Stiftung zur aktuellen Arbeitsmarktentwicklung zitiert:

Beschäftigte ausländische Arbeitnehmer in Bayern

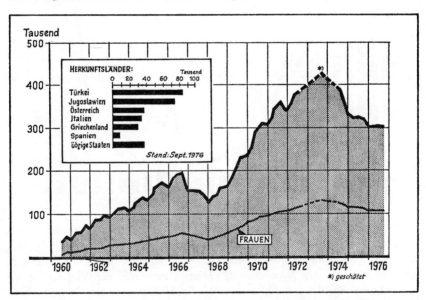

„Bei uns verhalten sich die verschiedenen Gruppen wie die immer reicher werdende Frau des Fischers im Märchen; sie will immer mehr und

10) Süddeutsche Zeitung: Bauen ohne Winterpause; Nr. 260 vom 30. 10. 1959.

schließlich etwas, was alles Erreichte wieder in Frage stellen kann. Und unsere politische und wirtschaftliche Führung verhält sich wie der Fischer, der wider besseres Wissen allen Forderungen doch schließlich nachgibt, um Ruhe zu haben."

1. 6 Die Entwicklung eines bundesdeutschen Arbeitsmarktes

Seit Errichtung der Bundesrepublik — bedingt gilt dies schon für die Übergangsphase der Frankfurter Zweizonenverwaltung — darf man die Entwicklung in den Bundesländern nicht mehr isoliert betrachten; mit der Einführung der Freizügigkeit wandelten sich die Chancen auf dem Arbeitsmarkt sowohl für Arbeitnehmer wie Arbeitgeber. Erwähnt werden soll der erste zusammenfassende Bericht des Bundesministers für Arbeit vom März 1950 über „Entwicklung und Ursachen der Arbeitslosigkeit in der Bundesrepublik Deutschland 1946—1950"[11]). Zitiert werden muß aber aus einem bedeutsamen Dokument der Nürnberger Bundesanstalt vom Oktober 1956[12]). Oberdirektor Dr. *Valentin Siebrecht* berichtete damals dem Vorstand:

> „Man sprach von einer ‚Überhitzung des Arbeitsmarktes‘ und im letzten Monatsbericht der Bank deutscher Länder, der Anfang Juni (1956) erschienen ist, findet sich die Wendung von der ‚wachsenden Anspannung‘ des Arbeitsmarktes ... In den bekannten Abgabegebieten in den Grenzräumen sind noch voll leistungsfähige Arbeitslose vorhanden, die bereit wären, auswärts zu arbeiten ... Als von italienischer Seite 2500 italienische Arbeiter zur sofortigen Vermittlung in deutsche Baubetriebe angeboten wurden, konnten nur 50 Kräfte abgenommen werden."

1. 7 Zusammenarbeit zwischen Arbeitsministerium und Flüchtlingsverwaltung

Die bayerische Flüchtlingsverwaltung, bis 1954 zum Staatsministerium des Innern gehörig, koordinierte vom ersten Tage an alle Bemühungen um eine arbeitsmäßige Eingliederung der Flüchtlinge und Ausgewiesenen mit dem Bayerischen Arbeitsministerium, insbesondere mit dem Leiter der Hauptab-

---

11) Bundesministerium für Arbeit: Entwicklung und Ursachen der Arbeitslosigkeit in der Bundesrepublik Deutschland (1946—1950); Bonn 1950, 20 S. — Der Bundesminister für Vertriebene: Die arbeitslosen Heimatvertriebenen der Bundesrepublik Frühjahr 1950 in räumlicher und beruflicher Aufgliederung; Bonn 1950, 8 S. und Tabellen.
12) Valentin Siebrecht: Aktuelle Fragen des Arbeitsmarktes in ihrer Auswirkung auf die Aufgaben der Bundesanstalt für Arbeitsvermittlung und Arbeitslosenversicherung; Bericht auf der 4. Sitzung des Vorstandes der Bundesanstalt am 19. Juli 1956; Nürnberg 1956, 16 S. und 12 Schaubilder.

teilung „Arbeit", *Richard Oechsle*, dem späteren Staatsminister für Arbeit und soziale Fürsorge, und dessen Ministerialrat Dr. *Josef Nothaas*.

Als Ende 1946 die Ausgabe des bayerischen Landesflüchtlingsausweises praktisch abgeschlossen war, erklärte sich *Nothaas* in der Lage, ab März 1947 die beschäftigten Vertriebenen (Flüchtlinge) und darunter die berufsfremd eingesetzten zählen zu lassen, sowie die arbeitslosen Vertriebenen, nach Berufsgruppen und nach Arbeitsämtern. Als Beispiel mag der Statistische Informationsdienst Nr. 98 mit Daten vom Juli 1949 dienen. Wie die Flüchtlingsverwaltung im März 1950 die Fortschritte der Eingliederung beurteilte, liest man am besten in der Denkschrift „Vier Jahre Betreuung der Vertriebenen in Bayern" nach[13]).

„Die arbeitsmäßige Eingliederung der Vertriebenen
... Das Schaubild zeigt die Entwicklung auf dem Arbeitsmarkt für die Zeit vom März 1947 bis Ende September 1949 für die Gesamtzahl der Arbeitnehmer und für den Anteil der Vertriebenen.
Es wurde von der *Bayerischen Staatsregierung von vornherein* erkannt und berücksichtigt, daß die arbeitsmäßige Unterbringung der Vertriebenen gleichbedeutend wäre mit einer *Industrialisierung Bayerns*.
Es wurde von der Bayerischen Staatsregierung daher nicht nur die Unterbringung der Flüchtlingsarbeitnehmer, sondern auch die Förderung des Aufbaues neuer selbständiger Betriebe als vordringliche Aufgabe bei der Lösung des Flüchtlingsproblems anerkannt. Aber die Haushaltsmittel waren im Verhältnis zu den notwendigen Kapitalinvestitionen sehr bescheiden; denn weit mehr als die Hälfte der Staatseinnahmen wurde für direkte und indirekte Kriegsfolgelasten verbraucht.
In diesen ersten Jahren nach dem Zusammenbruch, in denen psychologisch die wirtschaftliche Eingliederung am leichtesten gewesen wäre, wurde obendrein eine irgendwie geartete Planung stark behindert, weil die bayerische Energieversorgung durch die geringe Zuteilung an Kohle, durch die Demontage der Thüringischen Dampfkraftwerke u. a. auf das schwerste erschüttert war. Der völlig verarmte Vertriebene seinerseits besaß nur das eigene Können als Kapital. Seine Chance lag in den Jahren 1946/47 darin, daß damals, als ein Teil unseres Volkes durch Schwarzmarkt und Schiebungen sich bequem das wertlose Geld verdiente, der anständige und ehrliche Arbeiter, Handwerker und Lieferant gesucht war. Das damalige Hungerleben jener aktiven Kräfte hat sich gelohnt."

13) Wolfgang Jaenicke: Vier Jahre Betreuung der Vertriebenen in Bayern 1945—1949; München, 1950, 38 S.

Arbeitnehmer und Flüchtlings-Arbeitnehmer in Bayern Ende Juli 1949
Nach dem Monatsbericht des Bayerischen Staatsministeriums für Arbeit und soziale Fürsorge

Berufsgruppen	Beschäftigte Arbeitnehmer (Arbeiter und Angestellte)			Arbeitslose		
	insgesamt	davon: Heimatvertriebene absolut	in %	insgesamt	davon: Heimatvertriebene absolut	in %
1. Ackerbauer, Tierzüchter	252 446	94 317	37,4	11 829	6 366	54,0
2. Forst, Jagd und Fischerei	27 625	5 862	21,2	7 689	2 789	36,3
3. Bergleute	10 753	2 007	18,6	1 179	724	61,3
4. Steinarbeiter	41 474	9 689	23,4	5 644	2 147	38,1
Glasarbeiter	8 331	2 567	30,8	2 981	2 203	73,8
5. Metallarbeiter	307 190	56 301	18,4	37 843	13 626	35,9
6. Musikinstrumente, Spielwaren	3 129	1 074	34,3	2 477	1 079	43,5
7. Chemiearbeiter	9 618	1 626	16,9	1 178	275	23,3
8. Gummiarbeiter	1 633	404	24,8	317	119	37,5
9. Textilarbeiter	69 445	22 238	32,0	13 356	8 801	65,9
10. Papierarbeiter	12 532	2 020	16,1	1 945	827	42,5
11. Lederarbeiter	14 384	2 777	19,3	3 237	1 071	33,0
12. Holzarbeiter	95 583	19 716	20,6	19 416	6 916	35,6
13. Nahrungs- und Genußmittel	75 980	16 431	21,6	11 978	5 199	43,4
14. Bekleidungsarbeiter	111 980	24 653	22,0	21 713	9 004	41,4
15. Friseure usw.	20 075	4 287	21,3	3 755	1 590	42,3
16. Bauarbeiter	135 962	33 552	24,6	19 871	8 261	41,5
17. Graphische Berufe	17 340	2 366	13,7	1 677	555	33,1
18. Reinigungsarbeiter	11 118	1 458	13,1	1 167	374	32,0
19. Bühnen- und Filmarbeiter	12	1	8,3	4	2	50,0
20. Gaststättenarbeiter	43 949	10 128	23,0	8 585	2 765	32,3
21. Verkehrsarbeiter	163 304	23 005	14,1	19 159	5 753	30,0
22. Hausgehilfen	165 689	38 212	23,0	11 934	4 467	37,6
23. Hilfsarbeiter	180 688	58 277	32,2	56 976	25 900	45,4
24. Maschinisten u. Heizer	15 777	2 046	13,0	1 932	700	36,2
25. Kaufm. Berufe usw.	387 513	60 682	15,7	54 659	21 933	40,1
26. Ingenieure usw.	45 831	8 370	18,3	7 096	2 739	38,6
27. Sonstige Berufe	88 094	19 600	22,2	13 766	5 098	37,1
28. ohne festen Beruf	4 432	1 512	34,1	7 737	3 111	40,2
insgesamt	2 321 887	525 178	22,6	351 100	144 394	41,1

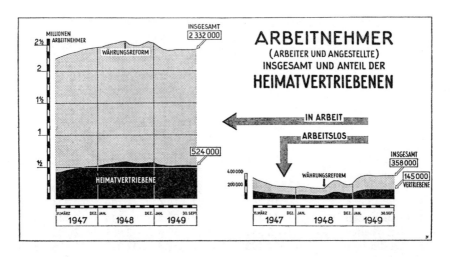

| MILLIONEN ARBEITNEHMER | | INSGESAMT 2 332 000 | ARBEITNEHMER (ARBEITER UND ANGESTELLTE) INSGESAMT UND ANTEIL DER HEIMATVERTRIEBENEN |

WÄHRUNGSREFORM

524 000

HEIMATVERTRIEBENE

IN ARBEIT

ARBEITSLOS

INSGESAMT 358 000

400 000

200 000

WÄHRUNGSREFORM

145 000 VERTRIEBENE

31.MÄRZ DEZ. JAN. 1947 1948 DEZ. JAN. 30. SEPT 1949

31.MÄRZ DEZ. JAN. 1947 1948 DEZ. JAN. 30. SEPT 1949

Wie eng die Zusammenarbeit war, beweisen auch allerlei Sondererhebungen, die der Staatssekretär auf Wunsch des Arbeitsministeriums anordnete, etwa mit dem Ziel, endlich die große Arbeitslosigkeit unter den Lagerinsassen abzubauen. Die Unterlagen aus dieser Zeit haben die Arbeitsämter längst vernichtet. Nur durch Zufall findet man hie und da einen Bericht. Hier mag als Beispiel eine Darstellung des Präsidenten des Landesarbeitsamtes Oberbayern-Schwaben Dr. *Hans Menzel,* Ministerialdirektor a. D., dienen, der über den „Flüchtlingseinsatz von 1945 bis 1. Juli 1946" Auskunft gibt[14]). Nur einige Passagen daraus genügen, um zu erkennen, wie sehr sich die Arbeitsämter dieser zusätzlichen Aufgabe widmeten; auch ihre innere Einstellung zur Notwendigkeit der Eingliederung läßt sich spüren:

„Sollten die Ausgewiesenen aus der Tschechoslowakei und den Süd-Ost-Ländern ebenso wie die ihnen gleichgestellten Vertriebenen aus den Gebieten östlich der Oder und Neiße in den deutschen Volkskörper hineinwachsen, sollten sie sich in ihrer neuen Heimat menschlich wohl fühlen und — auf eigenen Füßen stehend — wieder ein neues Leben aufbauen, so war neben der Unterbringung in menschenwürdigen Unterkünften vor allem erforderlich, daß sie bald eine ihren Fähigkeiten, Kenntnissen und Wünschen entsprechende Arbeit fänden. Dadurch wird zugleich dem sie aufnehmenden Lande gedient, wertvolle Kräfte für den wirtschaftlichen Wiederaufbau werden gewonnen und die Fürsorgelasten, die durch die Übernahme zahlreicher Frauen, Kinder, kranker und alter Menschen zu erwachsen drohen, so weit als möglich eingeschränkt. Insbesondere von der auf manchen Gebieten hochentwickelten Friedens-

14) Hans Menzel: Halbjahresbericht über die Flüchtlingstransporte in der Zeit vom Dezember 1945 bis 1946 im Bezirk des Landesarbeitsamtes Oberbayern-Schwaben; München 1946, 38 S. und 8 Anlagen.

Export-Industrie der Tschechoslowakei erhofft man sich eine wertvolle Bereicherung des bayerischen Wirtschaftslebens.

Aus dieser Erkenntnis heraus widmete das Landesarbeitsamt der Aufgabe des berufsrichtigen Einsatzes von Anbeginn an besondere Aufmerksamkeit und versuchte in engster Fühlungnahme mit allen in Frage kommenden Dienststellen, Kreisen und Persönlichkeiten, das Seinige zu ihrer Lösung beizutragen. Dabei verkannte ich nicht die gewaltigen Schwierigkeiten, die sich der Verwirklichung der Absicht entgegentürmten. War es doch der zusammengeschlagenen Volkswirtschaft nicht einmal möglich, die Altbürger sofort berufsrichtig unterzubringen. Benötigt wurden und werden zum Aufbau der Wirtschaft (von einer Umstellung von der Kriegs- auf die Friedenswirtschaft wie nach dem Ersten Weltkrieg zu sprechen wäre allzu euphemistisch) nur ein paar Hundert führende Köpfe, mehrere Hunderttausend Facharbeiter und einige Millionen Handarbeiter.

Der Arbeitseinsatzverwaltung lag es zunächst ob, darauf hinzuwirken, daß die Arbeitskräfte möglichst ohne Zeitverlust an die Stellen des Bedarfs herangebracht würden. Ihre Dienststellen sollten deshalb ursprünglich schon in den Grenzdurchgangslagern eingeschaltet und maßgeblich an der Lenkung der Transporte aufgrund des vorhandenen Bedarfs an Arbeitskräften beteiligt werden. Dieser Plan mußte leider fallen gelassen werden, da der Staatskommissar für das Flüchtlingswesen eine Verstopfung der Grenzlager durch die voraussichtlich schnell aufeinanderfolgenden Transporte befürchtete. Die erste Einschaltung der Arbeitsverwaltung erfolgt nunmehr in den Regierungsdurchgangslagern der Regierungsbezirke, für Oberbayern in den Lagern Dachau-Rothschwaige und Allach II, für Schwaben in Augsburg. In Oberbayern wurde in jedem Lager ein Lagerarbeitsamt eingerichtet, das die berufliche Registrierung der Ausgewiesenen durchführt, die Möglichkeiten des beruflichen Einsatzes feststellt und die Lenkung der Flüchtlinge zu den offenen Stellen veranlaßt. Eine Dienstordnung für die Lagerarbeitsämter regelt die Zuständigkeit und die Aufgaben der Lagerarbeitsämter. Sie legt fest, in welchem Geiste die Arbeit an den Flüchtlingen zu leisten sei. Die Durchschleusung eines Transportes mit etwa 1200 Teilnehmern einschließlich Registrierung, Entlausung, ärztlicher Untersuchung, Aufnahme durch das Arbeitsamt und Ausgabe der Verpflegung nimmt im allgemeinen 4 bis 6 Stunden in Anspruch. Bedauerlicherweise ist es dem Regierungskommissar wegen der unerwartet raschen Aufeinanderfolge der häufigen Transporte und der daraus folgenden lagermäßigen und verkehrstechnischen Schwierigkeiten nicht möglich, bei Bestimmung der Zielorte der Transporte den Forderungen der Arbeitsverwaltung in vollem Umfange Rechnung zu tragen. So muß sich das Lagerarbeitsamt im wesentlichen darauf beschränken, die berufliche Registrierung der Teilnehmer vorzunehmen und besondere Gruppen von Arbeitskräften, die für vordringliche Aufgaben benötigt werden, aus den Transporten herauszunehmen und den Bedarfsstellen zuzuleiten.

Neben der Abwicklung der Transporte läuft die Erfassung der im Regierungsbezirk auftretenden „Einzelgänger" im Lager Dachau, die von hier aus unter Berücksichtigung arbeitsmäßiger Gesichtspunkte die Einweisung in die verschiedenen Kreise erhalten.

Für Schwaben beauftragte ich einen Sachbearbeiter des Landesarbeitsamtes, die Verbindung zwischen dem Regierungsflüchtlingskommissar und dem Landesarbeitsamt einerseits, mit den Arbeitsämtern in Schwaben andererseits herzustellen. Diese Einrichtung hat sich als zweckmäßig erwiesen. Die berufliche Registrierung erfolgt durch sudetendeutsche Angestellte. Die Zuteilung der Flüchtlingstransporte auf die einzelnen Bezirke (Stadt- und Landkreise) wird durch den Regierungsflüchtlingskommissar in engem Einvernehmen mit dem Beauftragten des Landesarbeitsamtes vorgenommen unter tunlicher Berücksichtigung arbeitseinsatzmäßiger Gesichtspunkte.

Alle Fäden laufen im Referat für Flüchtlingsfragen des Landesarbeitsamtes zusammen. Auf enge Zusammenarbeit mit den Dienststellen des Staatskommissars für das Flüchtlingswesen, den Dienststellen des Wirtschaftsministeriums usw. lege ich besonderen Wert.

Wenn es trotz der geschilderten Umstände gelungen ist, der Landwirtschaft in erheblichem Umfange Arbeitskräfte zuzuführen, so ist dies neben dem Zusammenwirken der beteiligten Dienststellen vor allem dem Arbeitswillen der Ausgewiesenen und ihrer Bereitschaft, berufsfremde Arbeit aufzunehmen, zuzuschreiben, wobei freilich auch die Hoffnung auf die besseren Ernährungsmöglichkeiten in der Landwirtschaft mitgewirkt haben mag. Die Vermittlung in gewerbliche Betriebe ging im allgemeinen ohne Schwierigkeiten vor sich, insbesondere soweit keine Ansprüche auf Unterbringung gestellt werden mußten. Für den Fraueneinsatz war im wesentlichen die Hauswirtschaft, das Gaststättengewerbe und die Bekleidungsindustrie aufnahmefähig, in letzter Zeit auch die Textilbetriebe durch die Anlieferung amerikanischer Baumwolle.

Um alleinstehenden Frauen und Frauen mit kleinen Kindern in ländlichen Gebieten Arbeitsmöglichkeiten zu verschaffen, sind die Arbeitsämter im Einvernehmen mit den Flüchtlingskommissaren dazu übergegangen, Werkstätten für Heimarbeit zu schaffen oder ihre Einrichtung anzuregen. In der Hauptsache handelt es sich um Näh- und Flickstuben, aber auch um die Wiedererrichtung der sudetendeutschen Heimindustrie-Betriebe, wie etwa der Spitzenklöppelei und Stickerei und der Handschuhherstellung, deren Unternehmer das erforderliche Material z. T. mitbrachten, z. T. von der Besatzungsmacht zur Ausführung von Spezialaufträgen zugewiesen erhalten.

Eine besonders schwierige Aufgabe ist die Unterbringung der jugendlichen Flüchtlinge. Diese Jugend findet denkbar ungünstige Verhältnisse in der neuen Heimat vor, da in der eingeschrumpften Wirtschaft auch für die einheimischen Schulentlassenen eine völlig unzulängliche Zahl an Anlern- und Lehrstellen zur Verfügung steht."

Hunderte von Mitarbeitern der Arbeitsämter versuchten, die Eingliederung der Vertriebenen einzuleiten. Die Größe dieser Aufgabe entmutigte sie nicht. Das war aber wohl nur möglich, weil der weitaus überwiegende Teil der einheimischen und der heimatvertriebenen Bevölkerung von einem heute kaum noch zu verstehenden Glauben an einen Wiederaufbau beherrscht war. Alle unerfreulichen, ja kriminellen Erscheinungen jener Zeit konnten diesen Glauben nicht erschüttern. Der Leser möge bedenken, daß damals niemand das sogenannte „Wirtschaftswunder" voraussehen konnte! Es soll aber nicht vergessen werden, daß jene Zeitumstände wohl auch zu einer Überbetonung des rein materiellen Strebens führten, das die nachwachsende Generation abstieß; die Wohlstandsgesellschaft zeigte später eben auch negative Auswirkungen.

2. Die wirtschaftliche Eingliederung — Allgemeine Bemerkungen

Mancher Leser dieser Darstellung der Arbeitsmarktentwicklung wird unbefriedigt oder gar ärgerlich sein, weil er fast nur quantitative Informationen erhielt, sich jedenfalls nur sehr schwache Vorstellungen über die Qualität der Beschäftigung machen konnte. Dies ist nun einmal der Mangel der ganzen Arbeitsmarktstatistik. Die Mitteilung „beschäftigt" oder „arbeitslos" besagt noch nicht viel über den Eingliederungserfolg. Mancher Beschäftigte empfindet sein bestehendes Arbeitsverhältnis als bedrückend, sei es der Lohn- und Gehaltshöhe wegen, oder auch nur im Verhältnis zur erwarteten sozialen Stellung im Betrieb, also weniger materiell als gefühlsmäßig.

Man darf auch nicht das Problem allein auf die Vertriebenen beziehen. Nein, das ganze deutsche Volk hatte den unseligen Krieg verloren und zahlreiche Westdeutsche, die nicht vertrieben worden waren, hatten gleichfalls ihre Existenz verloren. Immerhin, sie lebten „daheim", in einem ihnen vertrauten Lebensbereich.

Eine der ersten Gegenüberstellungen von Einheimischen und Vertriebenen stammte aus der Feder von Dr. *Else Bohnsack*, damals in Kiel, seit zwei Jahrzehnten volkswirtschaftliche Sachverständige in der Lastenausgleichsbank[15]). Ihre Stichprobenerhebung wurde 1953 in Schleswig-Holstein durchgeführt. Die früheren ausgezeichneten soziologischen Untersuchungen von

15) Else Bohnsack: Neue Aspekte des Flüchtlingsproblems in Schleswig-Holstein, Ergebnisse einer Stichprobenerhebung an Einheimischen und Flüchtlingen in Schleswig-Holstein 1953; in INTEGRATION, Bulletin International, AER, 1. Jg.; München 1954, S. 103—108; ungekürzt „Kieler Studien" Nr. 38, 1956, 77 S.

Professor Dr. *Elisabeth Pfeil* in Bayern ließen deren Wunsch unerfüllt, die „entwurzelte" (vertriebene) Bevölkerung mit der „wurzelfesten" (einheimischen) zu vergleichen[16]). *Else Bohnsack* befragte Männer, die sowohl 1939 (schon), als auch 1953 (noch) erwerbstätig waren, wenn auch inzwischen 14 Jahre älter. Sie ordnete die Daten der sozialen Umschichtung einmal objektiv, das andere Mal nach der Selbsteinschätzung („Im Vergleich zu früher fühlten sich in ihrer Tätigkeit 1953 höher bzw. geringer geachtet oder unverändert"), jeweils im Vergleich 1953 zu 1939. Damit schaltete sie die Anomalien der Kriegsjahre aus.

Ergebnis der Untersuchung von Else Bohnsack

Vergleich 1939/1953	höher	gleich	tiefer
Soziale Umschichtung:			
Einheimische	11,7 %	69,8 %	18,5 %
Flüchtlinge	9,3 %	42,4 %	48,3 % !
Selbsteinschätzung:			
Einheimische	20,5 %	64,2 %	15,3 %
Flüchtlinge	14,2 %	44,6 %	41,2 % !

In diesem Zusammenhang wäre auch auf die empirische Untersuchung von *Klaus Hinst* hinzuweisen, die 1965 gestartet wurde und deren Ergebnisse 1968 mit dem Titel „Das Verhältnis zwischen Westdeutschen und Flüchtlingen" erschienen[17]). Die Untersuchung wurde in einer bayerischen Stadt durchgeführt und 1968 von der Deutschen Nansen-Gesellschaft als die beste Doktorarbeit des Jahres über ein Flüchtlingsthema ausgezeichnet.

Wie schwierig es war (und ist), den Grad der Eingliederung von Flüchtlingen richtig zu beurteilen, verdeutlicht unsere Frage: Wie sollen diejenigen, die als Jugendliche und Kinder die Vertreibung erlebten, eingestuft werden? Niemand kann rekonstruieren, was aus ihnen geworden wäre, falls sie nicht vertrieben worden wären. Und noch viel problematischer wäre eine Diskussion über die nach der Vertreibung hier in Westdeutschland Geborenen.

Wie schlecht die — vor allem in den ersten Jahren — hier und dort zitierten absoluten oder Prozentzahlen über das erreichte Ausmaß der Eingliederung fundiert sind, darf an einem Beispiel aus dem Jahre 1949 erläutert werden.

Die beginnende öffentliche Diskussion über den Lastenausgleich erregte die Gemüter; die Gemüter derer, die etwas geben, und derer, die etwas bekommen sollten. Weil es ihm in diesem Zusammenhang vorteilhaft erschien,

16) Elisabeth Pfeil: Der Flüchtling, Gestalt einer Zeitwende; Hamburg 1948, 219 S.
— Elisabeth Pfeil und Walter Swoboda: Die Vertriebenen in Bayern — Ihre berufliche und soziale Eingliederung bis Anfang 1950; Bayer. Statistisches Landesamt, Beiträge zur Statistik Bayerns Heft 151; München 1950, 71 S.
17) Klaus Hinst: Das Verhältnis zwischen Westdeutschen und Flüchtlingen, eine empirische Untersuchung; Schriften zur Sozialpsychologie Nr. 6; Bern-Stuttgart 1968, 149 S.

die Vertriebenen nicht als lästige Habenichtse, sondern als nützliche Steuerzahler darzustellen, behauptete Dr. *Linus Kather,* die Jahres-Steuerleistung der Vertriebenen wäre auf 2 bis 2,5 Milliarden DM zu schätzen; *Kather* galt als kompetent. Dem Bundesfinanzminister wäre eine Steuerleistung in dieser Höhe durchaus sympathisch gewesen. Die Schätzung war aber aus der Luft gegriffen und das Finanzministerium sah sich gezwungen, dazu Stellung zu nehmen. Aus diesem Anlaß besitzen wir für das Jahr 1949 eine höchst beachtliche Denkschrift: „Die soziale Lage und die Steuerleistung der Vertriebenen im Jahre 1949"[18]). Ohne *Kather* wäre das Bundesfinanzministerium niemals auf die Idee gekommen, eine so gründliche Untersuchung durchzuführen. Das Ergebnis aufgrund der ausgewerteten Steuerstatistik lautete: 906 Mill. DM, nicht 2 bis 2,5 Milliarden DM betrug die Steuerleistung der Vertriebenen.

Wir wollen uns nicht weiter damit beschäftigen. Aber den Leser dürfte eine Tabelle interessieren, die auf S. 68 dieses amtlichen Berichts abgedruckt ist.

Die Leistung der Vertriebenen im Rechnungsjahr 1949
an Bundes-, Länder- und Gemeindesteuern

Steuerart:	Gesamtaufkommen in Millionen DM	darunter von Vertriebenen in Millionen DM
Lohnsteuer	2 113,2	85,0
Veranlagte Einkommensteuer	2 408,9	33,0
Körperschaftssteuer	1 448,1	7,2
Notopfer Berlin	325,7	19,9
Vermögenssteuer	115,2	1,2
Erbschaftssteuer	18,7	0,4
Kraftfahrzeugsteuer	279,1	5,6
Sonstige Besitz-/Verkehrssteuer	166,5	4,7
Besitz- und Verkehrssteuern	6 875,4	157,0 = 2,3 %
Zölle, Verbrauchssteuern	8 501	617
Beförderungssteuer	262	19
Grundsteuer A und B	1 066	34
Gewerbesteuer	1 087	79
Zuschlag zur Grunderwerbsteuer	27	—
zusammen	10 943	749 = 6,8 %
Soforthilfeabgaben	1 300	—
Zusammenfassung	19 118	906 = 4,7 %
Dagegen Linus Kather		2 000 bis 2 500 = 13 %

18) Bundesministerium der Finanzen: Die soziale Lage und Steuerleistung der Vertriebenen im Jahre 1949; Bonn 1951, 75 S.

Das Bundesfinanzministerium kommentierte u. a.:

„Nimmt man (wie *Linus Kather*) an, daß der Anteil der Vertriebenen am Gesamtsteueraufkommen ihrem Kopfanteil entspricht, so unterstellt man zugleich ungewollt und fälschlicherweise, daß es kein Vertriebenenproblem gibt, da danach die Vertriebenen die gleiche soziale Struktur wie der Gesamtdurchschnitt aufweisen würden."

3. Die ländliche Seßhaftmachung vertriebener Bauern

Vom ersten Tage an war allen dafür Verantwortlichen bewußt, daß eine Wiederseßhaftmachung der heimatvertriebenen Bauern ein schier unlösbares Problem darstellte. Acker, Wiese und Wald waren in den Vertreibungsgebieten zurückgelassen worden. Unbenutztes Land gab es in Bayern nirgendwo, wollte man nicht die letzten Moorflächen trockenlegen. Sollten vertriebene Bauern angesiedelt werden, mußten Einheimische Land abgeben, d. h. „Bodenreform".

3. 1 Bodenreform in Bayern

In Bayern wurde das entsprechende „Gesetz Nr. 48 zur Beschaffung von Siedlungsland und zur Bodenreform" (GSB) am 18. September 1946 — also kurz nach Überschreiten des Höhepunktes der organisierten Ausweisung — erlassen (GVBl. S. 326). Die erste Ausführungsverordnung folgte am 26. Februar 1947 (GVBl. Nr. 8). Dr. *Theodor Häbisch* gab im September 1947 eine Broschüre „Das Recht der Landlosen in der US-Zone" heraus[19]). Auf sechs Seiten beantwortete Häbisch, damals Ministerialrat im Hessischen Landwirtschaftsministerium, die Frage: „Warum Bodenreform?" und beschrieb, „Wie das Gesetz entstand". Ausgangspunkt war eine Vorlage des Stuttgarter Länderrats vom 3. August 1946. Im Herbst 1947 urteilte Häbisch:

„Das Gesetz, wie es jetzt vorliegt, läßt noch viele Fragen offen. Immerhin ist zu hoffen, daß das Gesetz dazu dient, dem tiefen Pessimismus der Osterrückwanderer und der Evakuierten entgegenzuwirken und Zukunftshoffnungen und Lebenszuversicht zu geben."

Um die damals allgemein vertretenen Denkbilder zu verdeutlichen, aber auch um zu zeigen, wie anders die Entwicklung verlief, sei *Häbisch* noch einmal zitiert und zwar mit 22 Zeilen, die ihm so wichtig erschienen, daß er sie gesperrt setzen ließ:

19) Theodor Häbisch: Das Recht der Landlosen in der US-Zone; Frankfurt/Main 1947, 99 S.

„Die Rekonstruktion industrieller Unternehmungen auf ihren durch Roh-
stoffvorkommen oder Verkehrslage oder Vorhandensein brauchbarer Arbeitskräfte früher bedingten Standorten wird zwar aus begreiflichem Be-
harrungsvermögen angestrebt. Sie wird sich auch zu einem hohen Anteil
verwirklichen, aber viel von dem neu zu Bauenden und dem zu Re-
konstruierenden wird weit besser draußen auf dem Lande den künftigen
Arbeitsplatz finden.
Wenn sich diese gewerblichen Betriebe dann auf eine Belegschaft stützen,
die nicht bis zu 50 % ihrer tatsächlichen Arbeitszeit als Pendelwanderer
auf dem Wege zubringt, sondern auf kurzem Wege zur Arbeitsstätte
täglich soviel Kraft und Zeit ersparen kann, um nebenher aus einem
kleinen Stückchen Land nach und nach sich die eigene Heimstätte zu
schaffen, dann wird aus diesem Chaos der Zerstörung und Verzweiflung,
das die Kriegsepoche abschließt, eine Wirtschaftsverfassung entstehen, die
durch ständig gewährleistete Sicherung der prekären Existenz, aus dem
Ansatz eigener Arbeit auf eigenem Boden ein soziales Gefüge schafft,
das dem Individuum größeres Gefühl der Sicherheit, höheren Inhalt des
eigenen Lebens und Hingabe an die Natur bringt.
Eine Gemeinschaft, die sich auf solche Menschen aufbaut, wird von
vielen Spannungen verschont bleiben. Sie wird sich nicht so leicht an
die Schalheit großstädtischen Lebens verlieren und der soziale Friede
wird auf breitem und natürlichem Fundamente ruhen.“

In einem Rückblick auf „25 Jahre Eingliederung vertriebener Landwirte“
veröffentlichte die Bayerische Landessiedlung GmbH in ihrem „Mitteilungsblatt“ Aufsätze zu diesem Thema[20]). Regierungsdirektor *Friedrich F. Schnetzer*
schrieb darin:

„Neben dem *unausgesprochenen* Zweck dieses Gesetzes, nämlich der Ent-
machtung des Großgrundbesitzes, den die Amerikaner für einen Steig-
bügelhalter des Nationalsozialismus hielten, war der *ausgesprochene*
Zweck die Bereitstellung von Land, um insbesondere heimatvertriebenen
Menschen, aber auch bestimmten anderen Personenkreisen eine Klein-
siedlung und gartenmäßige Nutzung auf dem Lande oder eine bäuer-
liche Siedlung zu ermöglichen.
Das Gesetz befaßte sich hauptsächlich mit der Durchführung der Landbeschaffung, brachte aber keine Aussagen über die Finanzierung der
Siedlung oder die praktischen Wege zur erfolgreichen Seßhaftmachung
vertriebener Landwirte.“

---

20) Bayer. Landessiedlung: 25 Jahre Eingliederung vertriebener Landwirte; Mitteilungsblatt der BLS, München, „Landsiedlerdienst“ Nr. 2/1972, 40 S.

Das Gesetz zur Bodenreform hatte bei Tausenden die Hoffnung geweckt, ihr eigenes Schicksal der Vertreibung von Haus und Hof würde durch alsbaldige Bereitstellung einer entsprechenden Siedlung gemildert. 1972 urteilte *Schnetzer* resigniert: „Aber nur ein kleiner Teil dieser Hoffnungen ist erfüllt worden."

Woran lag dies? Wie auf vielen anderen Sachgebieten lohnt es sich nicht, durch Vergleich des Erfolges in den einzelnen Bundesländern nachträglich Lob oder Tadel zu formulieren; jedenfalls nicht in diesem dokumentarischen Bericht. Die Voraussetzungen waren viel zu unterschiedlich.

Für Bayern ist festzustellen, daß es Großgrundbesitzer gab und gibt, aber relativ wenige „Großbetriebe". Vielmehr waren der Besitz stark aufgeteilt und die Einzelbetriebe verpachtet usw. Die Bodenreform schuf also nicht freies Land, sondern ermöglichte es eher, daß bisherige Pächter zu Eigentümern wurden. Ostdeutsche „Rittergüter" gab es in Bayern nicht. Der Unterschied in den einzelnen Regionen des Deutschen Reichs verdeutlicht die folgende statistische Gegenüberstellung: 1939 verfügte der Großgrundbesitz in Bayern nur über 3,8 % der Gesamtfläche, in Mecklenburg dagegen über 58,2 %, in Pommern über 49,8 % und in Gesamtpreußen über 25,5 %[13]).

Ein weiterer Grund, der eine Ansiedlung von Vertriebenen erschwerte, ist in der geographischen Struktur zu suchen. Die klimatischen und Bodenverhältnisse in den Vertreibungsgebieten und in Bayern weichen stark voneinander ab. Viele wertvolle Erfahrungen von daheim konnten die vertriebenen Landwirte in Bayern nicht mehr anwenden. Bayern selber besaß landwirtschaftliche „Notstandsgebiete".

Als die Bodenreform anlief, stellte für die Vertriebenen die Familienzusammenführung ein vorrangiges Problem dar. Zahlreiche Bauern und Bauernsöhne — vertriebene und einheimische — waren gefallen, verschollen oder noch in Kriegsgefangenschaft. Die alleinwirtschaftende Bauersfrau war vielleicht bereit, bis zur erhofften Rückkehr des Mannes oder des Sohnes den Hof zu verpachten, niemals zu verkaufen; beide Wege — Kauf und Pacht — wurden erst im Flüchtlingssiedlungsgesetz gangbar gemacht. Auf der Seite der Vertriebenen ergab sich aus den gleichen Gründen eine andere Schwierigkeit. Sollte die vertriebene Bäuerin sich als Siedlungsbewerberin melden, ehe sie wußte, ob der Bauer und wann er heimkehren würde — „Heimkehrer" in die neue Heimat?

Wenn trotzdem 1947 rund 40 000 Bewerbungen bei der ersten Bestandsaufnahme eingingen, muß der Leser daran zurückdenken, wie die Ernährungslage damals war. Besitz von einem Stück Land bedeutete mindestens „Freiheit von Hunger".

Aber selbst in allen Fällen, bei denen die geforderten Voraussetzungen erfüllt waren, fehlte es anfangs an Finanzmitteln — zwangsläufig bei den Vertriebenen, aber auch auf Seite des Staates.

Für die Siedlung war das Bayerische Staatsministerium für Ernährung, Landwirtschaft und Forsten als „Oberste Siedlungsbehörde" zuständig. Im § 1 der ersten Durchführungsverordnung vom 26. Februar 1947 wurde die Bildung eines „Landesausschusses für Siedlung und Bodenreform" vorgeschrieben; neben 21 Vertretern der Landabgabepflichtigen, Landberechtigten und des Bauernverbandes, wurden 11 „ständige Vertreter" der öffentlichen Hand vorgesehen, darunter der Staatssekretär für das Flüchtlingswesen, der Hauptausschuß der Flüchtlinge und Ausgewiesenen in Bayern und das Arbeitsministerium.

Nach § 3 wurden in den Regierungsbezirken „Obere Siedlungsbehörden" und in den Kreisverwaltungsbehörden „Untere Siedlungsbehörden" eingesetzt. Die Durchführung der Maßnahmen übertrug man der Bayerischen Landessiedlung GmbH aufgrund § 9. Innerhalb des Bayerischen Bauernverbandes entstand die Organisation der heimatvertriebenen Landwirte. Als „Landesvertrauensmann" wirkten nacheinander Senator a. D. *Robert Stöhr, Hugo Sponer, Josef Häusler* und derzeit *Josef Pecho*, Referent im Generalsekretariat des Bayerischen Bauernverbandes. Ihm obliegt vor allem die Hilfe für die Spätaussiedler bei Erwerb „ländlicher Heimstätten".

Bei allen vertriebenen Bauern hatte der Name des ersten Leiters der Obersten Siedlungsbehörde Ministerialrat *Josef Münsterer* (bis 1951) einen guten Klang. Kurz vor seinem Tod im September 1951 verfaßte er einen Aufsatz „Siedlung und Bodenreform in Bayern", der dann im Januarheft der Zeitschrift für das Gesamte Siedlungswesen erschien. Er schrieb über die Erfolge und die Schwierigkeiten, vor allem wegen der „mangelnden Finanzkraft des Bayerischen Staates". Am Schluß meinte *Münsterer*[21]):

> „Wenn man die Angaben objektiv wertet, wird man den in Bayern auf dem Gebiete der Bodenreform und Siedlung erzielten Erfolgen die Anerkennung nicht versagen können.
> Es soll aber keineswegs übersehen und geleugnet werden, daß in den Reihen der Siedleranwärter, die bisher noch nicht zum Zuge gekommen sind und von denen manche überhaupt auf keinen Einsatz werden rechnen können, die Stimmung keine rosige sein kann."

Über die ersten Anfänge nannte *Jaenicke* in seinem vierten Jahresbericht[13]) einige, später selten zitierte Daten: Von den Anträgen entfielen 58 % auf Sudetendeutsche, 18 % auf Schlesier und andere Ostdeutsche, aber 18 % auf Volksdeutsche aus Südosteuropa und 6 % auf die übrigen Vertriebenen. Zwar betrug der Vertriebenenanteil der Südostdeutschen nur 8 % in Bayern, aber daheim gehörten 55 % zur Berufsgruppe „Landwirtschaft".

---

21) Josef Münsterer: Siedlung und Bodenreform in Bayern; Zeitschrift für das gesamte Siedlungswesen, Bielefeld, 1. Jg., Heft 1, Januar 1952, S. 19—20.

Die Bodenreform hatte also viele Erwartungen enttäuscht. Als nach der Währungsreform im Juni 1948 alle Beteiligten sich außerstande sahen, die erforderlichen Geldmittel aufzubringen, brachte das bizonale Flüchtlingssiedlungsgesetz (FlüSG) vom 10. August 1949 (WiGBl. S. 231) einen neuen Impuls. Dieses Gesetz „zur Förderung der Eingliederung von Heimatvertriebenen in die Landwirtschaft" brachte Vergünstigungen für den landabgebenden einheimischen Bauern, d. h. einen Anreiz zum Verkauf oder zur Verpachtung für minimal zwölf Jahre. Die Durchführungsverordnung erließ der Bayerische Ministerpräsident am 11. November 1949. Den Vertriebenen konnten zinslose Darlehen gegeben werden bis maximal 5000 DM. Im Amtlichen Abschlußbericht über die Soforthilfe schrieb *Wilhelm Conrad*[22]):

„Da anderweit keine Mittel bereitstanden, wurden diese Verpflichtungen vom Soforthilfefonds eingelöst. Die gesetzliche Handhabe hierfür bot der § 46 SHG, nach welchem für wirtschaftliche Vorhaben, z. B. auch für die Siedlung, die Bereitstellung von Soforthilfe-Mitteln möglich war. Entscheidend aber für das Einspringen des Fonds war die soziale Lage der heimatvertriebenen Landwirte, deren Eingliederung in den Beruf und damit in den Wirtschaftsprozeß auf die größten Schwierigkeiten stieß."

Neben diesen Mitteln vergab der Bayerische Staat Aufstockungsdarlehen. Dieses Flüchtlingssiedlungsgesetz wurde durch das Bundesvertriebenengesetz vom 19. Mai 1953 (BGBl. I S. 201) abgelöst, das in den §§ 35—68 BVFG die Ansetzung von Vertriebenen als Siedler, Eigentümer oder Pächter regelte. Dazu schrieb *Friedrich F. Schnetzer*[20]):

„In einem verhältnismäßig einfachen und unbürokratischen Verfahren konnten nun durch die Bereitstellung öffentlicher Mittel aus den Bundes- und Länderhaushalten sowie aus dem Lastenausgleich heimatvertriebene Landwirte selbst, ohne Einschaltung eines Siedlungsträgers, einen landwirtschaftlichen Betrieb pachten oder kaufen. Auch die Eheschließung Heimatvertriebener mit Eigentümern eines landwirtschaftlichen Betriebes („Einheirat") konnte nach dem BVFG gefördert werden.
Auf diese Weise wurden zahlreiche besitzlos gewordene Bauerntöchter aus dem Osten und Südosten begehrte Bräute in den landwirtschaftlichen Betrieben; heimatvertriebene Jungbauern stiegen nicht nur wegen ihrer Arbeitskraft, sondern auch wegen der staatlichen (oft stattlichen) Mitgift bei den Töchtern des Landes hoch im Kurs."

---

22) Wilhelm Conrad: Abschlußbericht über die Durchführung des Soforthilfegesetzes; Bundesausgleichsamt, Bad Homburg v. d. H., 1953, 36 S.

Es ist hier nicht der Ort, eingehend über die Problematik bei Pacht zu diskutieren. Wenn der kriegsgefangene Bauer oder sein Sohn heimkehrten, wollte man natürlich den Pachtvertrag nicht verlängern. Bei Auslaufen eines Pachtvertrages war das finanzielle Resultat jahrelanger Arbeit oft schmerzlich klein, weil für Anschaffungen von Maschinen usw. größere Darlehen aufgenommen worden waren. Diese Schattenseite sollte nicht einfach verschwiegen werden. Doch, soweit die Eingliederung gelang, muß auch erwähnt werden, daß ein Sachverständiger wie *Schnetzer* seinen Bericht überschreiben konnte: „Eine beglückende Aufgabe." Über die Vergabe von „Aufbaudarlehen für die Landwirtschaft" findet der Leser im Kapitel Lastenausgleich weitere Angaben.

Zu diesem Thema liegt eine umfangreiche Literatur vor. Selbst die Aufzählung der Titel wäre lang und würde den Rahmen sprengen. Nur einige, die dem Autor besonders belangreich erscheinen, werden im Quellenverzeichnis aufgeführt[23]. Allen heimatvertriebenen Bauern, denen die Eingliederung in die Landwirtschaft gelang, ist der Name des „Vaters des Flüchtlingssiedlungsgesetzes" *Siegfried Palmer*[24] im Bundesministerium für Ernährung, Landwirtschaft und Forsten wohlbekannt. In der Agrarsozialen Gesellschaft (ASG), Göttingen, sind hervorragende Forschungsberichte in den entscheidenden Jahren erarbeitet worden. Es würde zu weit führen, näher darauf einzugehen[25].

Ein Urteil über die Erfolge der Ansiedlung heimatvertriebener Landwirte abzugeben, ist nicht statthaft, ohne ausdrücklich auf den gewaltigen Strukturwandel in der Landwirtschaft hinzuweisen. Die berufliche Abwanderung als Folge des Maschineneinsatzes und der Rationalisierung ist Jahr für Jahr Gegenstand des öffentlichen Interesses, wenn die Bundesregierung den Land-

---

23) Hugo Böker und Hilde Wander: Flüchtlingsproblem und Arbeitseinsatz in der Landwirtschaft Schleswig-Holsteins; Institut für Weltwirtschaft an der Universität Kiel, Dez. 1946, 67 S. — Tassilo Troescher: Der Boden und die Besitzlosen, Hamburg 1947, 80 S. — Gesellschaft zur Förderung der inneren Kolonisation (GFK): Zur Frage der Finanzierung der ländlichen Siedlung, Stellungnahme zu einer Denkschrift des Bundesministers für Ernährung, Landwirtschaft und Forsten, Düsseldorf, November 1950, 22 S. — Ludwig Neundörfer: Die soziale und wirtschaftliche Auswirkung des Flüchtlingssiedlungsgesetzes; Gutachten, Frankfurt/Main 1953, Band I 76 S. und Band II 122 S. (darin Berichte aus Bayern: Nabburg, Vohenstrauß, Tirschenreuth, Amberg und Oberviechtach).
24) Siegfried Palmer: Wie wurde und was brachte das FlüSG?; Zeitschrift für das gesamte Siedlungswesen; Bielefeld, 1. Jg., Heft 3, Mai 1952, S. 84—87.
25) Agrarsoziale Gesellschaft (ASG), Göttingen: Peter von Blanckenburg und Theodor Schapper: Die Eingliederung der heimatvertriebenen Landwirte in die westdeutsche Landwirtschaft; Schriftenreihe für ländliche Sozialfragen, Heft 6, Hannover 1952, 104 S. — Peter Schilke und Friedrich Riemann: Heimatvertriebene als Bauern in Westdeutschland, Schriftenreihe für ländliche Sozialfragen, Heft 33, Hannover 1961, 107 S.; Heimatvertriebenes Landvolk 1963, desgl. Heft 42, Hannover 1964, 126 S. — Friedrich Riemann: Verbesserung der Agrarstruktur und Eingliederung heimatvertriebener Landwirte; desgl. Heft 55 „ASG 1947—1967", Hannover 1967, S. 54—89. — Friedrich Riemann und Gerd Hamann: Die Entwicklung von Flüchtlingsbetrieben in der Landwirtschaft, Vergleich der Erhebungen 1958—1969; ASG-Materialsammlung Nr. 96, Göttingen, 1970, 115 S.

wirtschaftsbericht vorlegt. Die vertriebenen Bauern, die ihren Hof verloren hatten und nicht wieder einen Betrieb übernehmen konnten, waren damals deprimiert. Aber Einheimische, die ihren zu kleinen, nicht mehr rentablen Betrieb inzwischen aufgeben mußten, hatten diesen Verlust mit einem völlig freiwilligen Entschluß zu besiegeln. Nicht jeder hatte die Chance, seine Äcker als Bauland teuer zu verkaufen. Den Rückgang mögen folgende Zahlen veranschaulichen: 1960/61 gab es in Bayern fast 1,2 Millionen Familienarbeitskräfte in der Landwirtschaft, davon 865 000 voll- und 305 000 teilbeschäftigt, dazu 63 000 familienfremde Arbeitskräfte. Bis Oktober 1976 waren die Zahlen geschrumpft auf rund 800 000 (davon 447 000 voll- und 351 000 teilbeschäftigt) und 24 000 familienfremde Arbeitskräfte.

Zum Abschluß seien die Nachfolger von *Josef Münsterer* erwähnt: Dr. *Karl Engelhardt* (1952—1960), *Jakob Dick* (1960—1962), Dr. *Ferdinand Vogel* (1962—1972). Seitdem ist Dr. *Wolfram Ruhenstroth* (früher in der bayerischen Flüchtlingsverwaltung und danach im Bundesvertriebenenministerium) tätig) Leiter des Grundsatzreferats „Betriebsstruktur und Siedlung"; die Bezeichnung „Oberste Siedlungsbehörde" wurde also geändert. Eine Gesamtgeschichte des Ministeriums, die Professor Dr. *Heinz Haushofer* schrieb, veröffentlichte Staatsminister Dr. *Hans Eisenmann* 1969[26]).

Ergebnis der Förderungsmaßnahmen vertriebener und geflüchteter Landwirte aufgrund des FlüSG und BVFG vom 1. Juli 1949 bis 31. Dezember 1975

Von Vertriebenen und SBZ-Flüchtlingen in Bayern übernommene landwirtschaftliche Betriebe		24 666
a) davon Betriebsgröße	unter 0,5 ha*)	10 016
	0,5 bis 2 ha	2 327
	2 bis 5 ha	2 315
	5 bis 10 ha	3 592
	10 bis 20 ha	4 187
	20 bis 30 ha	1 353
	30 ha und mehr	876

*) Meist sogenannte „ländliche Heimstätten".

b) davon	10 020 Neusiedlerstellen	mit	16 701 ha
	7 379 Ankauf	mit	53 528 ha
	2 993 Pacht	mit	52 059 ha
	4 274 Einheirat	mit	52 814 ha
			175 102 ha

c) Von den Betrieben waren	3 688 „auslaufende Höfe"
	476 „wüste Höfe" (stillgelegte)
	20 502 sonstige Grundstücke

26) Heinz Haushofer: Zur Geschichte des Bayer. Staatsministeriums für Ernährung, Landwirtschaft und Forsten, „Ein halbes Jahrhundert im Dienst der bayer. Landwirtschaft und der Volksernährung", München 1969, 88 S.

An Finanzierungshilfen wurden insgesamt gewährt:

	Landesmittel	Bundesmittel
Zuschüsse	13,4 Mill. DM	32,2 Mill. DM
zinslose Darlehen	155,9 Mill. DM	529,5 Mill. DM
verzinsliche Darlehen	48,6 Mill. DM	22,5 Mill. DM
Aufstockungsdarlehen	34,0 Mill. DM	167,0 Mill. DM
Insgesamt	251,9 Mill. DM	751,2 Mill. DM

4. Flüchtlingsbetriebe in Bayern

4. 1 Initiativen und Selbsthilfe-Organisationen schon 1945

Am 25. Juli 1946, auf dem Höhepunkt der organisierten Massenausweisung, informierte der Staatskommissar für das Flüchtlingswesen erstmalig seine Mitarbeiter und die Öffentlichkeit über die „wirtschaftlichen und sozialen Zusammenhänge" der Eingliederung (II/4 — 214 a). Diese Informationen stammten nicht aus seinem Haus, vielmehr handelte es sich um das Résumé einer im März fertiggestellten Studie des Instituts für Weltwirtschaft: „Das deutsche Flüchtlingsproblem ...". Diese Kieler Studie hatten *Rudolf Walder, Anton Zottmann* und *Helmut Keunecke* im Auftrag des Deutschen Caritasverbandes, Freiburg im Breisgau, erarbeitet. Das war also in Monaten geschehen, in denen von einer staatlichen Flüchtlingsverwaltung noch nichts zu sehen war[27]).

Darin wurden nicht nur die aktuellen Notstände — Ernährung, Unterkunft, Bekleidung und Hausrat — behandelt, sondern bereits Probleme der wirtschaftlichen Eingliederung. Die Vorschläge — liest man sie heute — spiegeln in geradezu faszinierender Weise die Denkbilder am Ende des Jahres 1945.

Nachdem die Kieler Wissenschaftler über Bodenreform usw. gesprochen hatten, kamen sie zum Schluß, daß „auf diese Weise in den nächsten Jahren vielleicht eine Million Flüchtlinge in der Landwirtschaft (!) untergebracht werden könnten".

> „Selbst wenn es gelänge, das Millionenheer der Flüchtlinge in das wirtschaftliche Gefüge Restdeutschlands einzugliedern, blieben noch viele soziale Probleme. Die Proletarisierung von Millionen Menschen, die nicht nur Heim und Heimat verloren haben, sondern auch ihren Beruf aufgeben mußten und damit ihrer Existenzgrundlage beraubt wurden, be-

---

27) Rudolf Walder, Anton Zottmann, Helmut Keunecke: Das deutsche Flüchtlingsproblem in seinen wirtschaftlichen und sozialen Zusammenhängen, Gutachten im Auftrag des Deutschen Caritasverbandes; Institut für Weltwirtschaft, Kiel, März 1946, 42 S.

schränkt sich in ihren Auswirkungen nicht allein auf die Ausgewiesenen, sondern muß zwangsläufig auch für die ansässige Bevölkerung Restdeutschlands sehr schwere Folgen haben. Zur Zeit verschleiert der ‚papierene Wohlstand' (Reichsmark!) die klare Einsicht Vieler in die wirtschaftliche Lage . . .

Alle diese Momente lassen die Entfaltung eines gesunden politischen Lebens wenig Spielraum und bergen die Möglichkeit einer weitgehenden Radikalisierung der Politik und Wirtschaft Restdeutschlands in sich."

Dieses Gutachten diente nicht nur dem Caritasverband bei seinen Hilferufen an den Vatikan und die Katholiken in aller Welt als glaubhafte nüchterne Darstellung der Notlage, sondern alarmierte auch die im Aufbau befindlichen Flüchtlingsverwaltungen. Während im Jahre 1945, selbst nach der Potsdamer Konferenz, Größe und Umfang des Flüchtlingsproblems noch nicht recht erkannt und daher eher bagatellisiert wurden, war im Frühjahr 1946 die Einsicht gewachsen. Die Fragestellung lautete: Was sollte man tun, um die deutlich erkennbaren Gefahren abzuwenden? Wie mußte die Lösung aussehen, wenn nicht Flüchtlinge und Einheimische als feindliche Gruppen sich profilieren sollten? Das Endergebnis einer solchen Konfrontation hätte nur das absolute Chaos sein können.

In Bayern hatte die aktive Selbsthilfe der Sudetendeutschen längst begonnen, wie der Staatskommissar bei seinem Dienstantritt wußte. Unsere Suche nach dokumentarischen Unterlagen aus dem Jahr 1945 war wenig erfolgreich.

Während der Vorbereitung für seine Festrede am 2. November 1975 „30 Jahre Flüchtlingsverwaltung in Bayern"[28]) bekam Staatsminister *Hans Schütz* die polizeilich beglaubigte Abschrift eines Schreibens vom 12. Juli 1945 in die Hände, das hier erstmalig veröffentlicht werden kann:

To the Regional Military Government, Munich, Holbeinstr. 11
Aus den der Hohen Amerikanischen Militärregierung bekannten Gründen findet seit Mai 1945 ein ständiger Zustrom von Flüchtlingen aus der Czechoslowakischen Republik statt, namentlich aus den Randgebieten derselben (Sudeten). Diese, ihrer Heimat, ihres Vermögens und ihrer Existenz verlustig gewordenen Menschen bilden in den von der Zuwanderung betroffenen Gebieten ein Moment der Unsicherheit in der Lebensmittelverteilung, Unterbringung usw.

Sie bedürfen daher a) einer Erfassung und Evidenthaltung, b) einer hygienischen und caritativen Betreuung, c) eines geregelten An- und Abtransportes, d) einer Einschaltung in den Arbeitsprozeß, e) einer Beratung und eventuell f) einer geregelten Um- und Ansiedlung. Dies

---

28) Hans Schütz: 30 Jahre Bayerische Flüchtlingsverwaltung; Ansprache am 2. 11. 1975; Schrift des Bayer. Staatsministerium für Arbeit und Sozialordnung mit Text der Ansprachen; München 1975, S. 17—33.

nicht nur in dem Gebiet der Stadt München, sondern in allen, durch den Zustrom betroffenen Gebieten.

Diese Arbeiten den bayerischen Regierungsstellen und caritativen Anstalten abzunehmen bzw. ihnen darin wesentliche Hilfe zu leisten, nicht nur im Gebiet der Stadt München, sondern in allen, durch amerikanische Truppen besetzten Gebieten, haben sich Flüchtlinge aus dem Sudetengebiet, welche Kenntnis der kulturellen, historischen und wirtschaftlichen Gegebenheiten dieses Gebietes haben, bereit gefunden, diese Arbeiten zu leisten, um diesen armen Menschen zu helfen und dem Bestreben nach Befriedigung der Welt zu dienen.

Die Bayerische Staatsregierung bzw. das Bayerische Staatsministerium des Innern, mit welchem sich die Gesuchsteller ins Einvernehmen gesetzt haben, sehen keine Möglichkeit, diesen Plan in seiner Gesamtheit zur Durchführung zu bringen, insolange nicht die Hohe Amerikanische Militärregierung hiezu ihre Zustimmung erteilt hat.

Aus diesem Grunde gestatten sich die gefertigten Gesuchsteller, welche die Billigung ihrer Absicht von den bayerischen kirchlichen Behörden, von dem Bayerischen Staatsministerium des Innern und dem Bayerischen Roten Kreuz zugesagt erhalten haben, die Hohe Amerikanische Militärregierung von diesem Plane in Kenntnis zu setzen und um Billigung, Unterstützung und Förderung der Errichtung sowie der Tätigkeit dieser Hilfsstelle zu bitten.

Für den Fall der Billigung dieses Planes erbitten die gefertigten Gesuchsteller zur Durchführung der ihnen obliegenden Arbeit und zur Bereisung der von dem Zustrom betroffenen Gebiete um die Ausstellung von Pässen für die Gesuchsteller und, wenn möglich, um die Beistellung eines geeigneten Transportwagens.

München, 12. Juli 1945
Rosenheimerplatz 1

Dr. Johann Schär
Dr. Gustav Schär
Roman Herlinger

Das war 46 Tage nach der Ernennung von Fritz Schäffer zum Bayerischen Ministerpräsidenten. Diese, später genehmigte „Hilfsstelle für Flüchtlinge aus den Sudetengebieten" fand — wie der Suchdienst, über den bereits berichtet wurde — Unterschlupf im Haus des BRK-Präsidiums. Auch zu diesem Punkt befragte der Autor am 15. Juli 1976 Dr. *Walter Ullrich*[29]).

Ullrich erinnerte sich, daß ihn in der ersten Julihälfte 1945 von der Rotkreuz-Betreuungsstelle in Hof ein Anruf erreichte. In Hof war ein Freund am Apparat und alarmierte ihn: „Hier stehen Omnibusse aus den Nieder-

---

29) Walter Ullrich: Interview zum Thema „Sudetendeutsche Hilfsstelle" am 15. 7. 1976 mit dem Autor (Tonband).

landen, Belgien und Schweden. Man sucht die Glasleute unter den Flüchtlingen heraus und will sie mitnehmen!" *Ullrich* meldete sich sofort beim Geschäftsführenden BRK-Präsidenten Prof. Dr. *Josef Stürmann*, der gleichfalls sah, was geschehen würde, falls niemand eingriff. Greise, Witwen und Kinder würden in Bayern bleiben, die Facharbeiter, die „aus Quarz, Pottasche und Holzkohle Gold machen konnten", die Glasarbeiter, dagegen auswandern. *Ullrich* wurde zum Bayerischen Wirtschaftsminister Dr. *Karl Arthur Lange* geschickt und traf dort einen Prager Studienfreund Dr. *Franz Neumann;* beide informierten *Lange* und dieser ging mit ihnen zu *Schäffer.*

Ullrich wies den Ministerpräsidenten darauf hin, daß sowohl die Glasindustrie wie auch die Musikinstrumentenhersteller, die alle wertvolle Exportgegenstände herzustellen verstehen, in Bayern durchaus angesiedelt werden könnten. *Schäffer* ließ sich ein Exposé von *Ullrich* erstellen, das Professor *Stürmann* unterzeichnete und dem Ministerpräsidenten aushändigte. Dieser Vorgang muß als Grundsteinlegung für die „Flüchtlingsindustrie in Bayern" erwähnt werden.

In diesen Tagen tauchten beim Suchdienst zwei andere Studienfreunde von Dr. *Ullrich* auf, die *Brüder Schär,* mit *Roman Herlinger.* Sie beschlossen, eine „Hilfsstelle für Flüchtlinge aus den Sudetengebieten" zu gründen. Gegenüber vom Rotkreuz-Präsidium stand ein Gebäude leer, das vorher dem Luftgaukommando zur Verfügung gestanden hatte; dort quartierte man sich „stillschweigend" ein, holte nachts aus dem Keller Schreibtische, Bleistifte usw. Am nächsten Morgen hing ein Schild an der Haustür: „Hilfsstelle für Flüchtlinge aus den Sudetengebieten."

In jenen Tagen erschien im Suchdienst der frühere schlesische Regierungspräsident *Wolfgang Jaenicke,* der von der Tätigkeit der Sudetendeutschen und der Banater Schwaben gehört hatte, und fragte, ob nicht etwas ähnliches für die vielen Schlesier aufgebaut werden könne. Es besteht kein Zweifel, daß durch diesen ersten Besuch *Jaenickes* — unbeabsichtigt — dessen spätere Berufung zum Staatskommissar für das Flüchtlingswesen ausgelöst wurde.

Minister Lange verunglückte am 20. September 1945 tödlich. Am 28. September 1945 wurde Dr. *Wilhelm Hoegner* von der Amerikanischen Militärregierung zum Ministerpräsidenten ernannt. In dessen Kabinett nahm Professor Dr. *Ludwig Erhard* den Sitz des Wirtschaftsministers ein. Prof. *Stürmann, Ullrich, Neumann und Jaenicke* trugen ihre Überlegungen und Pläne dem neuen Wirtschaftsminister vor. Hier wurde zum ersten Mal von der Errichtung einer Sonderverwaltung — dem späteren „Staatssekretariat" — gesprochen.

Die Hilfsstelle hatte sich inzwischen wesentlich ausgeweitet. Zu ihr waren u. a. Dr. *Walter Becher,* Professor Dr. *Franz Haibach,* Prof. Dr. *Wilhelm Weizsäcker, Peter Stark, Hans Schütz* gestoßen. Die Geschäftsführung wurde *Roman Herlinger* anvertraut.

Innerhalb der Hilfsstelle war eine Wirtschaftsabteilung errichtet worden. Bei Gesprächen im Wirtschaftsministerium, das damals im Gebäude der

Rhein-Main-Donau AG seinen Sitz hatte, wurde die geschlossene Ansiedlung der Gablonzer Glasindustrie, der Musikinstrumentenmacher u. a. besprochen. Ein Regierungsrat von der Regierung in Schwaben erwähnte dabei zum erstenmal die Munitionsanstalt Kaufbeuren-Hardt.

Die weitere Geschichte hat Bürgermeister *Oswald Wondrak* in einer kleinen Festschrift „Kaufbeuren-Neugablonz 25 Jahre" 1971 niedergelegt[30]). Am 2. Januar 1946 bat Bürgermeister Dr. *Georg Volkhardt*, Kaufbeuren, in einer Besprechung mit Regierungskommissar Dr. *Wolfgang Vohland*, Augsburg, das Gelände der Dynamit-AG in Hart freizugeben. Landrat und Bürgermeister von Kaufbeuren versuchten die von den Amerikanern vorbereitete Sprengung zu verhindern, was aber nicht gelang. Von den 190 Gebäuden wurden 90 gesprengt, die anderen unbenutzbar gemacht.

Das Wirtschaftsministerium stimmte Anfang Februar 1946 dem Plan zu, die Gablonzer Glas- und Schmuckwarenindustrie dort anzusiedeln. Dann änderte das Ministerium den Plan und der Ministerrat bestimmte, aufgrund von Entscheidungen des Innenministeriums und der Gewerkschaften, Bayreuth als Sitz. Mit Verfügung Nr. A 21 743 teilte dann aber Professor *Erhard* den Beteiligten am 3. Mai 1946 mit, daß „alle in Kaufbeuren bisher angesiedelten Unternehmungen der Gablonzer Industrie einschließlich der dort jetzt seßhaften Arbeitskräfte mit ihren Familien in diesem Raum bleiben ...". Am 22. Mai 1946 fand die „festliche Betriebsaufnahme" der „Sudetendeutschen Gablonzer Glasindustrie" in der ersten Glasdruckhütte statt. Am 21. Juni 1946 wurde die „Allgäuer Glas- und Schmuckwarenerzeugung eGmbH Kaufbeuren" gegründet. Über die höchst erfolgreiche Entwicklung von Neugablonz, einem Stadtteil von Kaufbeuren, braucht hier nicht weiter berichtet zu werden; es sollte nur an einem Beispiel bewiesen werden, wie allein die unerhörte, ja bewundernswerte Aktivität einiger Sudetendeutscher die Amerikanische Militärregierung und die Bayerische Staatsregierung überzeugte, daß sich hier in Kaufbeuren-Neugablonz eine Ansiedlung lohnen würde. Aber es darf zum Abschluß dieses Abschnittes ein Name nicht vergessen werden, Direktor Dr. *Fritz Enz*, früher bei der Industrie- und Handelskammer in Reichenberg, der in die Russische Zone ausgesiedelt worden war und dann in München mit *Ullrich* zusammentraf. Als Geschäftsführer dieser eGmbH hat er Großartiges geleistet, zum besten der Neugablonzer, der Stadt Kaufbeuren und für Bayern.

4. 2 Vorschläge zur Eingliederung

So, wie dem Staatskommissar im Bereich der „Ersten Hilfe" und „Liebesgaben" kirchliche Hilfsstellen und das Rote Kreuz, im Bereich der „Gemein-

30) Oswald Wondrak: Festschrift Kaufbeuren-Neugablonz 25 Jahre; Kaufbeuren 1971, 24 S.

schaftsverpflegung" der Stab Steffen, im Bereich der „Familienzusammenführung" die Suchdienst-Zonenzentrale München die Inangriffnahme einer
schier unlösbar erscheinenden Aufgabe ermöglichten, war es im Bereich der
wirtschaftlichen Eingliederung zuerst die „Hilfsstelle für Flüchtlinge aus den
Sudetengebieten". Die Wirtschaftsabteilung dieser Hilfsstelle, die in engster
Fühlung zu der am 28. Mai 1945 von Professor Dr. *Adolf Weber* gegründeten
„Volkswirtschaftlichen Arbeitsgemeinschaft für Bayern" tätig wurde, erarbei-
tete bis Ende 1945 die erste „Denkschrift" mit dem Untertitel „Vorschläge
betreffend die Unterbringung der deutschen Flüchtlinge aus der ČSR und
deren Einbau in den Sozial- und Wirtschaftsorganismus Bayern"[31]. Anfang
Januar wurde dieses Dokument in kleiner Zahl verbreitet, 24 Seiten, mit
schlechten Wachsmatrizen auf schlechtem Papier abgezogen; in Ermangelung
von Heftklammern gelocht und mit Bindfaden verbunden. Und doch war dieses primitive Dokument seines Inhalts wegen eine solide Basis für fruchtbare
Planungsgespräche — natürlich in erster Linie im Wirtschaftsministerium von
Professor *Erhard*, aber auch beim Staatskommissar.

Die Hilfsstellen mußten aufgelöst werden (vgl. S. 131). Als Nachfolgeorganisation der „Wirtschaftsabteilung" der Sudetendeutschen Hilfsstelle setzte
die „Wirtschaftshilfe GmbH" diese Arbeit fort und gab, nun in technisch
besserer Form, eine zweite Auflage am 1. Oktober 1946 heraus, als der Höhepunkt der Massenausweisung gerade überschritten war. „Problem der Umsiedlung" hieß der Titel[32]. Zum Abschluß heißt es:

> „Die Darlegungen dieser Denkschrift haben deshalb versucht, Wege einer
> praktischen Lösung des so überaus schwierigen Flüchtlingsproblems auf-
> zuzeigen. Durch tatkräftige Zusammenarbeit aller zuständigen Stellen
> wird es möglich sein, diese Wege zu beschreiten. Sie führen den Flücht-
> ling in kein Wohlleben, aber sie werden ihm das Dasein wieder erträg-
> lich und sinnvoll machen. Von tiefgreifenden Entscheidungen einer ver-
> antwortungsbewußten Staatsführung wird es abhängen, ob dieses Ziel,
> noch bevor es zu spät ist, erreicht werden kann."

Bemerkenswert ist dieser konstruktive Optimismus der Sudetendeutschen,
der ganz der Einstellung von *Ludwig Erhard* entsprach, aber auch der von
Jaenicke. Er, der gern in schwarzen Farben malte, wenn er über seine Aufgabe berichtete, wurde einmal gefragt, warum er immer so pessimistisch in
die Zukunft sähe. Seine Antwort: „Ich bin in meinem Leben immer ganz gut
damit gefahren."

---

31) Hilfsstelle für Flüchtlinge aus den Sudetengebieten: Denkschrift — Vorschläge
betreffend die Unterbringung der deutschen Flüchtlinge aus der ČSR und deren
Einbau in den Sozial- und Wirtschaftsorganismus Bayerns; München, Januar
1946, 24 S.
32) Wirtschaftshilfe GmbH: Probleme der Umsiedlung. Denkschrift zur Umsiedlung
der Deutschen aus den Sudetengebieten und zu deren Eingliederung in das
Sozial- und Wirtschaftsleben Bayerns, 2. Auflage; München, Oktober 1946.

4. 3 Wirtschaftshilfe — AIA — Vertretung der ostdeutschen Betriebe

Über die Entstehung der „Wirtschaftshilfe" wurde gerade berichtet; ihr Geschäftsführer war *Erhard Trenkle*, der in diesem Bereich bis 1952 tätig blieb.

Die „AIA", im vollen Wortlaut „Arbeitsgemeinschaft der Industrie und des Großhandels der Ausgewiesenen und Flüchtlinge", ebenfalls mit Sitz in München, übertrug die Geschäftsführung Dr. *Rudolf Fernegg* (bis Ende 1951). Die „Vertretung der ostdeutschen Betriebe" wurde im Oktober 1945 als Nachfolgeorganisation der Industrie- und Handelskammern der Vertreibungsgebiete von heimatvertriebenen Unternehmern in Hamburg gegründet, ein Landesverband in Bayern am 1. August 1948; die Geschäftsführung lag in Händen von Dr. *Harry Kruse*.

Diese drei Organisationen, die sich der Beratung heimatvertriebener Unternehmer in Bayern widmeten, schlossen sich 1951 zur „Vertretung der heimatvertriebenen Wirtschaft — Landesverband Bayern — e. V." zusammen. Hauptgeschäftsführer wurde Dr. *Kruse*. 1965 erfolgte die Erweiterung und Umbenennung in „Verband der heimatvertriebenen und mitteldeutschen Wirtschaft". Nach *Kruses* Tod wurde Frau *Lieselotte Flick* als Landesgeschäftsführerin berufen (1. Oktober 1969).

4. 4 Verband der heimatvertriebenen und mitteldeutschen Wirtschaft

Vorsitzender des Landesverbandes ist der (Breslauer) Fabrikant *Richard Blokesch*, Nürnberg, Vorsitzender des Bundesverbandes Fabrikant Dipl.-Kfm. *Horst Roegler*.

Im April 1954 hat die „Vertretung der heimatvertriebenen Wirtschaft e. V. in Arbeitsgemeinschaft mit der Interessengemeinschaft der in der Ostzone enteigneten Betriebe e. V." eine „Denkschrift zum Vollzugsprogramm der Eingliederung" veröffentlicht. Dieses Programm war am 27. November 1953 in Gelsenkirchen verkündet worden. Als die Denkschrift publiziert wurde, waren das Lastenausgleichsgesetz und das Bundesvertriebenengesetz bereits in Kraft. Dazu heißt es[33]:

„Aus Kreisen der alteingesessenen Wirtschaft Westdeutschlands mehren sich die Stimmen, die eine zeitliche Begrenzung oder gar einen Abschluß der Vergünstigungen für Vertriebene fordern. Die Vertriebenen-Unternehmerschaft stimmt dem an sich zu, denn auch sie wünscht keine langfristigen Privilegien im Wettbewerb, jedoch eine durchgreifende Lösung der Existenzfrage; aber nicht sie hat es zu verantworten, daß das Bun-

---

33) Vertretung der heimatvertriebenen Wirtschaft: Denkschrift zum Vollzugsprogramm der Eingliederung, verkündet in Gelsenkirchen am 27. 11. 1953; Bonn 1954, 47 S.

desvertriebenengesetz erst am 19. Mai 1953 verkündet wurde. Das Lastenausgleichsgesetz hat diesem Tatbestand (Ausgleichsschuld für die Verluste) nur sehr unzureichend Rechnung getragen und berechtigte Erwartungen enttäuscht.

Was bei Einsatz aller Kräfte möglich ist, dafür sind die Hilfe für Berlin, die Förderung der Grundstoffindustrie und der Wiederaufbau der Schiffahrt gute Beispiele. Es sollten nunmehr alle Verantwortlichen die *endgültige Eingliederung de*r Vertriebenen-Wirtschaft vollziehen helfen."

Diese Interessensvertretung hatte bereits 1951 angeregt, daß die Arbeitsgemeinschaft der Wirtschaftswissenschaftlichen Forschungsinstitute die Probleme der Flüchtlingsbetriebe untersuchen läßt. Das Kieler Institut für Weltwirtschaft nahm sich „dieser — an sich nicht im Rahmen seiner Aufgaben liegenden — Untersuchung" an. 1952 erschien das Ergebnis der Arbeit: Die Kapitalausstattung der Flüchtlingsbetriebe in Westdeutschland; Verfasser war Dr. *Willi Albers*[34]). Wir stoßen hier bereits an die Grenze unseres Themas; denn diese bundesweiten und grundsätzlichen Überlegungen, deren Ergebnisse und die daraus gezogenen Folgerungen können und sollen in unserem Bericht nicht behandelt werden. Darüber gibt es ausreichend Literatur, Forschungsergebnisse und Geschäftsberichte.

Keineswegs alle Unternehmer aus den Vertreibungsgebieten waren oder blieben Mitglieder dieser Verbände. Die Geschäftsstellen jedoch haben in ihrer bisher dreißigjährigen Arbeit sachkundig und maßvoll, aber auch erfolgreich zur Klärung der großen allgemeinen Fragen beigetragen: Kreditbeschaffung, Steuervergünstigungen, Lastenausgleich, Bevorzugung bei öffentlichen Aufträgen, um nur einige Beispiele zu nennen.

4. 5 Die Errichtung von Flüchtlingsbetrieben vor der Währungsreform

Das Schwergewicht der Flüchtlingsverwaltung lag in den ersten beiden Jahren notgedrungen auf den Gebieten: Lager- und Transportwesen, Familienzusammenführung und Zuzugswesen, Flüchtlingsausgleich („gerechte Verteilung"). Weniger spektakulär, aber von grundsätzlicher und in die Zukunft weisender Bedeutung war die Tätigkeit der Rechtsabteilung (Zonen-Flüchtlingsgesetz usw.). Daher findet man im ersten „Geschäftsverteilungsplan" vom 10. Juli 1946 nur den Begriff „Arbeitseinsatz"; von Flüchtlingsbetrieben war überhaupt noch keine Rede. Dafür lag die Federführung beim Bayerischen Wirtschaftsministerium.

Im Jahresbericht für 1947 wurde nur kurz mitgeteilt, daß „zur Beratung und Betreuung der Flüchtlingsindustrien ein Industrie-Referat errichtet wurde;

---

34) Willi Albers: Die Kapitalausstattung der Flüchtlingsbetriebe in Westdeutschland; Institut für Weltwirtschaft, Kiel 1952, 81 S.

es steht in engster Zusammenarbeit mit dem Wirtschaftsministerium". Im Bericht für 1948 heißt es, daß mehr als 2400 Flüchtlingsindustriebetriebe errichtet wurden, allein in Kaufbeuren 535, in Waldkraiburg 100. Im Landkreis Garmisch-Partenkirchen siedelten sich die Schönbacher Musikinstrumentenmacher, ferner Spitzen- und Lederhandschuhindustrie an, im Landkreis Erlangen gleichfalls Schönbacher, im Landkreis Neustadt an der Aisch Graslitzer Musikinstrumentenmacher, Klöppel- und Filetspitzen-Erzeuger, im Landkreis Bayreuth Gablonzer Kristallerie, im Landkreis Günzburg Aberthamer Lederhandschuhindustrie[35]):

> „Durch Verhandlungen mit den Fachministerien sind viele Schwierigkeiten behoben worden. Besonders hervorzuheben ist die generelle Entschließung des Bayerischen Staatsministeriums für Wirtschaft, in der die Ablegung der Meisterprüfung durch Flüchtlingshandwerker im Sinne der 3. Handwerksordnung angeordnet worden ist."

Danach wurde mitgeteilt, daß im Jahre 1948 die Zahl der Zulassungen der Vertriebenen zu Handel, Handwerk und Gewerbe sich von 11 892 auf 20 344 erhöht hat (15 309 Handwerksbetriebe, 5035 Einzelhandelsbetriebe). „Unmittelbar vor der Verkündigung der Gewerbefreiheit wurden noch 11 300 Bewerber gezählt."

Bereits seit Anfang 1947 sammelte das Industriereferat Unterlagen über die Flüchtlingsbetriebe. Mitte November 1947 wurde die erste vollständige Erfassung der Flüchtlingshandwerks- und Einzelhandelsbetriebe durchgeführt und am 1. Dezember 1948, dem Zeitpunkt der Einführung der Gewerbefreiheit wiederholt.

Seit Dezember 1946 war Dr. *Rudolf Zorn* Wirtschaftsminister. Wie sein Ministerium versuchte, die Schwierigkeiten vor Einführung der Gewerbefreiheit zu meistern, zeigt sein Rundschreiben vom 18. April 1947 (W III/ 11394/H), das beginnt:

> „Um den Erfordernissen des Landes Bayern und seiner einheimischen Bevölkerung einerseits und den Wünschen der Flüchtlinge um Zulassung zum Handel und Handwerk andererseits gerecht zu werden, soll in Hinblick auf Ziffer 7 der vorläufigen Durchführungsverordnung zum Gesetz Nr. 42 vom 23. September 1946 über die Errichtung gewerblicher Unternehmen nach folgenden Richtlinien verfahren werden."

In zwölf Abschnitten wurden die Einzelheiten festgelegt. Für die einzelnen Branchen wurden Schlüsselzahlen bekanntgegeben. Entsprechend ihrem Prozentanteil an der Gesamtbevölkerung sollten Flüchtlinge zugelassen wer-

---

35) Wolfgang Jaenicke: Zweiter bzw. Dritter Jahres-Bericht über die Tätigkeit der Bayer. Flüchtlingsverwaltung, München, Februar 1948, 7 S. bzw. Januar 1949, 14 S.

den. Da sie in vielen Fällen ohne Barmittel waren, durfte der Versorgungstatbestand gemäß Art. 2 des Gesetzes Nr. 42 wohlwollend geprüft werden, dagegen war auf die sachliche und persönliche Eignung besonderer Wert zu legen. Sämtliche Anträge waren zur Stellungnahme dem Hauptausschuß der Flüchtlinge und Ausgewiesenen in Bayern zuzuleiten, der deswegen Nebenstellen bei den Kreisverwaltungsbehörden und Regierungen errichtete. Die Zulassung zum Großhandel, von Warenhäusern usw. wurde einer Sonderregelung vorbehalten.

Da das Wirtschaftsministerium die „Schlüsselzahlen" nach der bayerischen Wirtschaftsstruktur hatte festsetzen müssen, konnte die zum Teil andersartige Struktur in den Vertreibungsgebieten nicht berücksichtigt werden. Der Staatssekretär für das Flüchtlingswesen gab im Statistischen Informationsdienst Nr. 78 die endgültigen Ergebnisse vom Stand 1. Dezember 1948 bekannt. Daraus war abzulesen, daß z. B. bei den Herren- und Damen-Schneidern, bei den Maurern, Glasschleifern u. a. ein bedeutendes Überangebot festzustellen war. Umgekehrt gab es eine bedeutende negative Differenz, d. h. die Bewerberzahl war geringer als die „Soll-Zahl" des Wirtschaftsministeriums, bei den Bäckern und Metzgern; bei diesen beiden Branchen war es damals finanziell undenkbar, eine moderne Einrichtung als Voraussetzung der Zulassung zu beschaffen.

4. 6 Staatsbürgschaften für Flüchtlingsproduktivkredite in Bayern

In Erkenntnis der akuten Notlage setzte die Bayerische Staatsregierung die unmittelbar nach der Währungsreform angelaufene Flüchtlingsproduktivkredit-Aktion verstärkt fort; denn das Bürgschaftsvolumen von 25 Mill. DM, das 1948 für das laufende Haushaltsjahr (bis 31. 3. 1949) zur Verfügung stand, war bereits im Februar 1949 aufgebraucht. Durch das Gesetz vom 14. Juni 1949 über die Erweiterung der Sicherheitsleistung des Bayerischen Staates wurde das Volumen auf 60 Mill. DM ausgeweitet, im Herbst 1949 folgte eine weitere Erhöhung, vorerst um 10 Mill. DM.

Vor Einbringung eines Kreditantrages mußte der Vertriebene bei seiner späteren Hausbank die grundsätzliche Bereitschaft zur Kreditgewährung klären. Während bis 31. Mai 1949 der Staatssekretär alle Kreditanträge zentral bearbeiten ließ, übertrug er Anträge auf Darlehen unter 20 000 seinen Regierungsbeauftragten, die „Regierungsbürgschafts-Ausschüsse" zu bilden hatten; ein Vertreter der Finanzverwaltung wurde für jeden Regierungsbezirk vom Bayerischen Staatsministerium der Finanzen benannt. Alle Anträge über 20 000 DM wurden von einem interministeriellen Bürgschafts-Ausschuß entschieden; die Federführung lag bei der Flüchtlingsverwaltung, beteiligt waren das Wirtschafts- und das Finanzministerium.

Vermutlich wird der Leser sich inzwischen fragen, wie der „Flüchtlingsbetrieb" als solcher definiert wurde. Durch Erlaß des Bayerischen Staatsministeriums der Finanzen vom 7. Juli 1949 erfolgte die Festlegung des Begriffes:

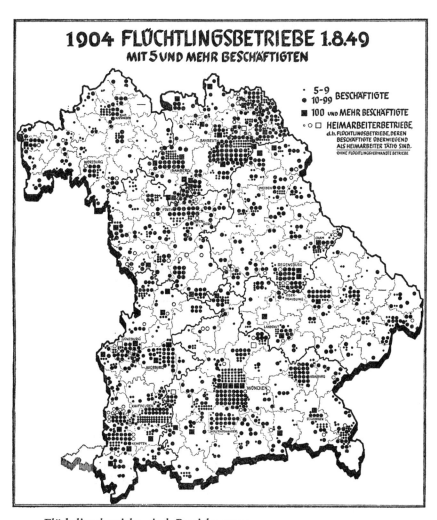

1904 FLÜCHTLINGSBETRIEBE 1.8.49
MIT 5 UND MEHR BESCHÄFTIGTEN

· 5-9
● 10-99 BESCHÄFTIGTE
■ 100 UND MEHR BESCHÄFTIGTE
○ □ HEIMARBEITERBETRIEBE,
d.h. FLÜCHTLINGSBETRIEBE, DEREN
BESCHÄFTIGTE ÜBERWIEGEND
ALS HEIMARBEITER TÄTIG SIND.
OHNE FLÜCHTLINGSVERWANDTE BETRIEBE

„Flüchtlingsbetriebe sind Betriebe von:

a) natürlichen Personen, die ein gewerbliches Einzelunternehmen (industrielle, gewerbliche oder handwerkliche Betriebe, Handwerks-
   unternehmen, Dienstleistungsbetriebe) betreiben, wenn der Inhaber
   Flüchtling im Sinn des Flüchtlingsgesetzes vom 19. 2. 1947 ist.

b) juristische Personen des Handelsrechts ..., wenn mehr als 50 % des
   Kapitals in den Händen von Flüchtlingen ist und mindestens ein
   Flüchtling in leitender Stellung tätig ist.

c) Personenvereinigungen ohne Rechtspersönlichkeit ..., wenn sie sich
   überwiegend aus Flüchtlingen zusammensetzen, mehr als 50 % der
   Anteile in den Händen von Flüchtlingen sich befinden und mindestens ein Flüchtling in leitender Stellung ist.

d) Als flüchtlingsverwandte Betriebe können vom Staatsministerium des Innern im Einvernehmen mit dem Staatsministerium für Wirtschaft Betriebe anerkannt werden, die, ohne Flüchtlingsbetrieb ... zu sein, nicht nur vorübergehend mindestens 70 % Angestellte und Arbeiter beschäftigen, denen die Flüchtlingseigenschaft zukommt."

Statistische Informationen über die neu errichteten „Flüchtlingsbetriebe" wurden zwar seit Anfang 1947 gesammelt, Mitte November 1947 sogar eine vollständige Erfassung versucht. Die Entwicklung nach der Währungsreform vom Juni 1948 und nach Einführung der Gewerbefreiheit in Bayern im Dezember 1948 zwang aber *Jaenicke*, eine völlig neue Erfassung anzuordnen. Die Karte informiert über die Ergebnisse der ersten Zählung vom August 1949; über die letzte Erhebung vom 1. Oktober 1951 gibt die Tabelle Auskunft, in der die Zahl der Betriebe und der Beschäftigten nach Branchen und Betriebsgrößenklassen mitgeteilt werden[36]).

Wohl im Hinblick auf die bevorstehende Landtagswahl (26. 11. 1950) forderte der interministerielle Bürgschaftsausschuß eine Untersuchung über die wirtschaftliche Auswirkung der bis 1. Juli 1950 unter Staatsbürgschaft genommenen Flüchtlingsproduktivkredite; eingeschlossen waren die im Jahr 1949 als Vorgriff auf den Lastenausgleich vergebenen „Kleinkredite".

Die Kreditkartei des Referates V/11 beim Staatssekretär wurde mit Hilfe der Flüchtlingsämter auf den neuesten Stand gebracht, Umzüge usw. bis 1. Oktober 1950 berücksichtigt und dann ausgezählt[36]).

Verteilung von staatsverbürgten Flüchtlingsproduktivkrediten und „Kleindarlehen" (Vorgriff auf Lastenausgleich)
Stand 1. 10. 1950

Darlehenshöhe	Kreditnehmer	Darlehenssumme
unter 5 000 DM	3 660	8,5 Mill. DM
5 000—20 000 DM	2 557	22,1 Mill. DM
20 000—100 000 DM	700	20,7 Mill. DM
100 000 DM und mehr	106	26,0 Mill. DM
insgesamt	7 023	77,3 Mill. DM
dazu „Kleindarlehen"	595	1,2 Mill. DM

Die so gewonnenen Unterlagen wurden dem Bayerischen Statistischen Landesamt überlassen mit der Bitte, „die wirtschaftliche Wirkung der vom Staat verbürgten Flüchtlingsproduktivkredite" zu untersuchen. Dr. *Hans Mangold* führte diese Arbeit durch[37]).

36) Statistischer Informationsdienst des Staatssekretärs für das Flüchtlingswesen: Nr. 102 vom 15. 10. 1949 und Nr. 165 vom 15. 10. 1951 (Betriebe) bzw. Nr. 131 vom 10. 10. 1950 (Kredite).
37) Hans Mangold: Die wirtschaftliche Wirkung der vom Staate verbürgten Flüchtlingsproduktivkredite; Sonderdruck aus „Bayern in Zahlen" 1951, Heft 8, 3 S. und 1 Tabelle.

Flüchtlingsbetriebe mit 5 und mehr Beschäftigten am 1. Oktober 1951 nach Betriebsgrößenklassen

BRANCHE:	BETRIEBE	BESCHÄFTIGTE insgesamt	dazu Heimarb.	5 — 9 Betriebe	5 — 9 Beschäftigte	5 — 9 Heimarbeiter	10 — 24 Betriebe	10 — 24 Beschäftigte	10 — 24 Heimarbeiter	25 — 49 Betriebe	25 — 49 Beschäftigte	25 — 49 Heimarbeiter	50 — 99 Betriebe	50 — 99 Beschäftigte	50 — 99 Heimarbeiter	100 u. mehr Betriebe	100 u. mehr Beschäftigte	100 u. mehr Heimarbeiter
STEINE u. ERDEN	60	1 230		21	143		26	376		6	192		7	519				
EISEN- u. METALLGIESEREI / STAHLBAU	41	1 946		15	105		11	160		9	299		3	219		3	1 163	
MASCHINENBAU / FAHRZEUGBAU	86	2 416	9	31	210	3	32	473		12	432		6	439	6	5	862	
ELEKTROTECHNIK	42	1 290	9	25	164	9	10	160		2	73		2	125		3	768	
EISENWAREN usw.	75	1 501	329	35	215	35	22	332	12	13	426	5	1	92		4	436	277
MUSIKINSTR. usw.	35	644	218	15	89	41	12	166	37	6	194	139	1	91		1	104	1
CHEMIE	38	1 419	86	14	94	12	13	175	10	5	182		4	232		2	736	64
FEINKERAMIK/GLAS	182	4 594	956	74	445	184	62	883	360	29	907	317	9	596	84	8	1 763	11
HOLZBEARBEITUNG	14	264		2	13		7	90		5	161							
HOLZVERARBEITUNG	179	3 465	124	96	650	41	52	727	13	19	716	30	8	555	10	4	817	30
LEDERERZEUGUNG	8	90		4	29		3	36		1	25							
LEDERVERARBEITUNG	84	1 933	1 447	28	164	342	34	537	356	14	497	338	6	383	187	2	352	224
SCHUHE	42	759	9	21	139		11	214	1	9	294	8				1	112	
TEXTIL	357	15 080	1 988	106	615	724	129	2 018	454	62	2 106	304	37	2 610	256	23	7 731	250
BEKLEIDUNG	276	6 830	1 314	144	887	508	86	1 288	377	21	735	78	14	1 051	187	11	2 869	164
NAHR.- u. GENUSSM.	127	2 307	36	78	495	10	32	448	12	7	254	14	5	312		5	798	
BAUGEWERBE	236	6 256		90	619		81	1 193		34	1 196		20	1 315		11	1 933	
ÜBRIGE BETRIEBE	209	3 930	789	95	621	438	73	1 091	383	24	789	153	12	794	81	5	635	34
INDUSTRIE/HANDW.	2091	55 954	7 314	894	5 697	2 047	696	10 367	2 015	278	9 478	1 386	135	9 333	811	88	21 079	1 055
dazu:																		
GROSSHANDEL	184	1 958	343	127	802	113	45	600	221	10	295	9	1	85		1	176	
EINZELHANDEL	137	1 112	23	106	637	10	30	442	13	1	33							
SONSTIGE GEWERBE	121	1 207	19	83	513	4	32	460	6	5	163		1	71	9			
INSGESAMT	2533	60 231	7 699	1210	7 649	2 174	803	11 869	2 255	294	9 969	1 395	137	9 489	820	89	21 255	1 055

Im großen ganzen war es eine für alle Teile erfolgreiche Aktion, für die vertriebenen Unternehmer und für den bürgenden Staat; sein Verlust war gering, die günstigen Auswirkungen der meisten Betriebe für ihn ein finanzieller Erfolg (Steuereinnahme), dazu eine erfreuliche Eingliederung von Unternehmern und Schaffung von Arbeitsplätzen.

4. 7 Bayerische Landesanstalt für Aufbaufinanzierung (LfA)

Die letzte Statistik des Staatssekretärs über Flüchtlingsbetriebe stammt vom Stichtag 1. Oktober 1951. Was war geschehen? Am 7. Dezember 1950 trat das Gesetz über die Bayerische Landesanstalt für Aufbaufinanzierung (LfA) in Kraft, im Mai 1951 nahm sie ihre Arbeit auf. Der Staat stattete sie mit 40 Mill. DM Grundkapital aus und mit 4 Mill. DM Rücklagen.

Im Juni 1976 feierte die LfA ihr 25jähriges Bestehen. Wir folgen in einigen hier wichtigen Punkten der von Präsident Dr. *Heinz Artmann* herausgegebenen Festschrift[38]). Artmann trat am 1. April 1975 sein Amt an, das von 1951—1956 *Joseph Gebhardt*, von 1956—1961 Dr. *Sebastian Endres* und dann Dr. *Hans Peter* innehatten. Peter gehörte zum Vorstand vom ersten Tag an, zuerst als stellvertretender Direktor und dann als Direktor. Lesen wir in der Festschrift nach, was dort über die Anfänge erzählt wird:

> „Die Abwicklung dieser Hilfsmaßnahmen (der staatsverbürgten Flüchtlings-Produktivkredite) bedeutete für die staatlichen Behörden eine enorme Belastung. *Otto Barbarino* erinnert sich: „Mit der Währungsreform brach eine Flut von Anträgen auf Produktivkredite und Staatsbürgschaften über uns herein." Er war damals Generalreferent für den Haushalt im Bayerischen Staatsministerium der Finanzen und wurde von der Regierung mit der Organisation der Flüchtlingshilfen für die gewerbliche Wirtschaft beauftragt. Allein im Finanzministerium mußte allmählich eine ganze Abteilung fast ausschließlich bankmäßige Geschäfte abwickeln, daneben waren zahlreiche weitere Stellen mit diesen Tätigkeiten befaßt. Niemanden konnte es wundern, daß die Verwaltung mit solchen wesensfremden Aufgaben überfordert war.
>
> Im Herbst 1950 hatte *Otto Barbarino* alle Beteiligten davon überzeugt, daß zur wirkungsvolleren Durchführung der Vertriebenenhilfe die Aktivitäten sämtlicher damit befaßten Instanzen auf die Dauer bei einer Stelle zusammengefaßt werden mußten. Von der Art der Tätigkeit her bot es sich an, dies in einem bankmäßig organisierten und nach kaufmännischen Gesichtspunkten arbeitenden Spezialinstitut zu tun.
>
> *Barbarino* entwarf das erste Konzept. Der damalige Finanzminister Dr. *Rudolf Zorn* stand diesen Plänen aufgeschlossen gegenüber. Er hat die Gründung der LfA und später — im Verwaltungsrat und als Präsident des Sparkassen- und Giroverbandes — ihre Arbeit tatkräftig unterstützt."

38) Bayer. Landesanstalt für Aufbaufinanzierung: Geschäftsbericht 1975, „25 Jahre BfA", München 1976, 83 S.

Im Gesetz heißt es: „Die Anstalt hat die Aufgabe, Unternehmen von Flüchtlingen und sonstige Unternehmungen finanziell zu unterstützen, denen staatliche Liegenschaften überlassen, staatliche Bürgschaften gewährt oder staatliche Kredite gegeben worden sind."

Der Vorstand vermied es, als Konkurrenz zu den Geschäftsbanken angesehen zu werden. Die Verhandlungen wurde nur unter maßgeblicher Einschaltung der Hausbanken mit den Antragstellern geführt. Es war also ein besonderer Typ von Geldinstitut entstanden, stellte man fest.

„Stand naturgemäß anfangs die Aufgabe als ‚Flüchtlingsbank' im Vordergrund, so entwickelte sie sich bald zu einem umfassenden Finanzierungsinstrument für alle Unternehmen der gewerblichen Wirtschaft.

1953 entfielen bereits 40 % aller gewährten Bürgschaften auf einheimische und rund 60 % auf Flüchtlingsbetriebe. Ein Jahr später wurde bei den Bürgschaften die Unterscheidung zwischen Vertriebenen, Sachgeschädigten und Einheimischen aufgegeben. Der allgemeine Wiederaufbau trat damit, auch nach außen sichtbar, für die Förderpolitik in den Vordergrund."

1975 war das erweiterte Geschäftsvolumen, in das die von der LfA überwachten Staatsbürgschaften miteinbezogen sind, auf 7,8 Mrd. DM angewachsen. Natürlich war auch weiterhin bis heute die Flüchtlingsverwaltung im Verwaltungsrat der LfA vertreten, anfangs durch Dr. *Walter Ahnelt*, gegenwärtig (1979) durch Staatsminister Dr. *Fritz Pirkl* und Ministerialdirektor Dr. *Hans Schmatz*.

Es wäre reizvoll, heute zu untersuchen, was aus den früher einmal als „Flüchtlingsbetriebe" errichteten Unternehmen geworden ist — vielleicht sogar ein lohnende Aufgabe. Was dem Autor vorschwebt, mag mit einem Beispiel verdeutlicht werden. Es geht um einen Baubetrieb. Im Jahre 1950 wurde nach der Kreditwürdigkeit von Flüchtlingsbetrieben gefragt und der Stadtrat benannte diesen Betrieb:

„5. April 1950 H/ku
Herr ... ist Flüchtling aus ..., wo sein Vater ein sehr großes Baugeschäft hatte. Er kam 1945 aus Kriegsgefangenschaft mit dem Rucksack hierher. Sein Vater war in der Ostzone und hatte dorthin einiges vom ursprünglichen Vermögen gerettet. Von seinem Vater erhielt er 10 000 Reichsmark vor der Währung.

Außerdem hatte er sich aus der Gefangenschaft einen Fotoapparat gerettet, den er verkaufte. Mit diesem Geld begann er hier ein Bau- und Baumaterialgeschäft. Er hat eine Firma aufgebaut, die hier einen sehr guten Namen hat. Die Stadt hat ihm erst kürzlich den Auftrag eines großen Schulhaus-Neubaues übertragen. Er beschäftigt 150 Arbeitskräfte, darunter 60 % Flüchtlinge. Das Geschäft steht ohne Schulden da, doch könnte es bei Gewährung eines Produktivkredites leichter arbeiten, da

Herr ... oft gezwungen ist, sein Konto bei der Bank zu überziehen. Im Grund ist es ein sehr gesundes Geschäft, welches eine gesicherte Zukunft vor sich hat und für den Aufbau unserer Stadt von entsprechender Bedeutung ist."

Der Autor erinnerte sich an den Unternehmer und fragte kürzlich an, was eigentlich in den 29 Jahren aus seinem Baugeschäft geworden ist. Die Antwort:

„Bestens dankend bestätige ich den Erhalt Ihres Schreibens und gebe Ihnen nachfolgend die gewünschten Aufschlüsse:

1. Ich beschäftige z. Z. rund 300 Mitarbeiter und bin mit meinem Unternehmen sowohl im Hoch-, Tief-, Straßen- als auch im Spannbetonbrückenbau tätig.
2. Unter der Vielzahl immer größer werdender Projekte darf ich besonders erwähnen: Neubau des Stadttheaters, zahlreiche Spannbeton- und Talbrücken der Autobahn sowie an Autobahn-Zubringerstraßen, Neubau einer Parkgarage, die von Parkhausgesellschaften errichtet werden, an denen ich als Geschäftsführer jeweils maßgeblich beteiligt bin, und schließlich Neubau diverser Krankenhäuser und Institute.

Zusammenfassend darf ich erwähnen, daß ich mich bereits seit längerer Zeit als voll eingegliedert betrachte und zu keinem Zeitpunkt Flüchtlingsproduktivkredite oder LAG-Darlehen in Anspruch genommen habe."

Vielleicht wäre dieser Brief ein eleganter Abschluß dieses Kapitels; nichts desto weniger müssen ergänzende Informationen noch gegeben werden.

Es soll nicht der Eindruck erweckt werden, als ob alle diese Aktionen völlig reibungslos abliefen und nur geringe Verluste zu verzeichnen gewesen wären, nur selten Korruption und Betrug Ärgernis erregten usw.; die unerfreulichen Erscheinungen hielten sich jedoch im üblichen Rahmen.

Aber die volkswirtschaftliche Kritik dürfte vielleicht doch rückblickend für den Leser wichtig sein, um sich selbst ein Urteil zu bilden. Bayern besitzt in der „Pfister-Reihe" eine 1955 mit Interesse, nicht überall mit Freude aufgenommene Untersuchung von Dr. Bodo K. Spiethoff[39]). Auf Bitte von Professor Bernhard Pfister konnte Spiethoff nicht nur alle Quellen der amtlichen Statistik auswerten, sondern mit Zustimmung von Staatssekretär Oberländer auch alle für seine Forschungsarbeiten wichtigen Vorgänge und Erhebungen der Flüchtlingsverwaltung. Vor allem wird dem Leser verständlich gemacht, wie nützlich zwar das Provisorium „Staatsverbürgte Flüchtlings-Produktivkredite" an sich war, wie zwingend notwendig aber die von Otto Barbarino angeregte Herausnahme bankähnlicher Arbeiten aus der staatlichen Verwaltung und die Gründung der LfA gewesen war. Spiethoff konnte nach

39) Bernhard Pfister (Herausgeber): Untersuchungen zum deutschen Vertriebenen- und Flüchtlingsproblem; Schriften des Vereins für Sozialpolitik, Gesellschaft für Wirtschafts- und Sozialwissenschaften; hier: Bodo K. Spiethoff: Untersuchungen zum bayerischen Flüchtlingsproblem; Neue Folge Band 7/VI, Berlin 1955, 124 S.

einer dezenten Kritik bereits erwähnen, daß die volkswirtschaftlichen Bedenken hinsichtlich der „banküblichen Sorgfalt" durch die Gründung der Landesanstalt für Aufbaufinanzierung hinfällig geworden waren.

Ein weiteres Dokument, das unbedingt erwähnt werden muß, erschien 1951. Der Bayerische Landtag hatte am 4. April 1951 beschlossen, daß beim Ministerpräsidenten ein Beirat „zur Aufstellung der Richtlinien eines Landesentwicklungsplans" zu bilden sei. Es war also im ersten Jahr der zweiten Legislaturperiode mit der Koalition CSU/SPD/BHE.

Im September 1951 wurde den Mitgliedern des Beirats die umfassende Bestandsaufnahme des Wirtschaftsministerium durch den Ministerpräsidenten überreicht[40]). Dr. *Hanns Seidel* war damals Wirtschaftsminister, Dr. *Willi Guthsmuths* sein Staatssekretär. Verfasser waren Dr. *Wilhelm Henninger, Wolfgang Helwig* u. a. In dem umfangreichen Werk widmete das Bayerische Staatsministerium für Wirtschaft und Verkehr — Landesplanungsstelle — dem Problem der wirtschaftlichen Eingliederung der Vertriebenen weiten Raum; fast das ganze Kapitel IV des 1. Teils (S. 99—161) beschäftigt sich bei der Behandlung der „soziologischen Strukturwandlungen" mit den durch die Aufnahme der Vertriebenen entstandenen Problemen des bayerischen Arbeitsmarktes und den Flüchtlingsbetrieben. Der Tenor dieses Werkes lautete:

„Unbestritten ist, daß der Zustrom hervorragender Fachkräfte und erfahrener Unternehmerpersönlichkeiten aus dem Sudetenland, aus Schlesien und den übrigen Gebieten für die bayerische Wirtschaft eine wertvolle Bereicherung darstellte, umsomehr als sich das berufliche Wissen und Können vielfach auf solche Gewerbezweige erstreckte, die in Bayern noch nicht oder nur schwach vertreten waren."

Der umfangreiche zweite Teil „Planung" erschien 1954.

4. 8 *„Die importierte Industrialisierung"*

An der Universität Erlangen-Nürnberg entstand unter Professor Dr. *Waldemar Besson* eine bemerkenswerte Dissertation, die 1969 erschien[41]): *Klaus Schreyer* gab ihr den Titel: „Bayern — ein Industriestaat, die importierte Industrialisierung; das wirtschaftliche Wachstum nach 1945 als Ordnungs- und Strukturproblem." Die „Stiftung Volkswagenwerk" förderte die Studie. In ihr geht es nicht primär um die Eingliederung der Vertriebenen. Gelegentlich spürt man die Schwierigkeiten, die sich einer historischen Darstellung entgegenstellen. Wenn Kritiker meinen, sie hätten dieses oder jenes anders dargestellt, so kann *Schreyer* sich immer auf Dokumente berufen, die ihm zur

---

40) Bayerisches Staatsministerium für Wirtschaft und Verkehr. Landesplanungsstelle: Die Bayerische Landesplanung, Grundlagen für die Aufstellung von Richtlinien zu einem Landesentwicklungsplan, 1. Teil Bestandsaufnahme, München 1951, 184 S.; 2. Teil Planung, München 1953, S. 185—1036.
41) Klaus Schreyer: Bayern — ein Industriestaat, die importierte Industrialisierung; München-Wien 1969, 404 S.

Verfügung standen. Die gleichen kritischen Bemerkungen wird der Autor dieses Berichtes erwarten müssen. *Schreyers* Buch gehört zu den nützlichsten Informationen in diesem Bereich. Auf Seite 288 begründet er den Titel seiner Arbeit:

> „Es mag deswegen erlaubt sein, von einer ‚importierten Industrialisierung' zu sprechen. Dies heißt zunächst: Zuwachs an Arbeitspotential und technologischer Substanzgewinn. Gerade aber das wirtschaftspolitische Motiv, zu industrialisieren, ist durch das gesamtpolitische und soziale Ereignisbild der ersten Jahre nach 1945 exogen, d. h. in den wirtschaftlich und gesellschaftlich zu integrierenden Transportmassen der Flüchtlinge und Heimatvertriebenen, begründet worden. Der industrielle Wachstumssprung in dieser Form war kein normaler Entwicklungsvorgang von innen heraus."

4. 9 Flüchtlingsbetriebe im Handwerk

Mehrfach wurde über die Errichtung von Flüchtlings-Handwerksbetrieben berichtet; bis zur Einführung der Gewerbefreiheit am 1. Dezember 1948 hatten Wirtschaftsministerium und Flüchtlingsverwaltung die Pflicht und die Möglichkeit, die Zulassung von Vertriebenen zu beeinflussen; in späteren Jahren — bis hin zu den Aufbaudarlehen für die gewerbliche Wirtschaft und freien Berufe nach dem Lastenausgleichsgesetz — ging es „nur" noch um finanzielle Förderung. Einen ersten Einblick in die Nachkriegsstruktur des deutschen Handwerks brachte die Handwerkszählung in Westdeutschland vom 30. September 1949. In Bayern wurden insgesamt 200 686 Handwerksbetriebe erfaßt, darunter 5,9 % „Flüchtlingsbetriebe" (11 787). Aus den Ergebnissen seien folgende Daten zitiert:

Flüchtlingsbetriebe im Handwerk am 30. 9. 1949

Handwerksgruppe	Flüchtlings- betriebe	in % aller Handwerksbetriebe	Beschäftigte
Bau	1 760	5,2	8 803
Nahrung	564	2,0	1 988
Bekleidung	5 532	8,0	11 499
Eisen	1 560	5,4	4 076
Holz	1 008	4,0	2 889
Körperpflege	930	8,1	2 113
sonstige Betriebe	433	1,0	944
Bayern insgesamt	11 787	5,9	32 312

Im November 1950 gab der Bayerische Handwerkstag einen 12seitigen Kommentar von *Wilhelm Kahlich* dazu heraus[42]). Er meinte:

42) Wilhelm Kahlich: Die heimatvertriebenen Handwerker in Bayern und im Bundesgebiet, eine Auswertung der statistischen Erhebungen vom 1. 10. 1949 über das gesamte Handwerk; Bayer. Handwerkstag, München, November 1950, 12 Seiten und Tabellenteil.

„Wie stark besonders der Kapitalbedarf die Seßhaftmachung beeinflußt hat, zeigt die Branchenverteilung. Der Flüchtlingsanteil beim Nahrungsmittelhandwerk, bei dem Betriebsneugründungen sehr kostspielig sind, beträgt daher nur 2 %, dagegen beim Bekleidungsgewerbe 8 %."

Abschließend stellte *Kahlich* fest, daß „die Gewerbefreiheit die Seßhaftmachung der zahlreichen heimatvertriebenen Handwerker nicht in dem erwarteten Ausmaß gefördert hat". Damit schneiden wir einen Punkt an, der die weitere Beobachtung der Eingliederung von Flüchtlingsbetrieben — nicht nur im Handwerk, sondern genauso im Handel, in der Industrie und auch in der Landwirtschaft — ungemein erschwert. Mit dem „Wirtschaftswunder" gab es nicht nur die erfreuliche Entlastung des Arbeitsmarktes, auf dem 90 % der Vertriebenen als Arbeitnehmer eingegliedert wurden, sondern auch einen enormen Strukturwandel. Das Schrumpfen der Zahl der Betriebe, weil die Rentabilität nicht mehr ausreichte, also vornehmlich bei Kleinbetrieben, führte zu der Anomalität, daß die Gesamtzahl der Handwerksbetriebe zurückging, umgekehrt die Zahl der darin Beschäftigten zunahm; trotzdem wurden aber Neugründungen von Flüchtlingshandwerksbetrieben gefördert. Man mag das auf den ersten Blick als Nonsens ansehen, vielleicht war es auch im Einzelfall mehr eine soziale, als eine volkswirtschaftliche Lösung. Aber es würde sehr detaillierter Untersuchungen bedürfen, innerhalb des Strukturwandels im deutschen Handwerk die besondere Entwicklung von „Flüchtlingsbetrieben" zu werten. Vor allem liegen gar keine entsprechenden Informationen vor. Des weiteren wäre eine solche Studie nicht auf ein Bundesland zu beschränken.

In dem Bereich der volkswirtschaftlichen Untersuchungen gab es eine Reihe — auch für die Flüchtlingsverwaltung brauchbarer — wissenschaftlicher Untersuchungen; die *Pfister*-Reihe wurde bereits erwähnt. Die Sozialforschungsstelle der Universität Münster in Dortmund muß genannt werden. Zwei Titel aus dem Jahre 1949 und 1952 sind aus den Kieler Studien besonders zu erwähnen. Der erste Titel betrifft die Fortsetzung der Studie für den Caritasverband: Das deutsche Flüchtlingsproblem — Neue Unterlagen zur Beurteilung der Bevölkerungsstruktur und der regionalen Lastenverteilung; Autoren waren *Friedrich Edding, Hans-Erich Hornschu* und *Hilde Wander*[43]). Der zweite Titel von *Friedrich Edding:* „Die Flüchtlinge als Belastung und Antrieb der westdeutschen Wirtschaft" 1952[44]).

4. 10 Der „Sonne-Bericht"

Damit nähern wir uns dem Schluß dieses Kapitals und heben als Dokument besonders den sog. „Sonne-Bericht" hervor. Zu den deutschen Mit-

---

43) Friedrich Edding, Hans-Erich Hornschu und Hilde Wander: Das deutsche Flüchtlingsproblem, neue Unterlagen zur Beurteilung der Bevölkerungsstruktur und der regionalen Lastenverteilung; Institut für Weltwirtschaft an der Universität Kiel, Februar 1949, 86 S., 33 Tabellen.
44) Friedrich Edding: Die Flüchtlinge als Belastung und Antrieb der westdeutschen Wirtschaft; Kieler Studien Heft 12, Kiel 1952, 69 S.

gliedern der Kommission gehören drei, in unserem Bericht immer wieder genannte Experten: *Friedrich Edding, Ludwig Neundörfer* und *Reinhold Nimptsch;* als vierter gehörte zu ihnen Dr. *Friedrich Schäfer,* damals Staatskommissar für die Umsiedlung, Tübingen, und schließlich *Angela Zigahl* für die Fragen der sozialen Wohlfahrt.

Die ECA- (Economic Cooperation Administration) Technical Assistance Commission für die Eingliederung der Flüchtlinge in die Deutsche Bundesrepublik setzte sich aus den Volkswirtschaftsprofessoren *William H. McPherson, John Kenneth Galbraith,* dem Agrarwissenschaftler *Paul V. Maris* und dem Handwerksexperten *Allen Eaton* zusammen; Vorsitzender war *H. Christan Sonne,* Planungssachverständiger. Das Ergebnis wurde dem Bundeskanzler *Adenauer* am 21. März 1951 überreicht. In unserem Bericht soll nur einiges dazu gesagt werden, was Bayern betrifft. An der Vorbereitung waren *Jaenicke* und der Hauptausschuß nicht unbeteiligt. Als die Kommission aufgestellt war und die Bundesländer bereiste, kam sie auch nach Bayern. Am 5. Dezember 1950 brachte „Die Neue Zeitung" einen ausführlichen Bericht: „Bayern legt in Bonn Sechsjahresplan für die Eingliederung der Vertriebenen vor"[45]). *Sonne* stellte seine Aufgabe so dar: „Herr *Jaenicke,* denken Sie, ich wäre der Kaiser von China und würde Ihnen jeden Wunsch erfüllen. Was würden Sie für Ihre Flüchtlinge fordern?"

Die USA hatten also verständlicherweise nicht die Absicht, einen Blankoscheck zu unterschreiben, vielmehr wünschten sie, ehe über irgendeine Förderung gesprochen werden konnte, von den deutschen Verwaltungsstellen zu erfahren, wie diese sich die Lösung des Vertriebenenproblems vorstellten. Die Kommission war damals überrascht, wie viele ihrer Fragen von den bayerischen Ministerien, vom Hauptausschuß usw. präzise beantwortet werden konnten. In anderen Bundesländern war die Koordinierung nicht überall gleich weit fortgeschritten. Inzwischen ist der Sonne-Bericht längst überholt, in vielen Teilen weit übertroffen. Es wäre eine volkswirtschaftliche Untersuchung wert, die damaligen Vorstellungen, die sehr eingehend dargelegt worden waren, mit der inzwischen erfolgten tatsächlichen Entwicklung zu vergleichen. Es rümpft mancher Politiker und mancher Wissenschaftler heute die Nase über die Weisheit von 1950; man hat inzwischen manches gelernt, man konnte manches nicht voraussehen. Wenn man aber den Gründen nachgehen würde, könnte man wahrscheinlich auch feststellen, wann die aktuelle Krise der Gegenwart begann. Als sie sich frühzeitig ankündigte und „Maßhalte-Appelle" zu hören waren, wurden sachverständige Warnungen als unerwünschte und überflüssige Kassandrarufe abgetan.

---

45) Pressebericht: Bayern legt in Bonn Sechsjahresplan für die Eingliederung der Vertriebenen vor; 1,5 Milliarden DM erforderliche Investitionen sind in 16 Jahren zu amortisieren; „Neue Zeitung", München, Nr. 288 vom 5. 12. 1950 (zum Sonne-Plan).

VI. Lastenausgleichsleistungen in Bayern

1. 1945 dachte noch kein Vertriebener an eine Entschädigung

Es waren nicht zuerst die Vertriebenen, die für sich selber einen „Lasten-ausgleich" forderten. Nach der bedingungslosen Kapitulation bot die politische Atmosphäre für derartige Wünsche oder gar Forderungen wenig Chancen. Die völlige Ungewißheit über die weitere Entwicklung Deutschlands und die materielle Not belasteten in diesen Monaten die gesamte Bevölkerung. Erst langsam begriff der eine Teil, wie nützlich und beglückend es war, als „Einheimischer" im vertrauten Lebensbereich wieder anzufangen, und der andere Teil, was der Verlust der Heimat und was Flüchtlingselend wirklich bedeuteten. Auch in diesem Kapitel muß wieder daran erinnert werden, daß schon 1945 die Kirchen über die Tagesnot hinaus an die Zukunftprobleme dachten. Als eines von vielen Beispielen mag der Protokollauszug aus einer Sitzung des Evangelischen Hilfswerkes vom 15. Dezember 1945 in Stuttgart dienen:

> *„Paul Graf York von Wartenburg:*
> Da vorerst keine zentrale staatliche Gewalt für das gesamte Reichsgebiet besteht, sind gerade die Kirchen dazu berufen, die Träger dieses Hilfs-werkes zu sein und die *Vertretung der Flüchtlingsinteressen* zu über-nehmen ... Er hebt noch besonders hervor, daß es dem Caritasverband und dem Evangelischen Hilfswerk *nicht nur* darum gehe, *caritativ* zu wirken, sondern sich auch mit dem Problem der Ansiedlung, Arbeits-beschaffung und der kulturellen Fragen im Flüchtlingssektor zu beschäf-tigen."

Die EKD-Denkschrift mit dem Titel „Die Lebensverhältnisse in Deutsch-land 1947" beweist, daß diese Zielsetzung keine unverbindliche Absichtser-klärung blieb[1]).
Ganz grob skizziert ließen sich die Flüchtlinge entsprechend ihren Denk-bildern im Herbst 1945 in drei Gruppen aufteilen:

1. 1 *Hoffnung auf Rückkehr*

Manche Flüchtlinge, die sich noch als „Zwangsevakuierte" (aus Breslau usw.) fühlten, konnten noch gar nicht begreifen, daß sie de facto zu „Vertriebenen" geworden waren. Die großen weltpolitischen Zusammenhänge waren den meisten Deutschen in jenen Tagen — wegen völlig unzureichender Infor-

---

1) Hilfswerk der Evangelischen Kirchen in Deutschland: Die Lebensverhältnisse in Deutschland 1947; Stuttgart, Juni 1947, 79 S.

mationsmöglichkeit — weitgehend unbekannt oder jedenfalls unverständlich. Als geradezu rührendes Beispiel mag ein Brief der Geschwister *Mentzel* aus Culmitz bei Naila an den Landesbischof D. *Meiser* dienen, den sie am 16. November 1945 schrieben[2]). Sie baten *Meiser*, „aufgrund Ihres Einflusses die polnische Regierung zur Wiederherstellung der ursprünglichen Grenzen von 1937 zu bewegen ... Möge es dem Herrn Landesbischof gelingen, eine Rückführung in geordnete Verhältnisse zu erwirken und somit allen Heimatlosen neuen Lebensmut zu geben."

1. 2 *Forderung zur Errichtung einer Flüchtlingsverwaltung*

Eine andere, wohl recht zahlreiche Gruppe erhoffte sich vom Aufbau einer geordneten Flüchtlings*verwaltung*, wenn auch nicht alles Heil, so doch eine feste Basis für die Eingliederung. Deutsche und ausländische Soziologen und Politologen apostrophierten später solche Zielvorstellungen als „typisch deutsch", keineswegs rein negativ gemeint. Als Ende September Dr. *Wilhelm Hoegner*, den die Amerikanische Militärregierung zum Ministerpräsidenten ernannt und mit der Bildung einer neuen Landesregierung beauftragt hatte, in der Staatskanzlei seine Kabinettsberatungen aufnahm, war die Größe des Flüchtlingsproblems noch nicht voll erkennbar. Jedoch ahnten die vier fachlich betroffenen Staatsminister, daß sich daraus etwas zusammenbraute, das zur „Staatsaufgabe Nr. 1" werden könnte.

Finanzminister Professor Dr. *Fritz Terhalle*, Arbeitsminister *Albert Roßhaupter*, Wirtschaftsminister Professor Dr. *Ludwig Erhard* und Innenminister *Josef Seifried* drängten, wie *Terhalle* im Frühjahr 1946 dem Autor einmal erzählte, eine Sonderverwaltung als interministerielle Institution zu errichten. Sie waren jedoch froh, daß sich der Innenminister als „Wohlfahrtsminister" bereit erklärte, die Federführung zu übernehmen. An mehr als „Fürsorgeleistungen" dachte man damals noch nicht.

Allerdings stand eine schwierige Frage im Raum: Die Ausgebombten hatten Anspruch auf Entschädigung, die während des Krieges nur teilweise ausgezahlt worden war. Würde der Freistaat Bayern bereit und überhaupt in der Lage sein, diese alten Forderungen zu erfüllen? Und wie würden sich dann die „Zugewanderten" verhalten, die ja in ihrer Heimat praktisch alles hatten zurücklassen müssen? Selbst jene, die in diesen Tagen bereit waren, wenigstens theoretisch derartige Überlegungen anzustellen, konnten nicht sagen, woher solche ungeheuren Finanzmittel hätten beschafft werden sollen. Obendrein hätte eine Bargeld-Entschädigung wenig genutzt, da man das Nötige überhaupt nicht kaufen konnte.

Ähnlich wie ein Rettungsring wirkte der Entschluß vom 2. November 1945, einen Staatskommissar für das Flüchtlingswesen zu berufen. Nicht nur die Flüchtlinge hatten das Gefühl, nun werde alles irgendwie in geordnete Bahnen

2) Archiv der Evang.-Luth. Kirche in Bayern, München, Meiserstraße.

kommen. Jedenfalls erwarteten viele Einheimische und die meisten Flüchtlinge, daß sich dieser Staatskommissar keineswegs ausschließlich um die bevorstehende Einschleusung der Ausweisungstransporte (1946) kümmern werde. Viele gute Ratschläge wurden erteilt. In diesem Stadium schrieb — um wieder ein dokumentarisches Beispiel herauszugreifen — der Breslauer Rechtsanwalt und Notar *Ulrich Gericke*, damals in Landshut an der Isar einquartiert, am 19. November 1945 an den Ministerpräsidenten, den Erzbischof von Regensburg, den Evang.-Luth. Landesbischof und den Landshuter Oberbürgermeister. Er kritisierte, ein Staatskommissar dürfte nicht der Wohlfahrtsabteilung, sondern müsse direkt dem Ministerpräsidenten unterstellt werden.

Mehr Einfluß als derartige Briefe konnten jene kleinen Gruppen (vor allem von Sudetendeutschen und Schlesiern) ausüben, die sich mehr oder minder spontan und formlos in der Landeshauptstadt München zusammengefunden hatten und seit dem Sommer 1945 immer wieder zu Gesprächen in die Staatskanzlei kamen — meistens auf eigenes Drängen, gelegentlich aber auch gerufen. Vorerst beschränkten sie sich bei ihren Forderungen auf die Errichtung einer geordneten Flüchtlingsverwaltung.

1. 3 Selbsthilfe — der beste Weg zur Eingliederung

Eine dritte kleine, aber einflußreiche Gruppe setzte sich aus Persönlichkeiten zusammen, die eines gemeinsam besaßen: einen realistischen Optimismus. Zwar begrüßten sie die Errichtung einer Sonderverwaltung, schon allein um 1946 die Ausweisungstransporte zu verteilen und in Notfällen die Zahlung von Fürsorgeunterstützung sicherzustellen. Aber sie erkannten auch den desolaten Zustand der staatlichen Verwaltung und die unberechenbaren Eingriffe der Militärregierung. Alle diese Männer wollten für ihre Person nicht erst abwarten, bis die Behörden wieder normal arbeiten konnten; nein, mit unternehmerischem Elan griffen sie zur Selbsthilfe. Als einem von diesen Männern auf seine Vorschläge geantwortet wurde, wir hätten doch den Krieg verloren, meinte er schlicht, „dies sei ein halbes Jahr her".

Frühere Unternehmer suchten ihre Angestellten, Meister und Facharbeiter und umgekehrt. Mitglieder früherer Produktions-Genossenschaften nahmen wieder Kontakt auf. Ihr Können und Wissen war das unschätzbare Anfangskapital. Lohnintensive Betriebe begannen als erste, auch wenn es nur für eine Notproduktion langte. An eine irgendwie geartete „Entschädigung" glaubten sie alle noch nicht. Selbst Aufbaudarlehen zog man nicht in Betracht, weil es ja den Vertriebenen unmöglich war, banküblicher Sicherheiten zu bieten.

2. 1947 Beginn der staatlichen Eingliederungshilfe

Das ganze Jahr 1946 hindurch waren die Flüchtlingskommissare und ebenso die Regierungskommissare mit der Durchführung der Einschleusung bis an die Grenze des physisch Tragbaren belastet. Dies galt auch für viele Referenten des Staatskommissars (Transport, Lager, Beschaffung usw.). *Jaenicke* war aber ein Meister im Delegieren und fand infolgedessen Zeit und Kraft, im engsten Kreise Grundsatzprobleme modellhaft durchzudenken. Projekte, die zu realisieren möglich und notwendig erschienen, gingen dann in die Beratungen ein, die der Vorbereitung des Flüchtlingsgesetzes (vom 19. Februar 1947) und der (am 8. Juli folgenden) Ausführungsbestimmungen dienten.

Im ersten Jahresbericht über 1946 vermied der Staatskommissar noch jede Andeutung; denn die Militärregierung hatte dem Entwurf des zoneneinheitlichen Flüchtlingsgesetzes im Januar 1947 noch nicht zugestimmt. In seinem zweiten Jahresbericht über 1947 konnte er jedoch über „Eingliederungshilfen" berichten, sowie über die Schaffung von drei speziellen Referaten „für (landwirtschaftliche) Siedlung, Industrie und Genossenschaftswesen"[3].

> „*Kredithilfe:* Die Beschaffung des Anfangskapitals wird durch staatliche Kreditgewährung erleichtert. Das Finanzministerium hat für diesen Zweck 1947 einen Betrag von 25 Mill. Reichsmark zur Verfügung gestellt. Die eingereichten Anträge werden vom Industriereferat bearbeitet."

Bis Ende 1947 waren bereits 1600 Lizenzen an Flüchtlingsindustriebetriebe erteilt worden und mehr als 1000 hatten ihre Tätigkeit in Bayern schon aufgenommen. Der dritte Jahresbericht über das Jahr der Währungsreform 1948 widmete der Kredithilfe für Vertriebene einen langen Absatz[3].

> „Das Bayerische Staatsministerium der Finanzen wurde durch das vorläufige Haushaltsgesetz für das Haushaltsjahr 1948 (1. 4. 1948—31. 3. 1949) ermächtigt, für den Bayerischen Staat bis zum Betrage von 25 Mill. D-Mark die Ausfallbürgschaft für Kredite gemäß Art. III 2 f nach den Ausführungsbestimmungen zum Flüchtlingsgesetz zu übernehmen."

Der Staat garantierte also gegenüber den Banken die Erstattung im Fall der Zahlungsunfähigkeit eines Flüchtlingsbetriebes. Derartige konstruktive Maßnahmen zur Eingliederung — also Starthilfe bei Betriebsgründungen und zugleich Schaffung von Arbeitsplätzen — wollte die Bayerische Staatsregierung im Rahmen eines zukünftigen Lastenausgleichs in erheblich erweitertem Umfange realisieren. In diesem dritten Jahresbericht, der im Januar 1949, erschien, klagte aber *Jaenicke:*

> „An den Vorarbeiten zum Lastenausgleichsgesetz wurden leider die berufenen Vertreter der Flüchtlinge, nämlich die Leiter der Flüchtlings-

3) Wolfgang Jaenicke: Jahresberichte über die Tätigkeit der Bayerischen Flüchtlings-Verwaltung (Erster, Januar 1947, 4 S.; Zweiter, Februar 1948, 7 S.; Dritter, Januar 1949, 14 S.); München.

verwaltungen in den einzelnen Ländern der Bi-Zone, nicht erwartungs-
gemäß beteiligt. Die Folge davon war, daß das 1. Lastenausgleichsgesetz
(es hieß später „Soforthilfe-Gesetz") das Schwergewicht auf den Für-
sorgesektor legte, statt die konstruktiven Möglichkeiten (Aufbauhilfe,
Wohnungsbau und Hausrathilfe) in den Vordergrund zu stellen."

Ein Jahr später, im März 1950, heißt es in der Denkschrift „Vier Jahre
Betreuung der Vertriebenen in Bayern"[4]):

„*Soforthilfegesetz:*
... Andererseits muß von der Seite der Flüchtlingsbetreuung aus bedauert
werden, daß die Unterhaltshilfe an die Spitze aller Leisungen gestellt
wurde. Die unerwartet große Zahl von Anträgen auf Unterhaltshilfe
hat zur Folge, daß für die so wichtige Hausrat- und Aufbauhilfe viel
zu geringe Mittel zur Verfügung gestellt werden können."

Die „unerwartet große Zahl von Anträgen" fiel in die Zeit der größten
Nachkriegsarbeitslosigkeit.

Solche Soforthilfe-Daten mußte übrigens der Staatssekretär beim Leiter des
Landesamtes für Soforthilfe erfragen; denn dieses am 4. Juli 1949 errichtete
Amt gehörte zwar zum Innenministerium, nicht aber in die Zuständigkeit der
Flüchtlingsverwaltung, obwohl 81 % der Leistungen den Vertriebenen zugute
kamen. Die Ideen *Jaenickes,* die er übrigens mit einigen Sachverständigen,
insbesondere der Wirtschaftspolitik und der Wirtschaftswissenschaften, teilte,
setzten sich nicht durch, obwohl überzeugende Anfangserfolge bei den „Staatsverbürgten Flüchtlings-Produktivkrediten" zu verzeichnen waren.

Um dem Leser ein objektives Urteil zu erleichtern, muß hier vorweg auf
den „Abschlußbericht über die Durchführung des Soforthilfegesetzes" hingewiesen werden[5]), den das Bundesausgleichsamt 1953 herausgab. Und zitiert
werden sollen die Abschlußzahlen der Rechnungsstelle des Landesausgleichsamtes über Soforthilfe-Leistungen in Bayern:

Soforthilfeleistungen in Bayern 1949—1952

Unterhaltshilfe usw.	647,6 Mill. DM
Hausrathilfe	121,2 Mill. DM
Aufbaudarlehen usw.	201,8 Mill. DM
„Wohnraumhilfe"	405,1 Mill. DM
Soforthilfemittel in Bayern insgesamt	1375,7 Mill. DM

4) Wolfgang Jaenicke: Vier Jahre Betreuung der Vertriebenen in Bayern 1945—
   1949; Bayer. Staatsministerium des Innern, München, März 1950, 38 S.
5) Wilhelm Conrad: Abschlußbericht über die Durchführung des Soforthilfegesetzes; Bundesausgleichsamt, Bad Homburg v. d. H., 1953, 36 S.

Sofort erfährt nämlich der Leser, daß zwar auf die Auszahlung von Unterhaltshilfe rund die Hälfte der SHG-Leistungen entfiel, später aber doch auch Aufbaudarlehen gewährt und der Wohnungsbau gefördert wurden. Die „Wohnraumhilfe" war ein Darlehen des Soforthilfefonds an den Bayerischen Staat, der dadurch instand gesetzt wurde, Staatsdarlehen für den Wohnungsbau zu vergeben. Diese kluge Lösung diente der Beschleunigung des dringend notwendigen Wohnungsbaues, weil der bereits bestehende staatliche Apparat für den sozialen Wohnungsbau sofort tätig werden konnte, während die Ausgleichsverwaltung erst gerade begann, sich zu installieren.

3. Probleme der Mittelbeschaffung für einen Ausgleichsfonds

Als man anfing, sich Gedanken über das Volumen der benötigten Finanzmittel zu machen, liefen zwangsläufig parallel dazu Überlegungen, woher solche enormen Geldbeträge beschafft werden könnten. Nicht ausschließlich zur Klärung dieser Frage gab *Jaenicke* im Frühjahr 1946 den Auftrag, alle erreichbaren Informationen über den griechisch-türkischen Bevölkerungsaustausch aufgrund des Lausanner Abkommens von 1923 zu beschaffen. Diesen Auftrag zu erledigen, war gar nicht leicht. Die Bibliotheken hatten noch fast alle Bestände verlagert. Über einige Umwege und Zwischenstationen kamen dann doch die erbetenen Informationen, vor allem aus Genf, sowohl aus dem „Palais des Nations" wie vom Internationalen Komitee vom Roten Kreuz (CICR). Das Studium ergab wenig positive Erkenntnisse. Denn die 1924 gerade gegründete griechische Republik hatte keine echte Eingliederungspolitik beginnen können. *Jaenicke* konnte aber die Gefahr aufzeigen, die drohte, wenn nach einer Massenvertreibung nicht vom ersten Augenblick an mit Eingliederungsmaßnahmen begonnen würde. Eine Nachricht aber ließ aufhorchen: Die Griechen-Anleihe von 1923. Immer und immer wieder wies *Jaenicke* darauf hin:

> „Für die Umsiedlung von 1¹/₂ Millionen Griechen aufgrund des Vertrages von Lausanne im Jahre 1923 wurden 300 Mill. Goldfranken als Anleihe in New York, London und Athen gezeichnet. Damals konnten die fälligen Zinsen stets regelmäßig bezahlt werden. Auch heute würde eine internationale Flüchtlings-Produktivkredit-Anleihe sich wirtschaftlich nicht nur zum Besten der Heimatvertriebenen auswirken, sondern für ganz Europa rentieren."

Wenn die bayerische Flüchtlingsverwaltung seit 1946 ständig internationale Hilfe forderte, ging es ihr in erster Linie nicht um caritativen Beistand, sondern um die Ermöglichung der wirtschaftlichen Eingliederung.

Über schwedische Freunde, z. B. *Henrik Beer*, den heutigen Generalsekretär der Liga der Rot-Kreuz-Gesellschaften, und *Lili Gräfin Hamilton* („Rettet die Kinder" — Rädda Barnen), liefen bald Informationen auch über den finnischen Lastenausgleich ein. In den Tagen, als Berlin fiel, verabschiedete der Finnische Reichstag ein rigoroses Gesetz zur Kriegsfolgenhilfe, nicht nur für die 440 000 Karelier.

Im August 1955 fand die 5. Generalversammlung der AER (Europäische Forschungsgruppe für Flüchtlingsfragen) in Helsinki statt. Für die Teilnehmer schrieben finnische Experten unter Leitung von Professor Dr. *Heikki Waris* Artikel, die mit Förderung der Finnischen Regierung als Heft 1/1955 der INTEGRATION publiziert wurden[6]). Das offizielle Finnland erklärte damals sein Karelier-Problem für praktisch gelöst. Außer der schwer zugänglichen finnischen Literatur gilt dieses Finnland-Heft noch heute als die beste Darstellung für die Zeit 1945—1955.

Wie hatten die Finnen den Schadensumfang festgestellt? Denn wenn den deutschen Vertriebenen eine Entschädigung ausgezahlt werden sollte, mußte man doch irgendwie die Schadenshöhe feststellen, falls man nicht an rein soziale Lösungen dachte. Hier war jedoch aus den Vorgängen in Finnland nichts zu lernen, weil bei den Kareliern die Frage nach einer „Schadensfeststellung" praktisch kaum eine Rolle spielte. Warum? Die 440 000 Karelier hatten für Finnland votiert; sie wollten nicht Bürger einer Sozialistischen Sowjetrepublik Karelien werden. Geschützt von der sich planmäßig zurückziehenden finnischen Armee räumten die Karelier ihre Heimat. Dabei wurden die wichtigsten Akten der Behörden, Banken usw. mitgenommen, d. h. die Schadenshöhe war relativ leicht nachzuweisen. Und noch etwas anderes schien den deutschen Finanzpolitikern wichtig: Eine in Finnland als optimal angesehene Lösung für 440 000 karelische Umsiedler wollte man nicht bedenkenlos nachvollziehen; denn in der Bundesrepublik ging es um 8 000 000 Vertriebene. Die entscheidenden Bedenken, durch sofortige Aushändigung goldsicherer Zertifikate — ebenso wie in Finnland — den deutschen Vertriebenen zu helfen, tauchten aus einem anderen Grunde auf. Die Zertifikate konnten bei den Banken eingelöst werden. Infolge einer Inflation zerrann aber die Entschädigung schnell. Später mußte Finnland die goldsicheren Zertifikate nun bei den Banken einlösen, die sich z. T. in ausländischen Händen befanden. Und bei den bi-zonalen Vorberatungen zum deutschen Lastenausgleich konnte niemand überschauen, in welcher Form die Währungsreform durchgeführt werden sollte und welche Auswirkungen sie haben würde. Der Schock der Inflation von 1923, als 1 Dollar einem Gegenwert von 4 200 000 000 000 Mark (4,2 Billionen) entsprach, hatte viel zu tiefe Spuren hinterlassen, als daß man irgendwelchen Manipulationen einen Geschmack abgewinnen konnte.

---

6) Association Européenne pour l Etude du Problème des Réfugiés (AER), „Integration, Bulletin International" 2. Jahrgang Nr. 1; München-Augsburg 1955, 60 S. (mit Beiträgen von: Heikki Waris, Veikko Vennemo, Yrjö Ilvessalo, Bruno Suviranta, Kaarlo Uolevi Pihkala, Axel Gadolin, Jouko Siipi, Victor Procopé, E. J. Paavola und eine Bibliographie von Gertrud Krallert).

In dieser groben, im Detail nicht exakt zutreffenden Form beurteilten damals die Geschädigtengruppen einerseits und die Finanzverwaltung andererseits das finnische Verfahren. Die jüngeren Leser mögen aus diesen Beispielen entnehmen, warum dann der Deutsche Bundestag ein derartig kompliziertes Gesetzeswerk beschloß.

4. Die Vorgeschichte auf Bundesebene

Nach diesen Ausführungen soll skizziert werden, welche anderen Kräfte, Institutionen usw. bei der Entwicklung der Denkbilder über einen deutschen Lastenausgleich mitwirkten. Der Leser wird auch erfahren wollen, wie es dazu kam, daß zusammen mit dem Lastenausgleich für Vertriebene auch die Kriegssachschäden (Fliegerschäden u. ä.) und Währungsschäden geregelt wurden.

Mit dem Gesamttitel „Die Lastenausgleichsgesetze" begann der Bundesminister für Vertriebene, Flüchtlinge und Kriegsgeschädigte (richtig hätte die Bezeichnung „Kriegssachgeschädigte" heißen müssen, weil die „Kriegsopferversorgung" beim Bundesarbeitsministerium ressortierte) im Jahre 1962 eine Buchreihe herauszugeben. Die Gesamtredaktion lag in Händen von Staatssekretär Dr. *Peter Paul Nahm*. Allein Band V, der sich mit der Saarland-Regelung beschäftigt, zählt 1016 Seiten. Für unseren Bericht genügt der Hinweis auf Band I/1 „Soforthilfe und Feststellungsgesetz"[7]). Zwei Verfasser nahmen später einflußreiche Stellungen ein, nämlich Dr. *Hans Neuhoff*, bis zu seinem Tod 1978 Generalsekretär des Bundes der Vertriebenen, und *Karlheinz Kugler* (auch 1979 noch), Geschäftsführender Vorsitzender des Zentralverbandes der Fliegergeschädigten, Evakuierten und Währungsgeschädigten. Im Vorwort schrieb *Nahm*, „Reibungen und Unzufriedenheiten zu verschweigen, hieße die Bedeutung der Dokumentation mindern" und fuhr fort:

„Seien wir gegenüber den Planern nicht ungerecht, indem wir ihr Wollen und Tun aus dem Licht unserer heutigen Kenntnisse (1962) beurteilen. Sie, die Planer aus den Jahren 1947—50, standen in Dunkelheit und Zweifeln. Die Dokumentation führt uns in die Tage ohne Hoffnung und Substanz zurück."

---

7) Bundesministerium für Vertriebene, Flüchtlinge und Kriegsgeschädigte: Die Lastenausgleichsgesetze, Dokumente zur Entwicklung des Gedankens, der Gesetzgebung und der Durchführung; Band I/1 Soforthilfe und Feststellungsgesetz; Bonn 1962, 407 S.

4. 1 Fliegerschäden im Zweiten Weltkrieg

Geschickterweise wurden in diesem Band I/1 Angaben aus einem gleichartigen Werk über Kriegsschäden (ohne Wiederholung der Dokumente) übernommen und die Vorgeschichte skizziert[8]).

Im Ersten Weltkrieg wurde am 3. Juli 1916 ein Feststellungsgesetz erlassen, das aber wegen der geringen Kriegssachschäden (außer in Ostpreußen und der Pfalz) nur wenigen in Erinnerung blieb. Darauf fußte die Regelung im Zweiten Weltkrieg vom 30. November 1940, für deren Durchführung ein „Reichskriegsschädenamt" innerhalb des Reichsverwaltungsgerichts errichtet wurde. Einschließlich der noch nach dem Zusammenbruch ausgezahlten Beträge (z. B. an Juden, die 1940 von der Regelung ausgeschlossen worden waren) wird die gesamte Entschädigungszahlung auf 45 Milliarden Reichsmark geschätzt, davon auf 37 Milliarden Reichsmark für den Bereich der heutigen Bundesrepublik Deutschland. Als der Luftkrieg immer rücksichtsloser wurde, legte zwar die Reichsregierung großen Wert auf die „Redlichkeit der Feststellungsbehörde", aber die Zahlungen blieben schließlich aus.

4. 2 1947 Gründung des Zentral-Verbandes der Fliegergeschädigten

Im Zusammenhang mit der allgemeinen Diskussion über die „Reichsschulden" meldeten sich die Ausgebombten mit ihren durch die ehemalige Feststellungsbehörde anerkannten Ansprüchen. Aus Anfängen in Stuttgart entstand für die drei Westzonen am 6. September 1947 der Zentral-Verband der Fliegergeschädigten (ZVF), der 1952 die „Evakuierten und Währungsgeschädigten" in seinen Verbandsnamen aufnahm. Zwei Festschriften von 1967 und 1971 schildern Vorgeschichte, Ziele und Erfolg des ZVF[9]). Auch die bayerischen Flieger- und Währungsgeschädigten erinnern sich dankbar der Verdienste der ZVF-Präsidenten: *Adolf Bauser*, Dr. *Wilhelm Mattes*, Dr. *Wilhelm Ziegler*, Dr. *Kurt Blaum*, Dr. *Wolfgang Rutschke*, vorübergehend Dr. *Nahm* und dann wieder *Rutschke*.

Im Flüchtlingsgesetz der Amerikanischen Zone war die Zuständigkeit für Evakuierte ausdrücklich ausgeschlossen. Als sich am 30. März 1946 der „Sparerbund" neugründete, der sich nach 1923 um die Inflationsschäden ge-

---

8) Bundesministerium für Vertriebene, Flüchtlinge und Kriegsgeschädigte, Dokumente Deutscher Kriegsschäden, Band II/1 Soziale und rechtliche Hilfsmaßnahmen für die luftkriegsbetroffene Bevölkerung bis zur Währungsreform; Bonn 1960, 716 S., darin: Hans Neuhoff: Das Entschädigungsrecht vor 1945 (S. 507—582) und Fortgeltung der Kriegsschädenverordnung nach der Kapitulation (S. 583—606).
9) Zentral-Verband der Fliegergeschädigten, Evakuierten und Währungsgeschädigten: Festschrift ZVF 1947—1967; Stuttgart 1967, 34 S. — Festausgabe der „Selbsthilfe": 25 Jahre BdF, Landesverband Baden-Württemberg (Traditionsverband des ZVF); Stuttgart 1971, Nr. 6/7, 24 S. — Karlheinz Kugler: Das Umsiedlungsproblem der Würzburger Außenbürger; ZVF, Stuttgart 1952, 105 S.

kümmert hatte, danach im Dritten Reich verboten war, nahm die Flüchtlingsverwaltung davon kaum oder keine Kenntnis. In jenen Jahren ahnte man
nicht, daß daraus der einflußreiche ZVF erwachsen würde. Die Fliegergeschädigten fühlten sich zurückgesetzt und stießen bei den Einheimischen weitgehend auf Sympathie. In dieser Phase artikulierten sich gewisse Spannungen
zwischen Einheimischen und Flüchtlingen (Entstehung der Flüchtlingsparteien
u. ä.).

4. 3 Finanzpolitische Diskussion über die Reichsschulden

Neben den Flüchtlingsverwaltungen und neben den Fliegergeschädigten gab
es noch eine dritte Gruppe, die aber aus einem ganz anderen Blickfeld die
„Lastenausgleichsprobleme" untersuchte, nämlich die Finanzpolitiker. Aus
dem oben erwähnten Band I/1 des Bundesvertriebenenministeriums zitieren
wir noch eine weitere Stelle:

> „Vorschläge zur Regulierung der Reichsschuld und der Kriegsschäden
> insbesondere wurden sehr bald nach Kriegsende in erheblicher Zahl
> unterbreitet. Neben zahlreichen Empfehlungen von Sachverständigen und
> vermeintlichen Sachkundigen gewannen vor allem auf den Gang der
> Dinge die Vorlage der Landes- und Provinzialverwaltungen sowie die
> Meinungen der Ordinarien der Nationalökonomie Einfluß.
> In der Amerikanischen Besatzungszone konzentrierte sich die Initiativ-
> tätigkeit in München und Wiesbaden. Im Einvernehmen mit dem Baye-
> rischen Ministerpräsidenten *Schäffer* hatte in München im Frühsommer
> 1945 Professor Dr. *Adolf Weber* eine ‚Volkswirtschaftliche Arbeitsge-
> meinschaft für Bayern' ins Leben gerufen, zu deren führenden Mitarbei-
> tern auch der Bayerische Finanzminister Professor Dr. *(Fritz) Terhalle*
> gehörte[10]). Die Volkswirtschaftliche Arbeitsgemeinschaft war eng koordi-
> niert mit einem Ausschuß für Wirtschafts- und Finanzpolitik der Münch-
> ner Gewerkschaften, dessen führendes Mitglied *Erwin Hielscher* war."

Der Vollständigkeit wegen seien wenigstens die Namen anderer Sachverständiger genannt: Der Hessische Finanzminister Dr. *Wilhelm Mattes* und sein
Nachfolger Professor Dr. Dr. *Robert Noell von der Nahmer,* der Niedersächsische Finanzminister Dr. Dr. *Hermann Höpker-Aschoff* und der Generalsekretär des Zonenbeirats der Britischen Zone Professor Dr. *Gerhard Weisser,*
sowie in der Französischen Zone der Landesdirektor der Finanzen in Württemberg-Hohenzollern Dr. *Paul Binder.*

---

10) Adolf Weber, Volkswirtschaftliche Arbeitsgemeinschaft für Bayern: Seßhaftmachung Heimatloser in Bayern; München 1947, 250 S.

4. 4 Die politischen Parteien 1947 noch zurückhaltend

Eine politische Feststellung von großer Bedeutung muß aus der Bonner Dokumentation ebenfalls erwähnt werden:

„Ab Jahresmitte 1947 wurden die Themen ‚Währungsreform‘ und ‚Lastenausgleich‘ vorrangiger Gegenstand von Politik und Publizistik. *Die Parteien hielten sich jedoch auch weiterhin mit einer Meinungsbildung zurück.*"

Zwei Schlußfolgerungen seien aus dieser Kurzdarstellung der Vorgeschichte gewagt. Die — absolut korrekte — Beschränkung von Staatssekretär *Jaenicke* auf seine Aufgabe, d. h. die Eingliederung der Vertriebenen, dürfte ausschlaggebend dafür sein, daß seine Vorstellungen und Ratschläge zu einem Lastenausgleich nur noch bedingt gehört wurden; sie bezogen sich ja nicht auf Flieger- und Währungsschäden.

Die andere Schlußfolgerung betrifft die Parteien, die zwar Vertriebene zu ihren Mitgliedern zählten, diese aber im allgemeinen in ihren Parteigremien und Parlamenten zahlen- und gewichtsmäßig nur unzureichend beteiligten. An einzelnen, bemerkenswerten Initiativen fehlte es jedoch nicht, wie z. B. die erste Arbeitssitzung des *„Parlaments der Jungen Union"* im April 1947 im Münchner Rathaus beweist. Auf Antrag von *Franz-Xaver Butterhof*, Nürnberg, legte die Junge Union einen Gesetzentwurf für einen „vorläufigen freiwilligen Lastenausgleich als anrechnungsfähige Vorleistung auf einen späteren endgültigen Lastenausgleich" vor. Aber im großen ganzen trifft das zitierte negative Urteil zu. Ohne Zweifel gab dieses Verhalten im Januar 1950 den Anstoß zur Gründung des BHE, des „Bundes der Heimatvertriebenen und Entrechteten", in Schleswig-Holstein unter Führung von *Waldemar Kraft*.

In Bayern erreichte der BHE im Bündnis mit der „Deutschen Gemeinschaft" bei den *Landtagswahlen* am 26. November 1950 sofort (aber einmalig) 12,3 % der Wählerstimmen und damit 26 Abgeordneten-Sitze. Vier Jahre später waren es noch 19, bei der Wahl 1958 noch 17. 1962 konnte die Gesamtdeutsche Partei (DP-BHE) die bayerische „Zehn-Prozent-Klausel" nicht mehr überspringen.

Bei der Wahl zum zweiten *Deutschen Bundestag* am 6. September 1953 errang übrigens der GB/BHE in der Bundesrepublik 5,9 %, darunter in Bayern 8,2 % der Stimmen. Der in den Bundestag gewählte Bayerische Staatssekretär Professor Dr. Dr. *Theodor Oberländer* wurde am 20. Oktober zum Bundesminister für Vertriebene und Flüchtlinge bestellt. Bei der Wahl zum dritten Bundestag am 16. September 1957 konnte der BHE die „Fünf-Prozent-Klausel" nicht mehr überspringen.

Sobald man diese „Zurückhaltung" der Parteien erwähnt und scheinbar mit einem gewissen Vorwurf, muß man gerechterweise daran erinnern, daß in den ersten Nachkriegsjahren ausschließlich Länderparlamente bestanden. Jeder politisch Verantwortliche und besonders die Landtagsabgeordneten waren sich der Tatsache voll bewußt, daß ein „Lastenausgleich" nur von der Gemeinschaft aller Länder getragen werden konnte. Jedoch, wie groß würde die Gemeinschaft einmal werden? Die Bi-Zone wurde nur als provisorische Zwischenlösung betrachtet. Die Hoffnung auf eine Wiedervereinigung der vier Besatzungszonen schwand seit dem Beginn des „Kalten Krieges".

Die Hauptflüchtlingsländer — also Schleswig-Holstein, Niedersachsen und Bayern — durften darauf rechnen, daß ein später zu gründender „Ausgleichsfonds" ihren mit Vertriebenen überdurchschnittlich belasteten Ländern größere Summen zur Verfügung stellen müsse, als Abgaben aus diesen Ländern dem Ausgleichsfonds zufließen würden. Diese Erwartung wurde nicht enttäuscht.

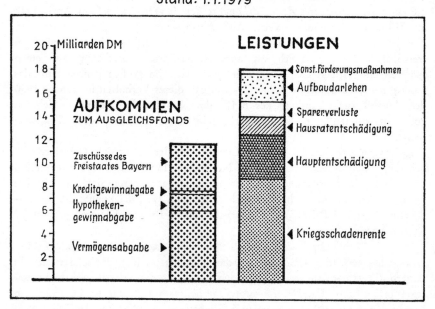

Wer konnte von den Abgeordneten in den Landtagen der Hauptflüchtlingsländer erwarten, daß sie vorschnell derartig heikle Themen öffentlich diskutierten, die später von ganz anderen Gremien zu entscheiden waren?

Andererseits verspürten auch die „reichen" Länder keine große Lust, in ihren Parlamenten diese auf sie zukommende große Belastung vorzeitig aufs Tapet zu bringen; im Gegenteil, man stellte lieber warnend die überdurchschnittlichen Kriegsschäden im eigenen Land heraus! Eine weitere Komplikation bei den Vorgesprächen 1947 bedeutete das Problem der Einbeziehung der Französischen Zone.

4. 6 Forderungen der Vertriebenenverbände

Spätestens an dieser Stelle wird der jüngere Leser stutzen, weil es bislang gar nichts über Forderungen seitens der Heimatvertriebenen erfahren hat. Erst am 10. März 1947 erlaubte die Amerikanische Militärregierung die Bildung nicht-politischer Organisationen der Vertriebenen; die Bildung einer politschen Partei zur Vertretung der Interessen der Vertriebenen war nicht erlaubt. Am 10. Mai 1947 wurde präzisiert, daß es sich ausschließlich um landsmannschaftliche und kulturelle Vereinigungen handeln dürfe.

Hier kann nicht eine Geschichte der Landsmannschaften geschrieben werden. Auf einigen Seiten soll aber versucht werden, daran zu erinnern, was es alles gab: „VOL", „VdL" einerseits, „ZvD", „BvD" andererseits, dann den „BdV". In Presse und Rundfunk wurden diese Abkürzungen seinerzeit täglich benutzt. Als „Wegweiser" durch die verschlungenen Pfade, bis der „Bund der Vertriebenen" gegründet werden konnte, sind die folgenden Abschnitte gedacht.

Aus den „Hilfsstellen" (vgl. S. 131 und S. 165) entwickelten sich nach Aufhebung der Beschränkung sehr bald die ersten Landsmannschaften. Die Konstituierung zog sich aber über mehrere Jahre hin. Die reinen Existenzprobleme waren anfangs noch zu dominierend, um landsmannschaftlichen und kulturellen Vereinigungen großes Gewicht beizumessen. Die Landsmannschaften der Banater Schwaben (München) und der Bund der Danziger (Lübeck) dürften die ersten Gründungen sein (1947). Im März 1949 wurde in München die Sudetendeutsche Landsmannschaft errichtet, ein Jahr später (28. März 1950) die Schlesische und im Dezember 1951 die Landsmannschaft der Oberschlesier. Diese wenigen Beispiele mögen genügen.

Vielleicht wird mancher verwundert sein, warum nicht, nachdem die Schleusen geöffnet waren, sozusagen auf einen Schlag alle Landsmannschaften sich organisierten. Die Organisation mußte von unten her aufgebaut werden; das brauchte seine Zeit und persönliche Rivalitäten der vielen gleichzeitig entstandenen örtlichen Gruppierungen waren naturgegeben. Vor allem war die Zielsetzung keineswegs eindeutig. Sollten wirklich nur kulturelle Anliegen im Vordergrund stehen, in einer Phase, in der die wirtschaftliche Not eine reine Interessensvertretung als viel vordringlicher erscheinen ließ?

4. 7 Die Landsmannschaften

Lesen wir ein Urteil von *Max Hildebert Boehm* in dem Sammelwerk „Die Vertriebenen in Westdeutschland", also aus dem Jahr 1959[11]):

> „Im Sommer 1948 machte (der Pommer *Wilhelm) Hoffmann* den Vorschlag, eine Gesamtvertretung aus Persönlichkeiten zusammenzustellen, die von der Tätigkeit in der Heimat her allgemeines Ansehen genossen. Die landsmannschaftliche Führung erhielt dadurch von vornherein einen gewissen konservativen Zug. In diesem Sinne bezeichnete Dr. *Ottomar Schreiber,* der frühere Führer der Memeldeutschen und spätere Staatssekretär (im Bundesvertriebenenministerium), damals die Landsmannschaften als das „Sieb der Vergangenheit", da sie das Auftreten von reinen Konjunkturrittern und Volkstribunen der Notzeit als Flüchtlingsführer erschwerten."

Einige wenige Daten müssen ausreichen, um die großen Stationen zu markieren. Am 11. August 1948 wurde in Bad Godesberg — allerdings in sehr loser Form — eine Gesamtvertretung der Ostvertriebenen errichtet, unter der Leitung von Dr. *Hans Lukaschek.* Sie zerfiel, weil bei Einigungsverhandlungen zwischen den Landesverbänden der Amerikanischen und Britischen Zone in Wiesbaden am 18. Dezember 1948 *Lukaschek* für den zukünftigen „Zentralverband der vertriebenen Deutschen (ZvD)" als Präsident designiert wurde. Manche Chronisten nehmen jedoch die „Gesamtvertretung der Ostvertriebenen" als Vorläufer für den am 17. Dezember 1950 erfolgten Zusammenschluß zu den „Vereinigten Ostdeutschen Landsmannschaften" (VOL) in Anspruch. Vorsitzender wurde *Herbert von Bismarck.* 1951 spalteten sich die VOL, weil einige Landsmannschaften sich dem ZvD anschlossen, u. a. die Schlesier, die Karpatendeutschen und vorübergehend die Sudetendeutschen, die am 18. August 1952 wieder ausschieden. An diesem Tag erfolgte in Bad Kissingen der Zusammenschluß zum „Verband der Landsmannschaften" (VdL) unter dem Vorsitz des Sudetendeutschen *Rudolf Lodgman von Auen.* 1954 trat *Georg Baron Manteuffel-Szoege* die Nachfolge an und blieb bis zur Gründung des „Bundes der Vertriebenen" (BdV) im Amt.

4. 8 Der ZvD (Zentralverband der vertriebenen Deutschen)

Ein zweites Mal wollen wir bei *Max Hildebert Boehm* nachlesen:

> „Auch auf dem Gebiet der sozialen Organisation der Vertriebenen handelte es sich zunächst um örtliche Gruppierungen aus der Initiative

---

11) Eugen Lemberg und Friedrich Edding: Die Vertriebenen in Westdeutschland, Band I, Kiel 1959, 694 S.; darin: Max Hildebert Boehm: Gruppenbildung und Organisationswesen (S. 531 ff. und 579 ff.).

Einzelner. Zu den Vorkämpfern der neuen ,Entrechteten' gehörte auch der aus dem Ermland stammende Königsberger Rechtsanwalt Dr. *Linus Kather*, der in Hamburg 1947 eine ,Aufbaugemeinschaft der Kriegsgeschädigten' gründete. Hier wird schon aus dem Namen erkennbar, daß *die ostdeutsche Herkunft zur Nebensache, der soziale Notstand zum Leitmotiv des Zusammenschlusses* geworden ist."

Am 23. Oktober 1948 bildeten in Heidelberg die Landesverbände der Vertriebenen eine Arbeitsgemeinschaft für die Amerikanische Zone mit Dr. Ing. *Karl Bartunek* als Vorsitzenden. Am 28. März 1949 folgte die Gründung eines Zonenverbandes für die Britische Zone (Hannover) mit Dr. *Linus Kather* als Vorsitzenden. Kurz darauf, am 9. April 1949, schlossen sich die beiden Zonenverbände in Frankfurt am Main zum *Zentralverband der vertriebenen Deutschen (ZvD)* zusammen. Bereits am 22. Oktober 1948, vier Monate nach der Währungsreform, war ein gemeinsamer „Lastenausgleichsausschuß" zustande gekommen. Dr. *Hans Lukaschek* wurde zum 1. Vorsitzenden gewählt[12]). Nach dessen Berufung zum Präsidenten des Hauptamtes für Soforthilfe (Juni 1949) folgten Dr. *Bartunek* und ab 1950 Dr. *Linus Kather* als ZvD-Präsidenten. Wie aggressiv — im Gegensatz zu den Landsmannschaften — *Linus Kather*, Mitglied des Bundestages, den ZvD führte, ist bekannt. Erinnert sei an die Vertriebenendemonstrationen am 19. Februar 1951 in Bonn, an die Massenkundgebung am 4. Mai 1952 in Bonn. Beidemal ging es um den Lastenausgleich. *Kather* leitete den Flüchtlingsausschuß des Deutschen Bundestages bis zu seinem Übertritt von der CDU zum Gesamtdeutschen Block/BHE am 15. Juni 1954. Übrigens änderte — um keine einzige Phase auszulassen — der ZvD 1951 seinen Namen, nachdem ihm, wie berichtet, einige Landsmannschaften beigetreten waren, in „Bund der vertriebenen Deutschen (BvD)".

4. 9 Zusammenschluß im Bund der Vertriebenen (BdV)

Eine solche „Kurz-Kurz-Geschichte" der Vertriebenenorganisationen darf nicht zu dem Fehlurteil führen, in den großen staatspolitischen Fragen sei eine Zusammenarbeit unmöglich gewesen. Als Beispiel für diese Klarstellung mag die viel zitierte „Charta der Heimatvertriebenen" gelten, die am 5. August 1950 im Rahmen einer Großkundgebung zum „Tag der Heimat" in Stuttgart verkündet und später in 19 Sprachen vom Bundesvertriebenenministerium publiziert wurde[13]). Neben und untereinander stehen die Namen von 30 Spre-

---

12) Bundesministerium für Vertriebene, Flüchtlinge und Kriegsgeschädigte: Zeittafel der Vorgeschichte und des Ablaufs der Vertreibung der Unterbringung und Eingliederung der Vertriebenen und Bibliographie zum Vertreibungsproblem; Bonn 1959, 310 S.
13) Charta der Heimatvertriebenen, Stuttgart, 5. August 1950; in 19 Sprachen herausgegeben vom Bundesministerium für Vertriebene, Bonn 1951, 76 S.

chern sowohl der Landsmannschaften wie auch des ZvD, angeführt in der
ersten Zeile von Dr. *Linus Kather,* Dr. *Rudolf Lodgman von Auen* und *Axel
de Vries;* übrigens war auch der „Hauptausschuß der Flüchtlinge und Ausgewiesenen in Bayern" durch seinen Geschäftsführer *Roman Herlinger* vertreten.

Nicht zuletzt auf Drängen des Bundesvertriebenenministers Professor Dr.
Dr. *Theodor Oberländer* beschlossen der „Verband der Landsmannschaften"
(VdL) und der auf dem ZvD hervorgegangene „Bund der vertriebenen Deutschen" (BvD) am 27. Oktober 1957 die Zusammenlegung zum heute (1979)
noch bestehenden „Bund der Vertriebenen" (BdV). Vierzehn Übergangs-
monate übten *Baron Manteuffel* und Dr. *Kather* gemeinsam die Funktion des
BdV-Präsidenten aus. Mit der Konstituierung am 14. Dezember 1958 wurde
Dr. *Hans Krüger MdB* zum Präsidenten gewählt. Ihm folgten am 1. März
1964 Dr. h. c. *Wenzel Jaksch MdB,* am 12. März 1967 *Reinhold Rehs MdB*
und seit 14. März 1970 Dr. *Herbert Czaja MdB.*

4. 10   Der 15er Ausschuß in Bad Homburg vor der Höhe

Aus dieser Skizze über die Entwicklung der Vertriebenenorganisationen
ergibt sich: Eine einheitliche Auffassung aller Vertriebenenverbände über die
Gestaltung eines Lastenausgleichs konnte in der Anfangszeit der Beratungen
nicht gewonnen werden. Wählen wir als Beispiel eine Sitzung des sogenannten
„15er Ausschusses"; die offizielle Bezeichnung lautete „Gutachterkommission
für den Lastenausgleich" mit Sitz in Bad Homburg v. d. H. Die Kommission
setzte sich aus je drei Abgeordneten und zwei Finanzministern der drei westlichen Zonen zusammen. Bayern war in diesem trizonalen Ausschuß, der sich
am 26. August 1948 konstituierte, durch *Hans Schütz (CSU)* und *Walter
Seuffert (SPD)* vertreten; sie gehören zu den 104 Mitgliedern des (zweiten)
Wirtschaftsrates in Frankfurt am Main. Die Bayerische Staatsregierung hatte
ihren Finanzminister Dr. *Hans Kraus* delegiert; dies muß erwähnt werden,
weil damit zugleich belegt wird, daß der bizonale Verwaltungsrat von vornherein den Lastenausgleich dem Ressort „Finanzen" zugeordnet hatte. Bereits
am 1. September 1948 tagte ein Unterausschuß unter Leitung von *Hans Schütz*
in Frankfurt am Main mit dem Sachgebiet „Anspruchsberechtigte". Zitieren
wir noch einmal *Neuhoff:*

> „Interessant waren die Äußerungen von Vertretern der Vertriebenen-
> verwaltungen und der Vertriebenenbeiräte gegenüber einem Unteraus-
> schuß der Gutachterkommission.
> Sie divergierten vom *rein quotalen Lastenausgleich,* wie ihn etwa *Middel-
> mann,* Dr. *Nahm* und Dr. *Oellers* vorhatten, über den *sozialmodifizierten
> quotalen* Ausgleich eines Dr. *Kather* und den *quotalmodifizierten sozialen*
> Ausgleich von *Hans Schütz* bis zum *rein sozialen* Lastenausgleich von

Albertz. Die Führung in der Auseinandersetzung um einen gerechten Lastenausgleich hatten im Sommer 1948 eindeutig die Fliegergeschädigten (ZVF)."

Diesem Urteil eines Fachmannes wie *Neuhoff* wird wohl auch der Leser unserer Dokumentation zustimmen; der Autor selbst jedenfalls tut dies aufgrund eigener Beobachtungen.

Dr. *Georg Baron Manteuffel-Szoege*, Vorstandsmitglied des „Hauptausschusses der Flüchtlinge und Ausgewiesenen in Bayern", äußerte: „Verneint man den individuellen Rechtsanspruch grundsätzlich, dann ziehe ich die totale Revolution vor, die dann die radikale Besitzordnung bringt." Er apostrophierte damit den niedersächsischen Vertriebenenminister Pastor *Heinrich Albertz*, der — so heißt es im Protokoll — vorher geäußert hatte: „Da keine individuelle Lösung möglich ist, braucht auch keine Erhebung der Schäden stattzufinden."

Diese Frankfurter Tagung schloß *Hans Schütz* mit dem Bemerken:
„Der Lastenausgleich muß nicht nur die Währung in unserem eigenen Interesse schonen; er braucht auch die breiteste politische Basis. Im Interesse der Zusammenfassung aller politischen Kräfte müssen wohl einige Opfer gebracht werden, um die heute (am 1. September 1948) noch vorhandenen Unterscheidungen einander näher zu bringen."

Seine Hoffnung auf Kompromißbereitschaft ging nicht gerade schnell in Erfüllung. Die Zeit aber drängte, da die Erlasse der Militärverwaltungen zur Währungsreform bestimmten, daß deutsche Stellen bis Ende 1948 ein Lastenausgleichsgesetz vorzulegen hätten.

5. Hauptamt für Soforthilfe — Bundesausgleichsamt

Der Termin wurde nicht eingehalten. Zwar hatte der Frankfurter Wirtschaftsrat das bi-zonale „Erste Lastenausgleichsgesetz" am 14. Dezember passieren lassen und den Militärgouverneuren zur Genehmigung vorgelegt, aber aus der Französischen Zone wurden Bedenken angemeldet, von Franzosen und von Deutschen. Beide Seiten fürchteten, weil in die Französische Zone nur wenige Vertriebene gekommen waren, einen zu hohen Geldabfluß an den geplanten trizonalen Ausgleichsfonds. Anfang Februar wurde eine Erklärung des US-Außenministeriums bekannt (Neue Zeitung 8. Februar 1948): „Der vorliegende Gesetzentwurf ist unter diesem Gesichtspunkt als unbefriedigend empfunden worden." Damit war gemeint, daß Kriegssachschäden, Vertreibungsschäden und Währungsschäden „im allgemeinen auf den ärmeren Klassen weit schwerer lasten als auf den Besitzenden; das

deutsche Gesetz hat die Aufgabe, diese Ungleichheit zu mildern". Am 30.
April 1949 wurden die Abänderungswünsche der amerikanischen und
britischen Gouverneure zugeleitet. Gleichzeitig wurde bekannt, daß General
Koenig den beiden Generalen *Clay* und *Roberston* auf einer Konferenz der Militärgouverneure in Frankfurt am Main mitteilte, daß er der
Ausdehnung auf die Französische Zone nunmehr zustimme. Mit einer Änderung der Bezeichnung in „Gesetz zur Milderung dringender sozialer Notstände", kurz „Soforthilfegesetz" (SHG), wurde das Gesetz am 24. Mai 1949
angenommen. Am 4. August 1949 traf die Genehmigung des Amerikanischen
Hochkommissars *John McCloy* und des Britischen Hochkommissars *Sir Brian
Robertson* ein. Am 15. August genehmigte der Französische Hochkommissar
André François-Poncet das SHG für die Französische Zone; das war ein Tag
nach den Wahlen zum ersten Deutschen Bundestag.

Der aufmerksame Leser wird die Änderung der Bezeichnung in „Hochkommissar" bemerkt haben; am 20. Juni 1949 war das „Statut der Alliierten
Hochkommission" unterzeichnet worden.

Am 8. August 1949 konnten endlich das Soforthilfegesetz verkündet werden
(WiGBl. S. 205). Erst drei Jahre danach, am 14. August 1952, folgte das
Lastenausgleichsgesetz (BGBl. I. S. 446). Als Zwischenlösungen waren am
27. März 1952 das Währungsausgleichsgesetz für Sparguthaben Vertriebener
(BGBl. I. S. 213) und am 21. April 1952 das Feststellungsgesetz (BGBl. I.
S. 237) verabschiedet worden. Diese Daten lassen deutlich den Wandel gegenüber den ersten drei Nachkriegsjahren erkennen, eine Entwicklung hin zur
normalen — oft langwierigen — demokratischen parlamentarischen Gesetzesarbeit.

Das „Hauptamt für Soforthilfe" wurde mit dem Inkrafttreten des SHG am
23. August 1949 errichtet. Schon am 6. April hatte der Frankfurter Wirtschaftsrat, um weitere Verzögerungen zu vermeiden, ein „Vorläufiges Hauptausgleichsamt" durch eine verwaltungsinterne Maßnahme geschaffen unter
Leitung von Dr. *Hans Lukaschek.* Ihm und seinen beiden Mitarbeitern, dem
Lt. Regierungsdirektor Dr. *Hellmuth Bartels* und dem Generalmajor a. D.
Regierungsrat *Alexander von Pfuhlstein,* sollte dadurch eine Art Legitimation
gegeben werden, um mit den Ländern Vorverhandlungen führen zu können.
In einer Karteikarte des Bundesausgleichsamtes findet man als Dienstantritt
von Dr. *Lukaschek* sogar den 1. Januar 1949 und öfters wird in der Literatur
dieses Datum als Beginn des Soforthilfeamtes bezeichnet; es hat sich aber
nur um den formlosen Auftrag gehandelt, Vorbereitungsmaßnahmen einzuleiten. *Lukaschek* schied bereits am 23. September aus, weil er Bundesvertriebenenminister in Bonn geworden war. Ihm folgte am 6. Januar 1950
Dr. *Georg Baron von Manteuffel-Szoege.* Als Präsidenten führten das Bundesausgleichsamt, das am 21. Januar 1953 das Hauptamt für Soforthilfe ablöste,
nacheinander: Dr. *Walter Kühne* (1953—57), Dr. *Friedrich Käss* (1957—75)
und ab Juli 1975 der jetzt amtierende Dr. *Karl Heinz Schaefer.*

6. Das Problem der Schadensfeststellung

In der erwähnten Frankfurter Sitzung vom 1. September 1948 waren die unterschiedlichen Auffassungen über die Notwendigkeit einer Schadensfeststellung mit aller Schärfe vorgetragen worden. Die scheinbare Ruhe in der Folgezeit trog. Man wartete lediglich auf einen angekündigten Gesetzentwurf des Bundesfinanzministeriums, der aber nicht kam. Rückblickend wird man sehr wohl verstehen, daß in diesem Bundesministerium die finanzpolitischen Experten überlegten und überlegten. Denn wenigstens in Umrissen erkannten sie bereits die ganze Tragweite des Lastenausgleichs. Für so viel Sorgfalt hatten jedoch die Geschädigten wenig Verständnis. Vom „Zentralverband der vertriebenen Deutschen" (ZvD) war ein Gesetzentwurf vorbereitet worden. 32 Bundestagsabgeordnete, die der CDU, FDP, DP, WAV und dem Zentrum angehörten, reichten diesen Entwurf als interfraktionellen Initiativantrag ein.

Bei der Plenarsitzung des Deutschen Bundestages am 26. Juli 1950 (Protokoll S. 2853—2862) gab es nochmals schwere Auseinandersetzungen. Im Rahmen seiner Begründung sagte der CDU-Bundestagsabgeordnete *Oskar Wackerzapp* u. a.:

> „Ich darf zum Schluß kommen, indem ich darauf hinweise, daß wir Heimatvertriebene über den materiellen Charakter und über die finanzielle Bedeutung auch noch ein ideelles Interesse an dem (Feststellungs-) Gesetz haben.
>
> Wir Vertriebene sind vielfach infolge des unmenschlichen Zwanges, unter dem die Ausweisung erfolgt ist, zerrissen und zerlumpt hier im Westen angekommen; und bei der oft verblüffenden Unkenntnis der einheimischen Bevölkerung über die Verhältnisse im Osten hat man oft geglaubt, uns als ein kümmerliches Pack ansehen zu können, das immer in armseligen Verhältnissen gelebt hat. Und wenn man beteuerte, man habe früher bessere Zeiten gekannt, dann wurde das oft mit mitleidigem Lächeln abgelehnt. Es ist auch für die Erhaltung des Selbstgefühls und der Selbstachtung der Vertriebenen wichtig, daß sie nunmehr eine Bescheinigung in die Hand bekommen, wodurch sie nachweisen können, daß auch sie früher einmal Männer von Einkommen, Besitz, Vermögen und sozialer Geltung gewesen sind."

Für die FDP begründete Dr. *Josef Trischler* diesen Initiativantrag:

> „Wir sind uns darüber im klaren, daß die Bedeutung dieser (Schadens-) Feststellung sehr groß ist, auch wenn wir die Frage gar nicht mit dem Lastenausgleich verquicken ... Wir glauben, daß diese Zahlen bei allen kommenden Friedensverhandlungen nicht nur nützlich, sondern unerlässig sind, weil sie im Zusammenhang mit den Reparationen unbedingt Berücksichtigung finden müssen."

MdB *Walter Seuffert* (1967—1975 Vizepräsident des Bundesverfassungsgerichts) vertrat in seiner Stellungnahme gegenteilige Ansichten; kein SPD-Abgeordneter hatte den Initiativantrag unterschrieben. „Wir wünschen nicht die Feststellung von Vermögensverlusten, sondern die Feststellung von Leistungen und Abgaben des Lastenausgleichs. Mit anderen Worten: *Wir wünschen kein Feststellungsgesetz, wir wünschen das Lastenausgleichsgesetz.*"

Ihm erwiderte Dr. *Linus Kather*. Auch er soll zitiert werden:

> „Sie wissen hier nur zu erzählen, daß man Kosten zu Lasten des Staates — Papier-, Druckkosten usw. — aufwendet. Man kann etwas Notwendiges nicht unterlassen, weil es Geld kostet. Ich bin der Meinung: Auch wenn absolut feststünde, daß wir den Geschädigten keinen Pfennig geben können, könnten wir ihrem Wunsch das Gehör nicht versagen, daß sie einmal *schwarz auf weiß* haben wollen: *Was haben wir verloren und was haben wir für das Vaterland geopfert?*"

Dieser und die weiteren Gesetzentwürfe wurden in den Ausschüssen des Deutschen Bundestages beraten. Der Ausschuß Nr. 17 für den Lastenausgleich zählte 27 Mitglieder und zwar 10 von der CDU/CSU, 9 von der SPD, 4 von der FDP und je 1 von der BP, DP, KPD und dem Zentrum. Den Vorsitz führte MdB *Johannes Kunze*, und zwar bis in die dritte Legislaturperiode, ab 23. Juni 1960 MdB *Waldemar Kraft*. In der vierten leitete MdB *Ernst Kuntscher* den Ausschuß. Mit Beginn der Fünften Legislaturperiode (19. Oktober 1965) wurden die Ausschüsse für Lastenausgleich und für Heimatvertriebene zusammengelegt: Leiter dieses „Ausschusses für Angelegenheiten der Heimatvertriebenen und Flüchtlinge" wurde MdB *Reinhold Rehs* bis 3. Juni 1969, danach kurze Zeit Frau *Lisa Korspeter*. Von der sechsten Legislaturperiode an wurden diese Aufgaben im Rahmen des Innenausschusses fortgeführt.

In unserer Dokumentation geht es nicht um die Geschichte des bundesdeutschen Gesetzeswerkes zum Lastenausgleich. Der Leser darf also *nicht* erwarten, Antworten auf *alle* diesbezüglichen Fragen zu erhalten: Woher? Wohin? Also für was, für wen und wann? Obendrein liegt das überwiegende Schwergewicht auf der Seite der Leistungen und nicht auf der Seite der Aufbringung der Mittel für den Ausgleichsfonds. Und schließlich entstand eine sehr umfangreiche Literatur zu diesem Thema, die jedem zugänglich ist, der aus den verschiedensten Perpektiven sich ein Urteil über Entstehung und Durchführung bilden will. Sehr anschaulich geschrieben und auch für den Außenstehenden gut verständlich war die Festschrift „10 Jahre Lastenausgleich"[14]), komprimierter und nüchterner die Festschrift von 1969 „20 Jahre Lastenausgleich"[15]). Hauptquelle für ein genaues Studium ist das „Amtliche

---

14) Friedrich Käss: 10 Jahre Lastenausgleich — ein Zwischenbericht; Bad Homburg v. d. H. 1959, 144 S.
15) Friedrich Käss: 20 Jahre Lastenausgleich — der Stand des Lastenausgleichs im Jahre 1969; Bad Homburg v. d. H. 1969, 106 S.

Mitteilungsblatt des Bundesausgleichsamtes", in dem alle einschlägigen Gesetze abgedruckt und alle Durchführungsverordnungen und -bestimmungen laufend veröffentlicht werden[16]).

7. Gesamtvolumen des Lastenausgleichsfonds 141 Milliarden DM

Als die Bundesregierung im Januar 1951 den Entwurf zum Lastenausgleichsgesetz dem Bundestag zuleitete, rechnete sie mit 35 Milliarden DM Einnahmen und Ausgaben (ohne die bereits geleisteten 6 Milliarden Soforthilfe). 1959 veröffentlichte das Bundesausgleichsamt seine erste „Gesamtschätzung" und rechnete (einschl. SHG-Zeit) mit 88,3 Milliarden DM. Die neunte Gesamtschätzung erschien im April 1977. Danach beliefen sich die Ist-Ausgaben bis Ende 1976 auf 102 Milliarden DM. Nach dem heutigen Stand der Gesetzgebung (1979) dürften die Gesamtausgaben 1977—2000 sich auf weitere 39 Milliarden DM belaufen, d. h. insgesamt 141 Milliarden DM.

Leistungen des Ausgleichsfonds

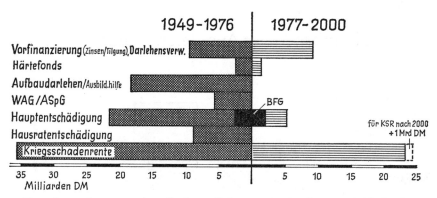

Der Autor hat versucht, die komplizierte Materie des Ausgleichsfonds — Einnahmen und Aufwendungen — durch zwei Graphiken in groben Zügen verständlich zu machen. Nach nunmehr dreißig Jahren Tätigkeit kann die Ausgleichsverwaltung auf eine enorme Arbeitsleistung zurückschauen. *Es verbleiben jedoch noch zwei Aufgaben:* 1. die laufende Auszahlung von Kriegsschadenrente (bis zum Jahr 2000 rechnet man mit 23,2 Milliarden DM, dazu 1,4 Milliarden DM aus dem Härtefonds) und 2. die Abwicklung der Hauptentschädigung (rund 5,2 Milliarden DM).

Verständlicherweise verteidigte das Bundesausgleichsamt seine früheren Schätzungen und wies immer wieder darauf hin, daß durch die zahlreichen

16) Bundesausgleichsamt: Amtliches Mitteilungsblatt des BAA; Bad Homburg v. d. H., erscheint seit 15. 11. 1951; in Nr. 3 vom 15. 4. 1977 „Gesamtschätzung der Einnahmen und Ausgaben des Ausgleichsfonds 1976/1977", S. 41—87.

Novellen ständig die Leistungen — insbesondere für die Kriegsschadenrente — erhöht und auch der Berechtigtenkreis erweitert wurden. Nach einem Vergleich der „Gesamtschätzungen" von 1964 mit 1974 berichtete *Gerhard Reichling*, daß von der Ausweitung um 27 Milliarden DM allein auf die Kriegsschadenrente 22 Milliarden DM entfielen. Über die ständige Ausweitung des Volumens äußerte Staatssekretär Dr. *Peter Paul Nahm* in seinem Vorwort zu dem erwähnten Werk des Vertriebenenministeriums (1962) folgendes:

> „Mit der Zeit hat sich herausgestellt, daß die Entschädigungsleistungen zu hoch, die Einnahmen zu niedrig geschätzt wurden; daß die Unterhaltshilfe nicht nur die Entwicklung der Preise auffangen, sondern sich auch etwas der Steigerung der allgemeinen Lebenshaltungsansprüche anpassen mußte; daß die landwirtschaftlichen Einheitswerte einer prozentualen Anhebung bedurften und daß die erkennbar gewordenen Reserven eine Anhebung der Hauptentschädigungssätze zuließen. Novelle folgte auf Novelle."

Die jüngste 29. Novelle zum LAG wurde am 16. Februar 1979 verabschiedet[17]).

Einnahmen des Ausgleichsfonds

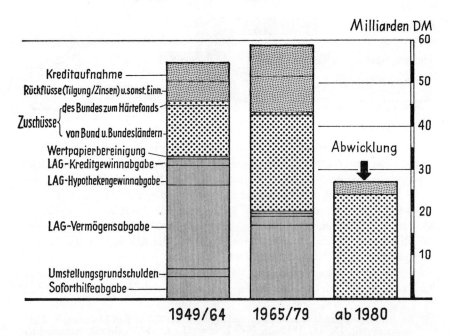

17) 29. Novelle zum Lastenausgleichsgesetz vom 16. 2. 1979, BGBl. I S. 181.

Auch die andere Seite, d. h. die Einnahmen des Ausgleichsfonds, versuchte der Autor anhand der Gesamtschätzung darzustellen. Drei Phasen werden dabei unterschieden: 1949/64, 1965/79 und ab 1980. In der ersten ging es um 55,2, in der zweiten, jetzt abgeschlossenen um 58,9 Milliarden DM. Die Zuschüsse der öffentlichen Haushalte verdoppelten sich von 13,4 auf 23,2 Milliarden DM. Ab 1980 sind noch 27,2 Milliarden DM aufzubringen. Die Summe der gestundeten Abgaben ist unbedeutend (150 Millionen DM), rund 3 Milliarden DM sind als Rückflüsse langfristiger LAG-Darlehen zu erwarten und 8,7 Milliarden DM haben die öffentlichen Haushalte beizutragen. Über die Aufbringung der restlichen 15,3 Milliarden DM ist noch zu entscheiden. Nach § 6 Abs. 3 LAG besteht kein Zweifel, daß in der Spätphase die Verpflichtung des Bundes praktische Bedeutung erlangen wird, für alle erforderlichen, anderweitig aber nicht zu deckenden Aufwendungen (vor allem für Kriegsschadenrente) Finanzmittel bereitzustellen. Präsident *Schaefer* meinte dazu 1977:

„Ob diese Fehlbeträge ... über Zuschüsse bzw. Kreditaufnahmen des Bundes oder zunächst weiter über Kreditaufnahme des Ausgleichsfonds finanziert werden, ist eine *sekundäre,* schon in der vorausgegangenen Schätzung *beiseite gelassene Frage.*"

Die Schätzung von 1974 veranlaßte die Deutsche Bundesbank, sich damit auseinanderzusetzen. Im Aufsatz „Ein Vierteljahrhundert Lastenausgleich" würdigte die Bundesbank das Geleistete, kam aber am Schluß unter der Überschrift „Zukunftsperspektiven" zu folgenden finanzpolitischen Erkenntnissen[18]):

„Wegen des Einschnitts bei den Einnahmen werden sich ab 1980 Kassendefizite von zunächst jährlich gut 1 Milliarde DM ergeben. Einschließlich des Mittelbedarfs aus den fälligen Tilgungen zeichnen sich somit für den Beginn der achtziger Jahre Finanzierungslücken von über 1¹/₂ Milliarden DM pro Jahr ab. In der Zeit von 1980 bis 2000 werden die Einnahmen um 9 Milliarden DM hinter den Ausgaben (19 Milliarden DM) zurückbleiben; einschließlich der aufzubringenden Tilgungen von über 3 Milliarden DM ist also mit einer Deckungslücke von 12¹/₂ Milliarden zu rechnen ... *Auf den Bundeshaushalt kommen hieraus insbesondere zu Beginn des nächsten Jahrzehntes nicht unbedeutende Belastungen zu.*"

8. Ausgleichsverwaltung und Flüchtlingsverwaltung in Bayern

Am 18. Dezember 1950 berief Ministerpräsident Dr. *Hans Ehard* bei Bildung seines dritten Kabinetts den BHE-Abgeordneten Professor Dr. Dr.

---

18) Deutsche Bundesbank: Ein Vierteljahrhundert Lastenausgleich; Monatsberichte 27. Jg. Nr. 10, Frankfurt/Main, Oktober 1975, S. 21—26.

Theodor Oberländer zum Staatssekretär für das Flüchtlingswesen. Der neue Innenminister Dr. *Wilhelm Hoegner* übertrug ihm die Zuständigkeit für das am 4. Juli 1949 im Bayerischen Innenministerium errichtete „Landesamt für Soforthilfe". Am 27. September 1952 erfolgte die Umwandlung zum „Landesausgleichsamt". Der 1950 gegründete BHE erreichte dadurch für Bayern eine erfreulich enge Zusammenarbeit von Flüchtlingsverwaltung und Ausgleichsverwaltung. Dies blieb auch unter *Oberländers* Nachfolger, *Walter Stain*, der im zweiten Kabinett *Hoegner* am 14. Dezember 1954 das Staatsministerium für Arbeit und soziale Fürsorge übernahm. Im Zuge der Neuverteilung der Geschäftsbereiche durch die „Vierer-Koalition" (SPD/Bayernpartei/BHE/FDP) brachte *Stain* das Landesausgleichsamt sowie die Abteilung für Angelegenheiten der Vertriebenen in das Arbeitsministerium mit.

In *Walter Stains* Amtszeit von November 1953 bis Dezember 1962 fallen vier große Leistungen der Ausgleichsverwaltung, wie ein umfassender Bericht der Zentralstatistik vom 31. Oktober 1962 beweist[19]):

Bis 30. Juni 1962 waren in Bayern:

1. 462 022 Anträge auf Kriegsschadenrente eingereicht, davon nur noch 6021 unerledigt. Es gab 174 094 Rentenempfänger; bei weiteren 165 739 war die Auszahlung wegen Tod oder Fortfall des Anspruchs eingestellt,
2. 1 317 711 Anträge auf Hausratentschädigung eingereicht und nur noch 33 857 unerledigt.
3. 48 808 Anträge für „Aufbaudarlehen für die gewerbliche Wirtschaft und freie Berufe" eingereicht und nur 763 unerledigt.
4. Der Wohnungsbau war mit über 1,6 Milliarden DM gefördert worden und zwar mit 831,7 Millionen DM für Aufbaudarlehen für den Wohnungsbau und mit 808,4 Millionen DM für „Wohnraumhilfe", die Bayern zur Vergabe von Staatsdarlehen zur Verfügung gestellt worden war.

Für diese vier Leistungsarten konnten in Bayern bis Mitte 1962 insgesamt 6,5 Milliarden DM ausgezahlt werden. Dazu kamen 1,6 Milliarden für alle übrigen Leistungen (Sparerschäden usw.), summa summarum also 8,1 Milliarden DM bis 30. Juni 1962.

In den vier Jahren des ersten Kabinetts von Ministerpräsident Dr. *Alfons Goppel* ging die Aufarbeitung der unerledigten Anträge unter den Staatsministern *Paul Strenkert* (11. Dezember 1962 bis 24. Juni 1964) und *Hans Schütz* (bis 5. Dezember 1966) zügig weiter, wie in den Haushaltsreden vor dem Landtag betont wurde[20]). Doch mußte Schütz am 7. Dezember 1965 den Abgeordneten dabei berichten:

19) Zentralstatistik des Bayer. Staatsministeriums für Arbeit und Sozialordnung: Lastenausgleichsleistungen in Bayern bis Herbst 1962, SHG/LAG-Leistungen (einschl. Härtefonds) nach Regierungsbezirken, Leistungsarten und Haushaltsjahren; München 1962, 17 S.
20) Paul Strenkert: Haushaltsreden vor dem Bayer. Landtag, 3. April 1963, 27. November 1963 und Hans Schütz: Haushaltsreden, 15. Dezember 1964 und 7. Dezember 1965; jeweils als Anlage „Statistischer Teil".

„Die Ausgleichsverwaltung wird noch für weitere Jahre voll ausgelastet sein, da ihr neben dem Vollzug des Lastenausgleichsgesetzes laufend weitere Aufgaben übertragen werden."

Als Staatsminister Dr. *Fritz Pirkl*, bereits seit 24. Juni 1964 Staatssekretär, die Leitung des Sozialministeriums übernahm, konnte er erfreulicherweise feststellen, daß viele kleinere Ausgleichsämter die bei ihnen vorliegenden Anträge weitgehend erledigt hatten, und er plante, die ursprünglich in jedem Stadt- und Landkreis bestehenden Ausgleichsämter hier und dort zu „Großraum-Ämtern" zusammenzulegen. Schritt für Schritt wurde diese Maßnahme durchgeführt. Mit der 15. Verordnung über den Vollzug des Lastenausgleichsgesetzes vom 20. Februar 1979 verringerte *Pirkl* die Zahl der Ausgleichsämter in Bayern auf 42[21]).

Am Rande soll erwähnt werden, daß die Gebietsreform in Bayern vom Sommer 1972[22]) für die Ausgleichsverwaltung keine außergewöhnlichen Verwaltungsschwierigkeiten mit sich brachte. Denn längst waren von den ursprünglichen 191 Ausgleichsämtern 131 aufgelöst worden[23]). Und soweit die Gebietsreform die regionale Zuständigkeit änderte, wirkte sich die relativ geringe Menge unerledigter Anträge vorteilhaft aus.

Die von Staatsminister *Pirkl* betriebene Verwaltungsvereinfachung betraf auch die *Zusammenlegung von Ausgleichsämtern und Flüchtlingsämtern*. Durch die zweite Verordnung über die Organisation des Flüchtlingswesens vom 22. Juli 1969 wurden die Flüchtlingsämter Sachgebiete der Ausgleichsämter[24]).

8. 1 München, das größte Ausgleichsamt der Bundesrepublik

In dieser Tabelle fällt die Landeshauptstadt aus dem Rahmen mit 1,7 Milliarden DM. Die Leistung der einzelnen Ausgleichsämter kann hier nicht detailliert behandelt werden, aber München muß doch wohl besonders erwähnt werden. Im Höhepunkt der Bearbeitung zählte das Münchner Amt 534 Mitarbeiter (Juni 1959) und bei den Leistungen wurde Anfang 1969 die Milliarden-Grenze überschritten. Das große Amt leitete vom 19. April 1949 bis 30. Juni 1968 Verwaltungsdirektor *Wilhelm Hoffmeister*. Sein Nachfolger *Matthias Kiermeier* (1. Juli 1968 bis 31. Juli 1975) überreichte Oberbürgermeister Dr. *Hans-Jochen Vogel* — aus Anlaß einer Sitzung des „Statistischen Dreier-Ausschusses" des Bundesausgleichsamtes in München — eine Festschrift

21) 15. Verordnung über den Vollzug des Lastenausgleichsgesetzes vom 20. 2. 1979, Bayer. GVBl. S. 24.
22) Verordnung der Bayer. Staatsregierung zur Neugliederung Bayerns in Landkreise und kreisfreie Städte vom 25. 5. 1972; Bayer. GVBl. 1972, S. 169.
23) 10. Verordnung über den Vollzug des Lastenausgleichsgesetzes vom 10. 12. 1970; Bayer. GVBl., S. 649.
24) 2. Verordnung über die Organisation im Flüchtlingswesen (in Bayern) vom 22. 7. 1969; Bayer. GVBl. 1969, S. 231.

„20 Jahre Lastenausgleich in München"[25]) und *Hans Schmid* vom „Amt für Statistik und Datenanalyse" berichtete in der „Münchener Statistik"[26]). Als größter Schadensbetrag wurden in einem Fall 13 182 437,50 Reichsmark „festgestellt" und den zwei Erben des unmittelbar Geschädigten, der 1952 gestorben war, je 483 270 DM als „Hauptentschädigung" (Grundbetrag) zuerkannt. Heute (1979) zählt das Amt unter Leitung von *Max Englberger* 165 Mitarbeiter.

15,6 Milliarden DM SHG/LAG-Leistungen in Bayern 1949—1973
nach Ausgleichsämtern (Gebietsstand 1978), zusammengestellt von der Zentralstatistik aus Anlaß der Gebietsneugliederung Bayerns 1972

Ausgleichsamt	Mill. DM	Ausgleichsamt	Mill. DM
Stadt München	1 686,4	Stadt Nürnberg	836,3
Dachau	137,7	Ansbach	643,4
Ebersberg	86,4	Fürth	440,7
Eichstätt	490,1	Nürnberger Land	365,7
Freising	192,5	Stadt Würzburg	289,9
Fürstenfeldbruck	157,7	Aschaffenburg	226,0
Miesbach	269,8	Bad Kissingen	143,2
Mühldorf	259,8	Miltenberg	148,2
München-Land	158,8	Schweinfurt	440,3
Rosenheim	334,4	Würzburg-Land	397,8
Starnberg	145,7	Stadt Augsburg	330,6
Traunstein	380,7	Augsburg-Land	443,0
Weilheim-Schongau	399,3	Donau-Ries	232,5
Deggendorf	165,2	Günzburg	380,6
Landshut	573,5	Oberallgäu	334,0
Passau	404,3	Ostallgäu	348,0
Straubing-Bogen	310,4	Unterallgäu	521,8
Stadt Regensburg	146,7		
Amberg-Sulzbach	151,7	Nach Regierungsbezirken:	
Cham	170,3		
Neustadt/Waldnaab	362,5	Oberbayern	4 699,3
Regensburg-Land	228,6	Niederbayern	1 453,4
Schwandorf	186,3	Oberpfalz	1 246,1
Bamberg	477,7	Oberfranken	1 649,8
Bayreuth	388,2	Mittelfranken	2 286,1
Coburg	220,5	Unterfranken	1 645,4
Hof	470,6	Schwaben	2 590,5
Kronach	92,8	*Bayern*	*15 570,6*

Mit Wirkung vom 1. 3. 1979 kamen die Ämter Amberg-Sulzbach und Cham zu Schwandorf, sowie Miltenberg zu Aschaffenburg.

25) Matthias Kiermeier: 20 Jahre Lastenausgleich in München, Bericht des Ausgleichsamtes der Landeshauptstadt, München 1969, 37 S.
26) Hans Schmid: 20 Jahre Lastenausgleich in München, in: „Münchener Statistik", Amt für Statistik und Datenanalyse der Landeshauptstadt, München 1969, Heft 3, S. 185—211.

8. 2 Die Außenstellen des Landesausgleichsamtes

In diesem die Organisation beschreibenden Abschnitt fehlt bisher eine wichtige Zwischeninstanz, die „Außenstellen des Landesausgleichsamtes" bei den sieben Bezirksregierungen. Sie waren und sind z. T. Bewilligungsinstanz bei Aufbaudarlehen, dort bestehen die „Beschwerdeausschüsse" — um nur zwei Tatbestände zu erwähnen. Um die Größenordnung der in den einzelnen Regierungsbezirken erledigten Anträge aufzuzeigen, wird eine Tabelle abgedruckt, die 1973 für den Bayerischen Obersten Rechnungshof erstellt wurde. Aus ihr ist eine bemerkenswerte Erkenntnis abzuleiten; Am 1. Januar 1963, zu Beginn der fünften Legislaturperiode des Bayerischen Landtages, lagen 362 613 unerledigte Anträge vor, elf Jahre später, am 1. Januar 1974 noch 126 809. Und dies, obwohl 799 152 Anträge erledigt wurden. Das bedeutet einen Neuzugang von 563 348 Anträgen! Manche Leser werden überrascht sein, vor allen jene nicht direkt Beteiligten, die meinen, eigentlich hätte die Ausgleichsverwaltung längst „ausgedient".

563 348 neue Anträge in Bayern 1963—1973

im Jahre	erledigte Anträge	im Regierungsbezirk		unerledigt 1. Januar 1974
1963	144 505			
1964	110 071			
1965	105 866			
1966	89 380			
1967	74 756	Oberbayern	297 638	54 772
1968	53 791	Niederbayern	46 450	5 328
1969	44 416	Oberpfalz	52 196	6 411
1970	47 068	Oberfranken	73 184	13 809
1971	48 524	Mittelfranken	117 617	21 759
1972	39 943	Unterfranken	76 929	10 136
1973	40 832	Schwaben	135 138	14 594
insg.	799 152	Bayern insg.	799 152	126 809

Zusatz 1979: Am 1. 1. 1974 lagen 127 000 unerledigte Anträge bei den Ausgleichsämtern, am 1. 1. 1979 noch 51 000. Zwar konnten 186 000 erledigt werden, jedoch kamen 110 000 neue (fast nur von Spätaussiedlern) hinzu.

Anträge, Anträge, Anträge . . .

Der Leser kennt nun in groben Zügen sowohl die Vorgeschichte wie die Organisation in Bayern. Es wurde erwähnt, wie das große Gesetzeswerk aus bi-zonalen Anfängen im Bundestag und Bundesrat heranwuchs. Bei der

Weiterentwicklung, die manche als Perfektion apostrophieren, haben sich das Bundesausgleichsamt sowie dessen „Kontrollausschuß" und „Ständiger Beirat" große Verdienste erworben. Den Vorsitz im Beirat führte seit Beginn *Edmund Leukert*. Durch die Einbeziehung der „SBZ-Flüchtlinge" in den Härtefonds und die spätere Gleichstellung von „Zonenschäden" und „Vertreibungsschäden", sowie durch die „Spätaussiedler" ergaben sich und ergeben sich immer wieder neue Aufgaben. Sinnvollerweise übertrug man der Ausgleichsverwaltung auch die Durchführung der artgleichen späteren Bundesgesetze, auch wenn die Leistungen nicht aus dem Ausgleichsfonds, sondern aus dem Bundeshaushalt (Kapitel 6004 und 0640) — zum Teil mit Beteiligung der Länder — gespeist wurden. Hinsichtlich der Präzisierung ungeklärter Fragen und der darauf fußenden Vorbereitung der Novellen haben sich im Interesse der Geschädigten vor allem der BdV (Bund der Vertriebenen) und dessen 1978 verstorbener Generalsekretär Dr. *Hans Neuhoff* engagiert. Hinsichtlich der Durchführung ließ sich das Bundesausgleichsamt im Rahmen regelmäßiger Sitzungen von den Leitern der Landesausgleichsämter beraten. Für Teilgebiete wurden Sonderausschüsse gebildet.

Der Autor konnte selber im „Statistischen Dreierausschuß" unter Leitung von Dr. *Gerhard Reichling* bei der Vorbereitung von Sondererhebungen (z. B. für die Gesamtschätzungen des Bundesausgleichsamtes), und Vereinfachung der Berichterstattung viele Jahre mitwirken.

8. 3 Antragseingang und Erledigung in Bayern 1952 bis 1. 1. 1979

Die Durchführung läßt sich am klarsten mit einer einzigen Tabelle verdeutlichen, die Auskunft über die Zahl der eingereichten und erledigten Anträge gibt (ohne Soforthilfe-Zeit!). Unsere Übersicht ist eine Kurzfassung der jährlich vom Landesausgleichsamt veröffentlichten Statistik[27].

---

27) Zentralstatistik des Bayer. Staatsministeriums für Arbeit und Soziale Fürsorge: laufende Berichterstattung ab 1952, besondere „Informationsdienste":
a) 5,2 Milliarden DM LAG-Leistungen in Bayern 30. 9. 1958.
b) Wieviel „Möbelkinder" gibt es bei der Hausratentschädigung?; Vermerk vom 29. 11. 1962 (I/7. LA 3543 z 41 — 570/62).
c) Unterhaltshilfeempfänger über das Jahr 2000 hinaus; Vermerk vom 11. 11. 1966 (IV B/7 — LA 3543 z 41 — 1001/66).
d) Vereinfachung der Berichterstattung; Beitrag zum Protokoll des Statistikerausschusses, Sitzung Berlin, 13. 7. 1972 (VII B/5 — LA 3543 z 41 — 19/72).
e) 25 Jahre Lastenausgleich, 30 Jahre Flüchtlingsverwaltung in Bayern. Statistischer Bericht; Anlage zur „Arbeit und Wirtschaft in Bayern", 1974, Nr. 3, X und 37 S.
f) 130 000 000 000 DM Lastenausgleich, „Gesamtschätzung 1974"; in: „Arbeit und Wirtschaft in Bayern", 1974, Nr. 10, S. 7—10.

Erledigungsstand Anfang 1979

Erledigungsstand der bei der Ausgleichsverwaltung in Bayern bis 1. 1. 1979 eingereichten Anträge (ohne Soforthilfezeit)

Leistungsart		eingereichte Anträge	am 1. Januar 1979 unerledigte Anträge	
Schadensfeststellung	FG	1 256 816	24 109[1])	1,9 %
	BFG	66 943	13 744[1])	20,5 %
Zuerkennung des Anspruchs	FG	961 187[2])	3 630	0,4 %
auf Hauptentschädigung	BFG	43 622[2])	2 308	5,3 %

[1]) In 17 557 FG- und in 5916 BFG-Fällen ergingen erst „Teilbescheide".
[2]) Ohne unerledigte Feststellungsanträge, falls positiver Bescheid.

Weitere Leistungen:

Unterhaltshilfe (UH)	506 301	617	0,1 %
Entschädigungsrente (ER)	503 288	586	0,1 %
Hausratentschädigung	1 410 688	2 812	0,2 %
WAG (vertriebene Sparer)	804 235	104	0,0 %
ASpG (Altsparer)	136 059	11	0,0 %
Heimförderung	600	—	—
Ausbildungshilfe	229 923	—	—
Härtefälle § 301 b LAG	118	0	—

Aufbaudarlehen:

Gewerbliche Wirtschaft	52 593	30	0,1 %
Landwirtschaft	23 299	100	0,4 %
Wohnungsbau (Wohnungen!)	325 082	156	0,1 %
Arbeitsplatzdarlehen	614	—	—

Übrige Leistungen nach anderen Bundesgesetzen:

Kriegsgefangenenentschädigung KgfEG Abschnitt I	(323 616)[3])	(362)	0,1 %
KgfEG Abschnitt II	22 317	1	0,0 %
Vertriebene im Ausland	176	2	1,1 %
FlüHG (Flüchtlingshilfe)	5 834	157	2,7 %
AKG (Allgemeine Kriegsfolgen)	280	—	—
RepG (Reparationsschäden)	23 379	2 824	12,1 %

[3]) KgfEG Abschnitt I bearbeiten die „Kriegsopferfürsorgestellen" der Kreisverwaltungsbehörden, nicht die Ausgleichsämter!

Beschwerdeausschüsse bei den „Außenstellen" des Landesausgleichsamtes

Beschwerden	143 230	430	0,3 %

8. 4   18,2 Milliarden DM SHG/LAG/BFG-Leistungen in Bayern seit 1949

Der Leser wird zweifellos zwei weitere Fragen stellen: 1. Wie viele Millionen DM sind seit dem Inkrafttreten des Soforthilfegesetzes (1949) für die einzelnen Leistungen nach Bayern geflossen und 2. wie verteilen sich diese auf die Vertriebenen, die „SBZ-Flüchtlinge" und die Kriegssach- und Sparergeschädigten?

18,2 Milliarden DM SHG/LAG/BFG-Leistungen 1949—1978

Leistungsart (Stand 1. Januar 1979)	Millionen DM	Vertrie- bene	„SBZ- Flücht- linge"	Kriegssach- u. Sparer- geschädigte
LAG/BFG-Hauptentschädigung durch:				
Barauszahlung u. a.	3 875,9	77 %	11 %	12 %
Anrechnung Kriegsschadenrente	(882,8) + (362) noch nicht angerechnet			
Umwandlung von Darlehen	(367,4)			
Hauptentschädigung insgesamt	(5 126,1)			

Die in Klammern gesetzten Beträge wurden als Kriegsschadenrente bzw. Aufbaudarlehen gebucht und dürfen daher nicht doppelt gezählt werden!

Weitere Leistungen:				
Kriegsschadenrente (UH/ER)	8 864,2	82 %	1 %	17 %
Hausratentschädigung	1 472,7	71 %	3 %	26 %
WAG (Vertriebene Sparer)	254,2	100 %	—	—
ASpG (Altsparer)	833,0	—	—	100 %
Heimförderung	31,4	70 %	—	30 %
Ausbildungshilfe	183,7	91 %	6 %	3 %
Härtefälle § 301 b LAG	1,2	100 %	—	—
Aufbaudarlehen:				
Gewerbliche Wirtschaft	408,1	70 %	10 %	20 %
Landwirtschaft	229,3	90 %	5 %	5 %
Wohnungsbau	1 094,5	79 %	3 %	18 %
Arbeitsplatzdarlehen	49,2	87 %	1 %	12 %
Darlehen an den Freistaat Bayern zur Vergabe von „Staatsdarlehen":				
Wohnraumhilfe	815,6	78 %	—	22 %
Landwirtschaftliche Siedlung	41,7	100 %	—	—
SHG/LAG/BFG-Leistungen in Bayern	18 154,7	77 %	3 %	20 %

Übrige Leistungen nach anderen Bundesgesetzen 134 Millionen DM

Kriegsgefangenenentschädigung (KgfEG) Abschnitt II	64,6 Millionen DM
Vertriebene im Ausland	1,8 Millionen DM
FlüHG (Flüchtlingshilfe)	14,5 Millionen DM
AKG (Allgemeine Kriegsfolgen)	7,4 Millionen DM[1])
RepG (Reparationsschäden)	45,6 Millionen DM
übrige Leistungen in Bayern	133,9 Millionen DM

[1]) Davon wurden 6,9 Mill. DM als Vorschuß für RepG-Leistungen angerechnet.

Anstelle ausführlicher Texte, die obendrein mit Zahlenangaben gespickt sein müßten, hat der Autor eine Tabelle zusammengestellt; die Insgesamt-Angaben beruhen auf Informationen der Rechnungsstelle des Landesausgleichsamtes, die Aufteilung auf die drei Schadensgruppen z. gr. T. auf statistischen Meldungen, z. T. aber auch auf Schätzungen. Zusätzlich sind die — wesentlich geringeren — Aufwendungen für die übrigen Kriegsfolgengesetze aufgeführt, soweit ihre Durchführung der Ausgleichsverwaltung anvertraut wurde. Das eine Mal geht es um 18 154,7 Millionen, das andere Mal um nur 133,9 Millionen DM.

8. 5 Die Ausgleichsamtsleiter

Nach einem ersten Blick auf diese beiden Tabellen wird der Leser bereit sein, die Arbeitsleistung der Ausgleichsamtsleiter und ihrer Mitarbeiter zu würdigen. Diese hatten und haben im großen ganzen die erforderlichen Entscheidungen zu treffen, abgesehen von wenigen Ausnahmen, etwa bei größeren Darlehen. Ihr Wirken war wesentlich anders als das der Flüchtlingskommissare im Jahre 1946. Die Ausgleichsämter hatten Anträge über Anträge anzunehmen, zu prüfen, abzulehnen oder zu bewilligen; und doch war es keine reine Verwaltungsarbeit. Oft kamen sie bei der Annahme der Anträge mit den Antragsstellern in persönlichen Kontakt. Ihr Rat wurde nicht selten gesucht und ihre Erläuterung, warum eine erhoffte Bewilligung überhaupt nicht oder nur begrenzt möglich war, akzeptierten die Betroffenen im allgemeinen. Von den nahezu sechs Millionen Bescheiden, die seit 1952 erteilt wurden, hatten die Beschwerdeausschüsse bis 1. 1. 1979 143 230 zu beraten. Das bedeutet, daß 98 % aller Bescheide widerspruchslos angenommen wurden. Spitzbübisch scherzen manche, die Geschädigten könnten die Bescheide auf ihre Richtigkeit gar nicht prüfen. Diese sehr erfreuliche Bilanz verbessert sich noch einmal, wenn man erfährt, daß nur 17 % dieser Beschwerden zugunsten des Beschwerdeführers entschieden wurden. Dies dürfte auch für die Öffentlichkeit als überzeugender Beweis für die im allgemeinen sorgfältige Tätigkeit aller Mitarbeiter der Ausgleichsverwaltung gelten.

8. 6 Erledigungsstand in Bayern nach einzelnen Leistungsarten

Soforthilfedienst

Im Anfang der Soforthilfezeit kam es darauf an, bei Notständen — wie es der Name des Gesetzes forderte — „sofort zu helfen". Niemand konnte abschätzen, wie viele Anträge eingehen würden, bei welchen Gruppen das Schwergewicht liegen würde. Ferner hatte man in dieses Gesetz eine Menge von Notfällen „hineingepackt", weil die entsprechenden weiteren Spezialgesetze noch nicht verabschiedet werden konnten. Neben Vertriebenen, Kriegssachgeschädigten und Währungsgeschädigten wurden bereits „Sowjetzonen-Flüchtlinge" unterstützt, die später aus dem „Härtefonds des Lastenausgleichsfonds" gefördert wurden. Man findet auch „Helgoland-Vertriebene"; wer denkt heute noch daran, daß Helgoland 1945—1951 Übungsgelände der Royal Air Force für Bombenabwurf und Sprengungen war?

Anfangs durften Landeszahlen nur begrenzt und „nur für den Dienstgebrauch" bekanntgegeben werden. Das änderte sich[27]), u. a. wegen der Forderung des Statistischen Landesamtes, genauer und laufend über so umfangreiche Finanzierungsvorgänge informiert zu werden. *Josef Wirnshofer* verfaßte den ersten großen Bericht über den Lastenausgleich in Bayern (Stand 31. Mai 1955). Darin klagte das Landesamt, daß über die Soforthilfezeit unzulängliche Statistiken vorlägen und manche Angaben nicht nach Bundesländern aufgegliedert werden konnten[28]). Vielleicht ist es eine gute Lösung, die wichtigsten Leistungsarten graphisch darzustellen und kurz zu kommentieren.

8. 7 Die Kriegsschadenrente

Schon nach dem Soforthilfegesetz konnten Unterhaltshilfen gezahlt werden. Nach dem Lastenausgleichsgesetz gingen in Bayern über 500 000 Anträge auf Kriegsschadenrente ein, von denen bis Anfang 1979 insgesamt 356 000 genehmigt wurden. Wegen Tod oder Wegfall des Anspruchs sank aber die Zahl der Empfänger laufend und zwar bis Anfang 1979 auf 60 198.

---

28) Josef Wirnshofer: Der Lastenausgleich in Bayern; Stand 31. März 1955; Bayer. Statistisches Landesamt, Statistische Berichte L I Reihe VI/A/10/1 vom 15. 6. 1956.

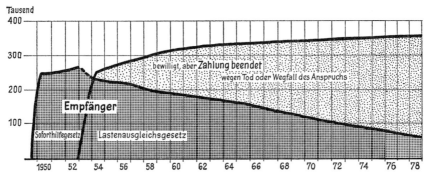

Kriegsschadenrente in Bayern 1950–1.1.1979

Tausend

bewilligt, aber Zahlung beendet
wegen Tod oder Wegfall des Anspruchs

Empfänger

Soforthilfegesetz   Lastenausgleichsgesetz

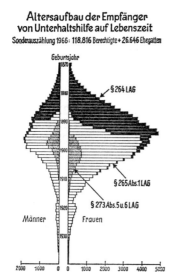

Altersaufbau der Empfänger
von Unterhaltshilfe auf Lebenszeit
Sonderauszählung 1966: 118.816 Berechtigte + 26.646 Ehegatten

Geburtsjahr

§ 264 LAG

§ 265 Abs.1 LAG

§ 273 Abs.5 u. 6 LAG

Männer   Frauen

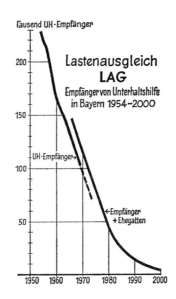

Tausend UH-Empfänger

Lastenausgleich
LAG
Empfänger von Unterhaltshilfe
in Bayern 1954–2000

UH-Empfänger

←Empfänger
+ Ehegatten

Um die Laufzeit abschätzen zu können, wurde erstmalig 1966 der Altersaufbau der Empfänger ausgezählt und — darauf fußend — vom Bayerischen
Statistischen Landesamt errechnet, daß aufgrund der Lebenserwartung Renten
noch über das Jahr 2000 hinaus zu zahlen sein werden. Dazu sagte Staatssekretär Dr. *Karl Hillermeier* 1970 vor 180 Teilnehmern der Deutschen
Statistischen Woche in München[29]).

29) Karl Hillermeier: „Statistik und Politik", Begrüßungsansprache bei einem Kolloquium am 18. 9. 1970 vor 180 Statistikern; in: „Arbeit und Wirtschaft in
Bayern", 1970, Nr. 9, S. 3—7.

„Statistik und Politik

Wohl wenige Bundestagsabgeordnete waren sich bei der Verabschiedung des § 265 Abs. 1 LAG darüber im klaren, daß mit seiner Einführung die Zahlung der Kriegsschadenrente über das Jahr 2000 hinaus laufen würde. Ist der Politiker ohne statistische Unterlagen nicht in der Lage, in vielen Bereichen sachgerechte Entscheidungen zu treffen, so kommt es für ihn noch ganz besonders darauf an, daß die ihm an die Hand gegebenen statistischen Unterlagen umfassend, exakt und nicht manipuliert sind. Gerade was diese letzte Forderung anbetrifft, tragen die Statistiker — das zeigen wiederholte Fehlinterpretationen — besondere Verantwortung."

Sätze der monatlichen Unterhaltshilfe 1949—1979 in DM

ab Stichtag:	Unterhaltshilfe			Selbständigenzuschlag (Stufe 6)	
	Berech- tigter	Ehe- gatte	je Kind	Berech- tigter	Ehe- gatte
1. 4. 1949	70	30	20		
10. 8. 1951	85	35,5	27,5		
1. 7. 1954	100	50	35		
1. 4. 1957	120	60	42		
1. 6. 1959	140	70	47	27 (ab 1. 6. 60)	
1. 6. 1961	155	85	49	65	10
1. 6. 1963	175	105	60	100 (1. 6. 64)	10
1. 6. 1965	190	120	65	100	50
1. 6. 1967	205	135	70	100	50
1. 6. 1970	235	155	80	115	60
1. 1. 1972	255	170	87	115	60
1. 1. 1973	279	186	95	126	66
1. 1. 1974	311	207	106	140	73
1. 10. 1974	346	230	118	156	8f
1. 7. 1975	384	256	131	173	90
1. 7. 1976	426	284	145	192	100
1. 7. 1977	468	312	159	211	110
1. 1. 1979	489	326	166	226	115

Die Höhe der monatlichen Unterhaltshilfe lag für einen „Berechtigten" plus Ehefrau und ein Kind 1949 bei 120 DM und stieg bis 1979 auf 981 DM. Mit der 27. LAG-Novelle wurde die Dynamisierung analog zur allgemeinen Rentenversicherung eingeführt. Ab 1960 wurde ein „Selbständigenzuschlag" gewährt, der von 27 DM auf inzwischen 341 DM (einschl. Ehegatte) anstieg. Aber aufschlußreicher, als die Tabelle der Monatsrente, dürfte für den Leser das Ergebnis einer Sondererhebung von Ende 1975 über die tatsächliche Höhe der Monatsrente sein, bei der einerseits alle Zuschläge, andererseits alle anrechenbaren Einkünfte berücksichtigt wurden. Insgesamt gab es Ende 1975

74 810 Empfänger von Kriegsschadenrente in Bayern, bei 30 361 lag sie unter 300 DM und bei weiteren 21 770 zwischen 300 und 500 DM. Nur in 939 Fällen wurde die 1000-DM-Grenze überschritten.

Tatsächliche Höhe der Kriegsschadenrente in Bayern Ende 1975
(Monatliche Rente *einschl.* Zuschläge und *abzüglich* anrechenbare Einkünfte; Sonderauszählung des Landesausgleichsamtes)

Monatsrente	Empfänger
unter 100 DM	12 066
100— 300 DM	18 295
300— 500 DM	21 770
500— 700 DM	14 650
700—1000 DM	6 877
1000 DM und mehr	939
ungeklärt	213
Empfänger insg.	74 810

8. 8 Die Hausratentschädigung in Bayern

Nach dem Soforthilfegesetz wurden in Bayern 121 Mill. DM für Hausrathilfe ausgezahlt, im Durchschnitt 136 DM je Antrag. Das LAG führte als Norm — für die Vertriebenen ohne individuelle Schadensfeststellung — eine Hausratentschädigung von 1200 DM ein mit Zuschlägen für Ehegatten und Kinder. Als die Bundestagsabgeordneten ausreichende Mittel im Ausgleichsamt

Hausratentschädigung 1952 – 1.1.1979

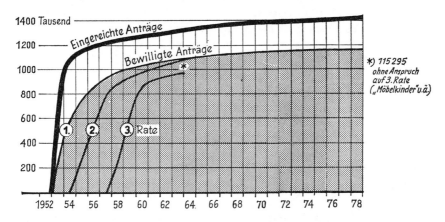

Möbelkinder wurden jene Jugendlichen genannt, die noch keinen eigenen Haushalt, aber bereits Möbel usw. besaßen; sie hatten keinen Anspruch auf die 3. Rate.

vermuteten, dachte man sogar an eine vierte Rate[30]). Solche Pläne konnten nicht verantwortet werden; denn der Zahl der Anträge nach stand die Hausratentschädigung an erster Stelle. In Bayern gingen bis 1. 1. 1979 insgesamt 1,4 Millionen Anträge ein und fast 1,2 Millionen wurden bewilligt. Man hätte im Bundesgebiet über 7,4 Millionen Anträge, die „endgültig" erledigt waren, nochmals durchsehen müssen, um 200 oder 300 DM als vierte Rate zu zahlen. Obendrein, weil der überwiegende Teil der Empfänger inzwischen gestorben ist, wäre „Erbensuche" ein neues Aufgabengebiet geworden.

8. 9 Die Schadensfeststellung und Hauptentschädigung in Bayern

Das schwierigste Arbeitsgebiet für die Ausgleichsverwaltung bildete und bildet heute noch die Schadensfeststellung, auf der zwei weitere Verwaltungsschritte fußen. Im Falle eines positiven Bescheides über den erlittenen Schaden folgt die Zuerkennung eines Anspruchs auf Hauptentschädigung (in DM) und schließlich die Erfüllung dieses Anspruchs entweder durch Barzahlung u. ä., oder durch Umwandlung früher gewährter LAG-Aufbaudarlehen bzw. unter Anrechnung von Kriegsschadenrente. Soweit Rente gezahlt wurde, liegt in vielen Fällen der Gesamtbetrag der ausgezahlten Kriegsschadenrente (wesentlich) höher als die sog. „Hauptentschädigung".

Die Graphik faßt den ganzen Komplex zusammen und veranschaulicht, wie die Anträge durch die drei Stufen geschleust wurden. Bisher mußten 271 520 Feststellungsanträge abgelehnt werden. In weiteren 171 641 Fällen handelte es sich lediglich um Sparerschäden von Vertriebenen, die bereits nach dem WAG (Währungsausgleich für Sparguthaben Vertriebener) entschädigt worden waren; diese nennt man „reine WAG-Fälle". Sofern die Erfüllung des Anspruchs auf Hauptentschädigung (trotz der grundsätzlichen Zuerkennung) noch nicht erfolgte, ist die Ursache zumeist in der jahrelangen Zahlung von Kriegsschadenrente zu suchen. Nach der Statistik vom 1. 1. 1979 waren 883 Mill. DM angerechnet, aber weitere 362 Mill. DM durch bereits ausgezahlte Rente erfüllt, jedoch noch nicht formell „angerechnet".

Die Barauszahlung war in den ersten Jahren schwer zu realisieren. Darum führte man eine „unbare Erfüllung" durch Begründung von Spareinlagen u. ä. ein, als eine Art „Vorfinanzierung".

Eine so kurze Behandlung eines so großen Aufgabenbereiches mag den Fachleuten frivol vorkommen. Im Rahmen dieser Dokumentation muß eine gedrängte Formulierung ausreichen. Nur auf eines sei noch hingewiesen:

Bei der Schadensfeststellung ist für die Vertriebenen der Nachweis oft sehr, sehr schwer zu erbringen. Das Bundesausgleichsamt errichtete deshalb

---

30) Bundestagsdrucksache IV/3346 vom 4. Mai 1965; FDP-Antrag zur Änderung des § 295 LAG im Rahmen der 18. LAG-Novelle; in der endgültigen Fassung vom 3. 9. 1965 nicht mehr enthalten (BGBl. I S. 1043).

34 „Heimatauskunftsstellen" (HASt), drei von diesen haben ihren Sitz in München und unterliegen der Aufsicht des Landesausgleichsamtes. Wesentliche Unterstützung leisten die Heimatortskarteien des Kirchlichen Suchdienstes (HOK).

Schadensfeststellung nach FG (ohne BFG) und Hauptentschädigung (HE) nach LAG in Bayern
1.1.1979

1256 816 Feststellungsanträge = 100%

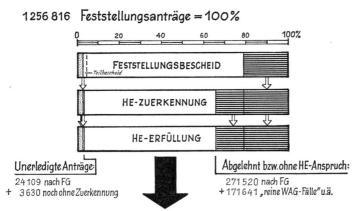

Unerledigte Anträge:
24 109 nach FG
+ 3 630 noch ohne Zuerkennung

Abgelehnt bzw. ohne HE-Anspruch:
271 520 nach FG
+ 171 641 „reine WAG-Fälle" u.ä.

5,1 Milliarden DM HE-Erfüllung 1957-1.1.1979

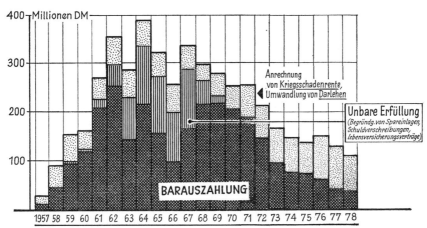

Haushaltsjahre

8. 10 Sonstige Anträge mit Rechtsanspruch

Das Altsparergesetz (ASpG) und der Währungsausgleich für Sparguthaben Vertriebener (WAG) sind hier zu erwähnen. Fast die gesamte Antragsüberprüfung lag in Händen der Geldinstitute. Nur unklare Fälle kamen zur weiteren Behandlung in die zuständigen Ausgleichsämter. Die Banken und Sparkassen haben sich hierbei große Verdienste erworben; sie hatten die Vorfinanzierung übernommen.

8. 11 Drei weitere LAG-Leistungen ohne Rechtsanspruch

Mit der *Heimförderung* wurden Heimplätze für Geschädigte gesichert (Alters-, Schüler- und Kinderheime). Diese Aktion wurde bereits 1966 abgeschlossen.

Die *Ausbildungshilfe* nannte das Bundesausgleichsamt „Starthilfe für die nächste Generation". Das Bundesausbildungsförderungsgesetz (BAFöG) vom 26. August 1971 (BGBl. I. S. 1409) löste diese Leistungsart ab, die verständlicherweise zu 91 % Vertriebenen zugute kam. Im Höhepunkt 1959 wurden 10 340 Jugendliche gefördert, darunter nur 199 Einheimische. In den Genuß dieser Hilfe kamen damals 4730 Lehrlinge, 3208 Schüler, 2383 Fachschüler und Studenten und 19 Referendare. Wer mehrere Jahre nacheinander diese Hilfe erhielt, bekam insgesamt einen beachtlichen Betrag, wenn man diesen mit der durchschnittlichen „Hauptentschädigung" vergleichen würde, und hierbei handelte es sich nicht um ein Darlehen, das zu tilgen war oder auf andere Leistungen angerechnet wurde. Als drittes sind die Aufbaudarlehen anzuführen.

8. 12 1,8 Milliarden DM für Aufbaudarlehen in Bayern

Bereits nach dem Soforthilfegesetz konnten (sehr kleine) Darlehen bewilligt werden. Die drei Graphiken (ohne SHG-Zeit) veranschaulichen den Antragseingang und die *Bewilligung* seit 1953. Die Auszahlung erfolgte durch die Lastenausgleichsbank in Bonn-Godesberg, bei den Darlehen für die Landwirtschaft durch die Deutsche Siedlungs- und Landesrentenbank in Bonn. Beide Banken verkehren mit den Zentralen der Hausbanken; daher gibt es keine Länderzahlen über die Inanspruchnahme der bewilligten Darlehen.

Gewerbliche Wirtschaft und freie Berufe

Bei dieser Darlehensart wurden in Bayern während der SHG-Zeit „im Eiltempo" rund 27 000 Darlehen bewilligt mit durchschnittlich 3300 DM. Die neuen LAG-Darlehen fingen 1954 mit durchschnittlich 7600 DM an, kletterten bis 1962 auf 17 000. In letzter Zeit lag die Darlehenshöhe oft an der Obergrenze von 35 000 DM. Anfang 1979 wurden 30 unerledigte Anträge von Spätaussiedlern gezählt: weitere Mittel werden nicht mehr bereit gestellt.

LAG-Aufbaudarlehen in Bayern 1953 bis 1.1.1979
Eingereichte Anträge (einschl. Härtefonds), davon bewilligt

Gewerbliche Wirtschaft und freie Berufe

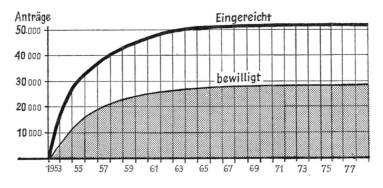

Landwirtschaft

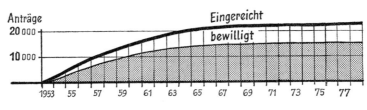

Wohnungsbau

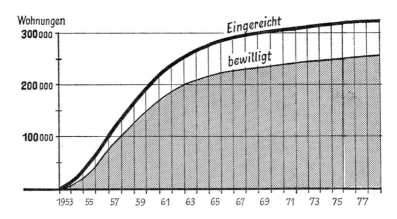

Landwirtschaft

Die Zahl der Antragsteller (23 299) ist nicht identisch mit der Zahl der ursprünglichen Zahl der Siedlungswilligen. Falls überhaupt keine Aussicht auf Erwerb oder Pacht eines Betriebes bestand, wurde gar kein Antrag eingereicht bzw. angenommen.

Wohnungsbau

Unter den Darlehen nimmt nach Antragszahl und Höhe der Finanzmittel die Förderung des Wohnungsbaus die erste Stelle ein, in Bayern 61 % der bewilligten Darlehen. In unserer Graphik sind „Wohnungen" als Einheit gewählt, weil die Anträge teilweise auch Miethäuser betrafen. In der SHG-Zeit konnten rund 24 000 Wohnungen mit (nur) 1250 DM gefördert werden, in der LAG-Zeit 252 066, anfangs mit durchschnittlich 3200 DM, 1978 mit rund 4400 DM je Wohnung. Auch hier werden nur noch Anträge von Spätaussiedlern angenommen. Anfang 1979 lagen 156 unerledigte Anträge vor.

Arbeitsplatzdarlehen

Zusätzlich vergab die Ausgleichsverwaltung auch Darlehen zur Schaffung von Arbeitsplätzen, um die Eingliederung zu fördern. Die Nürnberger Bundesanstalt überwachte die Besetzung der so geschaffenen Arbeitsplätze (in Bayern 13 261). Im Juli 1960 verzichtete das Bundesausgleichsamt wegen der günstigen Arbeitsmarktlage auf die nunmehr überflüssige Überwachung.

Gesamtüberblick über die SHG/LAG Darlehen in Bayern 1949 bis 1. 1. 1979

Zum Abschluß dieses Abschnittes zeigen zwei Graphiken den zeitlichen Ablauf der Gewährung von Aufbaudarlehen sowie die Aufteilung auf die drei Darlehensarten und die Arbeitsplatzdarlehen. Um keine Unklarheiten aufkommen zu lassen, sei erwähnt, daß die „Wohnraumhilfe" und das Darlehen für landwirtschaftliche Siedlung, die der Freistaat Bayern zur Vergabe von „Staatsdarlehen" erhielt, dabei *nicht* mit einbezogen wurden.

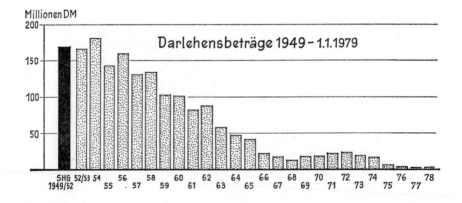

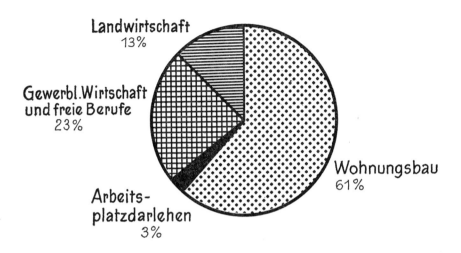

1,8 Milliarden DM 1949-1.1.1979
SHG+LAG

Landwirtschaft
13%

Gewerbl.Wirtschaft
und freie Berufe
23%

Arbeits-
platzdarlehen
3%

Wohnungsbau
61%

Bewilligung von Aufbaudarlehen in Bayern 1962—1979

Stichtag 30. 6. 1962 wie bei Übersicht S. 340

Anträge	eingereicht	bewilligt	abgelehnt	unerledigt
Gewerbliche Wirtschaft und freie Berufe:				
30. 6. 1962	48 808	26 314	21 731	763
1962/1978	+3 785	+2 111	+2 407	—733
1. 1. 1979	52 593	28 425	24 138	30
Landwirtschaft:				
30. 6. 1962	17 535	12 431	4 634	470
1962/1978	+5 764	+3 096	+3 038	—370
1. 1. 1979	23 299	15 527	7 672	100
Wohnungsbau (Wohnungen, nicht Anträge):				
30. 6. 1962	245 500	192 380	46 123	6 997
1962/1978	+79 582	+59 686	+26 737	—6 841
1. 1. 1979	325 082	252 066	72 860	156

8. 13 Weitere Kriegsfolge-Gesetze des Bundes

Erwähnt wurde bereits, daß die Ausgleichsverwaltung sinnvollerweise für einige weitere Kriegsfolgehilfen zuständig wurde, weil der Gesetzgeber sich in diesen Gesetzen methodisch einfach an die Erfahrungen beim LAG anlehnte. Man ließ Anträge auf Unterhaltshilfe, auf Hausrathilfe, Darlehen und in einem Fall auf Entschädigung zu. Die Fundstellen im Bundesgesetzblatt findet der Leser im Quellenverzeichnis[31]). Es handelt sich um Abschnitt II des Kriegsgefangenen-Entschädigungsgesetzes (KgfEG) von 1954, um das „Flüchtlingshilfegesetz" und als Vorgriff darauf die „Einrichtungshilfe", um das AKG, das „Allgemeine Kriegsfolgengesetz", das an sich als „Abschlußgesetz" geplant war, und um das Reparationsschadengesetz (RepG). Aus der Geldtabelle S. 347 ist zu entnehmen, daß die Höhe der Leistungen im Verhältnis zu den LAG-Milliarden gering war, und das Gleiche gilt für die Zahl der Anträge. Nachträglich mag man zur Ansicht kommen, eine einfachere Lösung wäre besser gewesen. Hier ist nicht der Platz, die Motive und Anlässe zu diesen Gesetzen darzulegen. Das gilt aber nicht für das letzte aufzuführende Beweissicherungs- und Feststellungsgesetz für „Zonenschäden".

8. 14 Beweissicherungs- und Feststellungsgesetz („Zonenschäden")

Schwerwiegende Bedenken politischer Art gegen die Gleichstellung der „SBZ-Flüchtlinge" mit den Heimatvertriebenen, die früher vorgetragen wurden, hatten allein ihre Ursache in dem Bestreben, alles zu vermeiden, was als Anerkennung der DDR angesehen werden konnte und dem Wunsch nach Wiedervereinigung entgegenstand. Erst vier Jahre nach dem Bau der Berliner Mauer wurde das „Beweissicherungs- und Feststellungsgesetz von Vermögensschäden in der Sowjetischen Besatzungszone und im Sowjetsektor von Berlin" am 22. Mai 1965 verabschiedet (BGBl. I. S. 425). Man spricht von „Zonenschäden". Aber erst 1969 begann die Auszahlung einer Entschädigung, 1970 erfolgte praktisch die Gleichstellung und 1975 berichtete das Landesausgleichsamt, daß erstmalig die Auszahlung dieser „Hauptentschädigung" für Zonenschäden (84,7 Mill. DM) die Auszahlung für Vertreibungs- und Kriegssachschäden (74,3 Mill. DM) übertroffen habe. Das Verhältnis betrug 1975—1978 insg. 290 : 207 Mill. DM. Da sich das BFG — wie das Gesetz offiziell abgekürzt wird — methodisch eng an die Texte der Gesetze und Verordnungen über Vertreibungs- und Kriegssachschäden anlehnt, braucht dazu hier nicht viel Grundsätzliches geschrieben zu werden. In der Durchführung bereiten die Anträge nach BFG der Ausgleichsverwaltung jedoch erhebliche Schwierig-

31) Kriegsgefangenen-Entschädigungsgesetz (KfgEG) vom 30. 1. 1954 (BGBl. I S. 5); Allgemeines Kriegsfolgengesetz (AKG) vom 5. 11. 1957 (BGBl. I S. 1747); Richtlinien zur Einrichtungshilfe (REH) vom 23. 6. 1961 (Bundesanzeiger 1961 Nr. 126); Flüchtlingshilfegesetz (FlüHG) vom 15. 7. 1965 (BGBl. I S. 612); Reparationsschädengesetz (RepG) vom 12. 2. 1969 (BGBl. I S. 105).

keiten wegen der komplizierten Tatbestände; es geht um „Wegnahmeschäden", um „Verfügungsbeschränkungen wegen Kollektivierungsmaßnahmen" usw.

Im Dezember 1978 schrieb Arbeitsminister Dr. *Pirkl*[32]):

> „Die Durchführung des BFG machte besonders große Schwierigkeiten. Dies beruht vor allem darauf, daß die in Betracht kommenden Schadenstatbestände in Mitteldeutschland (DDR) nur schwer zu definieren und abzugrenzen sind."

Bis 1. 1. 1979 wurden insg. 53 199 Anträge erledigt und 13 744 waren in Bearbeitung.

8. 15 Die Diskussion über die staatspolitische Tragweite

Einige Stichworte über die Entwicklung ab 1945 müssen an dieser Stelle ausreichen. Im Juni 1945 wurden in Bayern 225 000 Evakuierte aus der „Russischen Zone und Groß-Berlin" erfaßt, am 1. April 1949 immer noch 145 379. Im Statistischen Informationsdienst des Staatssekretärs erschien eine neue Gruppe: „Illegal eingewanderte Flüchtlinge und Grenzgänger aus der Ostzone". Nach der Währungsreform meldete die Flüchtlingsverwaltung einen sprunghaften Rückgang „durch strengere Grenzkontrolle, Währungsschwierigkeiten u. a.". Seit 1. September 1949 wurde das Asylverfahren (für Deutsche aus der SBZ) von Hof-Moschendorf nach Gießen und Uelzen verlegt. Am 22. August 1950 wurde die „Notaufnahme" geregelt durch das „Gesetz über die Notaufnahme von Deutschen im Bundesgebiet" (BGBl. I. S. 367); die Angabe, woher die „Zuwanderer" kamen, wurde vermieden.

Das Lastenausgleichsgesetz vom 14. August 1952 schuf einen „Härtefonds", aus dem „zur Milderung von Härten" Leistungen an Personen gewährt werden konnten, „wenn ihnen Schäden entstanden sind, die den in diesem Gesetz (LAG) berücksichtigten entsprechen oder ähnlich sind".

Neun Monate später, am 19. Mai 1953, wurde das Bundesvertriebenengesetz (BVFG) verabschiedet (BGBl. I S. 201), im vollen Titel: Gesetz über die Angelegenheiten der Vertriebenen und Flüchtlinge". § 3 BVFG bestimmt, wer als politischer „Sowjetzonenflüchtling" anzuerkennen ist und einen C-Ausweis erhält (§ 15 BVFG).

Die Querverbindung zwischen LAG und BVFG wurde erst durch die 8. LAG-Novelle vom 26. Juli 1957 (BGBl. I S. 809) hergestellt; der § 301 a beginnt: „Aus dem Härtefonds sollen insbesondere auch Sowjetzonenflüchtlinge im Sinne des § 3 BVFG ... berücksichtigt werden." Das bedeutete: Nur Inhaber von Bundesausweisen C.

---

32) Fritz Pirkl: Lastenausgleich in Bayern, Kriegsfolgen, 30 Jahre Arbeit für die Geschädigten; München, Dezember 1978, 28 S.

Wir berichteten gerade über die „Einrichtungshilfe" (23. Juni 1961) und die gesetzliche Fixierung im Flüchtlingshilfegesetz (FlüHG) vom 15. Juli 1965.

Die Zeit war aus zwei Gründen reif für eine Gleichstellung von Vertriebenen und Deutschen aus der SBZ/DDR. Einmal war das Wirrwarr der Begriffe für die Bürokratie unerträglich geworden: Ostevakuierte, Illegale Grenzgänger, Notaufnahme, C-Flüchtlinge, Härtefonds des Lastenausgleichs usw. Aber auch die politischen Parteien, die Bundesregierung und der Bundestag sowie die Länder konnten sich den Argumenten der Interessensvertreter nicht mehr entziehen. Als Beispiel sei der „Volksbote" vom 25. Juli 1964 herausgegriffen. Unter der Überschrift „CDU für grundsätzliche Gleistellung der (SBZ-)Flüchtlinge" wurde von einer Begegnung zwischen dem Geschäftsführenden Vorsitzenden *Josef-Hermann Dufhus* in Anwesenheit des Bundesvertriebenenministers *Ernst Lemmer* mit Vertretern der SBZ-Flüchtlings- und Vertriebenenorganisationen berichtet. BFG und FlüHG werden — so endet die Pressemeldung — „die Grundlage für die endgültige Gesetzgebung zur Verwirklichung der Gleichstellung schaffen". Über das Für und Wider wurde lebhaft diskutiert. Im Frühjahr 1966 erschien ein damals viel beachteter Artikel von *Fritz Ullrich Fack* in der „Frankfurter Allgemeinen" (27. April). Eingehend würdigte er die Leistungen von Bund und Ländern für die Eingliederung der Deutschen aus der DDR (Wohnungsbauprogramme, Härtefonds usw.):

„Sollte man dennoch zu der Überzeugung kommen, daß es in manchen Fällen zu wenig war, dann würde niemand etwas dagegen einwenden, wenn hier stärker als bisher geholfen würde. Nur lasse man den Rechtsanspruch und die verbriefte Entschädigungsforderung aus dem Spiel ... Mit der sozialen Lage der (SBZ-)Flüchtlinge ist sie keineswegs zu rechtfertigen. Politisch aber kann sie als Preisgabe unserer Hoffnungen auf die Wiedervereinigung und die Wiederherstellung des Rechts in der Zone mißverstanden werden."

9. Sehr unterschiedliche Aufgaben in den Bundesländern

Nicht gemeint ist hier die unterschiedliche Regelung der Zuständigkeit in den einzelnen Bundesländern für Flüchtlings- und Ausgleichsverwaltungen. Der Autor will vielmehr an die unterschiedliche Struktur der Geschädigtengruppen erinnern. Dem Präsidenten des Bundesausgleichsamtes Dr. *Friedrich Käss* wurde von seinem „Statistischen Dreier-Ausschuß" zur Vollendung des 65. Lebensjahres am 3. Juli 1975 eine (noch nicht veröffentlichte) Studie „Der Lastenausgleich in den Ländern der Bundesrepublik Deutschland — Geschädigtensituation und Anteil an den Auszahlungen des Ausgleichsfonds" überreicht. Daraus stammt die folgende Tabelle:

Von Ausgleichsämtern festgestellte Schäden nach Bundesländern (in 1000)	Vertreibungs- und Ostschäden	Kriegsach- schäden	Zonen- schäden
Bayern	*857*	118	25
Baden-Württemberg	610	142	28
Hessen	431	99	20
Rheinland-Pfalz	101	121	6
Saarland	4	56	1
Nordrhein-Westfalen	813	*531*	49
Niedersachsen	*798*	83	37
Schleswig-Holstein	*322*	26	12
Hamburg	84	69	8
Bremen	40	48	3
West-Berlin	140	89	31
insgesamt in 1000	4 200	1 382	220

Kürzer und klarer dürfte es kaum möglich sein, dem Leser nachzuweisen, wie unterschiedlich das Gewicht der einzelnen Gruppen in den Bundesländern ist. Die drei „Hauptflüchtlingsländer" (vgl. S. 99) Bayern, Niedersachsen und Schleswig-Holstein hatten überwiegend für *Vertreibungs*schäden Schadensfeststellungs-Bescheide zu erteilen. Verständlicherweise fällt innerhalb der *Kriegssach*schäden Nordrhein-Westfalen aus dem Rahmen. Überrascht wird vielleicht der eine oder andere Leser sein, wenn er die große Menge von Vertreibungsschäden in der Zeile „Nordrhein-Westfalen" findet. Durch die innerdeutsche Umsiedlung (vgl. S. 224) und seit der Herstellung der Freizügigkeit wirkte Nordrhein-Westfalen zu Zeiten des sog. „Wirtschaftswunders" als stärkster „Aktivraum" mit großem Wanderungsgewinn, auch von Vertriebenen und Deutschen aus der DDR.

10. Kriegssach- und Vermögensschäden, Kriegsopfer und Verfolgte

Wir kommen zum Abschluß des Kapitels. „Anträge, Anträge ..." lautete die Überschrift eines Abschnittes. 18,2 Milliarden DM wurden bis 1. 1. 1979 nach dem Soforthilfegesetz und dem Lastenausgleichverfahren ausgezahlt oder bewilligt. Der Leser wird die letzten Seiten vielleicht nur flüchtig durchgesehen oder gar überschlagen haben. Es ist eine Tatsache, daß die Leistung der Ausgleichsverwaltung in der Öffentlichkeit nicht recht gewürdigt wird, es sei denn bei besonderen Anlässen wie dem Wechsel des Präsidenten im Bundesausgleichsamt. Die Tagesarbeit ist für die vielen hundert Mitarbeiter in der Tat normalerweise eine Antragsbearbeitung.

Wie leicht aber wird unterschätzt, welche Mühe sich die Ausgleichsämter geben müssen, um den Geschädigten möglichst zu ihrem Recht oder zu dringend benötigten Beihilfen usw. zu verhelfen. Dabei ist ihre Haltung nicht etwa die: Wer nichts beantragt, bekommt nichts! Vielmehr versucht die Ausgleichsverwaltung im gesamten Bundesgebiet durch Aufklärung in jeder Form der weiten Öffentlichkeit mitzuteilen, zu welchen Entschädigungen und Förderungen die verschiedenen Gesetze eine Voraussetzung schufen.

Man sollte aber gerechterweise an dieser Stelle bedenken, daß für einen erheblichen Teil der Bevölkerung nicht der Empfang von Leistungen aus dem Ausgleichsfonds eine Rolle spielt, sondern vielmehr die Zahlung von Abgaben an den Ausgleichsfonds.

Die Einstellung der Landesregierungen zur Ausgleichsverwaltung richtet sich wohl auch ein wenig danach, welche Waagschale schwerer wiegt, die Abgabenseite oder die Leistungsseite. Aus dieser Sicht ist gut zu verstehen, daß die einen fordern, endlich einen Schlußstrich zu ziehen, und daß die anderen auf die immer noch unerledigten Restprobleme hinweisen.

Und noch etwas sollte der Leser bedenken: Es handelt sich in diesem Kapitel nur um einen Teil der schrecklichen Kriegsfolgen, nicht einmal um sämtliche Kriegssachschäden; denn der Lastenausgleich berücksichtigte nicht die Sach- und Vermögensschäden juristischer Personen. Und vor allem sollen die Kriegsopfer erwähnt werden, also die Kriegsversehrten, die Witwen der Gefallenen und die Familien der Kriegsopfer. Da die Betreuung dieses Personenkreises gleichfalls zu dem Geschäftsbereich des Bayerischen Staatsministeriums für Arbeit und Sozialordnung gehört, wird niemand vermuten, an diese Kriegsopfer hätte man nicht gedacht.

Dazu kommen noch andere Gruppen die zu den Geschädigten gehören: Die politisch, rassisch oder religiös vom „Dritten Reich" Verfolgten, ferner die bei uns gebliebenen „heimatlosen Ausländer" oder auch die inzwischen ausgewanderten früheren „Displaced persons" (DPs). Der Themastellung nach kann der Autor dieses dokumentarischen Berichts darauf nicht eingehen, wie Bayern und die anderen Länder — und später die Bundesrepublik Deutschland — versucht haben, auch allen diesen Gruppen zu helfen und, soweit sich etwas überhaupt „entschädigen" läßt, auch tatsächlich zu entschädigen.

11. Das Ende der Lastenausgleichsabgaben

Am 10. Februar 1979 war die 108. und letzte Vierteljahresrate an den Ausgleichsfonds zu zahlen. Aus diesem Anlaß hat Bundesfinanzminister *Hans Matthöfer* „den betroffenen Abgabeschuldnern, die über zweieinhalb Jahrzehnte lang die Lastenausgleichsverpflichtungen neben den normalen Steuerschulden erfüllt haben, den Dank für ihre Opferbereitschaft ausgesprochen" (BFM-Verlautbarung Nr. 7/79).

„Die weitere Entwicklung des Ausgleichsfonds und auch der Ausgleichsverwaltung in der *Schlußphase* des Lastenausgleichs beschäftigt naturgemäß die für den Lastenausgleich federführenden Bundesressorts seit geraumer Zeit. Die dabei angestellten Überlegungen sind jedoch", wie dem Autor am 7. März 1979 mitgeteilt wurde, „für eine öffentliche Erörterung noch ungeeignet".

Personenregister

Frommel, Hubert 138
Fuchs, Günter 247
Fuhrmann, Werner 36, 43

Gabrisch, Heinrich 44
Galbraith, John Kenneth 316
Gebhardt, Joseph 310
Geiling, Betty 239
Geisenhofer, Franz Xaver 198
Gericke, Ulrich 319
Gerstenmaier, Eugen 148, 198
Gessler, Otto 138, 142
Gillen, Alice 143
Gillitzer, Ludwig 48
Girgensohn, Herbert 145 f., 148
Gökay, Fahrettin Kerim 95, 254
Görlinger, Robert 209
Goppel, Alfons 138, 252, 256, 340
Grahl-Madsen, Atle 250
Grochut, Herbert-Josef 43
Grotewohl, Otto 231, 233
Gülzow, Gerhard 148
Guradze, Heinz 128
Guthsmuths, Willi 313

Habe, Hans 234
Habel, Fritz Peter 70
Hacker, Rudolf 187
Häbisch, Theodor 290
Haesert, Ref. 35
Häusler, Josef 293
Hagmann, Meinrad 28, 51
Hahn, Hugo 153
Haibach, Franz 300
Hamilton, Lili Gräfin 322
Hanow, Wolfgang 146 f., 165
Harriman, W. Averell 233
Haug, Hans 46, 143
Haushofer, Heinz 296
Hausner, Josef 48, 262
Heckel, Theodor 197
Heim, Ernst 43
Heim-Pohlmann, Anna 211
Heinemann, Gustav 153
Heinrich, Max 208
Held, Heinz-Joachim 153
Held, Helmine 138
Hellstern, Heinrich 162
Hellwig, Renate 249
Helwig, Wolfgang 313
Henninger, Wilhelm 313
Herlinger, Roman 134, 299 f.
Herold, Karl 210
Hettwer, Norbert 172, 186 f.
Heuss-Knapp, Elly 150
Heuven-Goedhart, G. J. van 266
Hielscher, Erwin 326
Hien, Hans 138
Hillermeier, Karl 349
Hinst, Klaus 288
Hirsch, Hans 138

Hoegner, Wilhelm 18, 87, 92, 109, 300, 318, 340
Höpker-Aschoff, Hermann 326
Hoffmann, Bernd 199
Hoffmann, Helmut 92
Hoffmann, Wilhelm 330
Hoffmeister, Wilhelm 341
Horn, Kurt 161
Hornschu, Hans-Erich 315
Horstmann, Kurt 215
Horten, Helmut 16
Huber, August 134
Hurd, Volney D. 62

Imhof, Sebastian 93, 272
Isenberg, Gerhart 29, 215, 221 f.

Jacobs, Alfred 225
Jaenicke, Wolfgang Kap. I und II lfd.; 131 f., 139, 186 f., 236, 265, 293, 300, 302, 308, 316, 320 ff., 327
Jahn, Eberhard 249
Jaksch, Wenzel 332
Jandel, Oskar 182 f.
Johannes XXIII. 183
Jokiel, Rudolf 139, 141
Jones, A. K. 128
Juchacz, Maria 209

Käss, Friedrich 334, 360
Kahlich, Wilhelm 314 f.
Kaiser, Jakob 232
Kaiser, Lisa 271
Kaller, Maximilian 191
Kamm, Bertold 210
Kanein, Werner 254
Kather, Linus 289 f., 331 f., 336
Keegan, Charles E. 137
Keller, Karl 23
Keunecke, Helmut 297
Kiermeier, Matthias 341
Kiesselbach, Luise 211
Kimminich, Otto 252
Klaschka, J. 191
Klein, J. Kurt 235
Klingler, Friedrich 167
Koch, Hans 164
Koch, Julius 137
Koechlin, Alphons 152
Koenig, M. P. J. François 334
Kohlenz, Josef 207
Koller, Resi 90
Koller, Wilhelm 169
Korspeter, Lisa 336
Kosak, Theodor 207
Koschuda, Käte 137, 140
Kraemer, Hendrik 152
Kraft, Waldemar 327, 336
Krallert, Gertrud 14
Kraus, Hans 64, 205 332
Kreisselmayer, Konrad 186

Proske, Hans-Joachim 134
Püschel, Fritz 172, 176 ff., 184 f.

Rainer, R. W. 95
Rees, Elfan 156
Rehm, Martha 138
Rehs, Reinhold 332, 336
Reichling, Gerhard 81, 338, 344
Reiner, Dr. 196
Reisch, Erich 203
Reiter, Anton 202
Reitinger, Heinrich 166
Reuter, Ernst 235
Riedel, Heinrich 158, 161, 164, 166
Rinke, Walter 132
Ritter, Hans 211
Robertson, Sir Brian 334
Roegler, Horst 303
Rösch, Augustinus 207
Röschlein, Virgilio 255
Rollmann, Dietrich 255
Roosevelt, Franklin D. 13, 213
Rosenmeier, Georg 72, 73
Rosshaupter, Albert 114 f., 273, 318
Rossmann, Erich 127
Rovin, Charles B. 107
Rudolf, Franz 134
Ruhenstroht, Wolfram 296
Runge, Hans Werner 43
Rutschke, Wolfgang 325

Sachsen Coburg-Gotha, Herzog Carl-
    Eduard von 194
Schäfer, Friedrich 316
Schaefer, Karl Heinz 334, 339
Schäffer, Fritz 93, 131, 137, 273, 300, 326
Schär, Gustav 299 f.
Schär, Johann 299 f.
Schaffnit, C. F. 162
Scharf, Josef 108, 111
Scharnagl, Karl 113, 137 f. 141
Scheel, Walter 159
Schelsky, Helmut 194 f., 197
Schenk, Gerhart 134
Schieckel, Horst 209
Schier, Herbert 132
Schlesinger, Helmut 122
Schlögel, Anton 137 f., 140
Schmatz, Hans 311
Schmid, Hans 342
Schmidt, Arthur 165
Schmidt, Eduard 113
Schmitt-Vockenhausen, Hermann 255
Schnetzer, Friedrich 291, 294 f.
Schnyder, Felix 250
Schoeppe, Günther 253 f.
Schreiber, Ottomar 330
Schreyer, Klaus 100, 313 f.
Schütz, Hans 132, 160, 298, 300, 332 f.,
    340
Schuh, Gotthard 46

Schukow, Georgi 231
Schumacher, Kurt 104
Schuster, Hans 225
Seelos, Gebhard 100, 104, 234
Seidel, Hanns 64, 313
Seifried, Josef 17 f., 32, 87, 92, 97, 109,
    114, 122, 318
Semler, Johannes 39
Sendker, Adalbert 184
Seuffert, Walter 332, 336
Siebrecht, Valentin 281
Simon, Heinz 106
Simon, Kurt 42 f.
Sonne, H. Christian 274, 316
Spiegel-Schmidt, Friedrich 165, 167
Spiethoff, Bodo K. 312
Sponer, Hugo 293
Stadelmeier, Franz 137
Stain, Walter 119, 226, 228, 237 ff., 258 f.,
    263, 340
Stalin, Josef W. 106, 231
Stark, Peter 132, 300
Stauss, Erwin 210
Steffen, Kurt 36 f., 43
Steidle, Robert 138
Stingl, Josef 72
Stöhr, Robert 293
Straimer, Georg 138
Strassmann, Walter 87
Strauss, Gerhard 161
Strenkert, Paul 228, 257, 263, 340
Stürmann, Josef 138, 140, 196, 300
Szameitat, Klaus 81

Tandler, Gerold 259, 260 f.
Tenenbaum, Edward A. 234
Terhalle, Fritz 64, 318, 326
Thoma, Franz 71
Tooms, Anatol 22, 74 f.
Trenkle, Erhard 303
Trischler, Josef 335
Truman Harry S. 231, 233
Tucher, Leonore Freifrau von 138
Tuckermann, Otto 165

Ulbricht, Walter 231
Ullrich, Walter 195 ff., 299, 300 f.

Vernant, Jacques 249
Vierbach, Albert 186
Visser t'Hooft, Wilhelm Adolf 151
Vogel, Ferdinand 296
Vogel, Hans-Jochen 341
Vohland, Wolfgang 186 f., 301
Volkhardt, Georg 301
Vorgrimler, Martin 176, 178 f.
Vries, Axel de 332

Wackerzapp, Oskar 335
Wagner, Kurt 194 f., 197, 240
Walder, Rudolf 297